财政经济热点
基于宏观视角的观察与思考

财政部综合司
财政部干部教育中心
编著

中国财经出版传媒集团
经济科学出版社
Economic Science Press

图书在版编目（CIP）数据

财政经济热点：基于宏观视角的观察与思考/
财政部综合司，财政部干部教育中心编著.
—北京：经济科学出版社，2019.12
ISBN 978-7-5218-1126-1

Ⅰ.①财… Ⅱ.①财…②财… Ⅲ.①中国
经济-文集 Ⅳ.①F12-53

中国版本图书馆CIP数据核字（2019）第282247号

责任编辑：孙丽丽　胡蔚婷
责任校对：刘　昕
责任印制：李　鹏

财政经济热点：基于宏观视角的观察与思考
财政部综合司、财政部干部教育中心　编著
经济科学出版社出版、发行　新华书店经销
社址：北京市海淀区阜成路甲28号　邮编：100142
总编部电话：010-88191217　发行部电话：010-88191522
网址：www.esp.com.cn
电子邮件：esp@esp.com.cn
天猫网店：经济科学出版社旗舰店
网址：http://jjkxcbs.tmall.com
北京季蜂印刷有限公司印装
710×1000　16开　25.25印张　410000字
2019年12月第1版　2019年12月第1次印刷
ISBN 978-7-5218-1126-1　定价：83.00元
(图书出现印装问题，本社负责调换。电话：010-88191510)
(版权所有　侵权必究　打击盗版　举报热线：010-88191661
QQ：2242791300　营销中心电话：010-88191537
电子邮箱：dbts@esp.com.cn)

目　录

一、宏观经济篇

当前我国经济形势与财政政策 …………………………………… 3
我国 CPI 和 PPI 即期短期预测模型及我国物价走势预测 ………… 25
关于当前我国居民消费价格指数和工业生产者出厂价格
　指数走势的几点认识 ……………………………………………… 43
日本经济增长动能转换对我国的启示 …………………………… 48
当前我国租赁住房供给侧存在的问题及政策建议 ……………… 53
分类施策化解我国房地产领域的结构性风险 …………………… 59
把握新一轮朱格拉周期历史机遇　推动制造业高质量发展 …… 67
人工智能对我国经济、就业和收入分配影响分析及政策建议 … 81
从近年上市公司成本水平变化看降成本成效 …………………… 103
从幼儿园入园难管窥我国民间投资的"玻璃门"现象和
　特殊市场准入制度的痛点 ……………………………………… 110

二、财政政策篇

应对逆全球化挑战和引领全球化进程的财政政策 ……………… 135
贯彻新发展理念　有效实施积极财政政策 ……………………… 140
2018 年积极财政政策实施情况及成效 …………………………… 146
高度警惕人口老龄化可能触发的财政金融风险 ………………… 151
PPI 等价格因素对财政收入影响机理研究 ……………………… 168
我国直接税比例变动趋势分析及政策建议 ……………………… 176
我国财政支出水平及结构的国际比较分析 ……………………… 182
进一步增强企业减税降费获得感的政策建议 …………………… 190

我国地方政府债券市场的现状、问题及政策建议 ………… 202
区块链在"数字财政"建设中的作用与路径 …………… 215
智利的结构性财政平衡规则：基本情况、评价和启示
　——实现财政可持续发展的国际经验借鉴 ……………… 225

三、货币政策篇

我国货币政策实施效果评价及政策建议
　——基于1994年以来的阶段梳理和计量分析 …………… 243
关于我国创新型货币政策工具的评价及改进建议 ………… 251
国库库款与M2的相关性研究及政策建议 ………………… 265
关于新三板与科创板协调发展，共同服务实体经济的政策建议 …… 274
小微企业、民营企业融资难融资贵问题的分析及政策建议 …… 283
非金融企业上市公司杠杆率结构、形成原因及
　推动去杠杆的政策建议 ……………………………………… 290

四、收入分配篇

我国国民收入分配格局的国际比较研究 …………………… 299
促进国民收入初次分配格局合理化的财税政策建议 ……… 310
推动完善有利于提高居民消费能力的收入分配制度 ……… 316
促进"中间群体"增收的意见建议 ………………………… 330
我国居民财产性收入现状分析及拓宽渠道的政策建议 …… 340
我国公务员薪酬制度与治理模式研究 ……………………… 353
美国公务员薪酬制度对我国的启示 ………………………… 359
东汉时期官吏工资制度及其启示 …………………………… 365

五、机构编制篇

我国高校人事薪酬治理改革情况调查报告 ………………… 373
加强和创新机构编制管理问题研究 ………………………… 381
凭单制政府购买服务的国内外实践及启示 ………………… 390

后记 …………………………………………………………… 397

一、宏观经济篇

当前我国经济形势与财政政策[*]

2018年是改革开放40周年，1978年12月18~22日召开的十一届三中全会拉开了轰轰烈烈的改革开放大幕，带来了翻天覆地的变化。习近平总书记在庆祝改革开放40周年大会上用改变了"四个面貌"概括40年来的巨大变化，极大地改变了中国的面貌、中华民族的面貌、中国人民的面貌、中国共产党的面貌。40年改革开放，简单来说，可以用两句话十二个字概括：进程波澜壮阔，成就举世瞩目。改革开放以来，我国经济年均增长9.5%，居民可支配收入年均增长8.5%。相比之下，改革开放前20年，经济平均增长5.1%，居民收入年均增长只有1.2%。改革开放实现了包容性增长，让人民群众分享到了经济发展成果，人民生活显著改善。1978~2017年，我国农村贫困人口减少7.4亿人，农村贫困发生率下降94.4%。同时我们还要看到，并不是搞改革开放都会成功，成功的是少数，像中国这样成功的更是少之又少。20世纪80年代东欧、拉美、撒哈拉以南非洲国家都搞了改革开放，但绝大多数都不成功，越南、印度算是小有成就的，与中国改革开放取得的成就相比，还是相差较远。但是我们绝不能躺在功劳簿上，我国还是发展中国家，当前正处于"爬坡过坎"、转型发展的关口，要带着40年改革开放的经验和智慧，走好脚下的路，勇往直前，继续探索新的伟大征程。

一、当前我国经济稳中有进、稳中有变

回顾2018年中国经济，有许多关键词浮现出来，"贸易战""房价过快上涨""减税降费""金融风险攻坚战""股票质押平仓""民营经济离场""稳中有进"等。改革开放四十年，常言说"四十不惑"，就是我们

---

* 本文数据由作者根据相关资料整理分析得出。

要有自己的判断,"不畏浮云遮望眼"。目前,社会上对中国经济的判断,分歧较大。有的悲观,认为中国经济已见顶,即将步入下行通道。有的乐观,认为中国经济稳中向好,趋势不变。从现实情况看,经济运行指标虽然有好有坏,总体上还是稳中有进。

(一)国内经济指标稳中有进、稳中有忧

从好的方面看,2018年1~11月,生产、物价、国际收支、就业都比较稳定。前三季度,我国GDP累计增长6.7%,保持较快增速。虽然较上年的增速略低一点,但这是在高基数上的增长。1~3季度中国经济增量大概6万亿元,接近9 000亿美元,超过二十国集团(G20)国家土耳其上年全年GDP总量。1~11月,规模以上工业增加值同比增长6.3%;服务业生产指数同比增长7.8%。1~11月,居民消费价格同比上涨2.1%,物价涨幅比较稳定。1~11月,全国货物进出口总值(按美元计价)同比增长14.8%,贸易顺差收窄。1~3季度城镇新增就业1 107万人,提前一个季度完成全年1 100万人以上的预期目标任务,全国城镇调查失业率稳定在5%左右。社会上有些媒体,对新增就业人数有些质疑,认为经济增速下降了,新增就业怎么还能这么高。这背后的原因是中国经济增长结构发生变化,第三产业快速增长,占GDP比重不断增加。2018年前三季度,我国第三产业增加值累计同比增长7.7%,快于同期GDP增速1个百分点,第三产业对经济增长的贡献率达到60.8%,第三产业增加值占GDP比重达到53.1%。我们都知道第三产业主要是服务业,服务业的就业带动能力要强于制造业,所以2018年的就业情况完成较好。

新动能不断成长,中高端制造业增长较快。1~3季度消费对经济增长的贡献率达到78%。1~11月,高技术制造业、装备制造业增加值同比分别增长11.8%和8.3%,分别快于规模以上工业增加值增速5.5个和2个百分点。1~11月,全国网上零售额80 689亿元,同比增长25.4%。1~10月,规模以上战略性新兴服务业、科技服务业和高技术服务业企业营业收入同比分别增长15.3%、15.3%和13.8%。1~3季度单位GDP能耗下降3.1%。

从不利的方面看,投资、消费、进出口"三驾马车"走弱。1~11月,固定资产投资累计增长5.9%,仍处在较低增长区间,制造业、房地产、基建占投资的75%,普遍增长乏力,尤其是基建投资回落到3.7%,固定资产投资很难再出现两位数以上的高速增长。11月社会消费品零售

总额增速回落到8.1%，增速创近15年来新低。外贸拉动减弱，11月出口（以美元计价）增速回落到5.4%，进口（以美元计价）增长3%，中美贸易摩擦影响开始显现。前几个月出现的对国家统计局1~5月规模以上工业企业利润数据的争论也从另一个侧面反映了实体经济并没有宏观数据反映得那么好。国家统计局公布2018年1~5月，全国规模以上工业企业利润同比增长16.5%，但其公布的1~5月规模以上工业企业利润的累计值为2.73万亿元，比2017年1~5月的2.9万亿元是下降的。有关部门解释说，是由于规模以上工业企业数量在2018年是减少的。经过核对，2018年4月底，规模以上工业企业数量比2017年4月末大约减少了6 234家，有些企业因经营达不到2 000万元规模门槛，这一现象比较罕见，反映实体经济存在一定的困难。就业市场也开始转凉，互联网、银行、地产、券商等行业都纷纷传出裁员的消息。根据智联招聘大数据，2011~2017年的第三季度招聘需求人数均为同比上升，2018年第三季度首次出现同比下降情况，比2017年同期下降了27%。有研究机构利用数据爬虫技术抓取了前程无忧网站的招聘广告条数，发现2018年4~9月，招聘广告条数从285万条骤减至83万条。

金融风险开始暴露。前期激进扩张、过度融资的企业，在当前融资渠道收紧、再融资难度加大的背景下，风险事件密集发生。

（二）外部环境发生较大变化

2018年以来，世界经济延续2016年下半年以来的回升态势，全球经济增长有望达到3.7%，总体上处于复苏回升阶段。但不同于2017年的同步复苏，当前全球经济重新分化，一些外部脆弱性高的新兴市场国家出现金融动荡。全球经济环境出现深刻复杂的变化。

1. 逆全球化暗流涌动，贸易保护主义抬头

英国脱欧、特朗普政府"美国优先"、民粹主义、孤立主义等逆全球化暗流涌动。世界主要经济体推出的保护主义措施不断增加，严重威胁国际贸易和投资的自由化以及全球化进程。最新的《全球贸易预警》①监测显示，在2008年11月至2018年10月期间，全球经济体（二十国集团G20为主）总计出台了12 227项有害的贸易投资干预措施，而有利的贸易和投资自由化措施仅4 463项。特别是，美国以削减贸易赤字为名，打着

---

① 参见 https：//www.globaltradealert.org/global_dynamics/flow_all。

所谓"公平贸易"旗号，通过双边谈判并威胁退出世贸组织等方式向他国施压。2018年美国挑起的"232调查""301调查"，并实施关税威胁，引发其他国家的报复，助推了双边贸易谈判。目前美国已与欧盟达成贸易框架协议，并签订了美国—墨西哥—加拿大协议（USMCA），多边贸易体系面临单边主义挑战，自由贸易面临贸易保护主义的挑战。

2. 美国政府大幅减税，加剧全球竞争

2017年12月22日，美国总统特朗普签署近30年来最大规模减税的税改法案，将企业所得税税率从35%下调至21%，并允许对设备的商业投资进行全额抵扣；全面下调个人所得税，从国际税制向辖地税制转变，对企业海外利润一次性征税。这些减税明显刺激了美国的投资，2018年美国私人非住宅固定投资增速明显加快；美国跨国公司海外子公司留存收益快速回流；吸引的外商直接投资出现明显增长，开启全球对产业资本的竞争。很多国家加入减税竞争行列，英国政府宣布将在2020年将企业税率降低至17%（2018年降低到19%），法国政府也从2018年起将公司税率从33.3%降到28%，日本也批准2018年税制修订大纲，计划从2018财年开始，三年内有条件地将企业税率从29.74%降至最低20%。全球范围内对产业资本的竞争加剧。

3. 美国率先退出宽松货币政策，政策外溢风险加大

2018年以来美国经济一枝独秀，主要是特朗普减税政策刺激所致，美国经济的潜在增长率还是2%左右，并没有出现变化。在这种情形下，美联储加息实现常态化，让经济回归潜在水平。特朗普在推特上批评美联储加息，指责鲍威尔也没用。2018年以来，美联储已加息4次，将联邦基金利率区间升至2.25%~2.5%，预计2019年还将加息2~3次、2020年加息1次；同时按计划扩大"缩表"规模，2018年9月缩表规模扩大到每月500亿美元。英国央行开始试探性加息，2018年8月加息25个基点至0.75%。欧洲央行开始缩小了月度购债规模，表态在12月末暂停量化宽松政策（Quantitative Easing，QE）。对发展中国家的外溢冲击风险增大。在资金回流美国的冲击下，外债规模大的土耳其、阿根廷、南非等国家首先受到冲击，货币出现大幅度贬值，金融市场动荡。从趋势看，美国加息步伐还将延续，全球货币环境趋于收紧，政策外溢效应还将进一步显现。目前美国股市存在较大泡沫，公司收益增长率远远低于股价上升速度，同时美国保险公司风险敞口扩大，蕴藏着较大风险。美联储加息对美国金融市场也会带来冲击，面临着较大的不确定性。

一、宏观经济篇

在美国及其他国家政策调整的背景下，2018年世界经济分化势头加剧。发达国家中，美国扩张势头强劲，三季度GDP环比折年率增幅达到3.5%，11月失业率降低至3.7%历史低位，跳槽率2.4%为2001年以来新高。欧洲复苏稳健，势头有所减弱，欧盟三季度GDP同比增长1.9%，低于一季度的2.4%；受自然灾害和贸易局势影响，日本三季度出现负增长，下降1.2%。发展中国家中，印度表现突出，第三季度GDP增长率为7.1%；巴西、俄罗斯等国家走出衰退，恢复经济增长；但也有土耳其、阿根廷出现金融动荡。土耳其高外债（外债余额占GDP比重达55%）、高政府赤字（财政赤字占GDP比重高达7%）、高经常项目逆差（经常项目逆差占GDP比重达到5.57%），带来高通胀（7月CPI同比上涨15.85%），土耳其经济十分脆弱，在美国加息和制裁的冲击下，资本外逃，货币大幅贬值（2018年以来，土耳其里拉兑美元汇率已下跌45%），引发金融动荡。阿根廷高外债（外债占GDP比重达40%）、庞大的财政赤字（2017年财政赤字占GDP比重达到6.5%）、高经常项目逆差（经常项目逆差占GDP比重超过5%），同样带来高通胀（CPI高达30%），在农业歉收的冲击下，近期阿根廷再次动荡，比索闪崩（2018年以来阿根廷比索累计贬值超50%），基准利率已提高到60%。

当前国际经济环境的变化，对我国产生了重大影响。贸易保护主义直接冲击我国外需，针对我国的贸易保护显著增多增大，据最新的《全球贸易预警》监测显示，在2008年11月至2018年10月期间，与我国有关的贸易保护政策共有5 157项，占到全部贸易保护政策的42%，也就是说，主要经济体出台的贸易保护政策有超过2/5的是针对我国。对我国经济的影响不可低估。面临国际竞争加剧，全球减税潮流加大了对产业资本的竞争；劳动密集型产品，面临来自越南、印度等劳动力成本更低国家的竞争；高技术产品，面临发达国家的挤压和遏制。特别是美国特朗普政府公开将中国定义为"战略竞争对手"，对中国政策横加指责，来自美国压制，特别是科技创新方面的压制将更大。美联储带动的全球退出量化宽松，压缩了国内货币政策空间，在利率、汇率和资本管制之间必须寻找一个平衡。

对中美贸易摩擦的影响程度，国内还存在一些不同认识。有不以为然的，认为对美国企业、消费者的影响更大，美国经济会放缓，而我国经济韧劲大，时间站在我国这一边，可以硬气些。还有人认为，贸易摩擦双输，我国受到的冲击更大，会影响我国复兴进程，最好不打，协商解决。我们认为，不可低估外部经济环境变化带来的冲击，尤其是中美贸易摩擦的冲击。

随着全球贸易冲突增多,现行统一的国际贸易标准和程序受到冲击,不利于我国的发展。在特朗普政府"美国优先"贸易政策实践和多边"退群"极限施压下,世贸组织改革前景难以预料。

当前我们还是要与美方积极磋商,争取达成一致,尽快解决贸易摩擦。做最大的努力,争取不打贸易战;做最坏的准备,做好全面应对。

(三) 中期看依然处于"L型"的一横

2018年以来,我国经济发展实现稳中有进的同时,经济增长面临一定下行压力。对于2018年经济增速,绝大多数机构预测为6.6%,对于2019年中国经济增速,世界银行和国际货币基金组织预测6.2%,高盛预测6.2%,日本野村证券预测6.0%,中金公司预测6.4%,招商银行预测6.3%。从短期看,我国经济发展面临一定下行压力,要高度重视,但没必要惊慌失措。对于发展趋势判断,我们认为,要看到困难和挑战,也要保持信心。从中期看,当前我国经济运行依然处于"L型"的一横,仍处于重要战略机遇期。早在2016年5月,《人民日报》刊登权威人士谈当前经济就提出,我国经济运行不可能是U型,更不可能是V型,而是L型,而且这个L型是一个阶段,不是一年、两年能过去的。这一判断目前依然成立。从经济发展的规律看,一个经济体在经历高速增长后,都会有一个增速换挡的过程,如1950~1972年日本GDP年均增速9.7%,1973~1990年回落到4.3%;1961~1996年韩国GDP年均增速8%,1997~2012年仅为4%。究其背后的原因,增速换挡,主要是原有依靠要素投入数量扩张的发展模式在一定阶段后受制于要素供给约束和要素边际收益递减,不可持续。单靠要素数量带来的经济增长,长期中枢下移不可避免。增速换挡的本质是从一种发展模式转换到另外一种发展模式,对我国而言就是党的十九大提出的由高速增长阶段转向高质量发展阶段。

我国经济稳健运行的基础依然雄厚。一是需求潜力巨大。我国是全球第二大市场,当前主要矛盾是人民日益增长的美好生活的需要与发展不充分不均衡之间的矛盾,对美好生活的需要意味着需求升级潜力依然很大;发展不充分不均衡,意味着东中西部地区之间、城乡之间,人均收入、基础设施、基本公共服务差距很大,短板也是潜力,有待开拓的市场空间广阔。二是物质和人力资源基础雄厚。改革开放以来,我国经济保持了年均9.5%的高速增长,建立了比较完善的国民经济生产体系,综合生产能力较强。城乡基础设施日益完善,现代综合交通运输体系逐渐形成,信息基础设施建设水平日益提高,基础设施支撑能力全面提升。爱储蓄的国民积累了雄厚的资金实力。我国人力人才资源丰富,有9亿多劳动力,其中受过高等教育的超过1亿人,技师及以上专业技能人才约5 000万人,还有各类高等教育在校生3 500多万人,每年毕业700多万人。这是世界上独一无二的宝贵财富,是我国发展的最大本钱。三是改革红利逐步释放。改革是决定中国命运的关键一招。改革开放以来,每一轮改革都对经济增长起到了巨大推动作用。1978~1984年,我国经济实际增长速度年均达到了9.2%,这主要归功于家庭联产承包责任制的推行。1984~1988年,在国有企业和财政体制改革的推动下,我国GDP年均增长率达到10%以上。1992年确立的社会主义市场经济体制以及随后推行的财税体制等一系列重大体制改革,再次激发了中国经济增长活力,1992~1997年,GDP年均增长达到11%。党的十八以来,以习近平同志为核心的党中央坚定不移地推进全面深化改革,经过五年多的努力,一批具有标志性、关键性的重大改革方案出台实施,一批重要领域和关键环节改革举措取得重大突破,各个领域具有四梁八柱性质的改革主体框架已经基本确立。这些改革成果必将为实现高质量发展提供强有力的制度保障。

我们使用潜在生产率测算模型和结构计量模型测算,未来5年我国经济增速比较平稳,不会出现"硬着陆"。

一是我国GDP增速始终保持在中速增长平台上。为实现2020年比2010年翻一番的目标,2019年和2020年两年GDP增速需达到6.3%。面对中美贸易摩擦升级的威胁和更加严峻的国内环境,2019年和2020年我国经济下行压力较大。2021~2023年我国经济增速趋于稳定,沿着潜在经济增长率减速路径继续回落,经济增长始终维持在6%左右的中速增长平台上。所谓中速增长平台,就是指经济增长5%~8%之内,8%以上是高速,5%以下是低速。

二是物价保持温和上涨。受原油价格上涨、猪肉价格触底回升以及贸易摩擦滞后影响,2019年我国居民消费价格指数(CPI)上涨压力大于2018年,预计将上涨2.5%左右;考虑到经济走弱和基数作用,2019年PPI涨幅将明显回落,预测将上涨2.5%。2020年经济增速回落的效应将传递到物价上,CPI和PPI涨幅均将出现回落,分别上涨2%和1.5%左右。

三是经济结构更加优化。从产业结构看,第三产业比重继续上升,第二产业继续升级,预测2023年我国第三产业占GDP比重将达到56.4%,第二产业占GDP比重将下降到37.5%。从需求结构看,受贸易摩擦影响,未来几年净出口对我国经济的拉动作用趋于减弱；国民储蓄受抚养比上升而下降，带来资本形成占GDP比重下降，2023年将降到42%；消费份额趋于上升，到2023年最终消费（包括居民消费和政府消费）占GDP比重将达到58%。

二、推进供给侧结构性改革是当前和今后一个时期经济工作的主线

（一）供给侧结构性改革是我国经济转型升级的必然选择

对于当前经济运行中的困难，还需要从背后深层次的矛盾去认识。从发展的历史教训看，高速增长阶段转向高质量发展并不是自动发生的，除日本、韩国等少数成功换挡国家外，更多的国家是陷入"中等收入陷阱"。以拉丁美洲为例，1950～1960年期间，GDP平均每年增长5%；1960～1970年期间，平均每年增长5.6%；1970～1975年期间，平均每年增长6.5%。但1980年以后，先后爆发了经济危机和债务危机，大多数国家均陷入停滞，失去十年。这些国家的教训就是经济学上说的"后发劣势"，也就是说，后发国家可以依靠技术模仿，取得快速发展，但由于制度没有跟上，长期可能埋下了更大的隐患，一旦隐患集中爆发会陷入长期停滞。当前我国经济中的问题，表面上看是去杠杆等政策影响、外部需求受到冲击所致，但其实是长期矛盾的集中体现，更多是体制机制问题。比如贸易摩擦的影响，短期表现为外部需求的冲击，实际反映的是长期以来我国过度依赖外需；国内消费、投资需求的不足，背后又有体制机制性的障碍；又如金融风险的暴露，短期是违约增多，其背后是长期以来的过度扩张、过度依赖信贷及软约束等问题。因此，需要从其背后的深层次矛盾去认识短期经济运行中的困难，解决短期问题不能头痛医头、脚痛医脚，不能无视深层次的矛盾，稳增长必须与促改革和调结构相结合。

从供给侧看，中长期潜在经济增长率主要取决于劳动力、资本以及全要素生产率。以前中国的高速增长主要是依靠要素的大量投入，尤其是廉价要素投入，包括劳动力、土地、资本和自然资源等，支撑原来发展模式的劳动力要素和环境资源等禀赋条件已然发生改变，依靠要素驱动的经济增长难以维持，因此未来中国经济增长必须进入创新驱动的发展新模式，

而这关键在于提高全要素生产率。过去 40 年，我国的经济增长主要依靠投资驱动，资本对经济增长的平均贡献率约为 60%，2008~2015 年资本要素贡献率上升，投资拉动增长的特征更加明显；随着人口红利的逐步消失，劳动力对经济增长的贡献率逐步下降；全要素生产率对经济增长的贡献率在 2008~2015 年也出现下降，只有 20% 多，而发达国家全要素生产率对经济增长贡献率一般超过 40%。全要素生产率中的要素配置效应、技术溢出效应、市场化进程、管理能力都呈现下降趋势。2015 年中国宏观经济运行中出现"四降一升"，经济增速、工业品价格、企业赢利、财政税收增速下降，企业经营成本上升。因此，这也说明，如果我国不进行"供给侧结构性改革"，不加快提高全要素生产率、培育和发展新动力，则我国经济中长期保持平稳较快增长将难以实现。

在这样的背景下，2015 年底，党中央提出推进供给侧结构性改革，启动了"去产能、去杠杆、去库存、降成本、补短板"工作。党的十九大报告进一步提出，"必须坚持质量第一、效益优先，以供给侧结构性改革为主线，推动经济发展质量变革、效率变革、动力变革，提高全要素生产率，着力加快建设实体经济、科技创新、现代金融、人力资源协同发展的产业体系，着力构建市场机制有效、微观主体有活力、宏观调控有度的经济体制，不断增强我国经济创新力和竞争力"。

（二）推进供给侧结构性改革是当前和今后一个时期经济工作的主线

经过三年多来的大力推进实施，供给侧结构性改革取得阶段性成效，许多问题得到缓解。2018 年第 3 季度我国工业产能利用率达到了 76.5%，比 2015 年底提高 2 个百分点。截至 11 月，我国住宅商品房库存比 2015 年底减少近 2 亿平方米，下降 44%。我国宏观杠杆率也趋于稳定，根据国际清算银行（BIS）计算，2018 年 2 季度我国宏观杠杆率比 1 季度下降 0.3 个百分点。我国工业企业每百元主营业务收入的成本费用比 2015 年底下降 1.4 元。

供给侧结构改革在取得这些成绩的同时，也带来了一些新问题。工业产能利用率提高了，民营企业的市场份额和生存空间受到挤压；房地产库存下降了，大中小城市房地产价格经历了"排浪式"上涨；企业盈利改善，主要是煤炭、钢铁等受益于供给侧改革的上游行业企业利润改善，产业链下游的民营企业经营更加艰难。宏观杠杆率虽趋于稳定，但居民部门杠杆率快速上升，在去杠杆中，民营企业和中小企业融资难加剧，资金"量少价高"现象突出。银行对中小企业平均贷款利率为11.6%，近一半的中小企业融资成本在10%以上，并且多为一年内短期贷款，企业为了资金周转，需要频繁"过桥"拆借，进一步增加资金成本。企业普通反映水电气要素成本、物流成本、仓储成本、租金成本、劳动力成本不断增加。2018年1~10月，社会物流总费用为10.7万亿元，同比增长8.6%；我国物流总费用占GDP比重依然较高，2017年为14.5%，发达国家基本都在10%左右。据中小企业协会调查，企业反映租金成本涨幅在10%左右，原材料成本涨幅在10%~15%，普通工人工资涨幅在10%以上，技术工人工资涨幅在15%以上或者更高。

供给侧结构性改革与习近平总书记提出的，供给侧结构性改革，重点是解放和发展社会生产力，用改革的办法推进结构调整，减少无效和低端供给，扩大有效和中高端供给，增强供给结构对需求变化的适应性和灵活性，提高全要素生产率的要求仍有不小距离。当前我国经济运行中供给侧问题依然尖锐，特别是在中美贸易摩擦的影响下，许多矛盾更显突出。我国产业整体上处于全球产业链中低端，不少领域大而不强、大而不优，普遍缺少核心技术、拳头产品与自主品牌，核心技术往往受制于人。近几年的供给侧结构性改革虽然取得一些成效，但更多体现在治标上，缓解结构性矛盾；治本——提升供给体系质量进展并不明显。更多体现在淘汰落后上，一些领域有所"破"；催生先进尚未明显见效，"立"的领域尚在萌芽。更多体现为供给侧"调控"，多用行政化手段，运动式、"一刀切"、直接关停等简单方式来调控供给，因噎废食、朝令夕改时有发生；而供给侧"改革"进展缓慢，供给体系良性循环、自我提升的体制机制远未建立。供给侧结构性改革的任务远未完成。

（三）当前和今后一个时期深化供给侧结构性改革的主要任务

供给侧结构性改革可以说任重道远，下一步要在巩固"三去一降一补"成效的基础上，聚焦增强微观主体活力、积极提升产业链水平、畅通国民经济循环等核心任务。

一是巩固"三去一降一补"成果。要继续巩固"三去一降一补"成果，将"三去一降一补"工作的重心从治标向治本转移：通过节能环保等社会成本内化机制，建立产能自我调节机制；推动房地产市场的长效机制建设，促进房地产市场库存的自我良性调节；强化国有企业、地方政府的预算约束，加强金融机构的审慎监管，实体和金融同时去杠杆；加大减税降费力度，推进行政管理体制改革降低制度性成本，帮助企业全面降成本；建立引导社会资本进入发展短板的体制机制，建立补短板的长效机制，加强水利、铁路、公路、水运、航空、管道、电网、信息、物流等基础设施网络建设。

二是增强微观主体活力。坚持调动各方面积极性。人是生产力中最活跃的因素，必须充分调动人的积极性，充分调动中央和地方两个积极性，这是改革开放以来的重要经验。当前，要注重调动企业家、创新人才、各级干部的积极性、主动性、创造性。为企业家营造宽松环境，用透明的法治环境稳定预期。要为创新人才建立完善激励机制，调动其积极性。对各级干部，要坚持激励和约束并举，既坚持党纪国法的"高压线"，也要重视正面激励，完善容错纠错机制，旗帜鲜明地给那些呕心沥血做事、不谋私利的干部撑腰鼓劲。当前特别要处理好民营企业和国有企业关系，要加快推进国有企业改革，使国有企业真正成为自主经营、自负盈亏、自担风险、自我约束、自我发展的独立市场主体，实现国企竞争中立；要努力营造保护企业家合法权益的法治环境和"权利平等、机会平等、规则平等"的营商环境，坚决杜绝因企业所有制的不同而设置不同的规则，创建国企和民企公平竞争的市场环境。

三是提升产业链和价值链水平。针对我国产业整体处于中低端的现实，要通过补短板、挖潜力、增优势，促进资源要素高效流动和资源优化配置，推动产业链再造和价值链提升，促进我国产业迈向全球价值链中高端。要积极推动价值链条上的升级，由制造区段向研发、设计、创意、标准制定等上游环节延伸；要积极推动价值网络升级，激励企业由模块供应商上升为系统集成商，并进一步上升为规则设计商；要推动价值整合上的创新，准确把握新一轮科技革命和产业变革趋势，"换道超车、变道超车"，追赶、引领科技潮流。

四是畅通国民经济循环。从实体经济循环看，关键是推动要素市场改革，顺畅要素流动，打破垄断；要加快户籍制度改革，提升劳动力流动；要加快教育培训，提升劳动力素质，通过要素流动优化资源配置，通过要素质量的提高提升要素产出，提升供给效率和质量。从实体经济和金融循环看，一方面资金体内循环、脱实向虚，造成了过去几年我国实体经济"贫血"，金融业风险聚积；另一方面金融和实体循环不畅，信贷市场资金定价机制不完善，存贷款利率不能有效反映信贷资金有效需求，对资源配置的价格指导作用发挥不足。在利率价格抑制的情况下，银行当然更偏向国有企业、大企业，加剧了民营企业和中小企业融资困难。要坚定不移推动金融供给侧改革，推动金融去杠杆，治理影子银行，加强审慎监管，深入推进利率市场化，促进金融回归为实体经济服务。

（四）当前和今后一个时期深化供给侧结构性改革的根本途径是深化改革

习近平总书记指出，供给侧结构性改革的根本途径是深化改革，就是要完善市场在资源配置中起决定性作用的体制机制，深化行政管理体制改革，打破垄断，健全要素市场，使价格机制真正引导资源配置。当前和今后一个时期，供给侧结构性改革要从"调控"回归"改革"，要通过深化改革，建立有利于高质量发展的体制机制，真正实现供给提效、结构优化的目标任务。

一是打造法治政府。市场要在资源配置中起决定性作用，关键在市场和政府的边界，关键在政府对市场如何干预。必须深化行政管理体制改革，着力打造法治政府。进一步简政放权，推行权力清单制度，通过法律手段界定市场和政府的边界，真正落实：对市场主体是"法无禁止即可为"，对政府则是"法无授权不可为"的法治原则。政府严格依法行政，真正落实规则明确、程序透明、公平公正的法治要求。政府行为有章可循，从而稳定市场主体预期。营造良好法治环境。树立法律权威，全面落实法律面前人人平等，保护各类市场主体物权、债权、股权、知识产权等各种类型的合法财产权，实现各类市场主体诉讼地位平等、法律适用平等、法律责任平等，落实保护产权政策，依法甄别纠正社会反映强烈的产权纠纷案件。

二是推动要素市场改革。我国商品市场市场化基本完成，而要素市场化配置依然存在很多体制机制障碍，影响了整体的资源配置效率。要下定决心，加大力度，推进要素市场化改革。打破垄断，大幅放宽市场准入壁垒，全面实施并不断完善市场准入负面清单制度，破解民营企业面临的"玻璃门、弹簧门、旋转门"，凡是法律法规未明确禁入的行业和领域，都应允许各类市场主体进入；凡是已向外资开放或承诺开放的领域，都应向国内民间资本放开；凡是影响民间资本公平进入和竞争的各种障碍，都要通通消除。深化户籍制度改革、社会保障以及教育等公共服务制度改革，加快推进户籍与公共服务的脱钩，实现社保的全国统筹，进一步便利义务教育可携带，给劳动力流动松绑，促进形成全国统一的劳动力市场。深化科技体制改革，加大知识产权保护力度，激励创新。长期经济可持续发展只有靠全要素生产率，而提高全要素生产率唯有创新，激励创新是重中之重。要深化科技体制改革，打破束缚科技人员施展才华的条条框框；激发和保护企业家精神。同时，加大对侵害知识产权行为的执法力度，把违法成本显著提上去，把法律威慑作用充分发挥出来，保护知识产权人合法利益，鼓励创新。深化土地管理制度改革。建立城乡统一的建设用地市场，允许农村集体经营性建设用地出让、租赁、入股，实行与国有土地同等入市、同权同价。

三是完善国有企业治理。国有企业是我国市场经济中独特的主体。要持续深化国有企业改革，完善企业治理模式和经营机制，真正确立企业市场主体地位，增强企业内在活力、市场竞争力、发展引领力。要进一步完善国企国资改革方案，围绕管资本为主加快转变国有资产监管机构职能，改革国有资本授权经营体制，国有资本投资运营要服务于国家战略目标，更多投向关系国家安全、国民经济命脉的重要行业和关键领域，重点提供公共服务、发展重要前瞻性战略性产业、保护生态环境、支持科技进步、保障国家安全。

四是深化金融体制改革。金融是实体经济的血脉。要把发展直接融资放在重要位置，形成融资功能完备、基础制度扎实、市场监管有效、投资者合法权益得到有效保护的多层次资本市场体系。要改善间接融资结构，推动国有大银行战略转型，完善国有金融资本管理，完善现代金融企业制度，建立有效的激励约束机制；加快发展中小银行和民营金融机构。进一步疏通央行政策利率向金融市场及实体经济的传导，优化信贷资源配置。从提高金融市场深度入手，继续培育市场基准利率和完善国债收益率曲线，完善利率走廊机制，不断健全市场化的利率形成机制。明确取消存贷款基准利率时间表，完善利率定价自律机制，使存贷款利率更加充分反映市场资金需求情况。

三、大力支持实体经济，有效防控财政风险

2018年的中央经济工作会议提出，"继续打好三大攻坚战""保持经济运行在合理区间，进一步稳就业、稳金融、稳外贸、稳外资、稳投资、

稳预期"。要坚决贯彻党中央、国务院决策部署，实施更加积极的财政政策，大力支持实体经济发展，有效防控财政风险，保持经济持续健康发展和社会大局稳定。

（一）要适度增加财政赤字

最近市场上关于扩大财政赤字，突破3%赤字率的声音不绝于耳。认为在当前"紧信用、松货币、宽财政"的宏观政策组合中，货币政策通过信贷渠道发力的空间受限，稳增长更多应该通过财政渠道发力，要反思财政政策理念，从平衡财政转向功能财政。在功能财政下，政府先根据宏观经济目标确定财政支出，再加上税收政策可能的调整影响，赤字只是结果，不要考虑赤字约束。我们认为，不考虑赤字的扩张是不可取的，财政需要高度关注自身可持续性，应更加积极，但不是无限制积极。

功能财政的基本思想是不以财政预算收支平衡的观点来对待预算赤字和预算盈余，而从反经济周期的需要来利用预算赤字和预算盈余，在经济衰退时实施扩张性财政政策可以不必在意财政赤字规模。其本质上还是着眼短期调控的"需求管理"政策思路，短期内扩大赤字可能对冲经济下滑，但从中长期看，不顾财政可持续性可能带来供给侧问题，带来更大不稳定。在实际政策实施中，功能财政还可能因为认知时滞、政策执行时滞等微观基础问题，错过实施的最佳时机，并且市场主体还会与政策博弈，加大市场的波动。功能财政不啻一种饮鸩止渴的办法，短期可能有效，但可能带来更严重的长期问题。在各国实践中，功能财政的思想是逐步被摒弃的，大萧条后功能财政思想一度是一些国家财政政策主流，但随后陷入"滞胀"证明功能财政效果并非完美。最近的欧债危机就是功能财政思想失败的一个典型，欧洲一些国家政府长期执行寅吃卯粮的赤字财政政策，在金融危机时进一步扩大财政赤字，导致整个国家经济陷入动荡。如希腊2006年和2007年财政赤字占GDP的比重分别为3.6%和5.1%，2008年和2009年扩大到7.7%和13.6%，带来了希腊政府债务危机。最近土耳其、阿根廷的动荡，高赤字也是一个因素。为什么功能财政在实践中效果并没有理论上的好？功能财政生效的条件是通过需求侧管理，短期财政刺激下去能立竿见影带来就业增加和经济回升，进而恢复财政收支平衡。实际上很难满足这一条件。很多貌似短期需求问题实际是长期矛盾积累的供给侧问题，短期刺激很难解决，很难起到立竿见影的经济带动结果。如希腊长期存在过度福利的供给侧问题，应对金融危机增加的支出形成的是福利,并未带来就业和经济的恢复,财政窟窿不但没有得到弥补反而越来越大。当前主流的财政政策思想均是考虑财政自身可持续的同时,需求侧管理和供给侧改革相结合,促进经济长期可持续发展。

鉴于2019年经济形势和我国政府债务情况,一般政府债务规模和赤字率可以适度提高,但是赤字率不宜超过3%。3%的赤字率既是国际上控制政府债务的一般规则,同时也是地方政府、市场、国际社会对于我国经济风险判断的风向标。如果赤字率突破3%,会向地方政府、资本市场传递经济形势变动较大的信号,可能诱使地方政府回到通过基建稳增长的传统路径,会引起资本市场动荡,也会对中国主权债务评级带来负面影响。

(二) 实施更大规模的减税降费

2018年,"税收"成功站到中国舞台的C位(中心位置)。关于税收的话题从年初贯穿到年尾,中美加征关税,降低增值税税率、个人所得税改革、国地税合并等。"税"字也被评选为《新周刊》2018年度汉字。党的十八大以来,减税降费力度不断加大。2012~2017年,减税降费共减轻市场主体负担3万多亿元。2018年全年减税降费规模预计超过1.3万亿元。大规模的减税降费也取得了明显成效,主要体现在三个方面:

一是我国宏观税负率不断下降。按照IMF可比口径,我国政府收入是扣除重复计算项目和国有土地出让收入之后的四类预算收入之和。有人可能会问为什么要扣除土地出让收入?因为按照IMF《政府统计手册》定义,政府收入指增加政府权益的交易活动,土地出让收入是政府资产的减少和货币资金的增加,不带来政府权益的变化,所以不计入政府收入。据此测算,2017年我国政府收入为22.5万亿元,占GDP比重为27.2%,连续两年下降。其中2017年税收收入占GDP比重为17.5%,连续三年下降后与上年持平,比2013年下降1.1个百分点;非税收入占比为3.4%,连续两年下降;国有资本经营预算收入占比0.3%,同比下降0.1个百分点;政府性基金收入占比为0.8%,同比下降0.4个百分点,社保基金收入占比为5.2%,与上年持平。我国27.2%的宏观税负水平,比世界平均水平低9.6个百分点,比发达国家和发展中国家平均水平分别低14.3个和4.9个百分点。即使加上土地出让净收益(土地出让收入减去成本性支出)后,我国宏观税负水平为28.7%,也低于世界平均水平。

二是市场主体税费负担有所下降。我们通过对3 533家上市公司经营成本进行分析,2017年上市公司税费成本占营业收入比重为6.75%,比

2016年降低近0.4个百分点。个人所得税调整起征点后，缴纳个税人数占城镇就业人员的比例从44%降低到约15%，月收入1万元的纳税人减税幅度超过70%。

三是税收结构进一步优化。减税降费主要减的是流转税，相应拉低间接税增幅，同时供给侧结构性改革成效不断显现，我国直接税比重加速提高。2017年我国直接税占比为35%，比2012年提高了6个百分点。从国际比较来看，大部分发展中国家都是间接税为主，直接税为辅，与我国当前情况一样；大部分发达国家是直接税与间接税并重，像美国这种以直接税为绝对主体的国家非常少。直接税与间接税各有优点，相辅相成。直接税一般采用累进税率，有利于调节收入分配和体现社会公平；间接税征收简便、税源丰富，有利于广泛筹集财政收入。直接税与间接税比例是一定时期内经济社会发展水平决定的，当前我国直接税与间接税的比例与我国经济发展阶段是基本相符的。随着国家治理水平和治理能力的不断提升，我国直接税比重也会持续提高。我国税制结构发展的方向将是"直接税与间接税并重"，有利于更好发挥税收提高经济效率与促进社会公平的作用。

虽然我们在减税降费上做了巨大努力，但与社会预期还有一定差距，企业获得感不强，企业反应税负依然较重，主要的原因就是我国间接税为主的税制结构。企业是主要的纳税人，所以会感觉税收负担重。但间接税是可以转嫁的，企业虽然是纳税人，并不是税收的最终负担者。不同企业的税收转嫁能力不同，大企业税收转嫁能力更强，中小企业转嫁能力较弱，所以中小企业会感觉税负更重。

2019年，还将实施更大规模减税、更加明显降费措施。2018年11月1日，习近平总书记在民营企业座谈会上提出，要实质性降低企业负担，推进增值税等实质性减税，而且要简明易行好操作，增强企业获得感。要根据实际情况，降低社保缴费名义费率，稳定缴费方式，确保企业社保缴费实际负担有实质性下降。习近平总书记的讲话很好地回应了社会关切的问题。增值税减税无疑还将是2019年减税降费的重头戏之一。2019年将延续实施阶段性降低失业保险费政策，同时对符合条件的努力稳定就业的参保企业，通过减费方式，返还企业和职工缴纳的50%失业保险费。企业养老保险费率也会进一步下调。2019年，减税降费规模和力度将是空前的。

（三）推动完善有利于提高居民消费能力的收入分配制度

我国居民消费率（居民消费占GDP比重）一直比较低，2017年我国居民消费率只有38.4%，低于经济合作与发展组织（OECD）国家平均水平15个百分点左右。我国居民消费率较低的主要原因有两点：一方面是居民消费能力较低，居民没钱可消费，我国居民可支配收入占GDP比重只有60%多，比发达国家低10个百分点左右；另一方面是我国居民消费意愿低，居民有钱不敢消费，我国居民消费倾向不到65%，大概比发达国家低10个百分点。2018年，我国消费增速创15年来新低。前一段时间，大家争论是"消费升级"，还是"消费降级"，还是"消费分级"。可以说，这几种情况都有，背后凸显的是消费结构变异。由于结构性扭曲效应，不同消费群体的消费能力、消费意愿、消费预期发生了明显的分化演变。总体看，当前消费增长乏力主要受到两方面因素制约。一方面是居民增收困难增多和我国居民收入差距有所扩大的影响。2018年前三季度居民可支配收入实际增速为6.6%，低于同期GDP增速。2016年、2017年居民收入基尼系数连续两年上升并有扩大苗头。我们通过计量模型测算，基尼系数与居民消费率存在明显的负相关关系。另一方面是高房价对消费挤出效应凸显。近几年我国居民部门信贷快速增长，主要是购房贷款增加。2016年、2017年居民家庭新增贷款分别为6.3万亿元、7.1万亿元，2018年1~11月居民家庭新增贷款6.9万亿元。

面对这种情况，党中央、国务院高度重视，发布了一系列政策。2018年9月20日，中共中央、国务院印发的《关于完善促进消费体制机制，进一步激发居民消费潜力的若干意见》提出，完善有利于提高居民消费能力的收入分配制度。财政部也积极行动，刘昆部长在10月7日接受新华社采访时就特别强调了这一点。2018年实施的个人所得税改革已经很好地体现了这方面的要求。个人所得税起征点由3 500元提高到5 000元，同时扩大三档低税率级距。这将极大提高居民消费能力和消费意愿。在促进居民消费方面，2019年财政政策还需在以下几方面发力：

一是支持教育公平优质发展。巩固城乡义务教育经费保障机制，扩大普惠性学前教育资源，加快普及高中阶段教育，完善职业教育生均拨款制度。二是深化养老保险制度和医药卫生体制改革。继续提高城乡居民基本医疗保险财政补助和个人缴费标准，支持促进基本公共卫生服务均等化，继续提高基本公共卫生服务人均经费补助标准。三是继续推进保障性安居工程建设。严格控制棚改范围和标准，坚持将老城区内脏乱差的棚户区和国有工矿区、林区、垦区棚户区作为改造重点。保持中央财政资金补助水平不降低，各地要严格评估财政承受能力，科学确定2019年度棚改任务。

支持各地优先开展农村四类重点对象危房改造。四是支持完善公共文化服务体系。支持国家全域旅游示范区创建,推动旅游业转型升级融合发展。支持实施全民健身国家战略,持续推进公共体育场馆向社会免费或低收费开放。

(四) 妥善应对中美经贸摩擦

为应对复杂的国际经济形势变化,2018年以来已出台实施多项税收政策,稳定外贸外资,支持开放型经济发展。对境外投资者以利润直接投资暂不征收预提所得税,实施企业境外所得综合抵免。完善出口退税政策,降低出口企业税收负担。取消包括抗癌药在内的部分药品进口关税,降低汽车整车及零部件、部分日用消费品等进口关税,对进口机电设备、零部件及原材料等工业品实施降税。我国关税总水平由2017年的9.8%降至7.5%,在全球处于中等偏低水平。为妥善应对中美经贸摩擦,2019年财政政策需要重点做好以下几点工作:

一是积极研究反制措施。密切跟踪美方贸易措施动态,及时研究制定有关反制预案和实施方案,并做好实施效果分析工作。推进对美加征关税措施商品排除工作,有效缓解受经贸摩擦影响企业实际困难。二是支持稳定外贸外资。落实提高部分产品出口退税率的政策。在组织实施好降低关税总水平以及2019年关税调整方案的基础上,研究采取相应措施积极扩大进口。优化外经贸专项资金结构,重点支持鼓励中西部和东北地区承接加工贸易、外资转移,鼓励进口先进设备和技术、关键零部件,支持外贸中小企业开拓市场,推进"一带一路"国际合作等事项。三是用好工业企业结构调整专项奖补资金,支持做好化解钢铁、煤炭过剩产能工作,妥善解决受中美经贸摩擦影响企业的职工安置问题。同时,积极配合相关部门研究制定"六稳"预案措施,应对外部风险冲击。

(五) 科学有效防范化解地方债务风险

财政自身可持续性是我国经济长期稳定的"定海神针"。我国数次经历外部冲击的经验告诉我们,良好的财政状况是化解危机的重要基础,无论是1998年亚洲金融危机还是2008年全球金融危机,我国能较快走出,一个重要基础是财政状况比较健康。目前我国财政状况总体是健康的,财政收支总体平衡,收入质量有所提高,这是我们应对风险的关键。我国地方政府隐性债务较高,潜在风险聚集。2017年底我国中央政府债务、地方政府限额内债务占 GDP 比重为 36.2%，如果加上地方政府隐性债务，全部债务占 GDP 的比重将会提高。地方政府隐性债务多数用于公益性项目建设，资产变现能力强的项目少，缺乏自我清偿能力，高度依赖财政资金。部分省份"一刀切"清理债务，"后门"关闭太快太急，"前门"开得小，可能加速融资风险暴露。2019年地方城投债集中到期，偿债压力加大，可能出现财政风险与金融风险进一步交织的局面。

防范化解地方政府债务的压力更大，面临的形势更加复杂，提出了更大挑战，但坚决遏制隐性债务增量的要求绝不能放松，不得采取任何方式违法违规举债上新项目、铺新摊子。这就要求更加讲究方式方法，科学有序防范化解地方政府债务。一是进一步完善并拓宽地方政府合法融资的渠道，合理增加"开前门"融资规模。二是加快编制发布各级政府资产负债表，强化市场监督约束作用。三是加强地方政府债务监控，健全地方政府债务风险评估和预警机制，密切关注隐性债务集中、化解债务能力偏弱的市县级地方政府。四是进一步压实地方政府责任，建立地方政府举债终身问责和债务问题倒查机制，稳妥化解隐性债务增量，分类审慎处置；推进融资平台公司市场化转型，依法剥离政府融资职能。并解决好债务偿还和在建项目后续融资问题，在"不增加隐性债务"的同时要"防止产生半拉子工程"。五是加强财政货币金融政策协同，有序有效防控财政金融风险。党的十九大报告提出，健全货币政策和宏观审慎政策双支柱调控框架。一方面，财政部门集中统一履行国有金融资本出资人职责；另一方面，应对系统性金融风险需要动用公共财政资源，财政是化解系统性金融风险的最后手段，通过注资、补贴等财政手段对问题金融机构出现的风险进行处置。地方政府债务一方是政府，一方是银行等金融机构。财政部门着重从政府侧入手，规范举债，严控隐性债务，央行和金融监管部门从金融机构侧着手，加强金融机构管理，遏制向地方政府及融资平台违规放贷。此外，财政货币政策在国债市场建设、国库管理等领域也要加强协同配合，更好发挥政策合力。

（六）高度关注中小城市房地产市场变化带来的财政风险

从一定程度上说，房地产市场健康平稳是经济金融安全的基石。房地产对宏观经济、财政、金融都有十分重要的影响。从宏观经济增长看，房地产投资占全社会固定资产投资额的15%左右，对经济增长具有重要影响；从财政来看，房地产相关税收是税收收入的重要部分，土地出让收入是政府性基金收入主要来源，土地出让收入也是地方政府专项债主要的还款资金来源；从金融看，房地产相关贷款（包括居民按揭贷款、房地产开发贷款及其他以房地产为抵、质押的贷款）占全部银行贷款的比例较高，如部分省占比超过50%；从居民财富看，房产占我国居民家庭财富比重接近70%。可以说，房地产市场变化对经济社会各方面的影响都十分巨大。

2018年上半年，部分城市房价上涨过快，房地产领域乱象较多。从表面看，房地产市场存在"三个倒挂"现象，即一手房与二手房价格倒挂、房价与地价倒挂、供应与需求倒挂。在"三个倒挂"背后，还有"三个失衡"问题，房价收入比例失衡、房价租金比例失衡、房地产业与国民经济发展水平失衡。"三个失衡"反映了"三化"的深层次原因，房地产市场过度金融化、地方政府对土地收入依赖常态化、调控手段过度行政化。解决房地产市场领域问题，要从现象入手，认真分析问题，认清深层次原因，看到本质、分析规律，科学把握房地产长效机制建设。从发展趋势看，各城市房地产市场呈现分化走势。从房地产的自身属性看，房地产是不动产，受到土地、人口、资金、教育、环境、资源等多种因素影响，各地差异非常大。实践证明，完全用统一政策管理房地产难度很大。因此，房地产调控的主体责任必须落到各城市，因地制宜、区别对待，"不搞一刀切"，保持房地产市场的稳定健康。

高度关注中小城市房地产市场变化带来的财政风险。从区域和近期看，房地产市场存在较高的区域性结构性风险，一二线城市房地产市场投资投机严重，中小城市人口流出，房价面临一定调整压力。随着棚改界定范围、融资模式和货币化安置比例等政策的调整，对人口净流出的中小城市有较大影响，对当地的财政收入带来较大冲击，要高度关注这类城市的财政风险。最近一段时期，市场观望情绪加重，新开盘项目去化率持续走低，土地流拍数量明显增多，房地产市场显现降温特征。这既是我们一段时间以来房地产调控效果的显现，也要密切关注房地产市场变化对中小城市财政经济的影响。从中长期和总量看，我国房地产市场需求缓步上升。我国目前城镇化率只有58.5%，还处于快速城市化的进程中。结合我国人口结构和城市化变迁，我们测算，未来一段时期我国25~44岁城镇主力购房人口总量还是上升的，但是增速逐渐放缓。这就意味着我国房地产市场还是有巨大的潜在刚性需求，但城市间的需求分化会更加明显。最近国际知名投行瑞银（UBS）发布的房地产研究报告，也是从25~44岁人口数量变化视角分析了中国房地产潜在需求，结论与我们的分析判断基本一致。

（七）严防养老金制度运行的"灰犀牛"

老龄化是个渐变的过程，表面看似影响不大，但潜移默化的影响非常巨大。老龄化问题被国际社会称之为"定时炸弹"，要拆解这个"定时炸弹"，需要及早入手。

我国老龄化形势极其严峻。2000年，我国65岁人口占比达到7%，开始进入老龄化社会。2017年我国65岁以上人口占比为11.4%。根据联合国《世界人口展望报告》测算，2025年左右我国65岁以上人口占比将达到14.2%，进入深度老龄化社会（即65岁以上人口占14%）；2035年左右将达到20.9%，进入超老龄社会，届时我国65岁以上老年人口将达3亿人，比2016年增加一倍；2060年将提高至30.5%，长期保持在这一超高水平，进入"老龄化高原"阶段。我国是世界上老龄化速度最快的国家之一。

企业养老金支付压力较大。随着老龄化快速到来，保障养老金安全发放是政府的重大任务，财政部门责无旁贷。2018年，我国实施了中央调剂金制度。中央调剂金制度解决了省份之间的平衡问题，实行中央调剂金后，只有部分省市出现缺口。但是全国养老金的收支缺口压力并没有得到根本性解决。

我国企业职工养老保险费率畸高，保费收支却入不敷出。我国养老保险名义费率在全球174个国家和地区中排名第15位，从2014年起，我国企业职工养老保险基金保费收支连续4年出现缺口，基金自身难以实现收支平衡。未来一段时间，企业社保缴费实际负担要有实质性下降，还要保持财政的可持续性。财政压力确实很大，但财政等有关部门在这方面已经做了大量应对工作，可以平衡好当前与长远的关系，逐步推出的应对措施主要有以下几点：

一是加快实现养老保险全国统筹。尽快实现养老保险全国统筹，是党的十九大提出的目标任务。首先要加快养老保险省级统筹步伐，目前企业养老保险实现省级统筹的省份只有8个。在实现省级统筹的基础上实现全国统筹，财政部门、人社部门一直在紧锣密鼓地推进此项工作。

二是实施延迟退休政策。目前，我国平均退休年龄不到55岁，大大低于其他国家。美国、法国、德国的法定退休年龄都在67岁左右，日本、韩国是65岁左右。随着人均寿命不断延长，推迟退休年龄是世界各国普遍做法。

三是进一步完善养老保险制度的激励机制。我国企业养老保险缴费基数不实、断缴率高，加剧了基金收支不平衡的状况。根据《中国企业社保白皮书2018》调查，社保缴费基数完全合规的企业仅占27%[①]。2017年我国企业养老保险缴费人员年缴费平均工资基数占全国城镇单位就业人员年平均工资的比例不到75%，缴费基数严重不实。近些年，我国企业职工基本养老保险基金断缴率（即中断缴费人数占登记参保人数比例）不断上升。缴费基数不实、断缴率高，对合规缴费企业和个人不公平，"老实人吃亏"特征明显，具有明显的负道德激励。长期来看，要进一步增强企业养老保险制度的激励效应，建立"早减晚增"的弹性退休制度，提高最低缴费年限，完善征缴方式，逐步做实缴费基数、降低断缴率，增强制度自身平衡能力。

根据我们测算，通过提高参保率、征缴率，做实缴费基数，组合延迟退休政策，可以使我国企业职工养老保险保费收支逐步恢复平衡。

---

① 2018年8月24日，51社保发布《中国企业社保白皮书2018》，企业基数合规性比例分别为，按职工上年月平均工资占27%，按最低下限的占31.7%，按固定工资部分（不含奖金）占15.8%，按内部分档占17.3%，按领导安排占6.2%，其他占2%。

我国CPI和PPI即期短期预测模型及我国物价走势预测*

物价指数是监测经济运行的重要指标，也是宏观调控的重要依据，对财政收入具有重要影响。为准确把握物价走势，我们建立了物价指数即期预测模型和物价指数短期预测模型，用来预测当月和未来一年居民消费价格指数（CPI）和工业生产者出厂价格指数（PPI）走势。

一、我国物价指数预测的意义

作为市场经济的核心变量，物价有传递信息、调节资源配置、调节收入、促进竞争等作用。物价走势对判断宏观经济形势有基础性作用，对财政收入有基础性影响，稳定物价也是宏观调控政策的基本目标。准确判断物价走势，具有十分重要的意义。

CPI和PPI是衡量物价走势最具有代表性的两个指标（详细介绍见附件1）。CPI指城乡居民购买并用于日常生活消费的商品和服务项目的价格，能够刻画一定时期内居民所消费商品及服务项目的价格水平变动趋势和变动程度。居民消费价格水平的变动率在一定程度上反映了通货膨胀（或紧缩）的程度。PPI是指工业企业产品第一次出售时的出厂价格，能够及时、准确、科学地反映各工业行业产品价格水平及其变动趋势和幅度。

二、我国物价指数即期预测模型

（一）我国物价即期预测模型方法简介

物价走势的即期预测是指对当前的物价指数的测算，基本思路是用本

---

* 本文数据由作者根据相关资料整理分析得出。

月高频数据（旬度、周度、日度），发掘现有尽量多的信息来测算本月物价指数（所使用高频数据见附件2）。一般而言，统计局在下月 10 日左右发布当月物价指数，即期预测模型可以在本月第一周起捕捉高频数据变化，测算当月的物价指数；在本月 20 日左右能对本月物价指数做出较为精确的预测。

（二）我国 CPI 即期预测模型

我国 CPI 数据分为食品、非食品两大类，即期预测按如下步骤进行：一是计算各分项权重。CPI 的"一揽子"商品权重最近一次大的调整是在 2016 年，因此采用 2016 年以来的各分项权重的月度均值作为测算的分项权重。二是测算各分项当月月度环比变动。选取国家统计局发布的 50 个城市主要农副产品平均价、农业农村部发布的批发平均价、Wind 咨询发布的全国粮油批发价格指数等共计 42 项数据，构建粮食（含 8 项）、畜肉（含 7 项）、蛋类（含 2 项）、水产品（含 7 项）、鲜菜（含 12 项）、鲜果（含 6 项）等 6 大类测算指数，使用历史数据得到的 6 大类测算指数与 CPI 食品中对应 6 类价格的计量关系，从而利用 6 大类测算指数当前值推断出当月 CPI 中食品 6 大分类价格环比的预测值，进而测算当月食品价格的变动。选取 CRB 现货指数中的综合、金属、工业原料、纺织品等 4 项指数，根据其与 CPI 非食品价格的历史计量关系，推断当月非食品价格的变动情况。三是对食品、非食品月度环比数据进行加权平均，得到 CPI 当月环比指数 $K_t \left(K_t = \dfrac{P_t}{P_{t-1}} \right)$。根据环比指数，可以计算 CPI 当月的定基指数 L_t，进而计算同比指数 I_t 和年度指数 I_y，具体公式如下。

$$L_t = L_{t-1} \times K_t, \quad I_t = \frac{L_t}{L_{t-12}}, \quad I_y = \frac{\sum_{1}^{12} L_t}{\sum_{t-12}^{t-1} L_t}$$

根据 2014 年 12 月 ~ 2017 年 8 月的高频数据，我们使用我国物价即期预测模型，对 CPI 的数据进行了测算，得出 CPI 即期预测数，将其与 2014 年 12 月 ~ 2017 年 8 月国家统计局公布的 CPI 实际数值进行比较，可发现即期预测值与实际值的误差较小，较为准确地反映了 CPI 的真实走势。即期预测模型具有较好的预测精度。

（三）我国 PPI 即期预测模型

与 CPI 类似，PPI 即期预测模型的思路也是用高频数据去测算低频数据。但与 CPI 不同，国家统计局没有公布 PPI 的各分项权重，测算中主要用历年来各行业主营业务收入占工业主营业务收入的比重作为近似权重。在建模中，重点选择煤炭开采和洗选业，石油和天然气开采业，有色金属矿采选业，黑色金属矿采选业，石油加工、炼焦及核燃料加工业，化学原料及化学制品制造业，黑色金属冶炼及压延加工业，有色金属冶炼及压延加工业等 8 个行业进行环比分析，并用中国煤炭价格指数、OPEC "一揽子"原油价格、CRB 金属现货指数、铁矿石综合价格指数、全国成品油价格指数、化工产品生产资料价格指数、钢材综合价格指数、有色金属生产资料价格指数等 8 项时间序列来模拟。所用步骤类同 CPI 即期预测模型。先根据高频的 8 项指数来推断 PPI 分项变动，按照权重加权分项得到 PPI 环比指数。根据环比指数，计算定基指数、同比指数和年度指数。

根据收集的 2014 年 12 月～2017 年 8 月的高频数据，使用即期预测模型计算出 PPI 即期预测值，将其与国家统计局发布的实际值进行比较，可发现即期预测值与实际值误差很小，走势几乎重合，即期 PPI 预测模型具有很高的精度。

三、我国物价指数短期预测模型

（一）我国物价指数短期预测模型方法简介

我国物价短期预测，主要是对未来一年左右的物价走势进行预测，基本思路是建模挖掘当前可以预示未来的信息或者寻找可延续到未来的趋势，对未来物价走势进行判断。通过模型比较，本文选择了下面的方法，先对高频观测指标月度环比历史数据进行主成分分析，提取主成分，将提取出的主成分与相对应的 PPI 或者 CPI 月度环比数据建立 VAR 或者 BVAR 模型（详细介绍见附件 3），估计参数，得到短期预测模型。使用短期预测模型，扩展区间，进行预测。

(二) 我国 CPI 短期预测模型

我国 CPI 短期预测模型，基础数据是 CPI 月度环比值以及即期预测模型中的粮食、鲜菜、畜肉、水产品、蛋类、鲜果、CRB 月度环比值，共计 8 组时间序列。数据起始时间为 2011 年 2 月，截止日期为 2017 年 9 月。具体建模步骤如下：一是对 8 组时间序列进行 ADF 等检验，以确保数据的平稳性。二是对后 7 组观测指标月度环比值序列进行主成分分析。按照特征值大于 1 的标准，选取了前三个主成分 PCA1、PCA2、PCA3，三者合计对总方差的累积贡献率一般在 70% 左右。三是将这三个主成分时间序列与 CPI 月度环比值序列做 VAR 模型或者 BVAR 模型，选取最优滞后期（2 阶），得到模型参数。通过稳定性检验后，扩展样本期，利用模型对 CPI 短期走势进行预测。

为检验模型预测效果，我们利用模型将 2016 年 9 月~2017 年 8 月一年间的历史基础数据代入模型进行计算，得出期间 CPI 预测值，与国家统计局公布的实际值进行了对比。得出的结论是，模型对远期的预测精度显著小于近期，但对大方向的预测基本符合。如模型预测 2017 年前 8 个月我国 CPI 将上升 1.4%，国家统计局公布的实际数为上升 1.5%.

(三) 我国 PPI 短期预测模型

我国 PPI 短期预测模型，采用了与 CPI 短期预测模型类似的方法，数据的时间为 2007 年 9 月~2017 年 8 月。对中国煤炭价格指数、OPEC "一揽子" 原油价格、CRB 金属现货指数、铁矿石综合价格指数、全国成品油价格指数、化工产品生产资料价格指数、钢材综合价格指数、有色金属生产资料价格指数等 8 项时间序列提取三个主成分，3 个主成分因子对总方差的累积贡献率在 80% 左右。将这三个主成分时间序列与 PPI 月度环比值序列做 VAR 模型或者 BVAR 模型，选取最优滞后期（2 阶），得到模型参数。通过稳定性检验后，扩展样本期，利用模型对 PPI 短期走势进行预测。

为检验预测效果，我们也利用模型，将 2016 年 9 月~2017 年 8 月一年间的历史基础数据代入模型进行了计算，得出期间 PPI 预测值，与国家统计局公布的实际值进行了对比。得出的结论是，模型的近期预测效果好于远期，模型还存在一定数值误差，但在大方向上能判断出 PPI 的走势。

四、2018 年我国 CPI 和 PPI 预测

（一）2017 年 10 月份 CPI 和 PPI 即期预测值

使用即期预测模型，预测 2017 年 10 月 CPI 环比上涨 0.2%、同比上涨 1.9%；PPI 环比上涨 0.2%、同比上涨 6.3%。

（二）2017 年四季度和 2018 年我国 CPI 和 PPI 短期预测值

使用 CPI 和 PPI 短期预测模型，可计算 2017 年四季度和 2018 年我国 CPI 和 PPI 预测值。结果如图 1、表 1 所示。

2017 年四季度我国 CPI 同比上涨 1.8%，全年 CPI 上涨 1.5%。2018 年 CPI 将继续温和运行，最高点将在 6、7、8 月份，涨幅达到 2.5% 左右，全年 CPI 将为 2.0% 左右。预测潜在的风险点是食品，特别是猪肉价格。目前猪肉批发价格在 20 元/公斤左右，处于较低水平，但生猪存栏量、能繁母猪存栏量分别是 3.5 亿头、3 500 万头左右，处于 2008 年以来的低位，如果猪肉价格上涨，将抬升 CPI 涨幅。

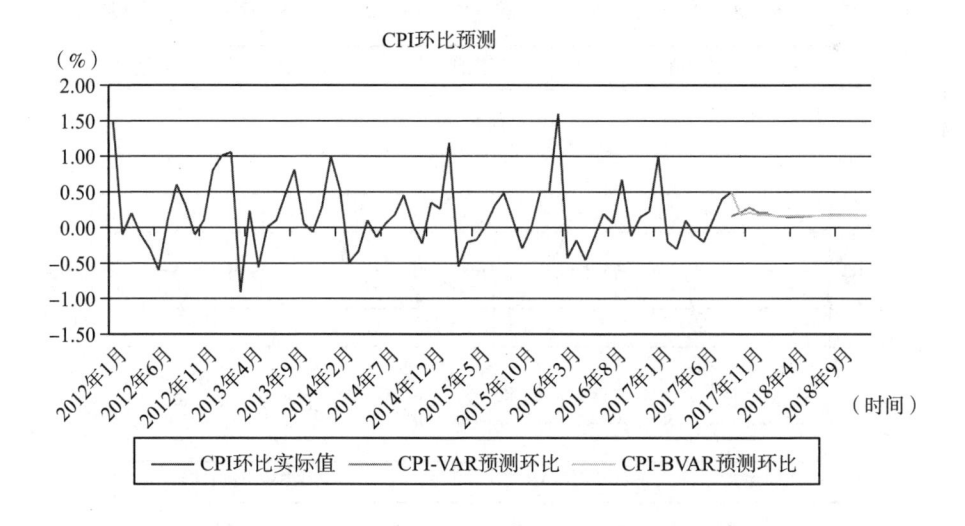

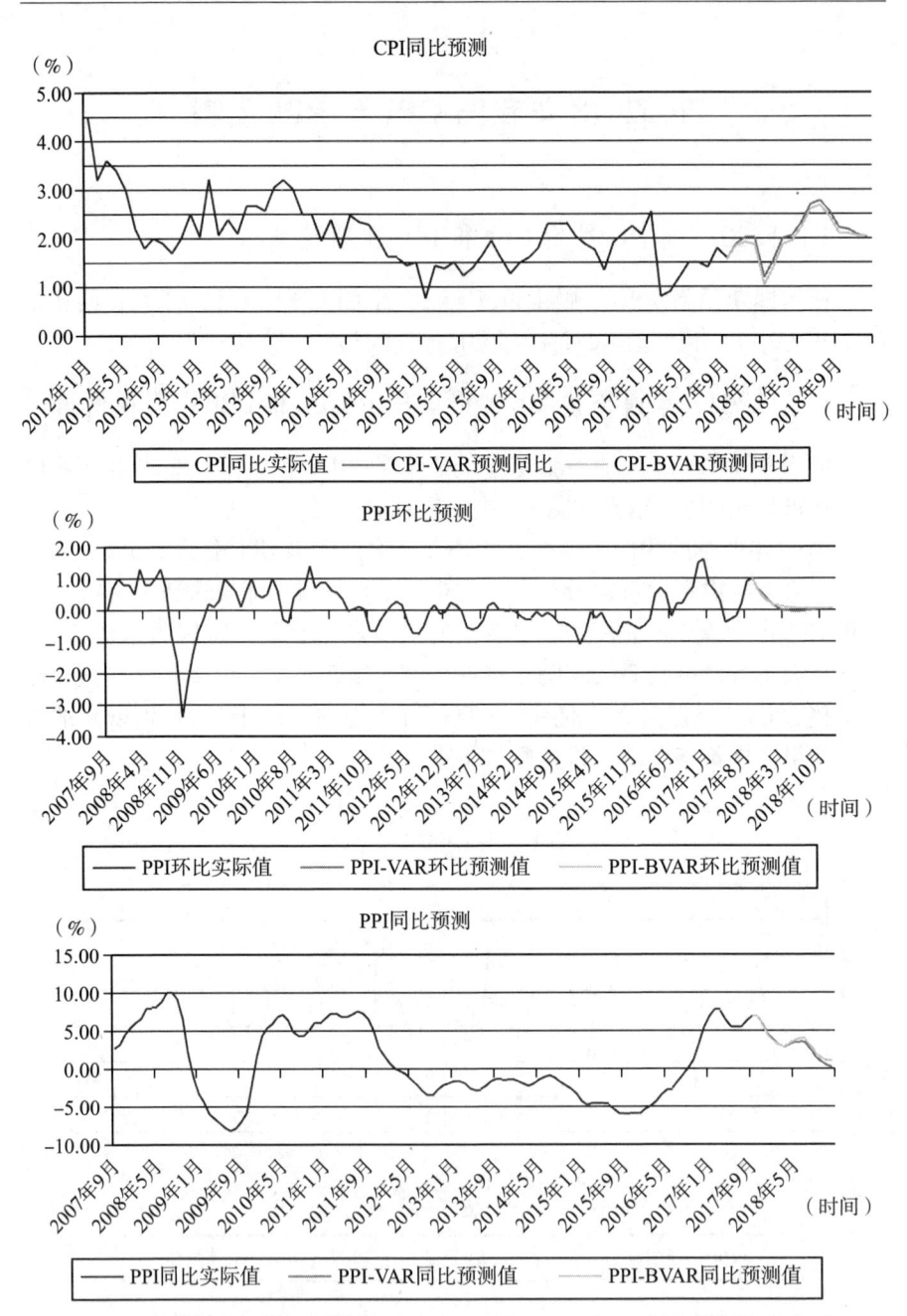

图 1　物价指数短期预测模型 2017 年 10 月～2018 年 12 月年预测值示意图
资料来源：Wind 资讯、本报告所述模型。

一、宏观经济篇

2017年四季度我国PPI同比涨幅4.7%，2017年12月PPI同比涨幅将降低到3%左右，全年PPI涨幅为6.0%。考虑到2017年工业品价格已上一台阶，基准较高，再加上2018年需求预计较为温和，下年PPI上涨压力将明显降低，全年PPI将为2.6%。预测潜在的风险点是石油价格。目前原油价格在54美元/桶左右，与历史水平相比不高，若地缘政治动荡等因素影响原油供给，带来原油价格上升，将抬升2018年PPI涨幅。

表1 物价指数短期预测模型2017年10月~2018年12月年同比预测值

单位：%

时间	CPI			PPI		
	CPI - VAR	CPI - BVAR	均值	PPI - VAR	PPI - BVAR	均值
2017年10月	1.94	1.84	1.89	6.32	6.28	6.30
2017年11月	1.83	1.66	1.75	4.61	4.46	4.54
2017年12月	1.82	1.61	1.72	3.21	3.02	3.12
2017年四季度	1.86	1.70	1.78	4.71	4.59	4.65
2017年全年	1.51	1.47	1.49	6.14	5.88	6.01
2018年1月	1.00	0.78	0.89	3.73	3.60	3.67
2018年2月	1.37	1.15	1.26	3.15	3.09	3.12
2018年3月	1.82	1.62	1.72	2.82	2.87	2.84
2018年4月	1.87	1.69	1.78	3.19	3.35	3.27
2018年5月	2.13	1.97	2.05	3.45	3.72	3.59
2018年6月	2.51	2.34	2.43	3.62	3.99	3.81
2018年7月	2.59	2.41	2.50	3.40	3.84	3.62
2018年8月	2.36	2.18	2.27	2.49	2.97	2.73
2018年9月	2.38	2.19	2.28	1.51	2.00	1.76
2018年10月	2.18	2.09	2.14	0.90	1.43	1.16
2018年11月	2.07	2.05	2.06	0.45	1.07	0.76
2018年12月	2.04	2.04	2.04	0.21	0.87	0.54
2018年全年	2.03	1.88	1.95	2.40	2.72	2.56

资料来源：Wind资讯、物价指数预测模型。

五、下一步做好我国物价预测与宏观调控的建议

通过本书研究，我们建立了我国 CPI 和 PPI 即期和短期预测，为科学监测物价走势提供了工具。下一步，建议做好以下工作：

（一）继续跟踪预测物价指数

需要进一步完善物价模型，采集更多数据，选择更适合的模型，遵循更规范的流程，进一步提高预测效果。做好预测的持续更新，持续进行数据采集、模型开发和维护，吸收深度学习等最新技术，提高预测科学性。同时也要加强预测技术的交流和学习，多种形式利用外脑，吸收经济学界和计算学界最新知识和方法，更好地做好预测工作。

（二）根据物价指数走势审慎估计 2018 年财政收入

2018 年，大宗商品在 2017 年的较高基数上继续走高的空间明显缩小，再加上需求预计较为温和导致国内工业品供求关系得到改善，PPI 上涨压力将明显降低，全年涨幅将低于 2017 年。因此，2018 年 PPI 对于财政收入增长的推动作用将降低，并且 2017 年较高基数的财政收入会对下年财政收入带来一定压力。需要未雨绸缪，合理安排财政支出以及国债发行等相关事宜。

（三）密切关注物价指数波动的主要风险点

CPI 预测潜在的风险点是猪肉价格。目前猪肉价格处于较低水平，但生猪存栏量、能繁母猪存栏量均处于 2008 年以来的低位，如果猪肉价格上涨，将抬升 CPI 涨幅。PPI 预测潜在的风险点是石油价格。目前原油价格与历史水平相比不高，若地缘政治动荡等因素影响原油供给，带来原油价格上升，将抬升 PPI 涨幅。因此需要密切关注猪肉、原油等物价波动主要风险点，及时修正预测结果。

附件 1

物价指数背景知识

一、CPI、PPI 简介

CPI 主要反映居民购买的商品及服务项目价格水平的变动趋势和变动程度。从构成上，CPI 可以分成食品和非食品两大类，非食品和 PPI 相关性比较高，各大类里又继续分成若干小类。其权重根据国际惯例，每 5 年更新一次，并在每年进行一次微调。2015 年之前食品和非食品权重分别是 33%、67%，2016 年 1 月起，食品权重降为 20%，但对 CPI 波动贡献率在 76% 左右（见图 1）。

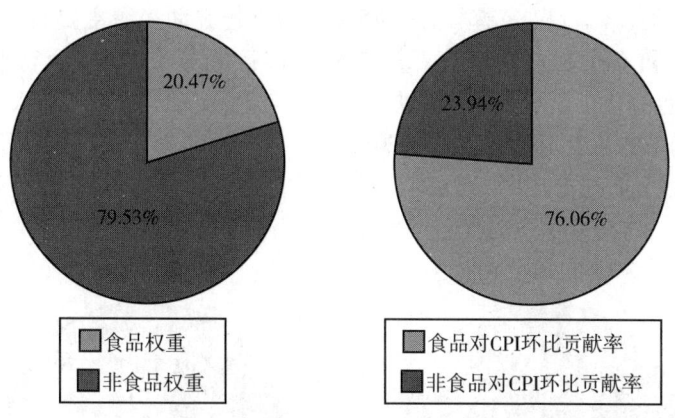

图 1 CPI 中食品、非食品占比权重以及对 CPI 变动贡献率

资料来源：Wind 资讯、本报告所述模型。

食品中各分项比重依次为畜肉类（22.5%，其中猪肉为 13% 左右）、鲜果（13% 左右）、粮食（11% 左右）、水产品（8.9% 左右）、鲜菜（8.6% 左右）（见图 2）。权重的计算可由某项的环比值/拉动整体环比上涨值计算。

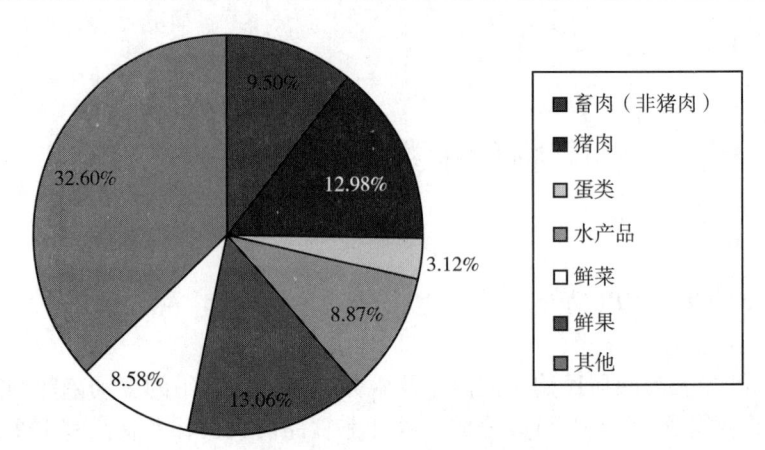

图 2 CPI 食品项各分项占比

资料来源：Wind 资讯、本报告所述模型。

PPI 主要反映工业企业产品第一次出售时的出厂价格的变化趋势和变动幅度。从构成上，PPI 主要有两种分法。第一种是分成生产资料、生活资料两大类，两者权重基本上是 75%、25%，波动来源主要是生产资料，生活资料和 CPI 相关性较高。第二种是按行业分成 40 多个行业，其中"三黑一色一化工"（煤炭、钢铁、石油、有色金属、化工）等八大重点行业是波动率的主要贡献者。采用 2012 年 4 月~2017 年 8 月数据计算平均值，虽然八大行业占比在 25% 之间，但对 PPI 波动率合计贡献率在 77% 左右（见图 3）。这与 CPI 中的食品十分类似。

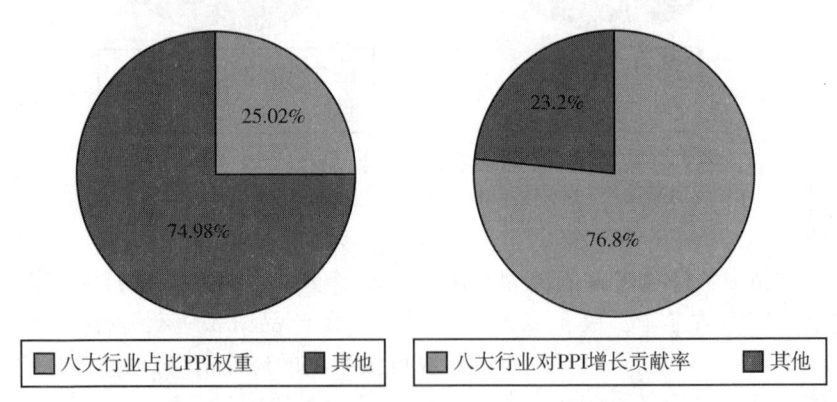

图 3 PPI 中八大行业权重以及对 PPI 变动贡献率

资料来源：Wind 资讯、本报告所述模型。

八大行业中,按权重排序,依次为化工(30%左右)、黑色金属冶炼(22.7%左右)、有色金属冶炼(18.5%左右)、石油加工(12.5%左右)、煤炭开采(8.6%左右)、石油天然气开采(2.9%左右)、有色金属采选(2.6%左右)、黑色金属采选(2.3%左右)(见图4)。行业权重由各行业主营业务收入在全部工业主营业务收入中的占比来计算。

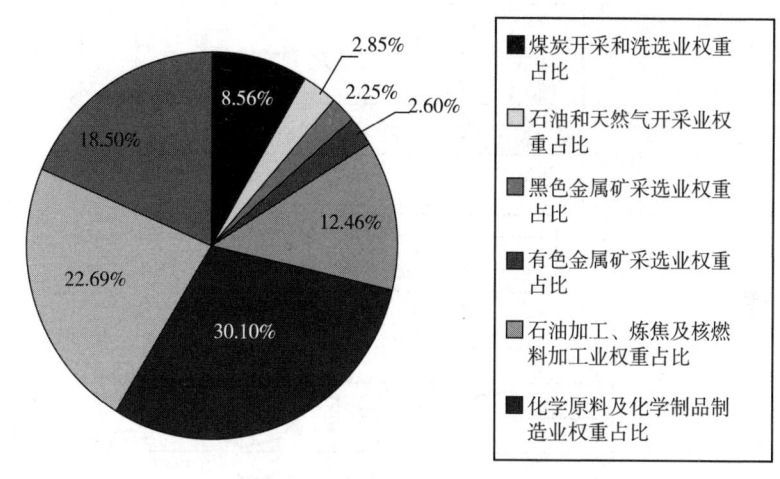

图4 八大行业中各行业占比

资料来源：Wind资讯、本报告所述模型。

二、CPI、PPI历史数据季节性分析

如图5所示,根据2002年1月~2017年8月共计188个月的历史数据,CPI月度环比数据呈现W形的状态。即年初由于春节效应以及严寒下较高的瓜果蔬菜运输成本推高CPI；春季天气转暖鲜菜陆续上市,CPI回落；夏季暴雨天气影响本地鲜菜鲜果产量,并推高外地鲜菜鲜果运输成本,CPI上升；秋季瓜果供应较多,同时肉类仍处于消费淡季,CPI会相应降低；年底又有春节效应叠加严寒天气,CPI趋于上升。PPI月度环比数据呈现M形的状态。即年初到初夏逐渐回升,夏季回落,秋季回升,冬季天气转冷,以及将近春节,持续回落,基本符合工业开工情况。

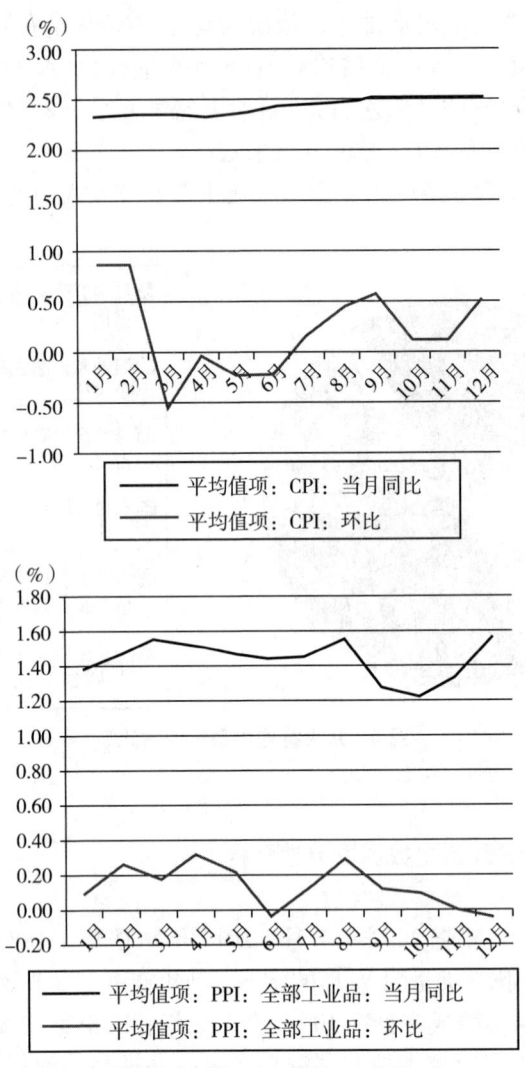

图 5　CPI、PPI 2002～2017 年环比、同比月度平均值

资料来源：Wind 资讯。

三、CPI、PPI 2017 年数据分析

如图 6 所示，2017 年上半年 CPI 较为温和，7 月、8 月受气候影响，增速有所提升。2017 年春节在 1 月底，导致该月 CPI 环比较高，2 月起下降。上半年在供给方面，一是气候适宜，鲜菜供应充足；二是蛋鸡、生猪

效益较好，蛋肉供给较大。与此同时，需求较为平稳，因而 CPI 低位徘徊直至 6 月。7 月、8 月由于高温天气以及区域性强降水等原因，鲜活产品价格有所提高，推高 CPI。

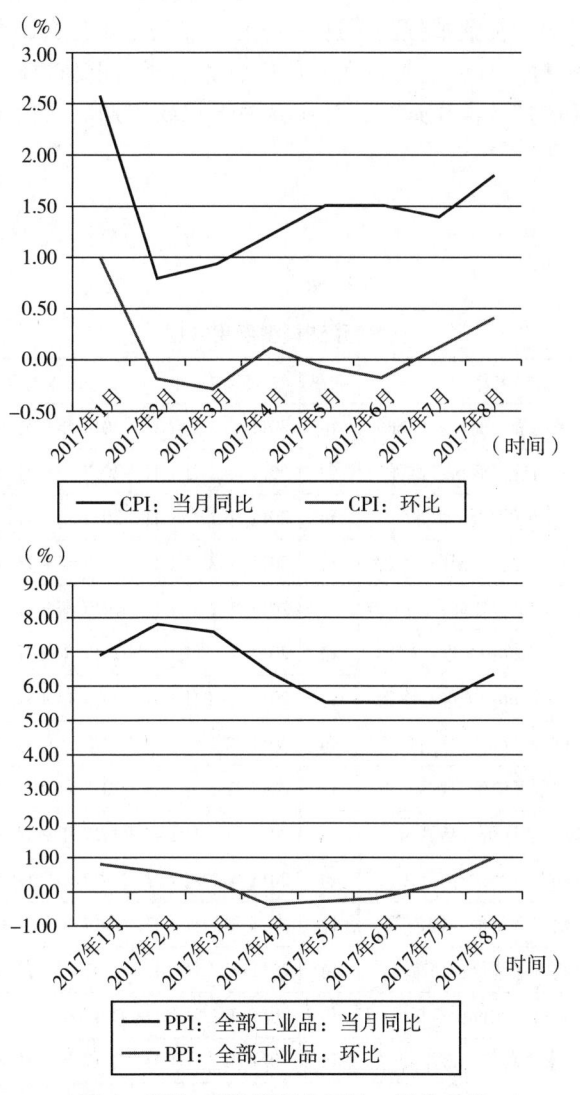

图 6　CPI、PPI 2017 年环比、同比月度

资料来源：Wind 资讯。

2017年上半年的PPI高位回落，7月、8月又有回升态势。第一季度，"三黑一色"等重点行业价格居高不下，延续了2016年下半年上涨态势。第二季度在"去产能"举措接近尾声、美国页岩油产量大幅增加的市场预期下，PPI同比、环比有所回落，4月PPI环比甚至转为负值（本文所述PPI即期预测模型提前捕捉到了这一变化）。7月、8月起，受环保督查力度的增强，钢材、有色金属等产品价格涨势明显，重新拉动PPI。需要指出的是，PPI的持续高位运行，是业界关于"新周期"大讨论的重要背景之一。

附件2

物价预测模型所用数据

序号	指标名称	频率	起始时间	结束时间	来源
1	50个城市平均价：面粉：标准粉	旬	2011年2月1日	2017年9月30日	国家统计局
2	50个城市平均价：面粉：富强粉	旬	2011年2月1日	2017年9月30日	国家统计局
3	50个城市平均价：大米	旬	2011年2月1日	2017年9月30日	国家统计局
4	50个城市平均价：豆制品：豆腐	旬	2011年2月1日	2017年9月30日	国家统计局
5	50个城市平均价：猪肉：五花肉	旬	2011年2月1日	2017年9月30日	国家统计局
6	50个城市平均价：牛肉：腿肉	旬	2011年2月1日	2017年9月30日	国家统计局
7	50个城市平均价：羊肉：腿肉	旬	2011年2月1日	2017年9月30日	国家统计局
8	50个城市平均价：鸡：白条鸡	旬	2011年2月1日	2017年9月30日	国家统计局
9	50个城市平均价：鸡蛋	旬	2011年2月1日	2017年9月30日	国家统计局
10	50个城市平均价：活鲤鱼	旬	2011年2月1日	2017年9月30日	国家统计局
11	50个城市平均价：活草鱼	旬	2011年2月1日	2017年9月30日	国家统计局
12	50个城市平均价：带鱼	旬	2011年2月1日	2017年9月30日	国家统计局
13	50个城市平均价：芹菜	旬	2011年2月1日	2017年9月30日	国家统计局
14	50个城市平均价：黄瓜	旬	2011年2月1日	2017年9月30日	国家统计局
15	50个城市平均价：西红柿	旬	2011年2月1日	2017年9月30日	国家统计局
16	50个城市平均价：豆角	旬	2011年2月1日	2017年9月30日	国家统计局
17	50个城市平均价：土豆	旬	2011年2月1日	2017年9月30日	国家统计局
18	50个城市平均价：苹果：富士	旬	2011年2月1日	2017年9月30日	国家统计局

一、宏观经济篇

续表

序号	指标名称	频率	起始时间	结束时间	来源
19	50个城市平均价：香蕉：国产	旬	2011年2月1日	2017年9月30日	国家统计局
20	全国粮油批发价格指数：粮食指数	周	2011年2月1日	2017年9月30日	Wind资讯
21	全国粮油批发价格指数：白小麦（普通）	周	2011年2月1日	2017年9月30日	Wind资讯
22	全国粮油批发价格指数：晚籼米	周	2011年2月1日	2017年9月30日	Wind资讯
23	全国粮油批发价格指数：大豆（油脂业）	周	2011年2月1日	2017年9月30日	Wind资讯
24	批发平均价：猪肉（白条猪）	周	2011年2月1日	2017年9月30日	农业部
25	批发平均价：牛肉	周	2011年2月1日	2017年9月30日	农业部
26	批发平均价：活鸡	周	2011年2月1日	2017年9月30日	农业部
27	批发平均价：鸡蛋	周	2011年2月1日	2017年9月30日	农业部
28	批发价：鲤鱼	周	2011年2月1日	2017年9月30日	农业部
29	批发价：草鱼	周	2011年2月1日	2017年9月30日	农业部
30	批发价：大带鱼	周	2011年2月1日	2017年9月30日	农业部
31	批发价：小带鱼	周	2011年2月1日	2017年9月30日	农业部
32	批发平均价：大白菜	周	2011年2月1日	2017年9月30日	农业部
33	批发价：油菜	周	2011年2月1日	2017年9月30日	农业部
34	批发平均价：芹菜	周	2011年2月1日	2017年9月30日	农业部
35	批发平均价：黄瓜	周	2011年2月1日	2017年9月30日	农业部
36	批发平均价：西红柿	周	2011年2月1日	2017年9月30日	农业部
37	批发价：豆角	周	2011年2月1日	2017年9月30日	农业部
38	批发平均价：土豆	周	2011年2月1日	2017年9月30日	农业部
39	批发价：苹果	周	2011年2月1日	2017年9月30日	农业部
40	批发价：香蕉	周	2011年2月1日	2017年9月30日	农业部
41	批发价：鸭梨	周	2011年2月1日	2017年9月30日	农业部
42	批发价：西瓜	周	2011年2月1日	2017年9月30日	农业部
43	CRB现货指数：综合	日	2011年2月1日	2017年9月30日	Wind资讯
44	CRB现货指数：金属	日	2011年2月1日	2017年9月30日	Wind资讯
45	CRB现货指数：工业原料	日	2011年2月1日	2017年9月30日	Wind资讯
46	CRB现货指数：纺织品	日	2011年2月1日	2017年9月30日	Wind资讯

续表

序号	指标名称	频率	起始时间	结束时间	来源
47	中国煤炭价格指数：全国综合	周	2007年9月1日	2017年9月30日	中国煤炭工业协会
48	OPEC："一揽子"原油价格	日	2007年9月1日	2017年9月30日	OPEC
49	CRB现货指数：金属	日	2007年9月1日	2017年9月30日	Wind资讯
50	价格指数：铁矿石：综合	日	2007年9月1日	2017年9月30日	Wind资讯
51	全国成品油价格指数	日	2007年9月1日	2017年9月30日	Wind资讯
52	生产资料价格指数：环比：化工产品	周	2007年9月1日	2017年9月30日	商务部
53	钢材综合价格指数	周	2007年9月1日	2017年9月30日	中国钢铁工业协会
54	生产资料价格指数：环比：有色金属	周	2007年9月1日	2017年9月30日	商务部

附件3

VAR、BVAR简介及运用

一、VAR简介

经典计量经济学中，由线性方程构成的联立方程组模型从20世纪五六十年代起得到广泛应用。其优点在于对每个方程的残差和解释变量的有关问题给予充分考虑，提出了最小二乘法、极大似然法等参数估计方法。这种建模方法用于研究复杂的宏观经济问题，有时多达万余个内生变量。但是，经济理论通常并不足以对变量之间的动态联系提供一个严密的说明。并且，内生变量既可以出现在等式的左端，又可以出现在等式的右端使得估计和推断更加复杂。同时，当模型不可识别时，为达到可识别的目的，常要将不同的工具变量加到各方程中，通常这种工具变量的解释能力很弱。因此实际中，这种结构性模型的效果并不令人满意。

为解决这些问题产生了多种用非结构性方法来建立各个变量之间关系的模型，向量自回归模型（VAR）便是其中广泛应用的一种。VAR常用

一、宏观经济篇

于预测相互联系的时间序列系统以及分析随机扰动对变量系统的动态影响。其通过把系统中每一个内生变量作为系统中所有内生变量的滞后值的函数来构造模型,从而回避了结构化模型的需要。一个 p 阶滞后的 VAR（记为 VAR(p)）模型的数学形式如下：

$$y_t = A_1 y_{t-1} + \cdots + A_p y_{t-p} + Bx_t + \varepsilon_t$$

这里 y_t 是一个 k 维的内生变量，x_t 是一个 d 维的外生变量。$A_1, \cdots, A_p$ 和 B 是待估计的系数矩阵，p 是滞后期。ε_t 是扰动向量，它们相互之间可以同期相关,但不与自己的滞后值相关及不与右边式子中的变量相关。当滞后期 p 等于 2 时，上式完整表述如下：

$$\begin{pmatrix} y_{1,t} \\ y_{2,t} \\ \vdots \\ y_{k,t} \end{pmatrix} = A_1 \begin{pmatrix} y_{1,t-1} \\ y_{2,t-1} \\ \vdots \\ y_{k,t-1} \end{pmatrix} + A_2 \begin{pmatrix} y_{2,t-2} \\ y_{2,t-2} \\ \vdots \\ y_{k,t-2} \end{pmatrix} + \cdots + BX_t + \begin{pmatrix} \varepsilon_{1,t} \\ \varepsilon_{2,t} \\ \vdots \\ \varepsilon_{k,t} \end{pmatrix}$$

二、BVAR 简介

VAR 模型有大量参数需要用既有数据序列估计，而实际数据序列往往很短，甚至不完全。解决估计参数过多的问题有多种方法可供选择。传统计量经济模型常用的一种方法是人为设定一些参数为零，但是零约束常常使模型结构与经济理论相矛盾，导致模型"不可信"。因此需要对 VAR 进一步改进。

贝叶斯向量自回归模型（BVAR）是 VAR 的一种扩展模型。该模型技术最初是在美国明尼苏达大学得到发展的，从 20 世纪 80 年代以来被广泛应用于预测和建模领域。相比 VAR，BVAR 通常能提供更高的预测精度，也不会产生传统模型的"不可信"结构。

贝叶斯法把模型中的参数看作一种随机变量，这种随机变量有某种可能的先验分布 $\pi(A, \sum)$。该先验分布被认为包含了预测者在预测前所获取的某种相关信息，其与似然函数结合，得到参数的后验分布，从而增加预测的准确性。先验分布的标准离差随着方程中解释变量、方程及变量滞后阶数的不同而变化。在方程中，解释变量 j 的第 k 滞后值的先验标准离差可以由下式确定：

$$s(i, j, k) = \frac{\gamma \times g(k) \times f(i, j) \times s_i}{s_j}, \ f(i, j) = g(1) = 1$$

式中，s_i 是变量 i 自回归的残余标准差，因子 s_i/s_j 是不同变量的差比，调和滞后延迟函数 $g(k)=k^{-1}$ 表示过去信息比当前信息有用程度减少的可能性。函数 $f(i,j)$ 表示对方程中变量的影响而言，其他滞后变量相对 i 自身滞后量的权重。该权重随方程和变量的不同而不同，它包含了各方程中不同变量可能出现的不同影响。

三、运用 VAR、BVAR 进行预测

无论是 VAR 还是 BVAR 模型，都是根据历史数据确定参数建立方程，然后进行迭代预测未来。以二阶滞后的 VAR 为例，并让常数 C 作为唯一的外生变量，如果已知 2017 年 7 月、8 月的值 $y_{2017,8}$、$y_{2017,7}$，可以通过下式预测 2017 年 9 月的值 $\hat{y}_{2017,9}$：

$$\hat{y}_{2017,9} = A_1 y_{2017,8} + A_2 y_{2017,7} + C$$

关于当前我国居民消费价格指数和工业生产者出厂价格指数走势的几点认识[*]

2016年底以来,我国居民消费价格指数(CPI)和工业生产者出厂价格指数(PPI)走势出现明显背离,引发了广泛关注。为此,我们对CPI和PPI背离现象进行了分析,并探讨了CPI和PPI与财政收支、调控的关系。

一、关于当前我国CPI、PPI背离的认识

2016年11月以来,PPI同比涨幅连续11个月超过CPI,平均超出4.5个百分点,2017年9月,PPI同比上涨6.9%,而CPI同比上涨1.6%,PPI与CPI差值扩大到5.3个百分点(见图1),引起了各方关注和讨论。

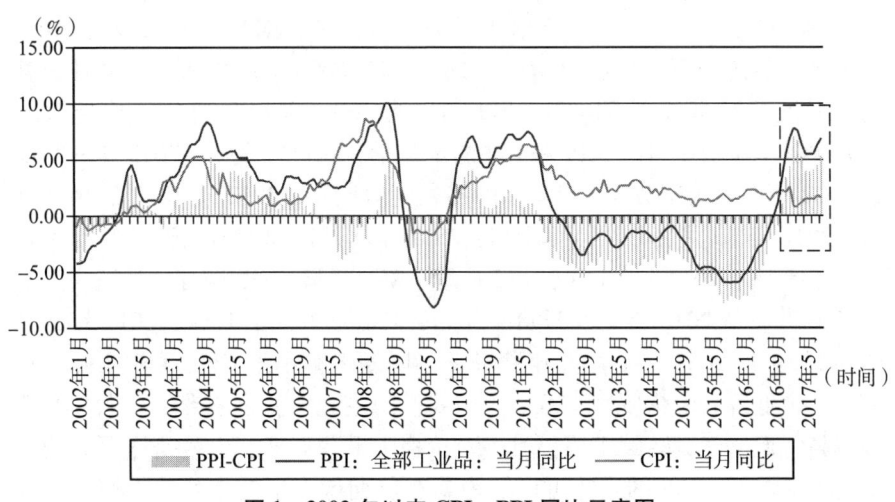

图1 2002年以来CPI、PPI同比示意图

资料来源:Wind资讯。

---

[*] 本文数据由作者根据相关资料整理分析得出。

仔细分析，这种背离主要来自以下几点原因：

（一）CPI 与 PPI 构成不同

CPI 主要刻画一定时期内居民所消费商品及服务项目的价格水平变动趋势和变动程度，从构成上可以分成食品、工业品和服务类。虽然食品权重仅占 20% 左右，但由于工业品价格、服务类价格相对稳定，食品项对 CPI 波动贡献率在 76% 左右。PPI 主要反映各工业行业产品价格水平及其变动趋势和幅度，从构成上主要是生产资料和生活资料，按行业可分成 40 多个行业，其中"三黑一色一化工"等八大行业占比在 25% 之间，对 PPI 波动率合计贡献率在 80% 左右。由上可见，CPI、PPI 分别代表居民消费品、工业品的价格，从细分项上看仅有工业品消费是二者的共有项。二者的波动来源食品价格和大宗商品价格截然不同，食品（特指猪肉）价格与大宗商品价格周期的不同步造成了本轮 CPI 与 PPI 的背离。2015~2016 年中我国猪肉价格处于上涨周期，2016 年中开始处于下降周期，而大宗商品走势却相反，2015~2016 年初仍处于下降通道，2016 年中开始回升。

（二）从定基基数看，当前 PPI 仅是恢复性上涨

当前我国经济中出现的 CPI、PPI 走势背离，主要还是从同比指数的角度看，即以 12 个月前的价格水平为基数，与其对比。如果改变基数，从定基指数角度看，情况会有所不同。如图 2 所示，以 2002 年 1 月为基点，即将 2002 年 1 月的 CPI、PPI 均设为 100，以后月份的价格指数与 2002 年 1 月相比，构建 CPI 和 PPI 的定基指数，可以发现：2012 年 9 月前以 2002 年 1 月为基数的 CPI 和 PPI 指数走势同步，2012 年 10 月后出现背离。2012 年 10 月后 CPI 持续走高，2017 年 9 月达到 151，比 2002 年 1 月上升了 51%；2012 年 10 月后 PPI 持续下降，下降了 26 个月，从最高点下降了 14%，从 2016 年 2 月开始回升，从最低点上升了 10%，2017 年 9 月达到 132，比 2002 年 1 月上升了 32%，同期涨幅小于 CPI。PPI 实际是在跌入一个低谷后的恢复性上涨。这与我们的主观感受也一致，虽然 CPI 涨幅不高，但由于其持续上涨，其绝对价格水平并不低，也就是居民消费品价格不能说低，PPI 的走势可以认为是在前期低点上的恢复性上涨，不宜过度解读。

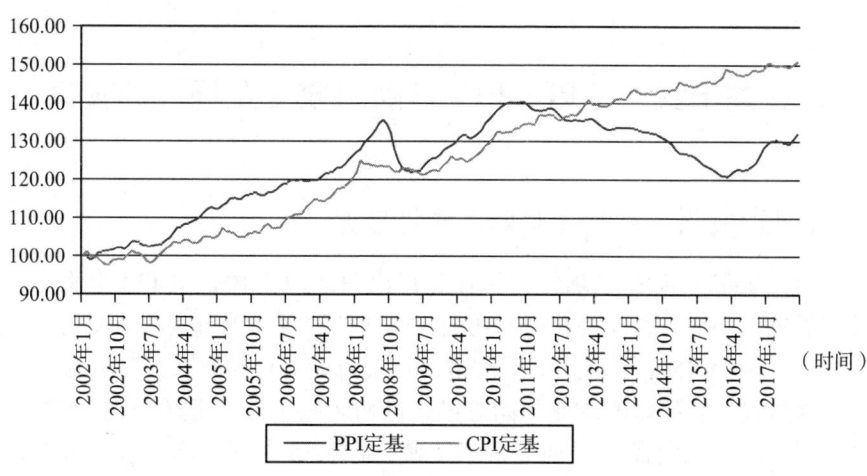

图 2　2002 年以来 CPI、PPI 定基值（2002 年 1 月为基期）示意图
资料来源：Wind 资讯。

（三）CPI、PPI 传导不畅

理论上，PPI 代表着上游产业的价格，应该存在成本传导效应，传递到下游，带来 CPI 同步变动。但目前成本传导机制没有发挥作用，PPI 和 CPI 出现不同步。首先，本轮 PPI 的上涨更多是因为供给端的收缩，需求端仍较温和，社会消费品零售总额同比增速保持在 10% 左右，增速没有明显提升，PPI 上涨没有通过需求的扩大来带动影响下游价格上涨。其次，应该看到我国经济结构发生深刻变化，农村剩余劳动力大量转移，就业模式从原来的农业、工业两部门转变为农业、工业、服务业三部门，农业生产也从小农生产走向集约化、工厂化生产。2012 年以后，在工业部门出现价格下跌，生产萎缩时，工人更多去了服务业部门，并没有回到农业部门带来农产品价格的下跌，CPI 依然维持上涨，并没有随 PPI 下降而下降。第三，PPI 上涨带来工业企业效益改善，但在我国产能过剩的大背景下，并没有带来生产和投资的大幅扩张，也没有带来就业的繁荣，制造业 PMI 指数中的就业指数依然低于 50 的荣枯线，PPI 的上涨并没有传递到工资上，也就无法通过劳动力成本和居民收入上升传递到消费品，无法带动 CPI。

二、关于我国 CPI、PPI 与财政收支及调控的关系

(一) 我国 PPI 与财政收入密切相关

运用 2002 年以来的数据,可计算得出财政收入增长与 PPI 上涨的相关系数较大。这主要因为我国财政收入以现价计量,以流转税、所得税为主体。PPI 衡量的是工业品出厂价格,直接对应企业销售收入,直接作用工业增值税;直接影响企业利润总额,进而影响工业企业所得税。PPI 较快上涨带动了工业品批发环节价格上涨,也会带来商业增值税上涨。此外,PPI 上涨反映了大宗商品上涨较多,也会拉动进口货物增值税、消费税以及资源税上涨。根据测算,2017 年前三季度,PPI 上涨对财政收入增长的贡献率达 50%,拉高财政收入增长 5 个百分点。

CPI 上涨主要来自食品和服务价格的上涨,这两部分涉及税收面窄量小,如粮食和房租,所涉及税收均较小,与财政收入的关联不大,导致 CPI 的涨幅与财政收入的关系不强。

(二) 我国 CPI 上涨会加大财政支出压力

我国财政支出以现价计量,教育、社保、医疗等民生支出是重要支出项目。教育、医疗支出与 CPI 中服务价格的教育服务、医疗保健等分项关联较大,社保支出与居民消费商品、服务价格也密切相关。并且有些社会保障财政支出还建立了价格联动机制,如近年实行社会救助和保障标准与 CPI 上涨挂钩联动,当 CPI 单月同比涨幅达到 3.5% 或者 CPI 中的食品价格单月同比涨幅达到 6% 的临界条件时,启动联动机制,向困难群众发放价格临时补贴。在 CPI 过快上涨影响居民生活水平时,还会带来一些油价、粮价、肉价等临时性补贴,增加财政支出压力。因此,考虑到 CPI 直接关系到居民生活水平,其过快上涨必然会带来财政支出压力。

(三) 宏观调控目标是将物价指数保持在合理水平

从宏观调控目标看,以 CPI、PPI 为代表的物价水平既不能太高也不能太低。物价指数过高,发生通货膨胀,会降低居民的实际收入水平和生活水平,对领取固定货币收入的居民影响尤其大,还会扭曲价格体系,带

来经济的低效率和资源的错配。物价指数过低,发生通货紧缩,消费者将持币观望导致消费降低,债务人实际负担加重将减少投资,总需求趋于下降,不利于经济增长,还有可能形成欧文·费雪所描述的"大萧条"式的"债务—通缩"的恶性循环风险(如日本陷入数十年的"资产负债表衰退")。因此,宏观调控目标应该是将物价保持在合理的水平,即保持在与潜在经济增长率相一致的水平,既不能通货膨胀,也不能通货紧缩。

三、关于做好物价指数监测研究的建议

(一) 继续跟踪预测物价指数

物价指数是重要的经济指标,其走势对判断宏观经济形势有基础性作用。应在前期工作的基础上进一步完善 CPI、PPI 预测模型,采集更多数据,选择更适合的模型,遵循更规范的流程,进一步提高预测效果。做好预测的持续更新,持续进行数据采集、模型开发和维护,吸收深度学习等最新技术,提高预测科学性。在此基础上,要建立定期预测机制,为研判经济形势和测算财政收入,为每月三部门会商、季度财政经济形势分析及年度财政工作思路确定等工作提供数据支撑和参考。

(二) 根据物价指数走势制定政策

根据前文的分析,财政收入、支出分别与 PPI、CPI 相关,则可根据两者的走势预测,研究政策储备。对于 PPI,考虑到去产能、环保限产政策的延续性,工业品供给依然偏紧,但房地产投资、基建投资刺激的需求会降低,因此国内工业品供求关系将得到改善,PPI 上涨压力将明显降低。在其他条件都不变的情况下,PPI 对财政收入的拉动将有所下降,并且前期较高基数的财政收入也会对 2017 年第四季度和 2018 年的财政收入增长带来一定压力。对于 CPI,应密切跟踪其走势,防范价格冲击带来的通货膨胀。

(三) 确定保持物价稳定的调控目标

稳定物价是宏观调控政策的基本目标,既要防止通货膨胀,也要预防通货紧缩。要理顺价格机制,发挥价格的信号功能,优化资源配置。要继续扩大有效需求,促进投资平稳增长,将经济增速保持在潜在增长率水平。

日本经济增长动能转换对我国的启示*

党的十九大指出，我国经济已经由高速增长阶段转向高质量发展阶段，经济发展的战略目标是建设现代化经济体系，提高全要素生产率。从供给侧看，经济增长取决于要素投入数量和使用效率，包括物质资本、劳动数量、人力资本以及技术进步等方面。我们利用新古典增长模型和计量方法，研究了日本从第二次世界大战后至国际金融危机爆发前（1946～2007年）60多年的经济增长动能变化状况，发现日本在由投资驱动向创新驱动的转换过程中，尽管技术进步贡献率提高，但由于资产泡沫破灭导致资本积累机制出现问题，叠加老龄化和少子化加剧，致使经济停滞不前，对我国有一定的启示作用。

一、1946～2007年日本经济增长动能发展变化

第二次世界大战后，日本确立了贸易立国战略，以重工业为主导，迅速以投资增长带动经济复苏，加上日本充裕的人力资本、文化传统和重视教育的国策，日本经济持续快速发展，成功实现了对发达国家的赶超，人均GDP从1950年的131美元提高到1995年的43 487美元，一度占据世界第二大经济体地位。20世纪90年代后期，日本经历了较为明显的动能转换，技术进步取代物质资本，成为经济增长的主要动能，但由于内外部复杂因素影响，技术进步对经济增长贡献有限，经济增长陷入停滞，人均GDP出现下降。

（一）1946～1975年：物质资本和人力资本"双轮驱动"经济高速增长

这一阶段日本GDP年均增长8.6%，1968年GDP总量达到1 000亿美

---

* 本文数据由作者根据相关资料整理分析得出。

元,超过德意志联邦共和国,成为仅次于美国的第二经济大国;人均 GDP 从 131 美元提高到 4 484 美元,居于世界第 20 位。从供给侧经济增长动能看,同期,物质资本年均增长 8.1%,对经济增长贡献率为 59.3%;人力资本年均增长 3.2%,贡献率为 24.8%;劳动人口年均增长 1.5%,贡献率为 12.2%;技术进步的贡献率不足 5%。物质资本方面,战后日本以重工业为主导,相继实行了以电力、钢铁、海运、煤炭四大产业为中心,包括金融、税制、外汇等一系列的复兴措施和鼓励资本积累方案,带动了工业领域设备投资持续快速增长,还实施了为克服劳动力不足而以设备代替的"省力化"投资、新设备代替旧设备的"更新化"投资。与此同时,随着经济发展水平提高,服务业投资和公共基础设施投资也不断增加。人力资本方面,日本重视文化传统和教育的现代国策,对战后经济复苏起到了重要作用,推动了日本在技术方面"引进—吸收—改良"的路线有效实施。

(二) 1976~1995 年:技术进步贡献提高推动经济中速增长

这一阶段日本经济增长放缓,GDP 年均增速降至 3.5%,但人均 GDP 水平继续提高,从 4 986 美元增加到 43 487 美元,并在 1983 年达到 10 061 美元,成功跨越"中等收入陷阱",成为高收入国家。同期,物质资本年均增长 6.4%,对经济增长贡献率为 66.2%;人力资本年均增长 1.4%,贡献率为 13.4%;劳动人口年均增长 1.1%,贡献率为 10%;技术进步的贡献率为 8.4%。这一时期,虽然经济增长仍以物质资本为主,但技术进步贡献率提高。物质资本方面,日本以两次石油危机为契机,舍弃了重化工业发展路线,新一轮设备更新主要投资于高附加价值商品的生产领域,包括汽车、电子等产业,高速的投资增长和大量的出口拉动了经济增长。1985 年广场协议签订,日元迅速升值,为改善经常项目收支不平衡,日本实行低利率等扩张性货币政策,继续刺激投资增长,进而推动经济增长,但这些政策也产生了负面影响,导致地价、股价急剧上升产生资产泡沫,为后期发展埋下了隐患。技术进步方面,两次石油危机促使日本加大节能技术开发,推行技术立国战略,逐步将以电子计算机、宇航等知识密集型产业作为主导性产业,成效较为明显,技术进步的贡献率提升。

(三) 1996~2007 年:资产泡沫破灭叠加人口老龄化导致经济总体乏力

20 世纪 90 年代初期,日本资产泡沫破灭,经济陷入衰退,之后日本经济增长总体乏力。这一阶段 GDP 年均仅增长 1%，人均 GDP 降至 35 341 美元。同期，物质资本年均下降 0.6%，劳动人口年均下降 0.3%，对经济增长贡献率均为负值；人力资本年均增长 0.9%，对经济增长贡献率为 41.1%；技术进步对经济增长的贡献率为 62%。这一时期，日本实现了新旧动能转换，技术进步取代物质资本成为经济增长的主要动能，人力资本的贡献也有所提升，经济增长由主要依靠要素投入转变为主要依靠效率提升。技术进步方面，1995 年日本提出"科学技术创新立国"战略，强调告别"模仿与改良的时代"，力争从技术追赶型国家转变为科技领先的国家，并制定《科学技术基本法》，每五年制定《科学技术基本计划》，通过实施有利于科技创新的融资政策、增加科技投入等提高技术水平。1989~1999 年，日本发表的国际论文数量在世界占比从 8.4% 提高至 10.3%。1995 年至今，日本已有 22 位诺贝尔自然科学奖获得者。物质资本方面，由于资产泡沫破灭给金融机构带来大量不良贷款，银行普遍惜贷，企业很难实现间接融资，股市崩盘后企业直接融资的渠道也不再通畅，众多因素交织使日本企业资本积累和投资需求大大降低，1996~2000 年投资年均下降 15.5%。与此同时，日本老龄化不断加剧，1995 年 65 岁以上老人占比达到 15%，进入深度老龄化社会，1997 年又进入少子化阶段，劳动人口减少成为经济增长的"瓶颈"。因此，尽管这一时期日本技术进步贡献大幅增加，但在物质资本、劳动人口等要素投入下降的情况下，仅靠技术进步难以独自拉动经济增长，日本经济增长持续低迷。

二、对我国的启示

当前我国经济正转向高质量发展阶段，总结日本第二次世界大战以来 60 多年间的经济发展经验教训，可以得到以下启示：

（一）人力资本是经济增长的关键支撑

人力资本的提升和积累是一个长期过程，日本自明治维新以来，一直重视提高国民教育水平、增强劳动者素质，并于 20 世纪 80 年代基本构建了适合国情的社会保障和社会福利体系，使人力资本作用能够充分发挥。这是日本后发追赶战略能够迅速取得成效的重要原因，也是在后期持续的危机以及劳动人口负增长的情况下，并没有一蹶不振的支撑因素。当前，我国也面临老龄化加剧、劳动人口数量下降等挑战，必须进一步发挥人力资本对经济增长的拉动作用。自 2012 年以来，国家财政性教育经费占 GDP 比重已连续几年保持在 4% 以上，目前教育支出是一般公共预算支出中的第一支出，下一步关键是要优化结构、提高效益。要坚持教育公平，推动教育从规模增长向质量提升转变，促进区域、城乡和各级各类教育均衡发展，以教育现代化支撑国家现代化。要增强教育服务创新发展能力，坚持面向市场、服务发展、促进就业的办学方向，推进产教融合、校企合作，培养更多适应高质量发展的人才。

（二）科技创新是经济增长的重要引擎

第二次世界大战后日本经济快速复苏，要素数量增加特别是投资增长起到了重要作用，但随着边际效率递减和资源环境约束，粗放式增长难以长期持续。20 世纪 70 年代起日本开始转型发展，由要素驱动转向创新驱动，不断提高技术进步贡献率，之后日本逐步成为技术强国，尽管后期经济停滞不前，但很多技术仍处于世界领先水平。当前，我国科技创新能力依然不足，一些关键技术受制于人。为此，必须深入实施创新驱动发展战略，加快新旧动能接续转换。加强基础研究，提升原始创新能力；推动科技成果向现实生产力转化，促进实体经济转型升级，增强核心竞争力。

（三）物质资本是经济增长的基础条件

20 世纪 90 年代以后日本虽然在技术进步的贡献方面有所提升，但投资大幅下降甚至拖累经济增长，导致经济总体停滞不前。这表明在新旧动能转换过程中，维持适度的投资增长、促进宏观经济稳定运行十分必要，从而为新旧动能转换赢得时间和空间。当前，我国投资增长后劲不足，特别是占比 60% 以上的民间投资增长依然乏力，主要是实体经济回报率较低导致民间资本"不敢投""不愿投"，加上民营企业融资难融资贵问题仍在加剧，影响投资意愿和能力。为此，要进一步优化民间投资持续健康发展的环境，放宽市场准入，破除隐性壁垒，加大对民营企业融资支持力度；规范推广 PPP 模式，吸引扩大民间投资。

（四）化解风险是经济增长的根本前提

20 世纪 90 年代日本资产泡沫破灭，对日本经济造成了深度负面影响，导致经济长期停滞不前、人均国民收入下降，也使得技术进步的贡献基本被抵消。当前，我国处于转型发展关键时期，房地产、金融、地方政府债务等领域风险有所凸显，必须高度重视，积极防范化解，坚决守住不发生区域性、系统性风险的底线，为经济持续健康增长营造稳定的发展环境。

当前我国租赁住房供给侧存在的问题及政策建议[*]

习近平总书记在2016年中央经济工作会议上指示，发展住房租赁市场，鼓励发展以住房租赁为主营业务的专业化企业，加快机构化、规模化租赁企业发展。2017年10月18日，习近平总书记在党的十九大报告中再次明确，坚持"房子是用来住的、不是用来炒的"定位，加快建立多主体供给、多渠道保障、租购并举的住房制度，让全体人民住有所居。加快住房租赁市场建设十分迫切。

一、当前我国租赁住房供给侧存在的问题

发展住房租赁市场要统筹考虑需求和供给两个方面。从需求侧看，由于大中城市的人口聚集效应，进城务工人员、新就业大学生等新市民对租赁住房的需求不断增加。尤其在人口流入的大中城市，住房租赁市场供给总量不足、供给结构不合理，供给主体单一，租房难问题普遍存在。我国住房租赁市场矛盾的主要方面在于供给侧。

（一）租赁住房供给总量不足

人口流入的大中城市公共服务较好、产业聚集，常住非户籍人口多，租赁住房需求量大，但普遍存在供给不足问题。近期相关专项调查结果显示，租赁住房供给不足可分为两种类型：一是一线及部分二线重点城市本身就存在住房总量不足的矛盾，户均不足1套，人均不足1间，拥有多套住房的家庭数量少，租赁住房供应能力有限，住房总量和租房供给均有缺口。以北京为例，全市住房存量约750万套，共计约1600万间，对应2 173

---

[*] 本文数据由作者根据相关资料整理分析得出。

万常住人口的住房需求,按人均 1 间标准来衡量,存在明显缺口。其中,北京租赁房源约 150 万套,310 万间,对应近 800 万人的租房需求,缺口更大,客观上的供给不够,加之租赁人口支付能力有限,需求与供给相互作用,形成了以床位、群租、合租、单间为主的租房市场。根据人口、房屋存量、租金水平等多个指标测算,北京、上海、深圳、杭州、南京均属于这一类型。二是部分二线城市住房总量相对充足,但租赁住房供应不足,当前的租赁供给规模不足以覆盖日益加快的净流入人口的租赁需求,如郑州、合肥、武汉、成都等属于此类。

(二) 租赁住房供给结构不合理

目前的租赁市场存在两种形式的结构失衡:一是分散租赁为主,租赁服务缺失。以北京为例,150 万套租赁房源中,60 万套掌握在"二房东"手里,专业机构管理的房源不足 30 万套,还有 60 万套则由房东通过中介或互联网直接出租给租客,没有租赁服务,租赁关系极不稳定,存在不透明、不网签、不备案、不交税等问题,而国际上代表性城市 80% 以上的出租房源都由专业的机构管理,租赁服务有保障。二是租赁住房供应结构不合理。据统计,我国一线城市,90% 的租客年龄在 20~35 岁;80% 的为流动人口,月均收入普遍低于 8 000 元;60% 为合租人群;50% 以地铁作为通勤工具。这些需求价格敏感,月租金不能超过 3 000 元,交通条件要求明确,租赁需求以单间合租为主。从供给端来看,市场上的中小户型、中低价位、交通方便的租赁住房房源较少,难以满足这种需求,导致一线城市"合租""打隔断"现象普遍。

(三) 租赁住房供给主体单一

从国际经验看,成熟的租赁市场通常会包含多元化的租赁供给主体,既有个人自有住房供给,也有大量机构投资者作为租赁住房供给主体,还有政府作为保障性住房供给主体。如德国、英国、美国住房租赁市场中机构投资者持有住房比例分别为 39%、25%、22%,且有不同类型的机构投资者提供各有特色的住房租赁服务,满足不同层次的租赁住房需求。从我国的情况看,个人自有住房自行出租仍占绝大多数,尽管近年来住房租赁企业通过购买、租赁等方式筹集的出租住房已超过 100 万间,但市场份额仍然较小,仅占 2% 左右,机构化、规模化租赁企业亟待发展,市场份额亟待扩大。

二、原因分析

租赁住房供给侧存在的上述问题,主要是目前我国房地产市场"重购轻租",缺乏有利于住房租赁市场发展的政策环境。主要表现在以下3个方面:

(一)住房建设"重购轻租",开发企业缺乏投资新建租赁住房的积极性

长期以来,我国在房地产制度设计上"重购轻租",土地、金融、财税、规划、建设等政策措施主要是鼓励开发企业建房、居民购房,导致我国的住房政策框架以购房为主,租赁政策缺失:一是缺乏针对租赁住房的土地供应制度。除了政府建设的公共租赁住房外,没有专门用于市场化租赁住房建设的土地供应安排。二是土地出让收入与租赁住房租金收取方式期限错配。政府一次性收取70年租金的土地出让制度,与租赁住房租金按月或按年收取在资金上形成了期限错配,大大增加了租赁住房建设成本。三是缺乏长期融资渠道。与商品住房开发销售模式不同,租赁住房投资建设需要长期大量占压资金,资金流动性差、变现困难,企业缺乏长期融资渠道。

(二)现有房源由于改造难等原因,潜在供应难以有效释放

受多方面因素影响,目前租赁住房的潜在供应难以有效释放。一是"城中村"自建房是租赁住房的重要来源,但普遍存在环境差、消防安全不达标等问题,需要加以改造,才能形成有效供给。二是改建闲置低效利用的厂房、商办用房等,面临房屋实际用途与土地权证所载用途不一致、消防验收困难、水电气供应难以执行民用价格等制约,不仅改建难度大,而且运行成本高,"商改租"积极性不高。三是位置好、交通便利,适宜出租的房源大多处于老化的状态,房龄长、物业管理差、配套不全等问题普遍存在,也导致了这些房源的利用不足。四是个人拥有多套房源的持有成本很低,个人出租管理成本高、收益低,不少房主不愿出租;有的住房户型过大、租金过高,超出了租房人的承受能力,未能形成有效供给。

(三) 住房租赁投资回报率低，机构化、规模化企业发展滞后

在现行政策模式下，新建租赁住房拿地难，与新建商品房相比收益低且回收期长，企业缺乏积极性。即使利用闲置厂房改建租赁住房和利用闲置住房承租再出租模式，同样面临改造投入大、资金筹集难、税负重及审批事项多等困难，回报率缺乏吸引力，机构化、规模化住房租赁企业发展缺乏政策支持和制度保障。住房租赁企业一次性投入较大，回收期长，而企业缺乏长期融资渠道，资金筹集压力大。欧美发达国家普遍通过房地产信托投资基金（REITs）等方式解决租赁企业投入大、回报期长的难题，目前我国房地产信托投资基金等资产证券化还处于探索阶段，且由于存在重复征税等问题，发展较为缓慢。同时，住房租赁市场秩序混乱。不备案、不交税、"多间隔断"的"二房东"大量存在，且处于监管范围之外，冲击正常经营、规范管理、按章纳税的规模化企业。

三、推进我国住房租赁市场发展的政策建议

发展住房租赁市场是深化住房供给侧结构性改革的重要举措，是完善住房供应结构，实现住有所居目标的基础性制度安排。针对当前我国住房租赁市场存在的突出矛盾和问题，借鉴国外成熟经验并从我国国情出发，下一步，应按照党的十九大报告加快建立租购并举的住房制度的要求，从供给侧着力推进，统筹建设、租赁、管理，加大租赁住房增量与盘活存量相结合，加快发展机构化、规模化租赁企业，形成总量平衡、结构合理、规范有序的住房租赁市场。

(一) 开展城市试点，鼓励机构化、规模化企业统筹建设、租赁、管理，探索行之有效的住房租赁模式

从当前及今后一段时间来看，除了个人业主直接出租自有住房外，我国机构化、规模化企业租赁住房供给主要包括以下三种模式：新建租赁住房模式、改建租赁住房模式和承租住房再出租模式。第一种模式属于新建增量，后两种模式属于盘活存量。尽管这三种模式筹集租赁住房房源的方式不同（新建、改建、承租），但均需要统筹建设、租赁、管理全过程，使得加大租赁住房增量与盘活存量相结合，推动住房租赁市场更好更快地

发展。

1. 新建租赁住房模式

即住房租赁企业通过市场购置土地后集中新建租赁住房，或者利用集体建设用地建设租赁住房。由于长期以来我国"重购轻租"的房地产制度设计，新增租赁住房数量非常有限，这一模式亟待发展，特别是在住房总量不足的一线和部分二线城市，更需要优化住宅供应结构，从源头上增加租赁住房的供应，积极引导和鼓励房地产开发企业从单一的开发销售向租售并举模式转变。这就需要通过合理的土地、财税、金融等政策支持，统筹租赁住房建设、租赁、管理全过程，使得住房租赁企业能够获得合理的利润，促进住房租赁市场良性发展。最近上海推出的针对租赁住房建设的土地供应，就是对这一模式的有益尝试。

2. 改建租赁住房模式

即住房租赁企业将闲置和低效利用的厂房、商办用房等改造为租赁住房。随着产业升级，大中城市部分企业结构调整会产生闲置厂房、商办用房等，这是租赁住房的重要来源，应鼓励企业在资产端和市场租赁机构在运营端进行合作，鼓励社会资本以参股、联营、转让等方式盘活闲置和低效利用的厂房、商办用房等，有效增加租赁房源供给。这一模式由于改建后的房屋实际用途与土地权证所载用途不一致，需要解决消防验收、水电气执行民用价格等问题。

3. 承租住房再出租模式

即住房租赁企业通过向个人业主承租住房后经装修改造再出租运营。当前多数大中城市的存量房源房龄多在 20 年以上，可住性、可租性差，难以满足人们对宜居的居住需求。而通过专业化的租赁企业承租住房再出租模式，可以有效盘活这部分房源，提高租赁服务水平，带来大量有效的租赁住房供给。当前应采取有效措施推动个人闲置住房进入租赁市场，鼓励将个人业主住房长期转租给住房租赁企业，实现规模化运营管理。例如，近年来专业化租赁运营机构普遍采用的"N+1"分租模式，不改变房屋主体结构，最多增加一间隔间对外出租，既考虑了租赁供应不足的现状，也保持了居住的高品质，同时解决了大户型房屋难以出租的状况，提高了房屋利用率。

为调动城市发展住房租赁市场的积极性，选择部分人口净流入、房价高、租赁需求缺口大的城市开展试点，推动城市构建有利的体制机制，多渠道筹集租赁住房房源，促进专业化、机构化租赁企业发展，建设住房租赁信息服务与监管平台，改善租赁住房消费环境，加快形成租购并举的格局。

（二）完善供地方式，增加租赁住房供给

建议将集中新建或配建租赁住房作为住房供应的新方式，新增土地供应计划中要明确租赁住房用地的规模和占比，并纳入住房发展规划。探索土地年租制，租赁住房土地出让收入缴纳方式由一次性缴纳70年改为按年缴纳，降低企业一次性投入成本。积极开展利用集体建设用地建设租赁住房试点工作，鼓励专业机构参与集体建设用地租赁住房的开发、运营和管理，同时要规范操作流程，避免"一哄而上"、无序开发，在项目审批和开发流程上，要有明确的规范。

（三）落实和完善税收优惠，降低租赁企业税收负担

落实好企业出租住房相关税收优惠政策，研究扩大企业出租住房房产税优惠范围，加大小型微利企业所得税政策优惠力度。

（四）加大金融支持，提供长期融资渠道

建议研究支持住房租赁企业从资本市场直接融资，加快推进房地产信托投资基金（REITs）发展。按照税收中性原则，研究制定针对房地产信托投资基金的税收政策。研究给予住房租赁企业长期低息贷款政策支持，并发挥企业债券、公司债券等融资方式对机构化、规模化租赁企业的支持作用。对将已竣工的库存商品住房转化为出租住房的房地产开发企业，金融机构要给予流动资金贷款支持，允许房地产开发贷款展期。

（五）加强市场监管，规范租赁市场秩序

建议出台将闲置厂房、商办用房等改建为租赁住房的具体办法，明确建筑、消防等合规要求，落实改建后水、电、气价格参照居民标准执行的规定。建立统一的住房租赁交易服务监管平台，整顿住房租赁市场秩序，强化对房地产中介机构和住房租赁企业的监管，严肃查处各类违法违规行为，逐步将无营业执照的"二房东""黑中介"清出市场，促使更多的人群通过机构化、规模化住房租赁企业租房。针对存量分散住房，尽快出台可落地的合租房改造运营标准，明确"N+1"合规性并严格监管处置违规改造行为。

分类施策化解我国房地产领域的结构性风险[*]

防控房地产市场风险是防范化解重大风险的重要方面，实现金融与房地产良性循环是坚决打好决胜全面建成小康社会三大攻坚战首要战役的必然要求。人口是影响房地产中长期走势的重要因素，从某种程度上说，人口即房价。当前，我国人口结构正发生重大变化，尤其是主力购房人口变化，将对房地产市场中长期走势产生较大影响。

一、房价涨幅与居民杠杆率同时偏离主力购房人口变动趋势，极易引发重大经济金融风险

通过对美国、日本、英国、法国、德国等13个国家主力购房人口与房价的关系进行分析比较，得到以下两点启示。

（一）房价中长期走势随25~44岁主力购房人口变化而变化

个人对房子有居住、投资和代际收入转移三方面需求，居住是居民个人购房的最主要、最基础需求，房子是用来住的。根据消费者房地产生命周期，25~44岁是个人购房的主要时期。25~34岁，青年人开始进入劳动力市场，成婚成家开始购买首套房，35~44岁后，随着收入水平提高，改善型住房需求增加，考虑购买更大住房，此阶段也是房地产支出高峰阶段。从国际经验看，美国、日本、英国等13个国家房价中长期走势大多都与25~44岁主力购房人口变化趋势一致。

（二）房价涨幅和居民杠杆率严重偏离主力购房人口变动趋势，极易引发重大经济金融风险

从13个主要国家房价与主力购房人口、居民杠杆率三者之间关系来看，主要有三类情况：第一类是房价、居民杠杆率与主力购房人口变动趋

---
[*] 本文数据由作者根据相关资料整理分析得出。

势保持一致,坚持房子是用来住的,房地产市场比较健康,如德国、英国、加拿大、澳大利亚等。第二类是房价或者居民杠杆率其中之一与主力购房人口出现背离,房地产市场风险也相对较低。法国2000~2008年房价增长相对较快,但居民杠杆率上升较慢,2008年全球金融危机期间房价表现出了较强的韧性。第三类是房价和居民杠杆率涨幅同时严重偏离主力购房人口走势,极易引发房地产泡沫乃至经济金融危机。比较典型的是美国2008年金融危机、日本20世纪90年代经济危机和希腊2010年经济危机。

美国从2000年初主力购房人口出现阶段性下降,房价潜在走势趋于稳定。但由于信贷过度宽松,居民住房抵押信贷快速增长,助涨房地产泡沫化。2001~2007年居民抵押信贷规模翻番,从5.3万亿美元迅速增加到10.6万亿美元,居民杠杆率随之快速上升到97.9%。房地产市场需求严重偏离实际居住需要,房价涨幅严重偏离了主力购房人口趋势,最终导致2008年金融危机(见图1)。

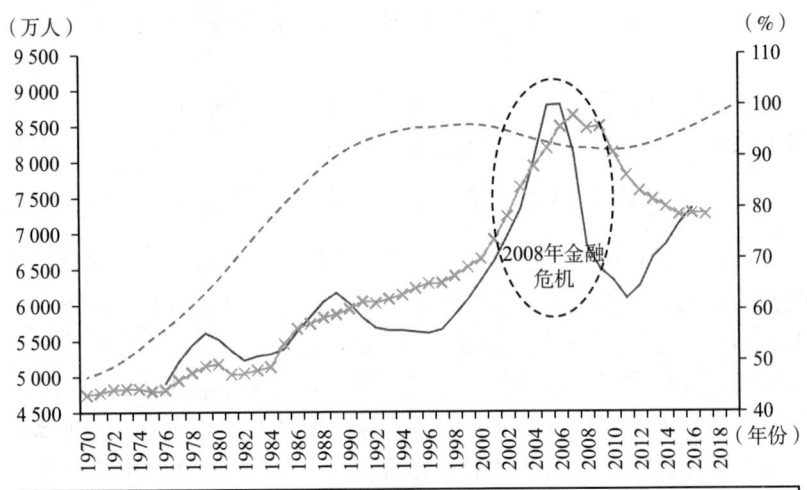

图1 美国主力购房人口、房价和居民杠杆率

资料来源:UN、BIS、FED。

日本主力购房人口从20世纪80年代开始减少,住房实际需求开始下降。然而房地产投资投机盛行,严重超出实际居住需求,居民信贷快速上升,居民杠杆率快速增加至70%,房价非理性上涨,最终酿成了日本90年代经济危机。随着日本主力购房人口下降程度进一步加深,日本房价自此一蹶不振。2001~2010年希腊主力购房人口保持基本稳定,并开始转入下降期。然而居民杠杆率依然增长较快，同期增加2倍，房价指数上涨150%，最终房地产泡沫破裂。随着主力购房人口的减少，希腊房价也不断走低，至今仍无起色（见图2、图3）。

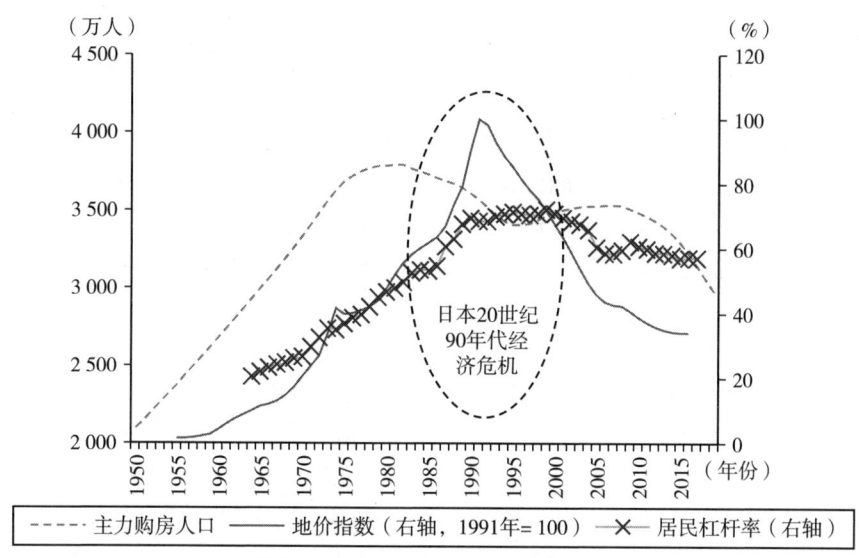

图2 日本人口、房价和居民杠杆率

资料来源：UN、BIS、Statistics Japan、Bank of Greece。

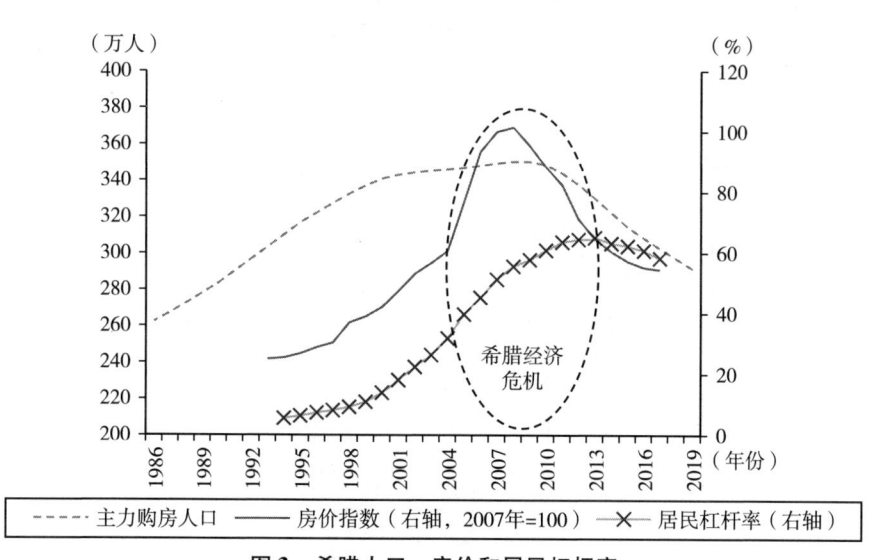

图3 希腊人口、房价和居民杠杆率

资料来源：UN、BIS、Statistics Japan、Bank of Greece。

从这些国家发生危机的经验看,其具有以下四大特征:一是主力购房人口减少或者基本稳定;二是城镇化已完成;三是居民杠杆率超过50%;四是房价和居民杠杆率快速上升,10年内房价和居民杠杆率翻番。

二、我国房地产市场面临较高的结构性风险

从总量看,2025年前我国房地产市场需求缓步上升。从区域和近期看,房地产市场存在较高的区域性结构性风险,一线城市、二线城市房地产市场投资投机严重,中小城市人口流出,房价下行压力大。我国房地产市场呈现泡沫化倾向,居民杠杆率上升过快,潜在金融风险积聚。

(一)我国房地产总需求缓步上升

据有关机构调研统计,我国购房者中25~44岁人口占比约7成左右,其中35~40岁人口占比最高,与房地产生命周期理论基本一致。虽然我国25~44岁人口总体面临快速减少的局面,但因我国正处在快速城镇化进程中,大量青壮年人口进入城镇,因此未来一段时期我国25~44岁城镇主力购房人口仍将稳步增长,购房需求稳步上升。经过测算,2025年左右我国城镇主力购房人口将达到3亿人左右的高峰,是我国城镇主力购房人口的拐点期。我国城镇主力购房人口总量随保持增长,但增速呈现逐步放缓态势(见图4)。

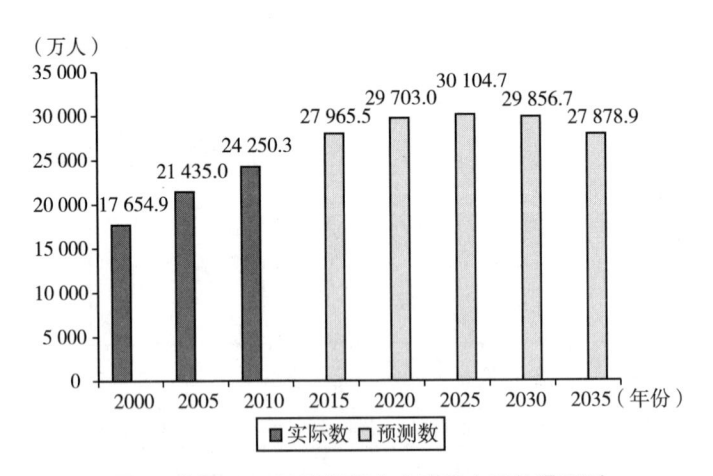

图4 我国25~44岁城镇主力购房人口数量预测

资料来源:根据第六次全国人口普查数据预测。

一、宏观经济篇

（二）我国一线及热点城市投资投机性购房比例过高

当前，部分大城市房价和涨幅明显偏离居住需求，投资投机性购房比例过高，房地产泡沫化趋势明显。据相关调研数据[①]，一线城市纯投资需求平均占比高达23%，二线城市纯投资需求平均占比15%，三、四线城市纯投资需求占比11%，一线城市投资兼自住需求比例也显著高于其他城市。一线城市及热点城市新购房家庭中购买第二、第三套比例由2011年的36.3%上升至2017年的46.2%[②]（见图5）。

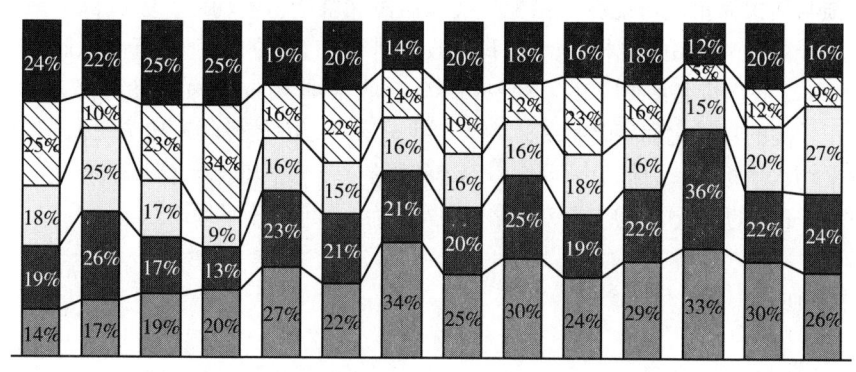

图5 典型一、二线城市不同购房用途占比

资料来源：CRIC调研数据统计。

（三）非核心城市群中小城市因人口净流出导致的房地产市场风险需高度关注

我们测算，"十二五""十三五""十四五"期间城镇主力购房人口年均增速分别为3.1个、1.3个和0.3个百分点。在城镇主力购房人口增速放缓的背景下，我国城市间人口流动出现分化，部分中小城市人口收缩、经济衰退，由此导致的房地产市场风险也较高。据有关研究表明，2007～2016年在694个样本城市中有84个出现了人口收缩，以偏离核心城市圈

[①] 易居中国CRIC研究中心。
[②] 《2018年一季度城镇家庭资产指数报告》，中国家庭金融调查与研究中心。

的中小城市为主。2017 年小城市房屋空置率 13.9%①，高于大中城市水平，同时也超出公认的一般合理水平。

（四）居民杠杆率快速上升，潜在金融风险不断积聚

截至 2017 年底，我国居民部门贷款余额为 40.5 万亿元，其中绝大部分为房地产相关贷款。据此测算，2017 年我国居民杠杆率已达到 49%②。虽然与发达国家相比，我国居民杠杆率还相对较低，但居民部门信贷风险不容小觑。一是居民杠杆率增速过快。如图 6 所示，居民杠杆率从 20% 上升至 50%，我国只用了 10 年，美国用了 40 年，日本用了将近 20 年。二是居民负债与居民储蓄间可能存在错配。我国居民储蓄严重不均衡，家庭储蓄高度集中于高收入家庭。据统计③，我国收入排名前 5% 的家庭储蓄占总储蓄的 50.6%，收入排名前 10% 的家庭占 62.4%，收入排名前 25% 的家庭占 77.1%。由于较高的首付比和高储蓄率，2017 年我国房贷家庭债务收入比为 2.1，与国际平均水平相当，总体风险可控。不容忽视的是，我国低收入家庭债务收入比过高，1/3 的最低收入房贷家庭债务收入比为 5，远高于平均值。

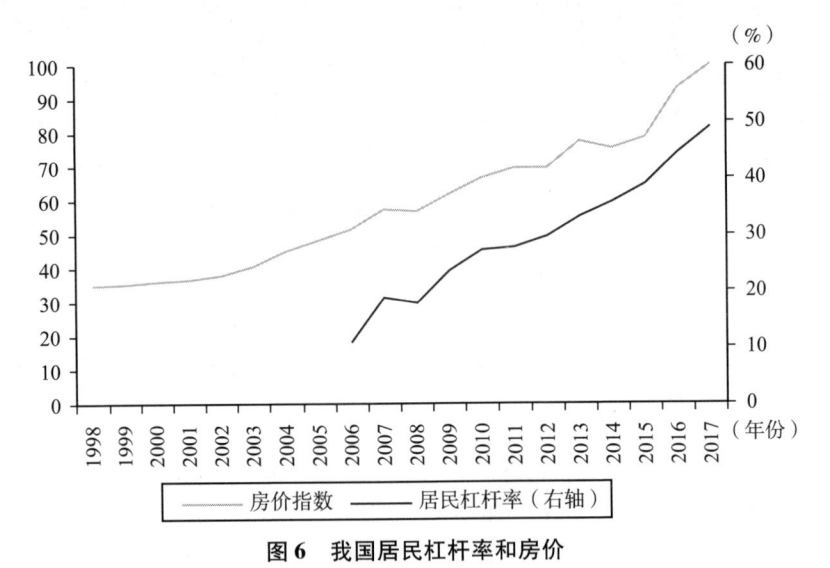

图 6　我国居民杠杆率和房价

资料来源：国家统计局、UN、BIS。

---

① 陈锡文：《从事农业 50 年　句句不离三农》，载于《南方都市报》2018 年 3 月 16 日。
② 此外，2017 年我国个人住房公积金贷款余额 4.5 万亿元，若将公积金贷款余额计算在内，我国居民杠杆率已接近 55%。
③ 西南财经大学中国家庭金融调查与研究中心，2015 年调查数据。

总体来看，我国房地产领域具有明显的结构性风险，房地产市场脆弱性显著上升，但风险相对可控，具有一定化解的时间和空间。

三、防控房地产市场风险需分类施策

从其他国家房地产市场调控的经验来看，仅靠压制需求的单边调控政策难以奏效，保持房价稳定、防控房地产风险需要多管齐下。不支持房价上涨的人口结构、严厉的投机遏制政策、建立以供给为首要的调控体系、均衡发展的城市布局，这四方面是稳定房价的必要条件。坚持"分类施策、精准调控"的总体思路，有效化解我国房地产领域的结构性风险，为此，我们提出以下三点建议。

（一）进一步加大力度遏制房地产投机

一是完善宏观审慎调控政策。加强房地产价格与信贷监测体系建设。综合运用首付比和贷款人月供收入比等宏观审慎政策工具，扩大家庭债务统计范围，降低借贷人月还款额占家庭收入比例上限标准。当前我国月还款额占收入上限比率为50%以上，高于45%的国际标准。建立逆金融周期的商业银行房地产贷款风险权重系数调整机制，当房价与房地产类贷款上涨（下跌）超出合理水平时，提高（降低）房地产贷款的风险权重系数，强化对商业银行的资本充足率约束。二是采取"先稳后降"的积极稳妥策略，稳定居民杠杆率水平。三是加快推进房地产税立法和实施。

（二）大力发展竞合型城市群，优化国内城市发展格局

一是加快核心城市群发展步伐，优化我国城市总体格局。在京津冀、珠三角、长三角三大核心城市群的基础上，以国家中心城市建设为基点，带动辐射周边城市发展，加快建成更多特色鲜明的城市群，以缓解我国当前核心城市群偏少的局面。二是城市群内部加强产业竞合，协同发展。根据国际经验，大城市和区域核心城市未来应重点发展高端服务业，中小城市要加快政府职能转变，营造良好的营商环境，发展与之协同配套的产业。三是有效促进人口均衡流动。加快户籍制度改革，推进常住人口市民化和农村人口进城。中小城市积极开展人才引进工作，吸引青年人才回流中小城市。

（三）加快住房领域供给侧结构性改革

坚持"房子是用来住的、不是用来炒的"定位，继续实施分类调控，因城施策，坚持调控力度不放松，提升调控精准度。一是加快建立多主体供给、多渠道保障、租购并举的住房供应体系，大力发展公共租赁住房、共有产权房，保障低收入群体的居住需要。二是发展差异化的住房金融体系，进一步完善支持刚需家庭购房的金融政策。三是完善土地供给制度，优化主力购房人口与土地供给间关系，加大主力购房人口增长较快城市的住宅用地供给。

把握新一轮朱格拉周期历史机遇推动制造业高质量发展*

2018年中央经济工作会议将推动制造业高质量发展列为2019年重点工作中的首要任务。当前，面对日益复杂严峻的外部环境和经济下行压力，社会上或多或少地存在着较多关注负面因素影响的倾向。为贯彻落实中央经济工作会议要求，必须全面客观分析经济形势，既要增强忧患意识，又要找准有利因素，提早准备、充分利用、变压力为动力，加快推动经济高质量发展。从世界主要经济体经济情况来看，2016年以来世界经济处在新一轮设备更新和朱格拉周期的起步阶段，尽管2018年出现了贸易摩擦加剧、美联储加息等不确定因素，但经济周期的趋势并未发生根本性改变，只是将本轮朱格拉周期的起步阶段时间有所拉长。从我国设备投资和经济运行态势看，2015年后实施的供给侧结构性改革适应我国经济发展的内在规律，推动经济2016年后步入新一轮设备更新的朱格拉周期，并呈现出新结构、新动能、新模式和新市场等四个特征。把握本轮朱格拉周期历史机遇，有利于我们最大限度消解负面因素的影响，实现化危为机、转危为安，推动我国经济加快进入高质量发展轨道。

一、什么是朱格拉周期

（一）朱格拉周期简介

根据时间长度，经济周期可分为康德拉耶夫周期、库兹涅茨周期、朱格拉周期、基钦周期和需求周期等。其中，康德拉耶夫周期是长周期，平均长度约为50年；库兹涅茨周期，长度在15~20年间；朱格拉周期，是长度为8~10年的中周期；基钦周期，又被称为库存周期，是长度为40个月左右的短周期；需求周期是长度平均为10~20个月的极短周期。

---

* 本文数据由作者根据相关资料整理分析得出。

朱格拉周期是由法国医生、经济学家克莱门特·朱格拉于1862年在《论法国、英国和美国的商业危机及其周期》中提出的。朱格拉这种经济周期是经济自动发生的，一般会经历繁荣、危机与萧条三个阶段。这种周期性与人们的储蓄习惯、对可利用的资本与信用的运作方式等有直接关系，是发达工商业中的一种社会现象，长度为9~10年。后人将这种中等长度的经济周期称为"朱格拉周期"或"朱格拉中周期"。

（二）朱格拉周期的理论依据

朱格拉周期以企业固定设备更新投资和投资收益率波动为切入点，揭示出经济的周期性波动受设备更替和资本开支驱动。设备投资是企业对设备的投资行为，主要包括存量更新与增量添置两种类型，前者由设备的使用年限、磨损程度决定，后者则更多受到生产需求与技术进步的驱动。上述两种设备投资和更替又会进一步带动资本开支呈现周期性波动，从而使经济产生有规律的、周期性变化：当经济处于设备投资高峰期时，就会产生大量资本支出，固定资产投资拉动经济迈入繁荣；当一轮设备投资完成后，转而步入低谷，从而带动经济陷入低迷。通常朱格拉周期可通过设备投资增速的高低或者GDP增长率波动等情况来观察。

（三）朱格拉周期与马克思主义经济学之间的关系

早在19世纪40年代，马克思就对资本主义经济运行中的经济危机周期进行了分析。《资本论》手稿提出，经济周期是机器工业主宰的产业体系和商品经济充分发展的产物，将机器设备的更新作为经济周期的主要原因，进而提出危机的平均周期为10年。这与朱格拉周期理论的内涵以及时间长度基本一致，因此，国内外一些经济著作中也把朱格拉周期称为"马克思—朱格拉周期"。

二、朱格拉周期在经济运行中的具体表现

（一）部分国家经济的朱格拉周期特征

20世纪70年代以来，美国、日本、韩国、德国等部分发达国家的GDP增长和设备投资之间呈现出明显的周期性和一致性，经济运行具有显著的朱格拉周期特征。从固定资产和私人设备投资数据来看，美国大致经

历了4轮朱格拉周期,分别是1970~1982年、1982~1991年、1991~2001年、2001~2009年,时间一般为8~12年(见图1)。

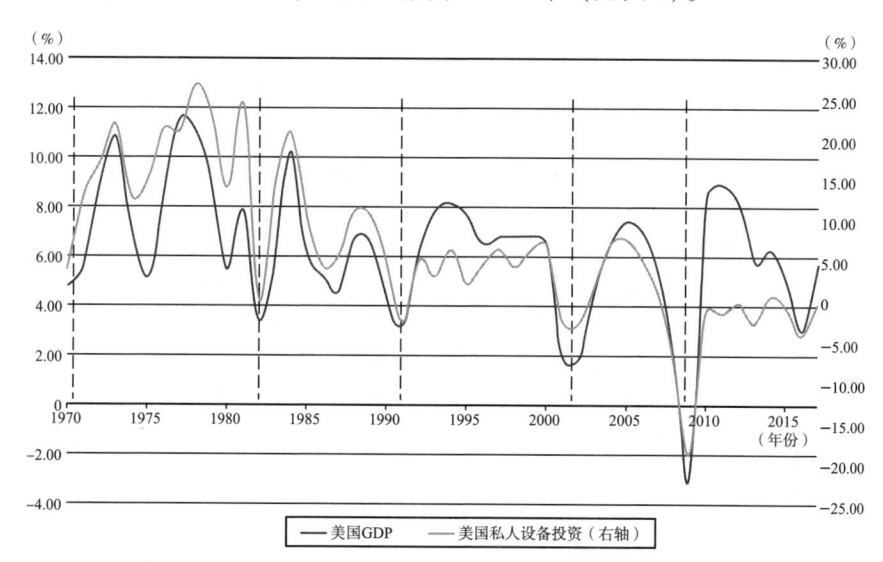

图1 美国GDP与私人设备投资增速对比情况

资料来源:Wind资讯。

日本经历了4轮朱格拉周期,分别是1971~1983年、1983~1993年、1993~2002年、2002~2009年,时间一般为7~12年(见图2)。

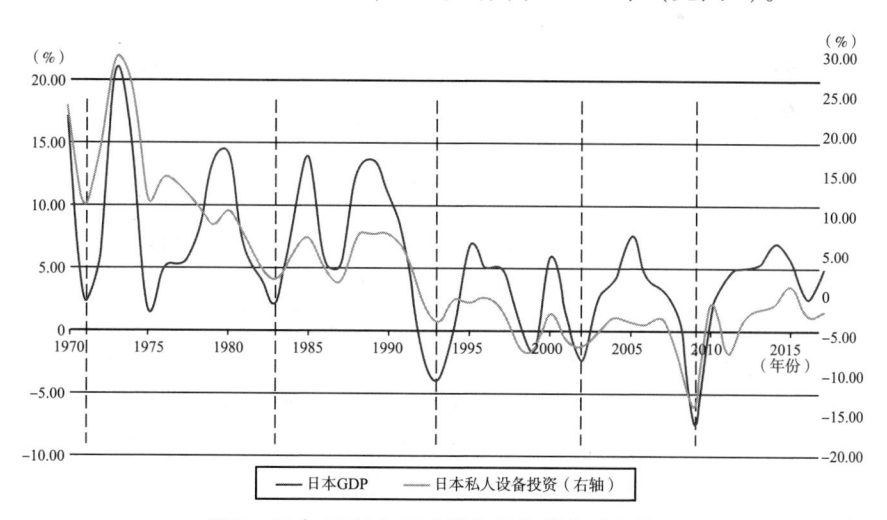

图2 日本GDP与私人设备投资增速对比情况

资料来源:Wind资讯。

韩国经历了4轮朱格拉周期，分别是1972~1980年、1980~1989年、1989~1998年、1998~2009年，时间一般为8~11年（见图3）。

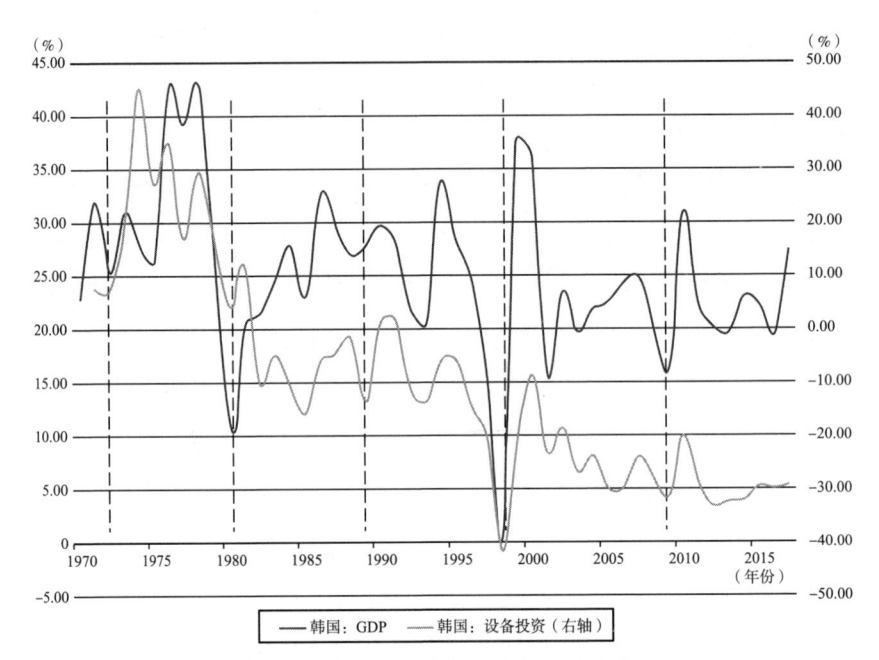

图3 韩国GDP与设备投资增速对比情况

资料来源：Wind资讯。

德国自1990年以来经历了2轮朱格拉周期，分别是1993~2002年、2002~2009年，时间分别为9年、7年（见图4）。

（二）中国经济运行的朱格拉周期特征

改革开放以来，随着市场经济的逐步确立，中国经济运行呈现出日益明显的朱格拉周期波动。总体来看，经历了3个完整的周期（见图5）。第一轮朱格拉周期为1981~1990年，20世纪80年代初，先后出台了农村联产承包责任制、放权让利等一系列制度性改革，经济活力被极大激发，1981年GDP增长5.1%，此后三年迅速提升，1984年增长15.2%，创出该轮朱格拉周期中的最高值；随后经济掉头向下，1990年跌至低谷，增长仅有3.9%。第二轮朱格拉周期为1990~1999年，这一时期以国有企业改革为突破口加大市场化改革力度，以轻工制造业为产业结构特征，以进口替代为导向，迎来了经济的快速发展，最终经济由于内需不足、通货紧缩

一、宏观经济篇

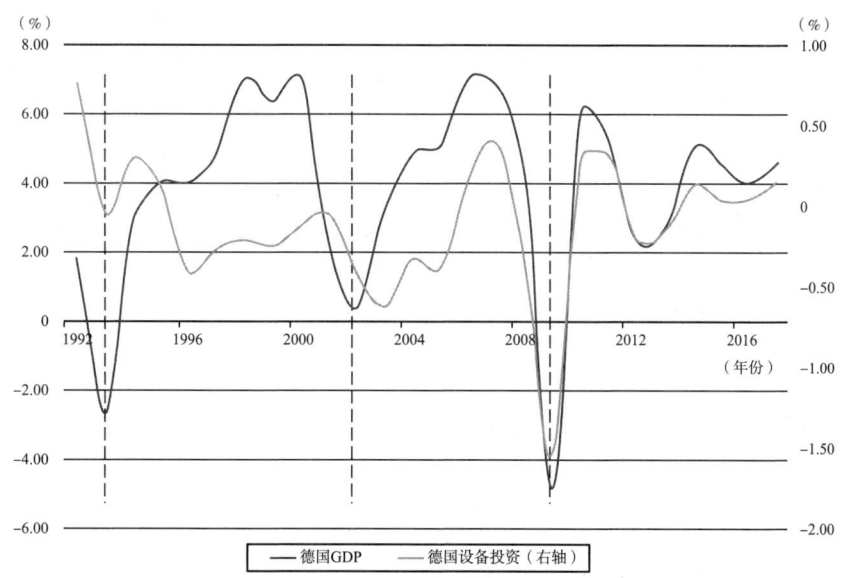

图4 德国GDP与设备资本增速对比情况

资料来源：Wind资讯。

等内因，以亚洲金融危机为导火索，转向下行。第三轮朱格拉周期为1999~2009年，这一阶段以城镇化改革、加入世贸组织等全面开放为显著特征，房地产与重化工业等产业获得较大发展，以出口为导向，最终因资产价格泡沫、净出口增长乏力，并以美国次贷危机为诱因而结束。

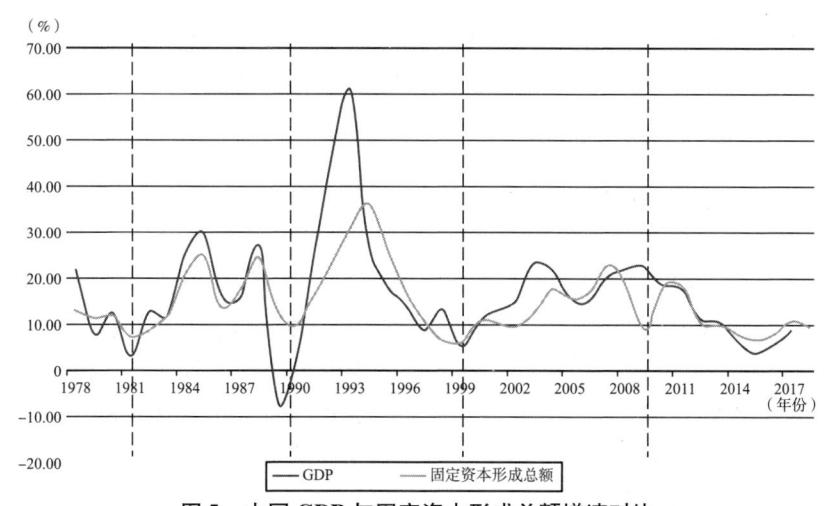

图5 中国GDP与固定资本形成总额增速对比

资料来源：Wind资讯。

21世纪以来,由于贸易开放度进一步提升、金融全球化逐渐深化、全球产业体系不断强化、政策外溢性增强,主要经济体的朱格拉周期呈现出较强的共振性。2002年初~2009年中期左右,主要经济体进入一轮完整的朱格拉周期。2002年初,设备投资增速开始触底,2005年左右步入回调高峰,2009年中期左右再次进入谷底。2009年中期开始,世界主要经济体又几乎同步进入了新一轮、较弱的朱格拉周期。2009年金融危机后,世界经济在各国的刺激下开启了步履沉重的复苏,设备投资增速上升期较短,在2010年达到高点后,步入长达6~7年的下降期。

三、全球经济进入新一轮朱格拉周期

2016~2017年,美国经济继续回升,欧元区、日本经济保持增长态势,新兴市场国家和发展中国家经济总体向好。但进入2018年以来,除美国经济一路向好,日本、韩国、欧盟等主要经济体都有了一定的回落。与此同时,大部分主要经济体的设备投资在经历1~2年的回升之后,进入2018年后也出现了回落。面对上述形势,如何进行判断?2016年底以来的回暖是一个短暂的回调,还是意味着进入了新一轮朱格拉周期?可以从以下几个方面来分析:

一是主要经济体的消费逐渐恢复。经过一段时间调整,消费对经济增长的贡献在发达经济体中再度回归正常结构与水平。2014~2017年,消费对于GDP的贡献方面,美国接近2个百分点,欧洲达到0.8个百分点水平,消费的恢复为经济增长提供了有效需求的支撑,促进企业设备投资的增长。

二是企业资产负债表有所修复。当前,世界主要经济体整体资产负债表情况已经优于危机前水平,企业杠杆和居民杠杆都得到恢复。2017年末,美国非金融企业资产负债率降至39%,自2008年以来一直处于下降态势;居民资产负债率降至13.5%,远远低于20世纪80年代以来的历史均值(15%)。欧洲居民和企业资产负债表处于历史最佳水平。欧债危机之后,欧元区开启去杠杆进程,居民和企业资产负债率快速下降。日本居民和企业资产负债表也基本修复。居民和企业加杠杆空间充足,对私人投资的增长有较强的支撑作用。

三是设备投资回升具有内在驱动力。金融危机后企业投资支出较少,生产设备处于更新换代边缘,经过长达八九年的调整,企业长期被抑制的投资需求在经济回暖的环境下得到了释放,投资情绪高涨。美国 BB&T 银行的微观数据显示,2017 年美国企业整体投资意愿出现显著改善,带动设备投资明显回升。设备投资的回升推动经济复苏,进而激励企业家更为积极的投资(见图6)。

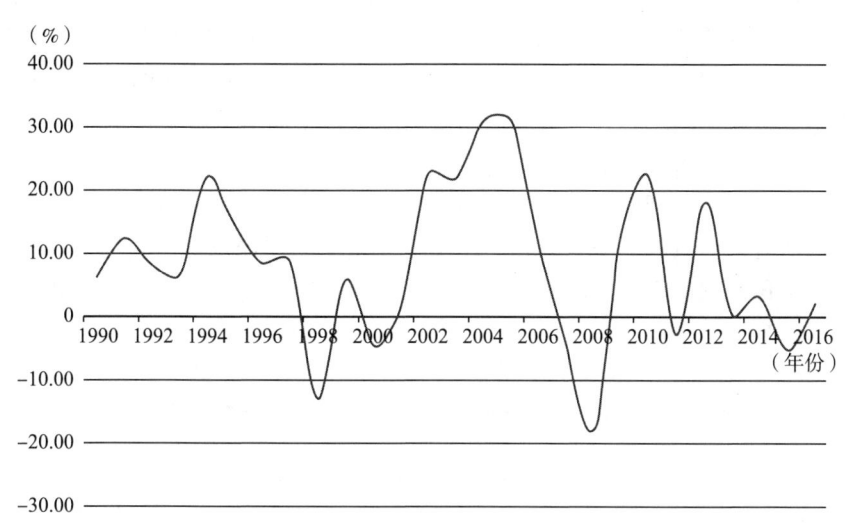

图6 美国企业税后利润同比增速

资料来源:Wind 资讯。

四是企业盈利状况明显好转。美日等企业盈利状况有明显好转迹象,这也是推动当前企业设备投资的一个力量。2018 年前三个季度,美国企业税后利润增长率分别为 15.1%、15.8% 和 19.4%,日本上市公司每股税后利润增长率分别为 23.4%、25.4% 和 23.9%。2018 年巴西上市公司的每股税后利润四个季度增长率分别为 10.6%、31.4%、13.1% 和 16.2%。企业利润的增长,也在一定程度上刺激了企业的投资热情。

同时,我们也注意到,2018 年以来由于贸易摩擦加剧、美联储加息等因素干扰,世界经济并未能延续 2016 年以来的持续向上态势,除美国外,日本、韩国、欧洲等经济体经济增速出现一定程度的回落。从季度数据看,日本经济增长由 2017 年第四季度的 2.4% 逐季回落,2018 年第四季度为 -0.3%;欧元区 2018 年前三季度增长率分别为 2.1%、2.3% 和 1.6%;韩国在 2018 年前两个季度均保持在 2.8%,之后第三季度回调至

2.0%，第四季度又回升至 3.1%。

但需要说明的是，尽管 2018 年以来全球孤立主义有所抬头、贸易摩擦加剧，但总体上来看，全球经济一体化进程不可逆转，贸易摩擦等杂音在经过一段时间的磨合调适后，必将会形成新的均衡，朱格拉周期的总体趋势不会因此改变。主要原因是，朱格拉周期是发展经济中的长期趋势，一些短期性冲击通常只会加剧或减轻波动幅度、延长或缩短时间长度等，周期本身的趋势不会发生大的改变。以 2002~2009 年周期为例，其周期性下降并不完全是 2008 年金融危机拖累，实际上 2006 年美国、日本等私人企业设备支出增速达到顶峰后，就已经出现了回落，金融危机只是加快了经济探底的过程（见图 7、图 8）。

综合考虑宏观背景和微观动力因素，2016 年以来设备投资与经济增速的双回升态势具有趋势性意义，2018 年出现的贸易摩擦等不确定因素只是将朱格拉周期的起步阶段时间有所拉长，经济周期的趋势并未发生根本性改变。

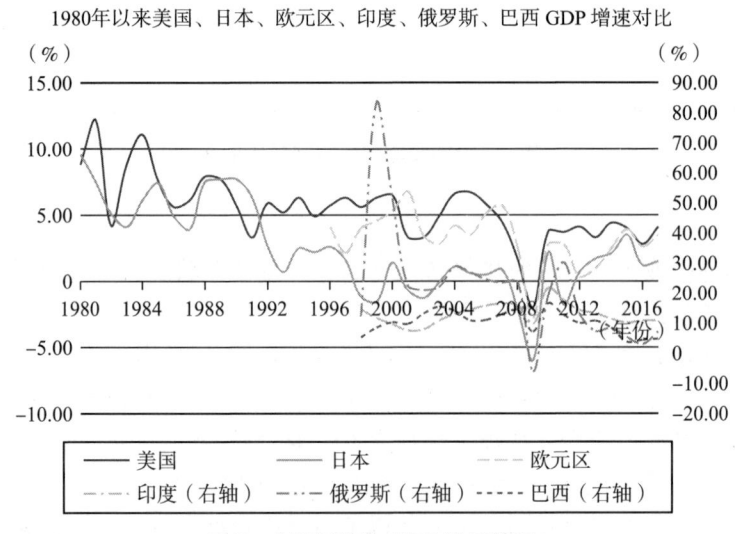

图 7　主要经济体 GDP 增速情况

资料来源：Wind 资讯。

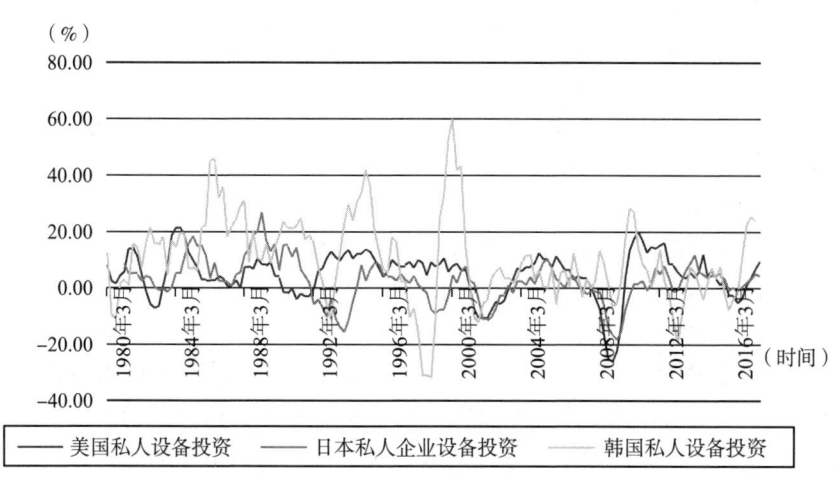

图 8　美国、日本、韩国设备投资增速情况

资料来源：Wind 资讯。

四、供给侧结构性改革推动我国经济进入新一轮朱格拉周期

2016 年以来，从我国经济发展和企业设备投资来看，我国经济运行稳中有进，内生动力不断增强。一方面，2017 年 GDP 增速由 2016 年的 6.7% 阶段性低点回升至 6.8%，尽管 2018 年回调至 6.6%，但若考虑到净出口对 GDP 拉动作用由 2017 年的 0.6 个百分点降为 -0.57 个百分点，我国经济的内在动力依然保持增长态势。另一方面，设备投资触底回升，2018 年制造业投资增速从 2016 年 4.2% 的历史低点持续回升，达到 9.5%，制造业拟建项目数量增长 24%；除汽车外机械工业行业主营业务收入和利润总额均实现 20% 以上的大幅度上涨。综合判断，2015 年 11 月以来实施的供给侧结构性改革适应了经济运行内在规律要求，推动供给体系深刻变化，为扫除阻碍经济长期发展的结构性障碍打下了坚实基础，推动经济进入新一轮朱格拉周期。经过一年多的改革和调整，2016 年以后，我国经济开始逐渐向好，步入新一轮朱格拉周期。

(一) 主要支撑因素

一是市场内在需求进一步提振。从消费来看，2017年以来消费者信心指数呈现趋势性上涨，保持在110以上，为近10年的高点。从投资来看，私营企业投资增速逐年提升，2016～2018年由10.1%上升到25.3%。二是企业利润指标回升后趋稳。对经济形势更为敏感的私营工业企业利润月度增速，从2016年的5%～10%上升到2017年的12%～16%，2018年保持在9%～12%的水平。三是产能利用率持续回升。2016年工业产能利用率季度指标大体为73%左右，2017年第二季度至2018年第四季度提升到76%～78%之间，处于近6年来的较高水平。综上，在我国消费和投资回升的双重拉动下，部分企业率先进入订单增加、利润增长的态势，设备的总体利用率进一步提高，更新和添置设备的需求进一步提升，推动经济进入新一轮朱格拉周期。

(二) 与以往朱格拉周期相比，本轮制造业发展呈现4个新特征

一是新结构，供给侧结构性改革有力地助推传统制造业的技术改造和设备更新。一方面，我国传统产业高消耗、低效益等问题尚未完全解决，亟须通过技术改造等方式加快转型升级；另一方面，上轮2009年大规模投资时企业购置的机械设备经过约10年的折旧后需要陆续更新升级，双重作用下，本轮周期中企业技术改造的投资需求较大。2018年，工业技术改造投资增速12.8%，高于制造业投资增速3.3个百分点，成为拉动制造业投资的一个主要力量。

二是新动能，新旧动能转换推动高技术制造业投资增长迅速。近年来我国着力培育壮大新兴产业的成效不断显现，新旧动能转换明显加快，尤其是高技术制造业发展迅猛。根据《高技术产业（制造业）分类 (2017)》，高技术制造业主要包括6类：医药制造，航空、航天器及设备制造，电子及通信设备制造，计算机及办公设备制造，医疗仪器设备及仪器仪表制造，信息化学品制造。2018年，高技术制造业投资增速从2014年的12.7%提升到16.1%，对制造业投资增速的贡献率达到25%。本轮朱格拉周期中电子及通信设备制造、计算机及办公设备制造等高技术制造业将获得较为广阔的发展空间（见图9）。

一、宏观经济篇

(%)

图9 我国高技术制造业投资增速

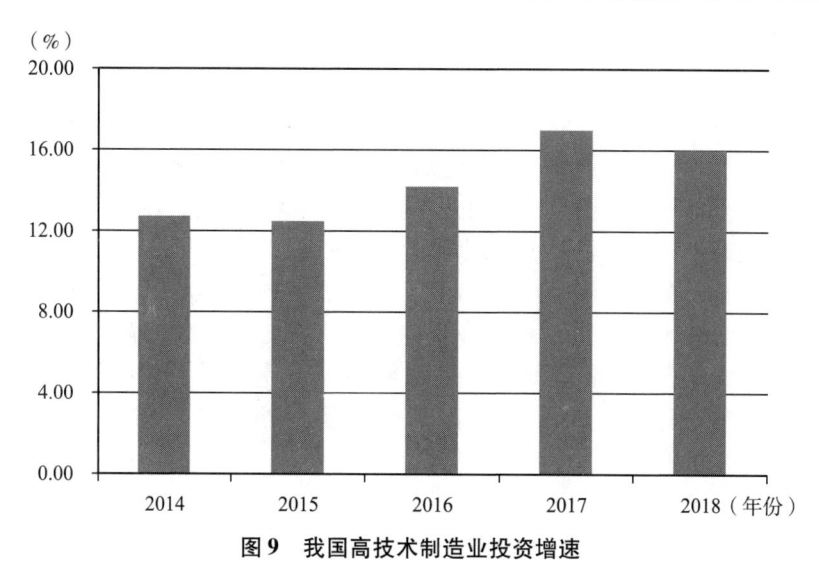

资料来源：Wind 资讯。

三是新模式，制造业与服务业深度融合为制造业发展提供新的增长空间。产业发展的新趋势促使制造业与服务业相互融合态势不断加强，服务环节在制造业价值链中的作用也越来越大，传统制造模式开始向制造业高度服务化的新型模式转变。国际上，全球500强中两成制造企业的服务收入占比超过一半，美国通用电气等大型跨国公司已经呈现制造业服务化的趋势，服务业务尤其是技术服务、电子商务服务等占公司收入比重超过2/3。本轮周期中我国制造企业在利用大数据、云计算、互联网、人工智能等加速制造业服务化方面将获得新的增长空间。

四是新市场，新一轮高水平对外开放提供了更加广阔的市场。2017年以来，我国理性应对中美经贸摩擦，解决错综复杂国际经贸关系的能力进一步提升，为深化国际经贸合作提供了有力保障。同时，共建"一带一路"等政策，开拓了新的国际市场。2016~2018年，我国与"一带一路"沿线国家的出口额分别增长1%、12%和11%。

五、把握时机坚定不移建设制造强国

经济发展史上，不乏把握朱格拉周期有利时机、乘势而上的例子。20

世纪70年代后半期到80年代，日本企业抓住朱格拉周期开启的时机，提升电子、汽车等制造业水平，实现了产业升级，使电子、汽车取代了原来的钢铁、石化等产业，成为引领经济增长的主导产业，产业结构从原来的劳动密集型和资源密集型逐渐转向知识密集型和技术密集型，制造业国际竞争力显著增强，成长为世界制造业强国。2000年以后，在两轮全球性的朱格拉周期中，我国企业也表现不凡。2003年和2004年，在全球机械及运输设备出口处于14%和20.6%的高速时，我国机械及运输设备出口增速达到47.9%和42.9%，制造业迅速崛起，推动我国迅速成为举足轻重的制造业大国；第2轮全球朱格拉周期适逢金融危机后主要经济体弱复苏时期，但即便这样，2010年我国的机械及运输设备出口增速达到了32.1%，逐步确立起"世界工厂"的地位（见图10、图11）。

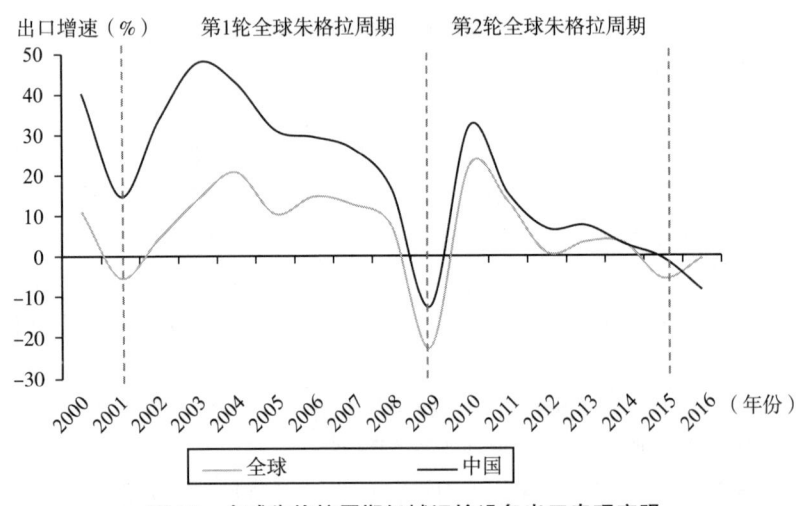

图10 全球朱格拉周期机械运输设备出口表现亮眼

资料来源：UNCTAD。

当前我国已进入新一轮朱格拉周期，从国内外发展经验判断，未来3~5年我国制造业将面临较为有利的时机。落实中央经济工作会议精神，推动制造业高质量发展，要坚持高技术制造业与传统制造业提升并重，大力加强5G、高端装备等高技术制造业发展，加快5G商用步伐，加大重大短板装备工程推进力度，促进新动能加快发展；加强工业互联网、物联网等新型基础设施建设，利用新技术赋能传统制造业，推动传统制造改造提升；要推进先进制造业和现代服务业发展相融，通过大数据、人工智能等

一、宏观经济篇

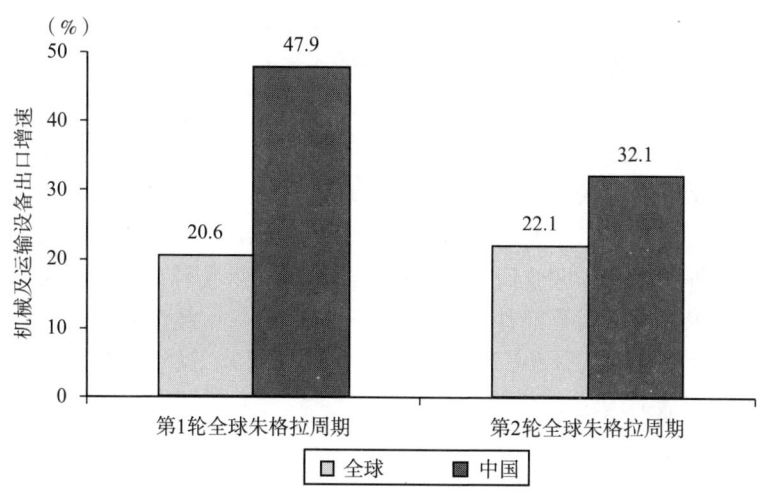

图11 中国机械及运输设备出口表现好于全球

资料来源：UNCTAD。

现代信息技术推动产业深度融合，加快培育制造业、服务业融合发展新业态、新模式；要推动国内产业升级与国际市场开拓并举，提升产业链水平，促进产业迈向全球价值链中高端水平，推动标准与国际先进水平对接，进一步增强制造业产品出口竞争力。为此，应当采取以下措施：一是以减税降费为助力，切实降低制造业特别是高端装备制造业税负。实行普惠性减税和结构性减税相结合，所得税等直接税与增值税等间接税双向发力，通过降低税率、扩大税前扣除等措施，将制造业现行16%税率降至13%，推进税率三档并两档，研究将固定资产加速折旧优惠政策扩大至全部制造业领域，将集成电路生产企业所得税优惠政策扩大至高端装备制造业，降低制造业用电成本。二是以提升金融服务水平为支撑，精准有效支持制造业。充分调动直接融资和间接融资两大渠道，研发适应制造业高质量发展需要的金融类产品和服务，加快推进设立科创板，统筹推进创业板和新三板改革，完善对先进制造业企业发行上市政策，完善融资担保机制，鼓励大型商业银行增加制造业特别是先进制造业的中长期贷款和信用贷款。三是以优化营商环境为导向，鼓励各类所有制企业公平竞争。消除市场准入等制度障碍，完善市场准入负面清单，推进固定资产投资项目审批制度改革，压缩制造业开办企业、注册商标等时间；健全符合国际惯例的财政补贴政策体系，推动产业政策从差别化、选择性向普惠性、功能性转变。四是以技术创新为基础，推动科技成果转化和产业化。鼓励新产业发展与推动传统产业升级改造双轮驱动,加强国家创新体系建设,健全需求为导向、企业为主体的产学研一体化创新机制,建立促进科技成果转化的资金支持机制,进一步挖掘平台经济潜力,加大制造业技术改造和设备更新,加快实施新一轮重大技术改造升级工程。五是以拓展海外新市场为突破,鼓励企业纳入全球产业链。适应环境变动稳住既有份额,又要抓住机遇开拓新的市场。深度挖掘国际市场潜力,推动共建"一带一路",稳步推进境外经贸合作区建设,引导企业建设境外组装转口基地,带动我国装备、技术、标准及零部件"走出去",推动出口市场多元化。通过不断提高供给体系质量和效率,为制造业高质量发展"蓄能",推动我国由制造大国向制造强国转变。

人工智能对我国经济、就业和收入分配影响分析及政策建议[*]

党的十九大报告明确提出，推动互联网、大数据、人工智能和实体经济深度融合，在中高端消费、创新引领、绿色低碳、共享经济、现代供应链、人力资本服务等领域培育新增长点、形成新动能。作为新一轮科技革命和产业变革的核心驱动力，人工智能对于产业发展具有基础性、倍增性、战略性作用，既能显著拉动经济增长，也会深刻改变就业和收入分配格局。我国发展人工智能具备的良好基础和独特优势，必须牢牢把握发展机遇，完善政策体系和制度环境，以人工智能发展带动社会生产力的整体跃升，同时注意化解人工智能对就业、收入分配等方面的负面冲击，增强发展的稳定性和可持续性。

一、发展人工智能是培育经济新动能的必然选择

技术进步是经济持续增长的动力源泉。当前，人工智能掀起新一轮发展高潮，成为大国博弈和产业竞争的新焦点。大力发展人工智能，促进人工智能创新成果与经济社会各领域深度融合，是我国培育经济发展新动能、提升国家竞争力和实现跨越式发展的必然选择。

（一）发展人工智能是抢占新一轮科技革命和产业变革制高点的战略突破口

当前，全球人工智能发展进入新的突破期，正处于从实验室走向产业化的关键阶段。能不能抓住这一战略机遇，关系到我国能否在未来国际科技和产业竞争中抢得先机、占据主动。

从技术周期看，未来5~10年是全球新一轮科技革命和产业变革从蓄

---

[*] 本文数据由作者根据相关资料整理分析得出。

势待发到群体迸发的关键时期，人工智能将是其中改变人类生产生活的重要力量。近年来，随着互联网、传感器、大数据的广泛应用，人、机、物（人类社会、信息空间、物理空间）"三元融合"日趋深入，人工智能三大推动力——数据、连接、计算能力都呈现出指数发展态势，云计算、深度学习算法、神经形态芯片等关键理论和技术接连突破，相关学科发展、理论建模、技术创新、软硬件升级等整体推进，人工智能发展进入新阶段。2017年，全球知名IT领域咨询公司高德纳①（Gartner）发布"人工智能新兴技术成熟度曲线图"（见图1），预测人工智能相关技术如机器学习、深度学习、增强数据挖掘、智能机器人、认知计算等都有望在2~5年或5~10年内达到成熟期。很多业内专家及咨询机构也纷纷预言，人工智能时代正加速临近②。

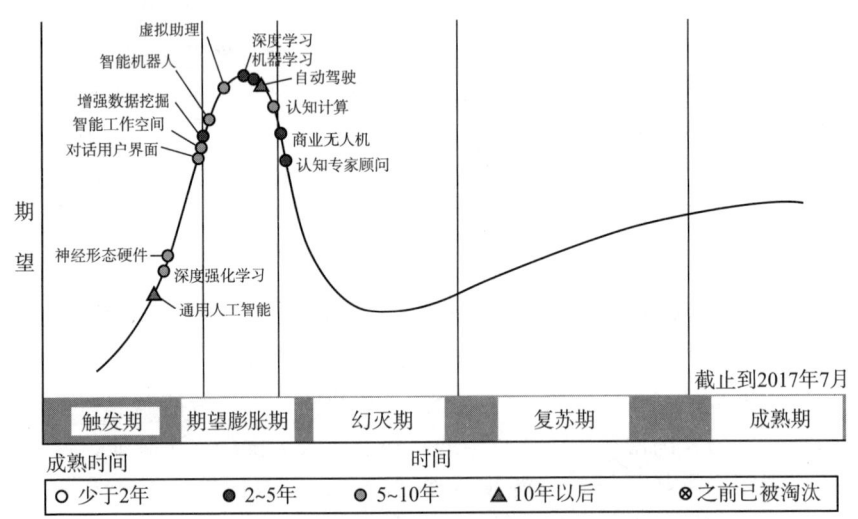

图1 人工智能新兴技术成熟度曲线图

资料来源：高德纳公司（Gartner）研究报告。

从市场需求来看，新一轮人工智能浪潮兴起于产业端，与现有产业加

---

① 高德纳公司（Gartner，又译顾能公司），是全球著名IT研究与顾问咨询公司，主要提供高效使用IT技术等方面所需的研究与咨询服务。

② 2015年，在全球最大的IT盛会——Gartner IT高管峰会上，全球知名智能机器领域分析师Tom Austin预言，到2020年新的硬件、软件和大数据将带来人工智能大爆炸。阿里云研究中心发布的《人工智能：未来制胜之道》报告预测：未来3~5年，人工智能将在既有技术基础上取得边际进步，以服务智能为主，创造的价值呈现指数增长；中长期将出现显著科技突破，如自然语言处理技术可以即时完全理解类人对话，甚至预测出"潜台词"；长期可能出现超级智能、人机共融、人工智能颠覆各个行业和领域。

一、宏观经济篇

速融合并向各领域快速渗透，应用领域全面拓展，市场前景广阔。谷歌、微软、苹果、IBM、英特尔等科技产业巨头加紧布局，大幅增加投资力度，频繁收购新创公司，力图抢占行业制高点。据著名咨询公司麦肯锡不完全统计，2016年全球企业在人工智能上的投资为260亿~390亿美元，其中，科技巨头投资为200亿~300亿美元，90%用于研发和部署，10%用于并购；创业公司投资（包括风投资金、私募股权公司投资等）为60亿~90亿美元。另据知名科技市场研究公司CB Insights① 统计，2011~2016年，全球有近140家人工智能初创公司被收购；2017年仅第一季度，兼并和收购案例便超过30起，为上年同期的两倍。谷歌成立了专门的人工智能投资公司，先后收购了"深思科技"（DeepMind）等16家人工智能公司。苹果公司仅2016年就收购了3家人工智能公司。

从发达国家来看，世界主要发达国家竞相超前部署，试图打造新的"智能鸿沟"。人工智能发展能够改变生产要素的对比优势，有可能打破发展中国家的低成本优势，引发产业转移，对于重构国际分工体系和生产网络产生重要影响。若应对不当，发展中国家可能提前"去工业化"②。为此，美国、英国、德国、法国、日本等发达国家纷纷把发展人工智能作为提升国家竞争力的重大战略，加紧出台规划和政策（见附件），围绕核心技术、顶尖人才、标准规范等强化部署，力图构筑先发优势，在新一轮国际产业分工中继续占据主导地位。同时，发达国家还对影响人工智能发展的关键技术实行封锁策略，阻击我国人工智能发展。2015年，美国宣布禁止英特尔、英伟达和超微半导体公司3家全球最大的芯片供应商向中国机构出售高端超级电脑芯片；2017年6月，美国表示将加大对中国投资硅谷企业的审查力度，特别是限制中国在人工智能领域投资，以保护对美国国家安全至关重要的科技领域；2017年9月，美国总统特朗普发布命令，禁止具有中资背景的私募股权机构收购美国莱迪斯半导体公司③。

---

① CB Insights是美国著名科技市场研究公司，主要利用大数据和机器学习技术进行市场投资数据分析，重点从事风投数据智库服务，其发布的独角兽公司名单、行业投资分析报告等在全球特别是科技领域具有较大影响力。

② 哈佛大学研究指出，第一次世界大战前英国的制造业就业人数比重峰值为45%，而如今巴西、印度、中国的制造业就业人数已经度过了峰值，但制造业就业比重最高也仅15%左右，主要原因就是制造业比过去的自动化程度要高得多。因此，人工智能等新一代信息技术带来的自动化浪潮，将使低成本劳动力在生产中的作用降低，发展中国家低成本优势可能消失，如不采取必要措施，任由发达国家全面主导新技术优势，发展中国家的工业化道路可能因此出现重大挫折，形成新的、更为严重的南北差距。

③ 莱迪斯半导体公司（Lattice Semiconductor）主要生产可编程的通信和计算半导体芯片，在工业与军事领域有着广泛应用。

从我国国情来看，我国率先发展人工智能具备现实可行性，有潜力实现"弯道超车"。目前，我国人工智能发展水平虽然与美国相比还有一定差距，但已处于全球"第一梯队"。我国已基本构建起人工智能产业链的基础技术链条，国际科技论文发表量和发明专利授权量均居世界第二，部分领域技术世界领先，人工智能领域创新创业日益活跃，中国科技企业逐渐成为全球人工智能技术进步的重要推动者。2017年8月，国务院颁布实施《新一代人工智能发展规划》，从国家战略层面对发展人工智能进行了系统布局，为加快人工智能发展奠定了良好基础。我国人口总数超过13亿人，每年产生的数字信息约占全球总量的13%，据高盛公司预测，到2020年中国产生的数字信息将占全球总量的20%~25%。加速累积的技术能力、海量的数据资源、巨大的应用需求和开放的市场环境有机结合，形成了我国发展人工智能的独特优势。人工智能理应成为我国建设创新型国家和世界科技强国的主攻方向。

（二）发展人工智能是提高全要素生产率、打造经济增长新引擎的重要抓手

当前，我国经济已由高速增长阶段转向高质量发展阶段，正处于转变发展方式、优化经济结构、转换增长动力的攻关期，劳动力供给减少、成本上升，资本边际效率不断下降，技术引进消化吸收空间不断缩小，人口老龄化进程加快，资源环境约束加剧，亟须深化供给侧结构性改革，以提高全要素生产率为核心重构经济增长新动力。人工智能是具有高度渗透性和带动性的基础技术，其发展应用不但能直接提高生产效率，而且将重构生产、分配、交换、消费等经济活动各环节，有效提升资源配置效率，对提高全要素生产率，拉动经济增长具有倍增效应。

一方面，人工智能技术应用有助于大幅提高生产效率。内生经济增长理论表明，技术不仅能形成自身的递增效应，而且能够渗透于资本和劳动力等生产要素，使整个经济的规模收益递增。人工智能是对人类智能的模拟、延伸和扩展，不但可以增强现有劳动力的技术和能力，而且能够创造一种可通过大规模重复性工作自我学习的"虚拟劳动力"，实现智能自动化。换言之，人工智能发展可能使机器大规模快速复制人类劳动行为，甚至执行某些超出人类能力的行为，从而大大丰富了人类组织生产的方式，显著提高生产率。全球著名咨询公司埃森哲预测，通过改变工作本质、创

建人与机器之间的新型关系,到 2035 年人工智能有望拉动美国①等 12 个发达国家的劳动生产率提高 40% 左右、年经济增长率提高 1 倍。普华永道预测②,到 2030 年人工智能将为全球 GDP 带来 14% 的增长,即 15.7 万亿美元,其中 6.6 万亿美元来自生产自动化、劳动力辅助技能增强、机器人和自动驾驶技术等直接导致的生产力提高,9.1 万亿美元来自人工智能增强产品和服务导致的相关消费市场增长。从宏观角度分析,几乎所有主要经济体都将受益,但新兴市场的增长更为强劲,其中,中国和北美地区将成为最大受益者,至 2030 年人工智能产业将分别推动中国和北美地区 GDP 增长 26%(7 万亿美元)和 14%(3.7 万亿美元),两者合计占全球增长的比例接近 70%。埃森哲预测,到 2035 年人工智能有望推动中国劳动生产率提高 27%,拉动中国经济年增长率上升 1.6 个百分点③;麦肯锡预测,人工智能带来的生产力提升,每年可拉动中国经济增长 0.8~1.4 个百分点。上海财经大学课题组基于我国全国投入产出表,建立了一个多部门可计算一般均衡模型(CGE 模型),采用上海市数据样本,以全要素生产率作为人工智能技术进步的代表指标,模拟测算了人工智能技术对经济的冲击效果。模拟结果(见表 1)显示,人工智能将进一步提高生产效率,对 GDP、财政收入、居民收入、产业增加值等都有明显的拉动作用,其中对服务业作用最为显著。

表 1　人工智能带来全要素生产率提高对经济冲击的模拟结果④

项目	基期(2012 年)(百亿元)	冲击后(百亿元)	百分比(%)
GDP	171.659	175.41833	2.19
居民收入	131.977	135.59317	2.74

---

① 埃森哲研究的 12 个国家分别为美国、芬兰、英国、瑞典、荷兰、德国、奥地利、法国、日本、比利时、西班牙和意大利,其中生产率可能提升最多的几个国家是瑞典、芬兰、美国和日本。
② 资料来源于 2017 年普华永道发布的《衡量人工智能(AI)所带来的商业影响并把握机遇》报告。该报告从全球主要经济体和八大主要产业领域(医疗、汽车、金融服务、运输物流、通信和娱乐、零售、能源、制造业)角度,分析了 AI 智能即将带来的影响和机遇。除中国和北美地区外,其他主要受益地区依次为:北欧 GDP 增长 9.9%(1.8 万亿美元)、南欧 11.5%(7 000 亿美元)、亚洲发达地区 10.4%(9 000 亿美元)、拉丁美洲 5.4%(5 000 亿美元),以及非洲、大洋洲和其他亚洲市场 5.6%(1.2 万亿美元)。
③ 引自埃森哲 2017 年发布的《人工智能:助力中国经济增长》研究报告。
④ CGE 模型是目前在各国广泛应用的计量经济学分析模型工具,通过在国民经济的各个组成部分建立起数量联系,使人们能够考察来自经济某一部分扰动对经济另一部分的影响,通过冲击变量的改变,可以评估冲击的影响和政策效果。

续表

项目	基期（2012年）（百亿元）	冲击后（百亿元）	百分比（%）
政府收入	40.227	41.602763	3.42
第一产业产值	2.87	2.880906	0.38
第二产业产值	300.542	305.35067	1.60
第三产业产值	314.866	323.65076	2.79

注：（1）采用2012年全国投入产出表数据构建模型的社会核算矩阵；（2）采用1978~2015年上海市样本数据测算全要素生产率增长率并模拟对经济的冲击。

另一方面，人工智能发展将催生众多新业态、新模式、新产品，为经济发展增添新活力。人工智能技术的深度应用，将推动重构经济活动各环节，形成从宏观到微观各领域的智能化新需求，引发供需关系变革，激发经济新活力。例如，智能认知平台服务作为人工智能的重要应用方向，近年来呈现蓬勃发展态势。美国国际数据公司（IDC）预测，2016~2020年，认知计算和人工智能解决方案市场的复合年增长率将达到55.1%，其在各行各业中的广泛应用将推动全球收入从近80亿美元增长到470多亿美元。IBM公司研发的"沃森"（Waston）认知平台，目前已被应用于数字顾问、虚拟助理、云计算、科学研究等多个领域，其中整合了医学成像及临床系统的"沃森健康"（Waston Health）在全球已有1万多个客户和伙伴，拥有近150项认知专利，并向中国21家医院提供肿瘤解决方案，认知平台相关业务已成为IBM的第二大收入来源。从我国情况看，人工智能领域创新创业也日趋活跃，市场规模快速增长。据艾媒咨询发布的《2017年中国人工智能产业专题研究报告》显示，中国人工智能产业规模2016年已达100.6亿元，增长率高达43.3%，2017年增长率提高至51.2%。麦肯锡预计，中国人工智能应用市场将以50%的增速逐年增长。

（三）发展人工智能是产业转型升级的强大助力

人工智能兼具工具属性和产业属性，具有显著的溢出效应，能够向各领域广泛渗透，形成"人工智能+"的发展模式。当前，人工智能已在国防、医疗、金融、商业、教育、公共安全等领域等得到广泛应用，其发展正在引发链式突破，推动经济社会各领域从数字化、网络化向智能化加快跃升。发展人工智能，有助于推动我国传统产业转型升级，从低成本制造向提升核心竞争力转变，从要素参与国际分工向全方位参与价值链合作转变。

在农业领域,人工智能应用有助于改进农业生产、加工、存储和分配,大幅提高资源利用效率,推动农业可持续发展。例如,智能化灌溉系统可以根据植物和土壤种类、光照数量来优化用水量,从而大大提高灌溉效率,减少水资源浪费;农业专家系统可为农民提供专业化、个性化的生产指导;计算机视觉识别技术能用于检验农产品的外观品质,从而替代传统的人工视觉检验法,提高检验效率,加强农产品质量控制;农业机器人可代替农民从事繁重的农业劳动,并可在恶劣条件下持续工作。美国蓝河技术公司(Blue River Technology)开发的"生菜机器人"(LettuceBot),利用机器学习和计算机视觉技术识别作物和杂草,有选择地喷洒农药喷雾,可帮助减少90%的化学药剂使用,目前该机器人服务的生菜种植面积已占到全美生菜种植面积的10%。

在工业领域,智能制造已经成为工业4.0的重要内容,是全球制造业发展的主攻方向。美国的《国家人工智能研究和发展策略规划》[①]指出,人工智能技术进步将在制造业,包括整个工程产品生命周期内引发新工业革命。人工智能不仅可以帮助改进制造控制和管理体系,大幅提高产品的制造效率和质量,而且有助于创新生产流程、实现个性化定制等新型制造模式。例如,西门子安贝格电子制造工厂通过升级改造其自动化率已达75%,只有生产过程的开头部分需要人工参与,剩下全部通过IT系统集中控制和调节生产流程,从而使产能提升了8倍,产品合格率达到99.9988%。

在服务业领域,人工智能的应用场景多样,与传统服务模式相比具有显著优势。一是人工智能技术应用有助于有效挖掘服务需求,提升服务质量和效率。例如,滴滴打车的"数据大脑",可以24小时不间断地对司机和乘客的海量出行数据进行分析研究,每天作出超过90亿次路径规划,极大地提升了订单匹配效率。二是人工智能技术有助于突破传统的基础设施和劳动力成本限制,使得大规模个性化服务成为可能,从而更好地覆盖行业"痛点",形成"长尾效应"。例如,蚂蚁金服将人工智能模型广泛应用于风险控制、信贷决策、保险定价、服务推荐、客户服务等方面,实现了对大量小额支付、小额贷款的低成本、规模化处理,从而将客户群体扩大到传统银行不愿或难以覆盖的小微企业、个人创业者、农村经营者

---

① 2016年10月,美国白宫发布《国家人工智能研究和发展策略规划》。该计划由美国国家科学技术委员会和美国网络及信息技术研发小组委员会制定,详情参见附件。

等，有效扩大了金融服务范围、降低了风险和成本、提升了用户体验。截至 2016 年底，支付宝实名用户已超过 4.5 亿，余额宝用户超过 2.6 亿。

二、人工智能对就业和收入分配的潜在影响应高度关注

科技创新在推动人类社会发展巨大进步的同时，也可能带来潜在风险。人工智能是影响面广的颠覆性技术，可能带来经济、社会、军事等多方面的风险挑战。例如，国防方面，敌对势力可以利用人工智能进行颠覆、渗透、破坏活动，也可以通过人工智能技术实现大规模精准军事打击，哈佛大学《人工智能与国家安全》报告提出，"人工智能技术是给国家安全带来深刻变化的颠覆性技术，未来至少有比肩核武器的影响力"；法律伦理方面，由于人工智能决策模型的复杂性和自主性，其决策过程是人类难以控制的"黑箱"，受开发者偏好、社会数据、损益模型等因素影响，可能出现算法歧视，损害公民权益，对人工智能行为的法律责任认定及监管问题已引起越来越多国家的关注；数据安全和隐私保护方面，人工智能技术可能被滥用，如何平衡"智能"和"隐私"，在有效利用用户数据的同时确保数据安全，是人工智能发展中需审慎应对的问题。从就业和收入分配角度看，人工智能技术的基础性、泛在性以及应用过程中充斥的不确定性，使得人们难以准确估算它对就业和收入分配的影响。但总体而言，人工智能的影响将是广泛而深刻的，未来技术演化一定程度并突破应用阈值后，可能引发就业格局的巨大变革，对劳动力参与率和劳动者工资收入产生较大冲击，其对就业的潜在挤出效应，以及可能引发的贫富差距扩大等衍生问题，需要高度关注、妥善应对。

（一）人工智能大规模应用对就业总量的冲击强度可能远超工业革命

理论研究和历史经验证明，技术进步对就业具有"创造性破坏"作用[1]。人工智能技术发展大大拓展了自动化的应用领域，创造了人与机器

---

① 创造性破坏作用，是指技术进步在带来新就业岗位的同时，也会造成一些原有岗位的消失。

一、宏观经济篇

的新型关系,将对就业产生显著的双重作用。从正面影响看,人工智能将深刻改变人类组织生产生活的方式,大幅拓宽市场规模和交易半径,细化市场分工,催生众多新业态、新模式,从而拓展就业空间、创造大量新岗位需求,并帮助降低工人劳动强度、改善工作环境、提升就业质量。从负面影响看,人工智能发展可能导致一些传统行业和职位发生颠覆性变革甚至消亡,其大规模应用有可能在一定时期内引发较为广泛的摩擦性失业①现象,应对不好甚至可能导致较为严重的结构性失业问题。同时,人工智能对就业的影响分布较不均衡,对不同领域、不同区域以及不同薪资和教育水平的人群影响各不相同。

关于人工智能对就业的总效应,目前争论较多,其中不乏悲观论调,认为人工智能会带来史无前例的大规模失业潮。但也有乐观者认为,人工智能对就业的创造效应大于破坏效应,不会造成就业大范围波动。通常而言,新技术兴起时,由于旧有社会制度体系不能适应新产业发展需要,技术进步的创造效应受到制约,难以弥补结构性失调带来的破坏效应,容易引发失业问题。但受政府不同应对策略影响,技术进步对就业的替代弹性和补偿弹性会有所差异,对就业的影响效果也会有根本不同。综合考虑人工智能的技术特点和应用潜力,我们认为,从长远看,人工智能发展最终会推动人类社会进步、提升就业质量。但在未来较长一段时期内,其对就业的负面冲击都不容小觑。首先,与工业革命不同,人工智能不仅能替代机械性的体力劳动,而且能够替代一些需要长期学习积累的专业脑力劳动,因此受冲击人群的转岗再就业难度会提升,失业者将不像工业革命时期那样容易找到难度相当的替代工作。其次,全球化和信息技术发展,使得新技术的普及速度大为提升,因此人工智能的冲击速度可能远超工业革命,留给政府和劳动者进行适应性调整的时间也会相应缩短。最后,人工智能对就业的影响范围可能很广。麦肯锡预计,与 18~19 世纪的工业革命相比,人工智能对社会的瓦解程度会是过去的近 3 000 倍(速度比过去快 10 倍,范围比过去大 300 倍),其对全球 800 多种职业所涵盖的 2 000 多项工作内容进行了研究分析,预测全球约 50% 的工作内容可以通过改进现有技术实现自动化,实现这一替代的时间约为 2055 年,考虑技术突破速度的快慢,时间误差约在正负 20 年间。牛津大学研究预计,未来 10 年

---

① 摩擦性失业是指因季节性或技术性原因而引起的失业,即由于经济在调整过程中,或者由于资源配置比例失调等原因,使一些人需要在不同的工作中转移,使一些人等待转业而产生的失业现象。

或20年，美国47%的就业岗位可能被人工智能替代①，在经合组织（OECD）国家这一比例平均为57%。美国《科学》杂志预测，2045年人工智能将取代全球50%人口的就业，在中国等发展中国家这一比例可能超过70%。

（二）机械性或可重复性比较强、规则相对明确的劳动最容易率先受到冲击

人工智能对不同行业的冲击程度存在差异，相比之下，机械性或可重复性比较强、规则相对明确的劳动最容易成为被替代的重点。一是体力类的程序性工作（生产类工人、操作人员）。据美银美林分析，目前全球范围内只有10%的制造业工作是自动化的，接下来10年中，随着机器人价格大幅降低，这一数字将达到45%。这一影响在我国已初现端倪，如富士康在中国各大生产基地安装了4万台机器人，取代大量工人岗位。另据亚布力中国企业家论坛发布的中国企业家发展信心指数调研报告②显示，受用工成本上升影响，有一半的受访企业家表示正考虑用机器取代人工。二是认知类的程序性工作（办公室和行政人员、医药助理、律师助理、财务助理、研究助理、机械式信息处理加工岗位等）。例如，美国沿海联邦信用合作社已用机器人替代了40%的雇员；摩根大通开发的金融合同解析软件，只需几秒钟就能完成原先律师和贷款人员每年需要36万小时才能完成的工作；蚂蚁金服技术产品"定损宝"，可通过图像识别检测技术进行车险的自动定损理赔，预计能减少查勘定损人员50%的工作量，目前这一技术已向全保险行业开放，其推广无疑将影响保险公司对车险定损专员的岗位配置（目前我国有近10万人专门从事事故车辆定损工作）。再如，语音识别、神经网络翻译等技术突破可能取代部分翻译工作；财务机器人、写稿机器人可替代部分会计和新闻记者工作；智能语音识别系统能够快速准确完成法院庭审记录，替代"书记员"角色，目前浙江省已在105家法院推广应用该系统；高德纳公司（Gartner）预测，到2020年左右，85%的客服服务将由人工智能完成。

根据业内专家及相关咨询机构预测，从目前已经部分落地的人工智能

---

① 美国白宫发布的《人工智能、自动化与经济报告》也作出相同预测。
② 亚布力中国企业家论坛每年发布《中国企业家发展信心指数》调研报告，2014年报告显示有超过一半的企业家正考虑用机器取代人工；2017年最新调研报告指出，对企业家信心抑制最大的仍是人力成本，这方面过去三年没有好转。

技术应用前景分析，未来10~30年，人工智能最有可能颠覆的行业主要包括金融、法律、会计、翻译、运输、批发零售、住宿餐饮、采矿业、传统制造业等劳动密集型行业，以及大量的行政办公、客服、文秘等岗位。据不完全统计，目前我国上述行业城镇单位就业人员数[①]合计近1亿人。假设在未来10~30年间，人工智能技术突破和产业化进程取得重大进展，如果按照9%的替代率[②]估计，涉及的就业岗位约有1 000万，也就是说，我国城镇单位可能有1 000万人在未来10~30年内面临转岗再就业问题，按照城镇单位就业人员数占全社会就业人员数的比例粗略推算[③]，全国总计有近4 000万人的就业岗位将受到冲击；如果按照25%的替代率估计，城镇单位约有2 500万人未来可能面临转岗再就业问题，全国总计约有1.1亿人就业岗位将受到冲击；如果按照50%的替代率估计，城镇单位约有5 000万人未来可能面临转岗再就业问题，全国总计约有2.17亿人就业岗位将受到冲击。如果考虑人工智能技术对各领域的广泛渗透性，面临新技能挑战的人数还会更多。目前，我国人工智能技术尚处于导入期，各类产业化应用均处于起步阶段，距离最终全面性应用还有相当长的路要走，因此，短期内人工智能对我国就业的冲击还只是局部现象且相当有限，在一定程度上还有助于缓解我国人口老龄化压力。但从长期来看，需要高度关注人工智能对就业的挤出效应，做好影响评估和预案研究。

（三）人工智能发展将加剧对劳动者的技能偏见、推动重塑劳动力格局

理论研究和历史经验表明，技术进步与劳动者技能升级之间存在显著的正向激励关系，对不同人群的就业影响具有非对称性。人工智能发展将引发工作技能要求的本质性转变，推动重塑劳动力格局，高技能劳动力需求将大大增加，对我国提升人口素质提出新的迫切要求。换言之，新技术

---

① 由于缺乏细分行业的全社会就业人员数，在估算时只统计了分行业城镇单位就业人员2015年末人数，因此相关行业实际就业人员数远大于估算数。其中，金融业、采矿业、运输业（道路运输、水上运输、装卸搬运和运输代理业、仓储业、邮政业）、批发零售、住宿和餐饮业、制造业就业数据来自《中国劳动统计年鉴（2016年卷）》，就业人员数分别为606.8万人、545.8万人、607.8万人、883.3万人、276.1万人、5 068.7万人；律师、会计、翻译从业人员数来自相关行业发展报告，从业人员数分别为30万人、1 900万人、50万人；合计为9 968.5万人。
② 从目前国内外影响力较大的专家预测结论看，其中比较乐观的估计是由经合组织的一份发展报告提出的，其作者Melanie Amtz、Terry Gregory和Uirich Zierahn预测，在21个OECD国家内，平均有9%的工作会被机器取代。
③ 根据《中国劳动统计年鉴（2016年卷）》，2015年末，全国就业人员总数为77 451万人，全国城镇单位就业人员数为18 062.5万人，占全国就业人员总数的比例约为23%。

虽然创造了新岗位，但这些岗位往往对从业者素质有新的更高要求，劳动供给必须向这个方向发展，才能更好地匹配未来工作岗位需要。据英国就业和技能委员会估计，2012~2022年新产生的岗位大多数是高技能需求，到2022年近50%的岗位是管理型、专业型岗位，整个欧盟的技术型工人将供不应求，程序员和软件开发人员的需求量大约会增加20%。另据世界银行估计，受以数字化为标志的新一轮工业革命冲击，现在65%的小学儿童未来将从事目前尚不存在的全新职业①。

虽然近年来我国教育事业快速发展，人口素质有了很大提高，但与发达国家相比还有差距，人才培养的类型、层次与社会需求不够契合，在一定程度上制约了人工智能等新技术就业创造效应的发挥。首先，我国劳动力整体素质和人力资源开发能力仍有待提高。美国学者研究估计，目前劳动力市场上迅速增长的科学、技术、工程和数学（STEM）② 相关职业中，有3/4需要从业者具备高中以上学历。而据统计，目前我国25~64岁人口中高中及以上学历比例约为24%，远低于经合组织（OECD）国家76%的平均水平，在美国这一比例则高达90%。另据世界经济论坛报告显示，2017年我国人力资源指数全球排名第34位，落后于美国、英国、德国、日本等发达国家③。其次，我国人工智能领域高端人才紧缺，远远不能满足需求。据统计，目前全球人工智能领域人才约有190万人，我国仅有5万人，位于世界第七，远远低于美国的85万人，人才数量与产业发展需求严重不匹配，供需比约为1:10。而且，我国只有不到25%的从业者拥有超过10年的行业经验，在美国这一比例高达50%。最后，我国产教融合、科教融合的协同培养机制尚未完全形成，学生创新创业能力培养有待加强。如不瞄准人工智能等新一轮科技革命需求，有针对性地完善国家教

---

① 资料来源于世界银行发布的《2016年世界发展报告》。
② "科学、技术、工程和数学"（STEM）被视为面向未来科技发展、最具职业发展潜力的学科教育体系。美国政府高度重视STEM跨学科教育，自1986年就提出STEM教育战略，强调加强STEM跨学科融合教育，促使美国下一代成为世界科学和技术的领导者。近年来，美国不断强化相关教育战略部署。奥巴马政府于2016年提出"让所有人接受计算机科学倡议"，动员资金40亿美元，用于教师计算机技能培训、提高学生介入高质量网络能力、制定计算机教学标准、推动谷歌等高科技公司同学校建立合作关系等，近日特朗普政府签署总统备忘录，指示采取行动提高美国学校STEM课程，特别是计算机科学的教学质量，并每年至少为此投入2亿美元预算，以确保美国学生获得未来工作需要的能力。
③ 根据世界经济论坛发布的《2017年全球人力资本报告》，全球人力资源指数排名前三位的国家分别为：挪威、芬兰和瑞士；美国、德国、英国、日本等国家排名分别为第4位、第6位、第23位和第17位。该指数分析了全球130个国家在个人的五个阶段对人力资源培养和利用的能力，侧重教育、技能和就业，共有40多项指标被用来识别劳动力市场的排斥模式以及尚待发掘的人力资源潜力。

育培训体系、增强劳动力与经济社会发展需求匹配度,未来我国可能面临结构性失业与"用工荒"并存局面。

(四) 人工智能发展可能引发收入分配差距扩大等衍生问题

近年来,大量关于信息技术对收入分配影响的实证研究表明,技能偏向型技术进步可能导致社会财富的重新分配,进一步加剧贫富差距,人工智能也不例外。目前,我国居民收入差距仍然较大,2016年我国基尼系数为0.465,大大高于主要发达国家0.24~0.36的水平。据估计,我国顶端1%的家庭占有全国约1/3的财产,底端25%的家庭仅拥有全国1%的财产[1]。在这一背景下,如何应对人工智能等新技术发展带来的收入分配极化效应,对我国政府治理能力提出更高要求。

第一,随着人工智能等新技术迅猛发展,劳动力本身在生产要素中的重要性持续下降,可能导致劳动者报酬相对降低、劳动者收入占比下降。美国白宫发布的《人工智能、自动化与经济》报告指出,人工智能这种偏向超级巨星的技术变革比以前的技术密集型变革更容易让财富流向极少数社会精英,会进一步"撕开"资本和劳动力之间收益分配的裂痕。例如,2000年以来信息技术迅猛发展,造就了很多科技富豪,但是据美国商务部统计,2014年计算机和电子零部件制造业的员工报酬仅相当于该行业产值的49%,远小于1999年的79%。国外学者对1990~2007年美国劳动力市场的测算结果表明,每千人增加一个机器人会导致就业占总人口的比率下降0.37个百分点,地区工资水平下降0.73%;如扣除因增加机器人降低成本、促进地区发展而新创造的就业,每千人增加一个机器人会导致就业占总人口的比重下降0.34个百分点,地区工资水平下降0.5%。

第二,人工智能技术进步会加剧高技能劳动者和低技能劳动者工资收入的两极分化。高技能劳动者在劳动力市场上具有更强的灵活性,相比之下低学历、低技能劳动者收入状况可能进一步恶化。研究表明,从长期看技能偏向型技术进步会改变工资结构,即拉大高技能劳动者和低技能劳动者的工资收入差距。国际货币基金组织(IMF)研究报告指出,人工智能和机器人造成了"能熟练运用人工智能或机器人的部分人群"和"被夺走工作的人群"两极分化。据专家调查显示,在我国东莞市被机器人替代下来的工人,即使能够再转岗,其薪水也要降低近1/3。特别是,由于在

---

[1] 数据来自北京大学中国社科调查中心发布的《中国民生发展报告(2016)》。

新技能的学习方面处于弱势，受教育程度较低的低技能劳动者难以将自己的技能与新的就业机会匹配起来，面临的转岗再就业困难会更大，收入可能进一步缩水。经合组织（OECD）研究估计，受教育程度较低的工人比受过高等教育的工人更可能被自动化取代。美国学者研究分析了处于高风险的工作数量，以及职业被计算机化的可能性与薪资、教育程度之间的关系，结果表明，薪资和受教育程度与职业可被计算机化程度呈高度负面相关（见图2）。

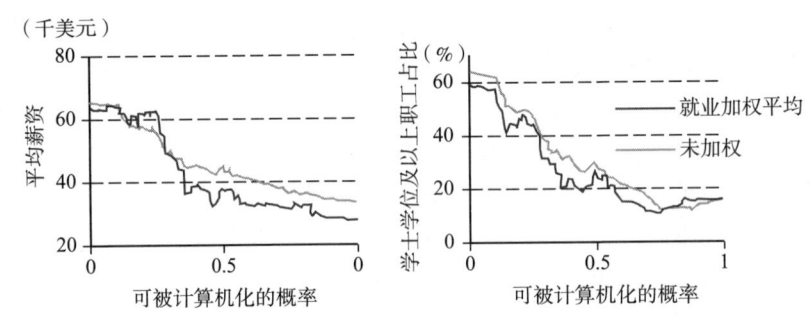

图2 薪资和教育水平与职业可被计算机化程度的相关性函数图

第三，人工智能发展可能造成新的垄断企业产生，从而引发新财富的不平等分配。研究表明，近年来劳动收入占比下降的主要原因之一来自超级企业市场份额的上升。由于全球化和技术进步的发展，各行各业中最有效率企业的市场份额不断扩大，逐渐形成高利润的超级企业。由于人工智能本身的技术、数据和资金壁垒，超级企业最可能率先掌握庞大的数据资源和核心技术，占据市场上的绝对优势，获得巨额利润。这种企业边界的扩张将进一步产生资本集聚，从而导致更大的收入不平等。

需要说明的是，我们应该全面辩证地看待人工智能对就业和收入分配的潜在影响，绝不能忽视风险，但也不能过于悲观。我国拥有丰富的产业结构和区域差异，具备得天独厚的战略纵深。从动态演进的视角来看，部分工作岗位被替代并不可怕，关键是要妥善应对。因此，要把握好技术创新和稳定就业的平衡点，坚持"以创造平抑破坏"，既要坚定不移地加快人工智能技术创新，也要实施更加有效的教育和社会保障政策，解决增强劳动人口就业能力和保障基本生活问题，促进形成产业发展和就业增长的双赢格局。

三、加快构建有利于人工智能发展的制度和政策环境

人工智能是引领未来的战略性技术,其发展是大势所趋,我们既要牢牢把握机遇,支持人工智能加快发展,又要充分认识人工智能发展可能对经济社会造成的冲击,尽可能平抑负面影响,确保社会稳定。要想实现上述目标,最关键的是处理好政府与市场关系。一方面,政府要避免越俎代庖,应遵循市场规律,坚持市场主导,突出企业在人工智能技术路线选择和行业产品标准制定中的主体作用;另一方面,政府要积极推动,更好发挥在规划引导、政策支持、安全防范、市场监管等方面的重要作用,既有效激发市场活力、促进人工智能加速发展,又弥补市场失灵、维护社会公平。总的思路是:充分认识新一代人工智能发展的阶段性特征及可能带来的正负面影响,坚持重点发展与防范风险并重、放大优势与补齐短板并行,把握好政府与市场角色分工,坚持发挥好市场对资源配置决定性作用和政府重要作用,营造更具包容性的制度环境和政策体系,激发各个行为主体的创新活力,抢抓战略机遇、平抑负面影响,以人工智能发展带动国家竞争力的整体跃升,实现人、技术、经济协调发展。就政府而言,需要从以下几方面把握好作用的着力点和重点。

(一)聚焦《新一代人工智能发展规划》集中攻关,加速构筑先发优势

我国人工智能仍处于发展初期,自我成长能力较为薄弱,面对激烈的国际竞争,为加速构筑先发优势,政府有必要对人工智能发展进行战略引导和适度扶持。但同时,政府必须严格界定扶持范围和条件,绝不能大包大揽,代替市场和企业进行技术路径选择和资源配置。从发达国家做法看,目前美国、英国、法国、日本、加拿大等国均发布了有关战略规划,优先支持人工智能发展,特别是重点支持基础性、长期性研究项目。例如,美国《国家人工智能研究和发展策略规划》提出,政府需对具有潜在长期回报领域的人工智能研究进行长期投资,这些研究在初步探索和商业化应用之间存在不可预测的孕育期,期间需要稳定的人力和财力,其回报可能在5年、10年或更长时间兑现;法国《人工智能战略》提出,由政府发起人工智能长期资助计划,预期投入5.5亿欧元资助期限约为5年的

独立创新项目；英国政府公布"现代工业战略"，提出增加47亿英镑研发资金用于人工智能、"智能"能源技术、机器人技术等领域。因此，我们应借鉴国际经验，强化对人工智能基础前沿研究、关键共性技术、基地平台的支持部署，增强人工智能原始创新能力，加快突破技术"瓶颈"，防止被低端技术锁定。一是加大对人工智能基础前沿研究、关键共性技术攻关等持续支持。坚持国家战略导向，区分公共性层次，进一步聚焦科技重大战略目标和关键核心任务，统筹利用国家科技重大专项、工业转型升级专项资金等多种渠道，深化科技计划管理改革，完善有利于"集中力量办大事、把钱花在刀刃上"的新机制，支持人工智能重点领域科技研发和示范应用，推动创新产品的研发和规模化应用。二是支持优化人工智能创新基地布局。支持引导现有与人工智能相关的国家重点实验室、国家科技基础条件平台等，聚焦新一代人工智能前沿方向开展研究。支持启动实施"科技创新2030—重大项目"，联合各方面优势科技力量推进人工智能技术创新。三是支持人工智能领域基础设施和平台建设。优化公共科技支持机制，完善重大科研基础设施和大型科研设备开放共享后补助等政策，推动更多国家重大科研基础设施和科学数据、仪器设备向各类创新主体开放，建立开放、共享、低成本的汇众智合作模式。四是推动在重点领域培育若干全球领先的人工智能骨干企业。为有实力的企业开展海外并购、股权投资、创业投资和建立海外研发中心等提供便利和服务，鼓励和帮助企业"走出去"。利用各种多边和双边谈判，为我国企业争取更为平等的市场地位。

（二）营造包容创新的制度环境，鼓励人工智能领域创新创业

良好的政策环境与合理的制度安排，能为各个行为主体的创新活动提供激励与保护，推动各种创新要素升级和优化配置。美国成功经验表明，人工智能领域创新在技术上往往需要多领域、多学科的交叉协同创新，在成果转化上需要产、学、研有效衔接，在主体上必须依托企业和市场力量。因此，应把营造好宽松有序、鼓励创新的市场环境，作为支持人工智能发展的重要抓手。一是继续深化"放管服"改革，释放各类创新资源活力。加快转变政府职能，减少对市场的不合理干预，为科研机构和企业"松绑"，降低人工智能企业进入市场的初始壁垒和交易成本。对新兴业态进行审慎监管，实现激励发展与合理规制的协调。二是深化科技体制改革，打通科研和市场"旋转门"。完善科研机构和高校的科研计划、人才

评价、经费使用等方面的管理机制，实施更加简约有效的管理，赋予科研院所和高校更大的科研自主权。深化科技成果使用、处置和收益管理改革，扩大股权和分红激励政策实施范围，破除人工智能成果转化中的制度性障碍，打通创新资源从实验室向市场流动的渠道，促进把更多科技成果转化为现实生产力。三是完善并落实鼓励创新的财税政策，激发企业创新的内在动力。落实并完善企业所得税加计扣除、高新技术企业扶持等普惠性政策，引导企业加大创新投入。促进创业投资发展，通过参股创投基金等方式，主要支持人工智能产业领域早中期创新型企业，适当兼顾成熟期企业，促进资本与技术的融合，提升人工智能产业核心竞争力。四是创新财政支持方式，引导社会资本参与人工智能技术研发和产业化。通过政府和社会资本合作（PPP），以及新兴产业创业投资引导基金、集成电路产业投资基金、中小企业发展基金、科技成果转化引导基金等，引导社会资本参与人工智能重大项目实施和科技成果转化利用。五是科学评估各地方出台的鼓励人工智能发展的产业政策，谨防产业"虚火"。吸取我国发展风电、机器人等高新技术产业的经验教训，做好人工智能领域规划布局和政策引导，防止地方和企业"一哄而上"、盲目投资和同质竞争，避免因产业"混战"造成资源浪费和"高端产业低端化"现象。

（三）实施人才强国战略，探索建立适应智能经济和智能社会发展需要的终身学习和教育培训体系

适应人工智能发展对就业市场的持续变革要求，推动形成更符合新技术发展需求的人才格局，是应对人工智能挑战的根本举措。因此，主要发达国家都把研究分析人工智能对就业的影响，有针对性地完善教育和培训体系，加强面向未来的创新型人才教育培养，作为应对人工智能挑战的重要手段。例如，法国、英国在人工智能发展战略中均提出要研究评估人工智能发展对劳动力市场的影响，提出针对性措施；美国提出，要加强教育与培训，帮助美国人为未来工作做好准备，包括为儿童提供高质量的早期教育，对已毕业和已就业的学生进行教育投资，增加就业培训和终身学习机会等，特别是将人工智能、数据科学相关领域与全国教育系统整合起来，把人工智能教育作为"全民计算机科学教育"的组成部分，从小培养美国学生的计算机思维能力；加拿大政府高度重视人工智能教育，加拿大知名高校几乎都将人工智能设为计算机技术的分支专业，未来几年将有约800名人工智能领域的博士生毕业。就我国而言，应重点从以下几方面探

索建立适应智能经济和智能社会发展需要的终身学习和教育培训体系。一是全面评估人工智能对就业格局的深刻影响。关注人工智能对就业的影响，做好前瞻性研究和就业监测，避免因理解片面化而导致政策调整过度滞后或简单化。二是深化教育体制改革，从人机共生的视野加强创造性人才培养。进一步完善基础教育体系，普及高中阶段教育，改革完善学校和学生评价方式，加强批判性思维、创造力及协作等能力培养。尤其要深入研究人工智能可能造成的就业结构和方式转变，以及新型职业和工作岗位技能需求，有针对性地完善我国教育和技能培训体系，提高人力资本积累速度和质量。三是加快培养聚集人工智能高端人才，推动形成我国人工智能发展的人才高地。完善人工智能相关学科布局，鼓励高校结合自身优势，拓宽人工智能专业教育内容。鼓励相关研究机构、高等院校与企业合作，开展人工智能基础知识和应用培训。依托国家重大人才工程，加快培养引进高端人工智能人才。四是完善职业教育和再培训机制，提升劳动者素质与经济社会发展需求匹配度。鼓励企业和社会参与，推动形成基础教育、职业教育、继续教育有机互补的终身学习教育格局。建立健全现代职业教育体系，推进产教融合的职业教育模式，强化企业、社会办学作用，加强培养新型高技术人才。大规模开展职业技能培训，注重解决结构性就业矛盾。加强对成人继续教育的政策引导，鼓励企业参与成人教育项目，促进劳动者持续提升就业能力，缓解人工智能对就业的冲击。五是进一步增强教育公平性和普惠性，提升劳动力整体素质。全面推进教育等基本公共服务均等化，结合我国整体扶贫战略，加大对农村留守儿童等困难群体的早期教育和基础教育，避免由教育"洼地"导致潜在就业危机。

（四）完善社会保障和收入分配政策体系，平抑人工智能发展可能带来的负面影响

针对人工智能可能对社会造成的负面效应，政府应该及时调整完善相关社会政策，保障好失业人员和困难群体的基本生活、促进缩小收入分配差距，更好地维护社会公平与和谐稳定。例如，美国《人工智能、自动化与经济》报告提出，为应对人工智能挑战，政府应帮助转型过程中的工人，确保大家广泛受益于经济增长，具体措施包括：加强失业保险、医疗保险、补助营养援助计划和有需要家庭临时援助等支持，实施工资保险等新的计划，建立21世纪退休制度以及实现税收政策现代化，解决地域差异等。需要注意的是，人工智能对就业冲击范围的广泛性，决定了社会政策必须坚持公平可持续和就业导向，重在激发劳动者再就业的内在动力，而不能过度追求福利化。为此，我们应借鉴国际经验，立足我国国情，重点从以下四个方面着手：一是支持加快调整健全与智能社会相适应的社会保障制度。建设和完善普惠性的基本社会保险体系，发挥好社会"减震器"和"安全网"作用。二是加强失业保险与就业政策协调。坚持市场配置劳动力资源的原则，注重保护劳动者而不是保护岗位，通过附加享受失业保险条件、完善失业保险金筹资给付制度等，推动失业保险政策从福利保障向促进就业转变，鼓励失业人员再就业。三是支持建立针对不同人群的失业救助和再就业援助制度。给予失业再就业人群资金支持和制度倾斜，确保中低端劳动力暂时性失业不对家庭和生活造成大的冲击。提供全方位公共就业服务，降低失业人员的再教育成本，使之能胜任智能化、自动化、信息化的生产岗位的技能需求。四是完善收入分配调节政策体系。坚持按劳分配原则，完善按要素分配的体制机制，促进收入分配更合理、更有序。进一步完善以市场为基础的初次分配机制，在充分保护劳动者合法权益的同时，完善劳资双方公平决定劳动者报酬的机制。履行好政府再分配调节职能，改革完善个人所得税等税收制度，促进扩大中等收入群体、增加低收入者收入、调节过高收入，加快推进基本公共服务均等化，缩小收入分配差距。

附件：

世界主要发达经济体人工智能相关政策规划一览表

国别	人工智能相关政策规划主要情况
美国	1. 美国在人工智能发展上一直占据全球主导地位。主要由联邦研究基金和政府实验室来支持该领域发展。联邦政府通过网络和信息技术研究和发展（NITRD）项目等支持公开的人工智能研发，国防高级研究计划局（DARPA）、国家科学基金会（NSF）等众多机构均给予资金支持。例如，2013年美国提出"推进创新神经技术脑研究计划"，计划10年投入45亿美元。 2. 美国联邦政府于2016年成立国家科学技术委员会（NSTC）机器学习和人工智能小组委员会，以帮助协调联邦在人工智能领域的活动，先后发布了三份重要报告，深入探讨了人工智能的发展现状、应用领域以及潜在的公共政策问题，提出了美国优先发展的人工智能战略方向及建议，分别为

续表

国别	人工智能相关政策规划主要情况
美国	（1）《为人工智能的未来做好准备》建议：一是加大联邦政府在人工智能研究方面的资金投入，支持优先发展基础研究和长期、高风险的人工智能研究；二是将人工智能、数据科学相关领域与全国教育系统整合起来，将人工智能教育作为"全民计算机科学教育"的组成部分，从小培养美国学生的计算机思维能力；三是公共政策机构应加强与人工智能从业者合作，促使人工智能技术解决更广泛的社会问题；四是政府应将人工智能的公开培训数据及公开数据标准建设放在首要位置，由联邦政府实施"人工智能公开数据计划"；五是监测其他国家人工智能发展状况，加深与关键国际利益相关者的合作；六是考虑人工智能和网络安全之间的影响；七是针对未来人工智能在地面车辆和飞行器上的应用突破，交通部加强与产业界及研究部门的数据共享，以便在技术成熟时能够作出更合理决策等。 （2）《国家人工智能研究和发展策略规划》提出七大战略：一是对人工智能研究进行长期投资。政府需对具有潜在长期回报领域的人工智能研究进行投资，这些研究在初步探索和商业化应用之间存在不可预测的孕育期，期间需要稳定的人力和财力，其回报可能在5年、10年或更长时间兑现，万维网和深度学习的成功案例说明联邦投资在其中具有关键作用；二是开发有效的人类与人工智能协作方法；三是了解并解决人工智能的伦理、法律和社会影响；四是确保人工智能系统的安全可靠；五是开发用于人工智能培训及测试的公共数据集合环境；六是制定标准和基准以测量和评估人工智能技术；七是更好地了解国家人工智能人力需求。人工智能研发领域最强的国家将在未来的自动化中确立领先地位。 （3）《人工智能、自动化与经济》指出，决策者应为五个方面影响做好准备：一是对总生产率的积极影响。人工智能技术加速发展将为个人、经济、社会开辟新的机遇；二是就业市场的需求技能发生变化，包括对更高层次技术技能的需求加大。估计未来10年或20年将有9%~47%的工作受到威胁。受自动化威胁的工作主要集中在低薪、低技能和教育水平较低的劳动人群；三是影响分布不均衡，对不同领域、薪资水平、教育水平、工作类型和地区的影响不同；四是劳动力市场将被扰乱，一些工作职位消失，新工作类型出现；五是部分工作短期失业的时长增加。报告提出三大应对策略：一是投资和开发人工智能并从中获益。推动科学、技术、工程和数学领域及人工智能社区的多样化和包容性，以及相关政策响应。初创企业和现有企业的竞争，以及完善的竞争政策的制定，将在新技术创新应用方面发挥重要作用。二是加强教育与培训，帮助美国人为未来工作做好准备。为儿童提供高质量的早期教育，对已经毕业和已就业的学生进行教育投资，帮助美国人完成工作过渡，增加就业培训和终身学习机会，为工作者提供更好的转型指导。三是帮助转型过程中的工人并赋予工人权利，确保大家广泛受益于经济增长。如加强失业保险、医疗保险、补助营养援助计划和有需要家庭临时援助等支持，实施工资保险等新的计划，建立21世纪退休制度以及实现税收政策现代化，解决地域差异等。
欧盟	1. 欧盟在2013年提出为期十年的人脑计划（Human Brain Project），旨在通过计算机技术模拟大脑，建立一套全新的、革命性的生成、分析、整合、模拟数据的信息通信技术平台，以促进相应研究成果的应用性转化。以人工智能为代表的信息科技，是欧盟"地平线2020"研发框架计划（执行期为2014~2020年）的优先领域，其预算规模比上一轮研发框架计划高出25%。 2. 欧盟委员会于2014年启动《欧盟机器人研发计划》（SPARC），用于资助机器人领域创新，目标是充分利用人工智能技术，为工厂、空中、陆地、水下、农业、健康、救援服务以及欧洲许多其他应用提供机器人，计划到2020年投资7亿欧元，使欧洲机器人行业产值增长600亿欧元，占全球市场份额提高至42%。

一、宏观经济篇

续表

国别	人工智能相关政策规划主要情况
欧盟	3. 2017年，欧盟数字单一市场战略落地，新出台的具体政策旨在消除盟内的发展壁垒，进一步加速数字技术普及和产业智能化转型。同时，鼓励人工智能中小企业创新创业，加快技术转化速度。2017年，全欧洲预计吸引近33亿元的人工智能风险投资，相当于2011年欧洲全部风险投资总额的4倍。 4. 目前，人工智能在欧盟社会领域基本形成了全方位的应用格局。其中，总投资约为8 500万欧元的机器人养老项目在欧盟若干地区已经开始试点；横贯欧洲大陆的智能电力传输网络有望在2020年前建成。 5. 欧盟高度重视人工智能潜在风险。欧盟是世界上最早提出并启动机器人和人工智能立法程序的地区，在人工智能风险防范、人工智能责任认定等方面取得一定进展。自2018年起，欧盟还将通过法律形式要求所有人工智能开发者将开发程序予以公开，从研发阶段就加强风险防控
德国	1. 德国在"工业4.0"计划把对人工智能的支持作为重要内容，涉及机器感知、规划、决策以及人机交互等重点领域。 2. 2012年德国政府发布10项未来高科技战略计划，提出建设"智能工厂"，人工智能、工业机器人、物联网、云计算、大数据、3D打印等技术得到大力支持；2015年，德国经济部启动"智慧数据项目"，以千万级欧元的资金资助了13个项目。 3. 在德国联邦经济部支持下，德国巴符州政府、马普学会、斯图加特大学、图宾根大学于2016年底联合成立欧洲最大的人工智能研发产业集群"网谷"（Cyber Valley），计划在未来几年提供超过5 000万欧元的资金支持，力争打造人工智能界的"硅谷"
英国	1. 英国于2013年将"机器人技术及自治化系统"列入了"八项伟大的科技"计划，宣布要力争成为第四次工业革命的全球领导者，同年英国政府以"技术城市"（Tech City）为平台推出Future 50项目，一些核心创业企业通过该项目的推广，切实得到了政府全方位的支持。 2. 2015年，英国工程与自然科学研究理事会（现由英国商业、能源与产业战略部管理），专门设立名为UK－RAS的协调机构，负责统筹协调全英人工智能领域资金投入、技术研究、产业应用、国际合作等，并致力于提高全社会对人工智能知识及影响的了解。UK－RAS由英国人工智能研发方面的顶尖科学家组成和管理，囊括了全英数十所顶尖高校、国家级实验室及产业机构等。 3. 2016年11月，英国政府发布人工智能报告，希望借助人工智能创新优势提升英国整体国力。2016年底英国在秋季财政预算中提出，到2020年，英国政府将在科技研发领域加大投资力度，预计新增20亿英镑投入科技行业，其中一部分预算将会直接用于支持新成立的产业战略挑战基金项目（Industrial Strategy Challenge Fund），为机器人与人工智能领域提供更为直接的资金支持。 4. 2017年1月，英国政府公布"现代工业战略"，提出增加47亿英镑研发资金用于人工智能、"智能"能源技术、机器人技术和5G无线等领域。 5. 英国专门提出要针对人工智能发展进行劳动力市场预测，采取制定专门法律、向从业者提供"与机器协同工作"的技能培训等措施，有效应对人工智能负面影响

续表

国别	人工智能相关政策规划主要情况
法国	法国经济部与教研部于2017年发布《人工智能战略》，主要内容包括：引导人工智能前沿技术研发，培育后备力量；促进人工智能技术向其他经济领域转化，充分创造经济价值；结合经济、社会与国家安全问题考虑人工智能发展，预见人工智能对社会尤其是就业的影响，评估人工智能对现有工作任务的替代性，成立人工智能战略委员会等。主要支持政策包括：（1）发起人工智能长期资助计划：资助期限约为5年的独立创新项目，预期成本5.5亿欧元；（2）发起人工智能+X计划：支持与另一相关领域的合作项目，预期成本3亿欧元；（3）建设大型科研基础设施：同时具备大数据计算、数据库、法语语料库、软件库等功能，预期成本1.5亿欧元；（4）新建法国人工智能中心，作为科学界与产业界沟通与合作的场所，预期成本7 000万欧元；（5）作为主要协调国建议欧盟发展未来新兴技术（FET）"人工智能"旗舰计划，计划资助额为10亿欧元；（6）鼓励法国公共投资银行、未来投资计划等投资人工智能领域新创企业，计划5年内投资10家企业，每家资助2 500万欧元
日本	1. 日本一直把发展机器人作为提高产业竞争力的战略重点，于2014年成立了"机器人革命实现委员会"，2015年初发布《日本机器人战略：愿景、战略、行动计划》，提出日本"机器人革命"目标，推出日本机器人发展的"五年计划"。 2. 2016年，日本内阁会议审议通过了《第五期科学技术基本计划（2016～2020）》，以制造业为核心，灵活利用信息通信技术，基于互联网/物联网，打造世界领先的"超智能社会（5.0社会）"。日本强调国家和企业应当共同大幅度增加人工智能相关研究开发资金，为促进民间投资，政府增加了相关研究开发预算。 3. 2017年，日本总务省关于推进与提高生产性相关的物联网·大数据·人工智能等的应用预算为25.8亿日元。2017年，经济产业省将人工智能、机器人、物联网、网络安全等战略领域的研究开发和实证作为重点预算对象。其中，下一代人工智能·机器人核心技术开发预算为45.0亿日元；人工智能相关的全球研究据点整备事业预算为195.0亿日元。2017年，文部科学省科学技术预算案达9 620亿日元，重点强化革新型人工智能、大数据解析技术
加拿大	1. 加拿大人工智能研发起步早、基础好，研发能力位居世界前列。2017年3月，加拿大联邦政府出台《全加人工智能战略》，对未来5年人工智能发展的目标、效果、项目作出规划，并拨款1.25亿加元支持该战略的落实，以实现以下目的：提升加拿大在人工智能研究和培训领域的国际知名度，提升人工智能学术研究的生产率，加强开展世界级研究和创新能力，强化人工智能跨地域合作，吸引并留住加拿大校和企业中的人工智能人才，将研究成果转化为经济效益和社会效益等。该战略由加拿大高级研究所（CIFAR）牵头落实。根据战略，政府支持建立专门的政策研究小组，将人工智能的风险研究提高到国家战略层面，还提出要在相关领域争夺世界领导地位。 2. 加拿大政府以美国硅谷为模板，大力推动建设以多伦多—滑铁卢、蒙特利尔、埃德蒙顿三个城市为中心的人工智能超级产业集群，汇集大量人工智能研究机构和创业公司，也吸引了优步、谷歌、微软、通用汽车等跨国公司在加拿大组建研究团队或开设相关人工智能实验室。 3. 加拿大政府高度重视并加大人工智能教育和研发投入，不断扩大人工智能人才基数。加拿大知名高校几乎都将人工智能设为计算机技术的分支专业，未来几年，加拿大将有约800名人工智能领域的博士生毕业。但同时，大量加拿大人工智能人才流失到美国，使加拿大几乎成为美国人工智能人才的"培训基地"

从近年上市公司成本水平变化看降成本成效[*]

2015年以来，党中央、国务院坚持以供给侧结构性改革为主线，着力支持实体经济发展，实施了一系列措施降低企业成本。财政部委托上海财经大学课题组，通过选取2013年至2018年上半年我国A股全部3533家上市公司相关数据指标，对企业成本水平的变化进行了总量和结构分析。结果表明，2013~2015年企业总成本水平呈上升态势，2016年以来转为逐年下降，反映降成本工作取得了明显成效，但各类成本变化趋势不尽相同，人工成本水平逐年上升，税费成本显著下降，财务费用水平由降转升，物流成本先升后降，原材料成本先降后升。

一、上市公司成本水平的总量分析

广义上的企业总成本即成本费用总额，统计的是企业当期为生产经营产生的成本、费用，主要包括主营业务成本、主营业务税金及附加、营业费用、管理费用、财务费用等。本文以"营业总成本/营业收入"衡量企业总成本，并对2013年至2018年上半年上市公司总成本水平进行分析。结果显示，2013~2015年企业总成本水平从95.07%逐年上升至97.07%，反映出企业生产经营成本压力加大，实体经济成本偏高。2015年中央实施供给侧结构性改革，年底中央经济工作会议把"降成本"作为供给侧结构性改革的五大任务之一，开展降低实体经济企业成本行动。2016年国务院印发《降低实体经济企业成本工作方案》，在降低企业税费负担、融资成本、人工成本、用能成本、物流成本等方面全面发力，2016~2017年累计降低实体经济企业成本超过2.3万亿元。2018年出台实施了进一步减轻市

---

[*] 本文数据由作者根据相关资料整理分析得出。

场主体负担的诸多措施。在相关政策推动下,2016年以来企业总成本水平呈明显下降态势,2018年上半年降至92.81%,比2015年回落4.26个百分点,反映了相关工作取得了实实在在的成效(见图1)。

图1　2013~2018年我国企业总成本变动分析

二、上市公司成本水平的结构分析

通过选取财务费用、人工成本、物流成本、税费成本、原材料成本等指标分别加以统计分析,考察2013年至2018年上半年各类成本水平的变动趋势,得出如下结论。

(一) 人工成本水平逐年上升

人工成本是企业在生产、经营和提供劳务活动中因使用劳动力而支付的直接费用和间接费用,本文以"支付工资/营业收入"作为衡量指标。结果显示,上市公司人工成本水平从2013年的12.6%稳步提高至2017年的14.56%[①],这进一步印证了随着我国劳动年龄人口减少、人口老龄化加速,企业人工成本水平持续较快上升。该结果与我国城镇单位就业人员工资持续上升也是一致的。自2000年有数据统计以来,城镇单位就业人

---

① 因雇员工资具有预付特征,由此造成公司半年报数据和年报数据不可比,因此未统计2018年上半年数据。

员平均工资累计增速连续18年高速增长，年均增幅近13%，18年间平均工资增长了近7倍。由于样本数据仅统计了上市公司支付给员工的工资，考虑到还有支付职工社保以及其他非货币性工资或福利，实际人工成本水平会更高。结合我国经济社会发展阶段，降低人工成本水平是一个长期过程，要依靠技术进步，提高全要素生产率，降低生产过程中的劳动投入（见图2）。

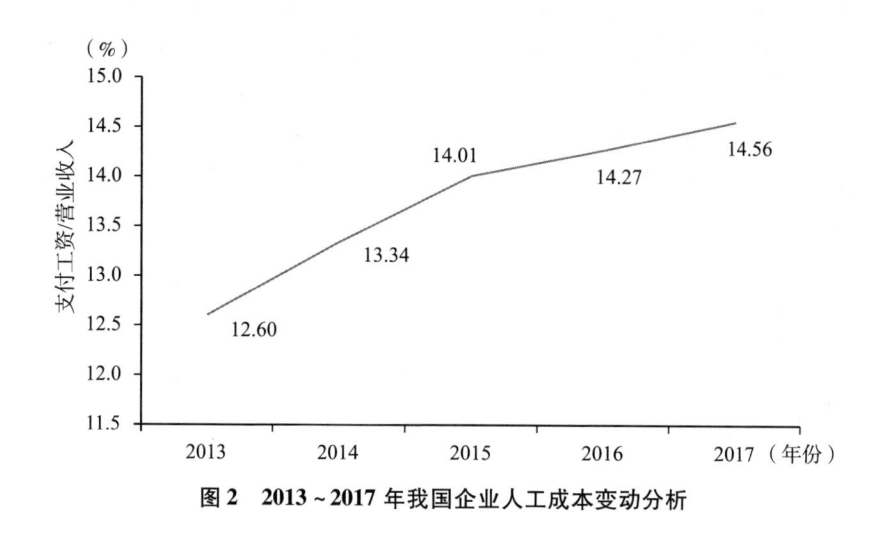

图2 2013~2017年我国企业人工成本变动分析

（二）税费成本显著下降

企业税费成本是指企业在生产经营活动中支付的税收和费用支出，本文以"支付税费/营业收入"衡量。结果显示，2013~2017年，上市公司税费成本呈缓慢上升后大幅下降态势[①]。2013~2015年，上市公司支付税费占营业收入的比重缓慢上升。自2016年5月1日起全面推开"营改增"改革，但改革初期许多企业可用于抵扣的进项税不足，减税效果不明显，随着政策效应持续释放，企业进项税缺口逐渐收窄，降税效果逐步显现。2017年以来国务院又出台了一系列导向更明确、受益更精准、力度更大的降费措施，包括取消、停征或减免多项行政事业性收费和政府性基金，实施收费目录清单"一张网"制度，大力整治乱收费行为等，2017年企业税费成本显著下降至6.75%，比2016年下降0.38个百分点。

---

① 因企业税费具有预付特征，由此造成公司半年报数据和年报数据不可比，因此未统计2018年上半年数据。

企业所得税支出占利润总额之比也印证了这一点。2015年企业所得税与利润总额之比为24.27%，与25%的名义税率基本一致，2016年降至20.50%，2017年进一步降至16.14%，显著低于25%的名义税率。究其原因，主要是近三年来实施了一系列支持小微企业和科技创新企业的优惠政策，包括先后多次提高减半征收企业所得税小型微利企业应纳税所得额上限，由6万元逐步提高至100万元；将科技型中小企业研发费用税前加计扣除比例由50%提高至75%，并扩大到所有企业；修订高新技术企业认定管理办法，降低中小企业认定高新技术企业的研发费占比条件；将高新技术企业和科技型中小企业亏损结转年限由5年延长至10年等，企业所得税与利润总额之比大幅下降说明这些税收优惠政策减税效果明显（见图3）。

图3 2013~2017年我国企业税费成本变动分析

（三）财务费用水平先上升后下降，近期有所反弹

财务费用是指企业为筹集生产经营所需资金等而发生的费用，本文以"利息支出/营业收入"作为衡量指标。数据显示，2013~2018年上市公司财务费用水平呈先上升后下降再上升趋势。2013~2015年上市公司财务费用上升至3%左右的较高水平。2014年底美国开启货币政策正常化进程，我国资本外流压力加大。2015年以来，中国人民银行先后七次降准、五次降息，并推出中期借贷便利（MLF）、常备借贷便利（SLF）等创新型货币政策工具，向市场注入大量流动性，引导市场利率稳步下行，因此

一、宏观经济篇

企业融资成本相应降低，2016年和2017年上市公司财务费用水平分别降至2.62%、2.34%。2017年以来，金融监管加强，表外融资萎缩，融资渠道收紧，市场融资成本有所上升，由于货币政策环境和利率水平对企业实际利息支出存在滞后性，企业财务费用水平升高在2018年体现得更为明显，2018年上半年升至2.64%，比2017年提高0.3个百分点（见图4）。

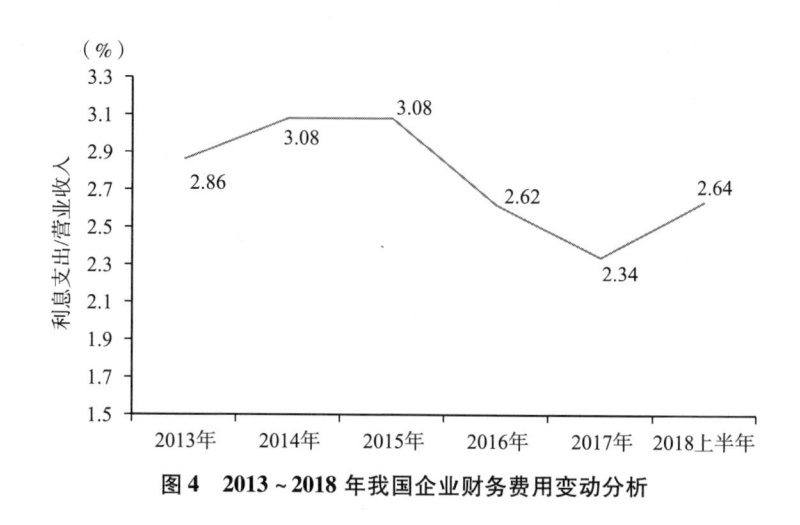

图4 2013~2018年我国企业财务费用变动分析

（四）物流成本先上升后持续下行

物流成本是指货物在运输、储存、包装、装卸搬运、流通加工、物流信息、物流管理等过程中所消耗的人力、物力和财力的总和，本文以"物流支出/营业收入"作为衡量指标。由于数据限制，样本数据仅统计销售费用和管理费用中的物流支出，因此占营业收入的比重较少，但也可以说明物流成本的变化趋势。结果显示，物流成本在2013~2014年呈上升态势，主要是与油价上涨和当时的物流体系现状有关。2014年以前国际油价处于历史高位，我国物流服务体系中成本高、效率低等问题较为突出，相应推高了物流成本。自2014年下半年起国际油价大幅回落，此后虽有波动但未回到2013~2014年的高位。尤其是，自2014年下半年起，国务院出台了一系列指导性文件推动物流业降本增效，如《物流业发展中长期规划（2014~2020年）》《促进物流业发展三年行动计划（2014~2016年）》《物流业降本增效专项行动方案（2016~2018年）》等，加强物流薄弱环节和重点领域基础设施建设，降低物流企业运输收费水平，规范物流领域收费行为。2016年全国公路共取消政府还贷二级路收费站49个，收费里程6 119公里，实行"绿色通道"和重大节假日免费通行等政策，累计减免通行费约500亿元。2018年以来，国务院常务会议两次讨论降低实体经济物流成本，通过降低交通运输业增值税率、扩大物流企业仓储用地税收优惠范围等减税措施，以及推动取消高速公路省界收费站等降费措施，进一步支持物流领域降成本。在这些政策带动下，自2015年起上市公司物流成本水平逐年下降，2018年上半年降至2.2%，比2014年下降0.44个百分点（见图5）。

图5　2013~2018年我国企业物流成本变动分析

（五）原材料成本先降后升

原材料成本一般包括构成产品实体或者有助于产品形成的各种原材料及主要材料、辅助材料、外购半成品、修理用备件、燃料等成本。由于上市公司报表数据不直接披露原材料成本，且许多行业对原材料没有严格定义，因此，本文以制造业为例分析原材料成本①。结果表明，近年来企业原材料成本占营业收入的比例较高，达60%以上。2013~2016年，企业原材料成本水平呈下降态势，与全球经济复苏缓慢、大宗商品价格总体下降有关，2016年底反映大宗商品价格的CRB指数比2014年最高点下跌16.1%。2017年以来，由于全球经济复苏加快，以原油、进口铁矿石为代

---

① 因上市公司半年报未披露采购数据，没法计算原材料成本，因此未统计2018年上半年数据。

表的国际大宗商品价格震荡上行,与此同时,国内去库存、去产能持续深入推进,上游原材料价格大幅上涨,工业生产者购进价格同比涨幅持续高于出厂价格同比涨幅,相关成本水平由下降转为升至62.45%,比2016年提高3.1个百分点(见图6)。

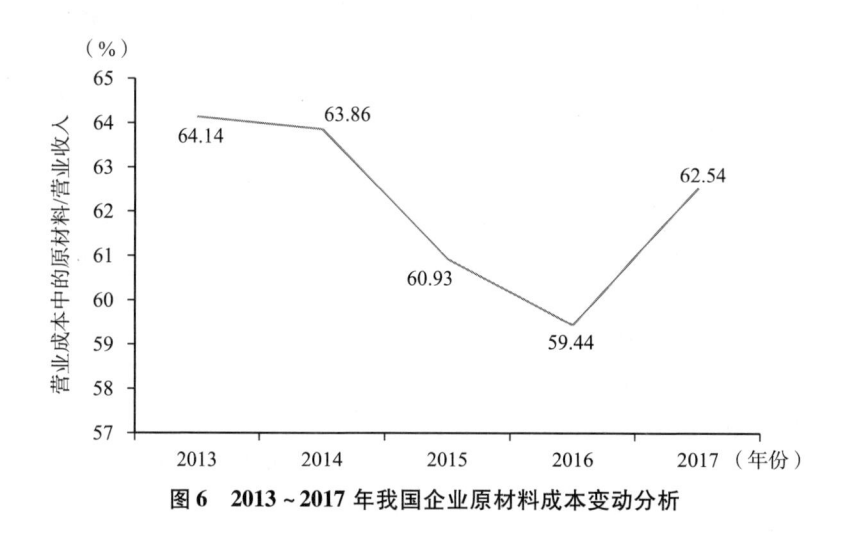

图6 2013~2017年我国企业原材料成本变动分析

总体来看,近三年来降成本政策效应持续显现,取得了阶段性成果。但上市公司仍面临人工、原材料和融资成本上升等制约因素。下一步,应继续把降成本作为一项久久为功的系统性工程来抓,围绕企业面临的突出成本问题,发挥好政府的作用,坚持深化劳动力、土地、社保等方面的改革,降低要素成本;深化电力、石油天然气、铁路等行业改革降低用能和物流成本;巩固和扩大减税降费成果,降低税费成本;深化"放管服"改革,降低制度性交易成本,真正让企业轻装上阵,促进企业转型发展。

从幼儿园入园难管窥我国民间投资的"玻璃门"现象和特殊市场准入制度的痛点

2018年11月1日，习近平总书记在民营企业座谈会上的讲话指出，"要打破各种各样的'卷帘门''玻璃门''旋转门'，在市场准入、审批许可、经营运行、招投标、军民融合等方面，为民营企业打造公平竞争环境，给民营企业发展创造充足市场空间。"

近年来我国民间固定资产投资增速趋于下行。服务业、垄断行业存在市场准入隐形壁垒等"玻璃门"现象和传统产业大量产能过剩并存导致民企"无处投"是民间投资增速下行的重要因素。在服务业领域特别是学前教育等行业存在明显的供给不足，这种供给不足具体体现在幼儿园入园"排队现象"上。"入园难，难于考公务员；入园贵，贵过大学收费。"这是不少家长对学龄前儿童入园难、入园贵的形象比喻。"排队现象"意味着供给短缺的非均衡状态，背后是学前教育的市场准入制度存在"痛点"也就是民间资本进入的"玻璃门"，导致经济资源难以从供给过剩的传统制造业流入供给短缺的学前教育等行业。为从微观视角具体研究民间投资中的隐形门槛和壁垒问题，本文以民办幼儿园市场准入制度为例，分析民办幼儿园市场准入制度的痛点即学前教育领域民间投资的"玻璃门"现象，并提出有关政策建议。

一、民办幼儿园市场特殊市场准入制度分析

市场准入制度根据宽严度又可分为一般市场准入制度和特殊市场准入制度。一般市场准入制度是指市场主体进入一般性的、普通的市场的规则体系。近年来我国不断推进"放管服"改革，深化商事制度改革，推行

"多证合一、一照一码"登记制度和"一套材料、一表登记、一窗受理"的工作模式,一般市场准入的便利化程度得到有效提高。特殊市场准入制度是指市场主体进入特殊市场的规则体系。在特殊市场准入制度下,市场主体必须具备特定条件和遵循特定程序,经过政府有关部门特许、许可或审批批准才能进入特殊市场从事经营活动。

由于学前教育不属于义务教育范畴,我国政府对幼儿园的教育资源投入较少,且都集中于公办幼儿园,而公办幼儿园远远不能满足社会需求。在这种情况下,我国有条件允许社会资本进入学前教育领域,设立民办幼儿园。学前教育具有很强的正外部性、准公共产品属性,而且学前教育属于"信任品",存在显著的信息不对称问题。因此,学前教育的特殊性导致存在"市场失灵",难以实现"帕累托最优",这也决定了幼儿园市场实行特殊市场准入制度的必要性。

民办幼儿园提供的是公众服务,直接关系到社会公共利益,属于应设立行政许可的特殊市场准入范畴。在市场准入负面清单制度下,民办幼儿园属于许可准入类别;对许可准入事项,包括有关资格的要求和程序、技术标准和许可要求等,由市场主体提出申请,行政机关依法依规作出是否予以准入的决定。《市场准入负面清单(2018年版)》第113项规定,"未获得许可,不得设立民办学校(包括实施学前教育、初等教育、中等教育、高等教育的学校)。"

(一) 民办幼儿园市场准入制度体系

当前我国还没有一个单一完整的民办幼儿园准入制度规定。有关民办幼儿园准入制度分散在有关法律、条例和政策性文件里,可以分为三个层次:

第一层次:有关法律和条例。《教育法》《幼儿园管理条例》《幼儿园工作规程》《民办教育促进法》《民办教育促进法实施条例》对民办幼儿园设立的基本条件作了原则性的规范。如《幼儿园管理条例》第十一条规定"国家实行幼儿园登记注册制度,未经登记注册,任何单位和个人不得举办幼儿园。"《民办教育促进法》第十七条规定"审批机关对批准正式设立的民办学校发给办学许可证。审批机关对不批准正式设立的,应当说明理由。"

第二层次：有关技术性规范。《托儿所、幼儿园建筑设计规范》《全日制、寄宿制幼儿园编制标准（试行）》《中小学幼儿园安全管理办法》《全国幼儿园园长任职资格、职责和岗位要求》《托儿所、幼儿园卫生保健管理办法》等政策性文件针对设立幼儿园需要遵守的某一方面具体条件作了较为详细的规定。

第三层次：各省有关学前教育机构审批注册管理的文件。我国还没有由国家制定并在全国范围内统一实施的幼儿园审批注册制度和办园标准，各省、自治区、直辖市人民政府是当地民办幼儿园办园标准制定的责任主体。因此，幼儿园准入制度的建立实际上是由各地方来实现的。各省市有关学前教育机构审批注册管理的文件如《北京市举办小规模幼儿园暂行规定》《湖北省学前教育机构审批管理办法（试行）》实际上是民办幼儿园市场准入最管用、最关键的依据。

（二）民办幼儿园市场准入流程

各省市对民办幼儿园准入审批程序的规定基本相同，主要包括筹设审批和正式设立审批两个阶段。

第一阶段：筹设审批阶段。申请举办民办幼儿园的单位和个人，向审批机关即县（市、区）级以上人民政府教育行政部门提出筹设申请。以深圳市龙岗区为例，筹设审批阶段需要经过受理、审核、审批、办结、送达5个流程，需要15个自然日（不含办理消防验收合格证明、建筑质量合格证明所需的时间），需要提供8种证明和资料（见图1、表1）。

第二阶段：正式设立审批阶段。获得筹设审批后，申请举办民办幼儿园的单位和个人，向审批机关提出正式申请，递交正式设立申请所需的材料。

以深圳市龙岗区为例，正式设立审批阶段需要经过受理、审核、审批、办结、送达5个流程，需要45个自然日（不含办理环境质量检测报告、园长上岗证等所需的时间），需要提供15种证明和资料（见图2、表2）。

一、宏观经济篇

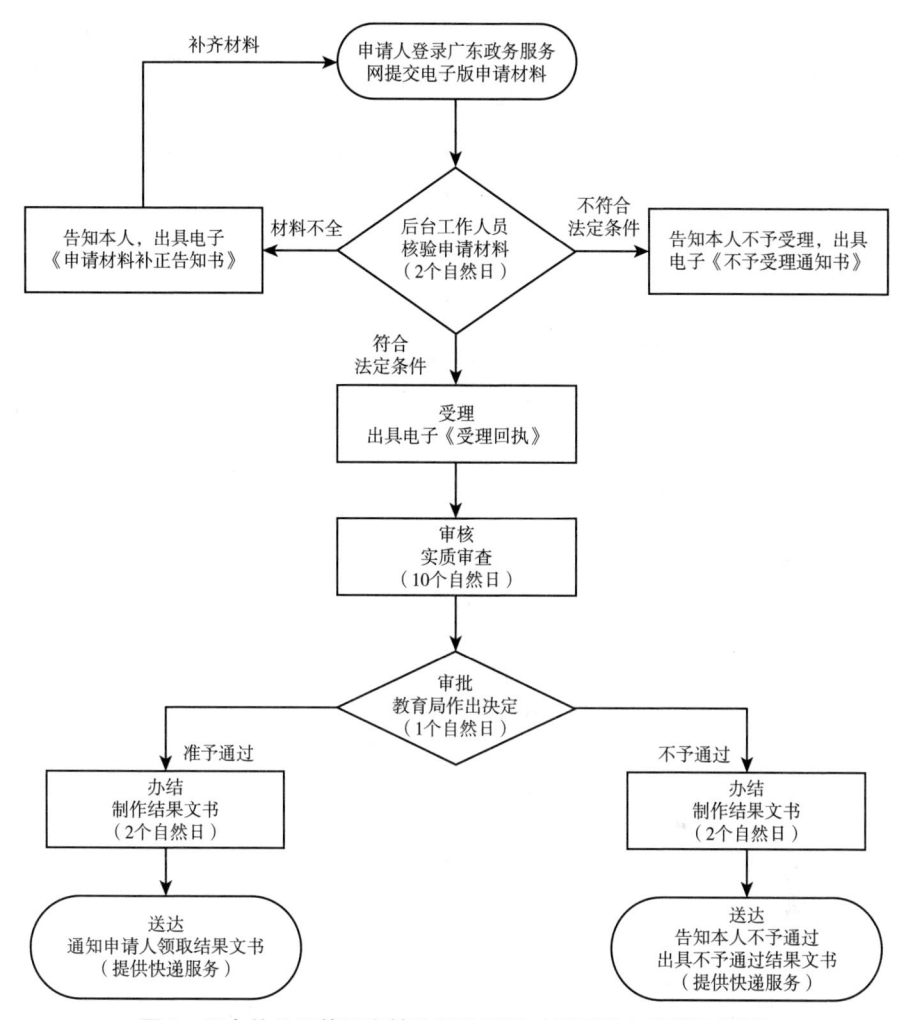

```
                    ┌─────────────────────┐
         补齐材料    │ 申请人登录广东政务服务 │
    ┌──────────────→│ 网提交电子版申请材料  │
    │               └──────────┬──────────┘
    │                          ↓
┌───┴──────────┐   材料不全  ╱───────────╲  不符合    ┌──────────────┐
│ 告知本人,出具电子│←─────────╱ 后台工作人员 ╲ 法定条件  │ 告知本人不予受理,出具│
│《申请材料补正告知书》         ╲核验申请材料 ╱─────────→│ 电子《不予受理通知书》│
└──────────────┘              ╲(2个自然日)╱            └──────────────┘
                                ╲────┬────╱
                              符合 │
                              法定条件
                                   ↓
                         ┌──────────────┐
                         │     受理      │
                         │ 出具电子《受理回执》│
                         └──────┬───────┘
                                ↓
                         ┌──────────────┐
                         │     审核      │
                         │   实质审查    │
                         │ (10个自然日)  │
                         └──────┬───────┘
                                ↓
                              ╱───────╲
                    准予通过 ╱   审批   ╲ 不予通过
              ┌───────────╱ 教育局作出决定╲───────────┐
              │           ╲ (1个自然日) ╱            │
              │             ╲─────────╱              │
              ↓                                      ↓
     ┌──────────────┐                       ┌──────────────┐
     │     办结      │                       │     办结      │
     │   制作结果文书  │                       │   制作结果文书  │
     │  (2个自然日)  │                       │  (2个自然日)  │
     └──────┬───────┘                       └──────┬───────┘
            ↓                                      ↓
     ╱──────────────╲                       ╱──────────────╲
    ╱     送达       ╲                     ╱     送达        ╲
   │ 通知申请人领取结果文书│                  │ 告知本人不予通过    │
   │  (提供快递服务)   │                    │ 出具不予通过结果文书 │
    ╲              ╱                      │ (提供快递服务)    │
     ╲────────────╱                        ╲──────────────╱
```

图 1　民办幼儿园筹设审批阶段流程图（以深圳市龙岗区为例）

表 1　民办幼儿园筹设阶段需要提供的证明和资料（以深圳市龙岗区为例）

序号	需要提交的资料
1	申办报告
2	幼儿园消防验收合格证明
3	拟举办机构地址的产权文件或说明
4	民办非企业单位名称预先核准登记通知书

续表

序号	需要提交的资料
5	举办者证件材料
6	建筑质量合格证明
7	验资报告

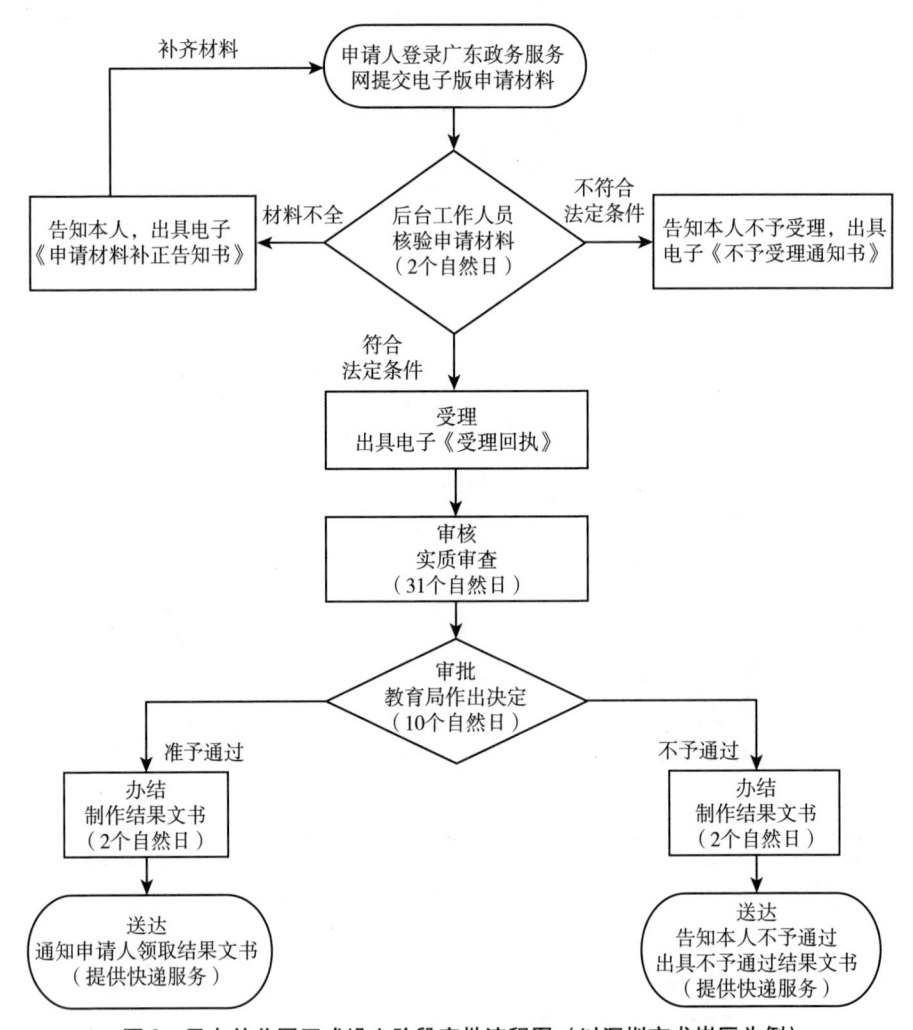

图 2 民办幼儿园正式设立阶段审批流程图（以深圳市龙岗区为例）

一、宏观经济篇

表2　　　　民办幼儿园正式设立阶段需要提供的证明和资料
（以深圳市龙岗区为例）

序号	材料名称	要求	来源渠道	盖章次数
1	申办报告	内容应当主要包括：举办者、培养目标、办学规模、办学层次、办学形式、办学条件、内部管理体制、经费筹措与管理使用等	社会组织	
2	拟举办机构地址的产权文件或说明	属自有校舍的，需提交产权证明；属租房办学的，需提交经政府房屋租赁管理部门备案的有效租赁合同	行政机关（租赁办）	1
3	幼儿园消防验收合格证明	消防设计审核意见书、消防验收合格意见书	行政机关（消防大队）	2
4	建筑质量合格证明	有资质的鉴定单位出具的房屋建筑质量检测鉴定报告，满足幼儿园安全使用要求	行政机关（建设局或住建局认可的有资质公司签发）	1
5	学前教育机构申报设立审批表	提交原件	申请人	
6	筹设批准书	未经筹设直接申请正式设立的改造型幼儿园可不用提交	企事业单位（教育局）	1
7	拟任幼儿园法定代表人身份证、无犯罪记录证明	验原件收复印件	行政机关（公安局）	1
8	园长的身份证或户口簿、学历证书、教师资格证、园长上岗证	验原件收复印件	行政机关（身份证、户口簿：公安局；学历证书、教师资格证：教育部门）	
9	验资报告	有资质的会计师事务所出具的验资报告	企事业单位（会计师事务所或其他具有相关资质的审计机构）	1

续表

序号	材料名称	要求	来源渠道	盖章次数
10	环境质量检测报告	建筑项目环境影响报告表、室内空气检测报告、合成材料运动场地面层有害物质检测报告（运动场地面层使用合成材料的需提供），并符合《合成材料运动场地面层质量控制标准》	企事业单位（有资质的检测鉴定单位）	3
11	幼儿园章程及首届理事会、董事会或其他形式决策机构成员名单	章程双面打印。理事会、董事会或其他形式决策机构成员由举办者或其代表、园长、教职工代表等组成，不少于5人且为奇数，其中1/3以上成员应当具有5年以上教育教学经验	社会组织	
12	幼儿园建筑平面图	建筑平面图加盖设计单位公章、出图专用章和注册建筑师章	企事业单位（有资质的建筑设计单位）	3
13	民办非企业单位名称预先核准登记通知书	验原件收复印件	行政机关（民政局）	1
14	举办者证件材料	（1）举办者为自然人的，提交身份证、无犯罪记录证明；（2）举办者为法人的，提交营业执照正副本及法定代表人身份证	行政机关（公安局、工商局）	
15	园医、教师、财会人员、保育员的资格证明文件	园医提交身份证、毕业证、幼儿园保健人员上岗培训证，教师提交身份证、教师资格证、毕业证，财会人员提交身份证、毕业证、会计资格证书，保育员提交身份证、上岗证	行政机关（教育部门、会计师事务所或其他具有相关资质的审计机构）	

以深圳市龙岗区为例，以上合计，民办幼儿园市场准入需要60个自然日（不含办理消防验收合格证明、建筑质量合格证明、环境质量检测报告、园长上岗证等所需的时间），需要提供15种证明和资料，累计盖章（包括行政机关和中介组织）不少于14次。

(三) 民办幼儿园市场准入标准

民办幼儿园市场准入标准是政府对举办幼儿园必备的基本条件的规定，用来判断幼儿园是否具有办园资质。各省对准入标准内容的具体表述有所不同，大致可以归纳为"园舍条件""设施设备""办园规模""人员资格""师幼比""班额""保育教育""卫生保健""安全工作""办园经费""园务管理""收费标准""办园方向""办园章程""校车""开办者资格"16项指标。其中，"园舍条件""设施设备""人员资格""师幼比""班额"这5项是幼儿园准入标准的核心内容。

我国从北方到南方10个代表性城市即长春市、北京市、石家庄市、郑州市、武汉市、重庆市、成都市、南京市、南宁市、深圳市的民办幼儿园准入情况见附件3《10个代表性城市民办幼儿园准入条件和审批便利化程度比较》。各个城市的情况不尽相同。以深圳市为基准，重庆市、郑州市准入条件较深圳市稍微宽松，同时审批的便利化程度优于深圳；武汉市准入条件较深圳市较为宽松，同时审批的便利化程度与深圳接近；石家庄市、南宁市准入条件较深圳市接近，但是审批的便利化程度不如深圳市；北京市、成都市、南京市准入条件较深圳市稍微宽松，但是审批的便利化程度不如深圳市；长春市准入条件较深圳市严格，审批的便利化程度优于深圳市。

二、民办幼儿园市场准入制度的痛点即学前教育领域民间投资的"玻璃门"现象

"玻璃门"现象是指民间资本进入部分服务业、垄断行业时存在"看得见、进不去、一进就'碰壁'"的隐形门槛和壁垒，即部分服务业、垄断行业对民间资本名义开放、实际限制的现象。民办幼儿园市场准入制度的痛点即学前教育领域民间投资的"玻璃门"现象具体表现在以下4个方面。

(一) 民办幼儿园准入标准过高

民办幼儿园准入门槛偏高，部分标准不合理、不现实。我国很多地方民办幼儿园的准入标准参照公办幼儿园执行，公办幼儿园是由政府财政投

入,在用地、经费保障这方面是民办幼儿园不能相提并论的,而且办园标准所依据的国家政策法规多为20世纪八九十年代制定。这导致民办幼儿园准入门槛偏高,部分标准如对幼儿园活动室、保健室、卫生间、户外活动场地、绿化面积等指标的准入标准不合理、不现实。

一个典型的高门槛就是幼儿园生均户外活动面积指标。《托儿所、幼儿园建筑设计规范》规定,全园共用活动场地人均面积不应小于2平方米。《深圳市规范化幼儿园标准(2010~2015)》规定,幼儿园生均户外活动面积大于3平方米。按照深圳市的标准,招收100个孩子的幼儿园需要300平方米的室外活动场所。这意味着目前很难再在拥挤的大城市里找一块合适的场地举办幼儿园;就算有一块合适的场地,那土地成本也是高不可攀。

消防验收标准高是一些地区民办幼儿园难以办理合规证件的重要因素。2018年1月,湖北钟祥教育局局长说,"全市(指的是荆门市)大大小小的民办园约有200所,有证的屈指可数。钟祥(荆门市所辖的县级市)民办园有80所,只有一所至两所学校符合办证条件。自2017年5月以来,消防部门的验收条件规定,园内必须有喷淋式消防设备,只有现在刚修建的大型幼儿园才可能具备这样的条件,之前修建的或小规模的民办园都不具备,那么就无法办证。"[1]

(二) 民办幼儿园准入涉及审批部门多

举办幼儿园的行政审批涉及多个政府部门。除了教育部门负责审查学前教育机构的办园资格、颁发幼儿园登记注册合格证、民办学校办学许可证之外,还包括但不限于公安消防部门负责出具消防验收合格意见或通过竣工验收消防备案证明材料,公安部门负责出具安全保卫人员和安全防范设施达标证明;民政部门负责进行民办非企业单位登记;城建部门负责出具房屋安全证明、产权使用证明;卫生部门负责出具卫生许可证;食品药品监管部门负责出具食品经营许可证;等等。

举办幼儿园的行政审批涉及多个政府部门缺乏有效的沟通协调,没有形成合力。如深圳市龙岗区一幼儿园开办者屈小姐反映,"西天取经都没有申办幼儿园这么多磨难"。在幼儿园设立阶段申请中,教育局和其他部门的要求存在不协调之处,她照一个部门的要求做,到了另一个部门审批

---

[1] 2018年1月8日,荆门晚报《稳定公办园师资 解决民办园办证难题》。

的环节又得推倒重来。如教育局方面曾建议幼儿园要"明厨亮灶"、厨房设置玻璃墙,但自己建好玻璃墙后,派出所消防又说玻璃墙不能过关,须改回砖墙。①

(三) 民办幼儿园准入审批流程繁琐

举办幼儿园涉及的行政审批环节多、办事效率低、取得办园全套合规证件的制度性成本很高。以深圳市龙岗区为例,以上合计,民办幼儿园市场准入需要60个自然日(不含办理消防验收合格证明、建筑质量合格证明、环境质量检测报告、园长上岗证等所需的时间),需要提供15种证明和资料,累计盖章(包括行政机关和中介组织)不少于14次。

(四) 部分地区民办幼儿园准入标准政策不断变化

部分地区民办幼儿园准入标准不断变化和升级。有公开媒体报道,某市一幼儿园"首批入园的孩子都上高中了,幼儿园至今却无法取得办学许可证"。该幼儿园园长说,"我申请了10年,但每年政策都不一样,比如以前园舍配备灭火器就可以了,现在每层楼都要配备消防栓。今年消防安全基本达标了,但活动场地面积还不够。过去教师职高毕业就可以了,现在必须具备大专及以上学历,而且具有幼儿园教师资格。"②

三、带来的影响

民办幼儿园市场准入制度的痛点即学前教育领域民间投资的"玻璃门"现象带来不可忽视的影响:

一是学前教育领域民间投资不足。由于门槛高、审批难,民办幼儿园合规资格已经实施上牌照化,这导致当前的学前幼儿教育市场是一个管制严厉、竞争极不充分的市场。办园场地和牌照实际上形成了民办幼儿园的行业壁垒。学前教育领域是民间资本有意愿进入的领域,但是却被挡在"玻璃门"之外。

---

① 2017年1月19日,南方都市报《申办幼儿园1年多不断碰上新政策新要求 400多万元就这样"砸了"》。
② 2013年11月19日,温州都市报《准入门槛与现实相差甚远 民办幼儿园遭遇转正尴尬》。

二是学前教育产品供给不足。学前教育领域民间投资不足导致学前教育产品供给不足。这种情况在"全面两孩"政策下尤为凸显。

一方面,"全面两孩"政策促进人口均衡发展,学前教育需求旺盛。从图3可见,自2016年全面放开二胎后,加上新一轮人口周期的影响,我国新生人口数量一度大幅增长。2016年新生人口1 787万人,比上年同期增长7.9%;2017年新生人口1 723万人,虽比上年人数稍减,但与过去五年的出生人数相比,仍显著增加。2018年全年新生人口1 523万人,比2017年减少200万人。二胎政策与人口周期将在未来持续影响新生人口数量(见图3)。

图3 近年来我国人口出生数

资料来源:国家统计局。

另一方面,学前教育尚存在供需缺口。从图4可看出,近年来我国学前教育毛入园率逐年上升,但2017年毛入园率为79.60%,即仍有近两成学龄儿童无幼儿园可上(见图4)。

三是监管真空,不合规的地下幼儿园大量存在。在高门槛、审批难的情况下,无证、违规办园久治不绝,存在监管真空和社会隐患。过于严格的准入标准阻碍低收入群体子女获得必要的学前教育服务,并使那些没有达到准入标准的民办幼儿园转入地下并脱离监管视线。

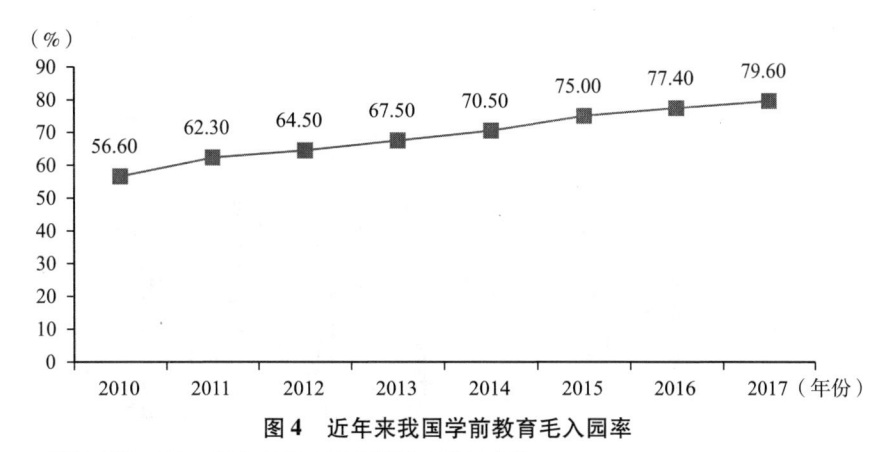

图 4　近年来我国学前教育毛入园率

资料来源：2010～2017 年全国教育事业发展统计公报。

四、破解学前教育领域民间投资的"玻璃门"现象有关政策建议

党的十九大报告指出，"在发展中补齐民生短板、促进社会公平正义，在幼有所育、学有所教、劳有所得、病有所医、老有所养、住有所居、弱有所扶上不断取得新进展"。这是在党代会报告中首次增加"幼有所育"一词。2018 年 11 月 7 日，《中共中央　国务院关于学前教育深化改革规范发展的若干意见》（以下简称《学前教育若干意见》）正式印发。《学前教育若干意见》强调，办好学前教育、实现幼有所育，是党的十九大作出的重大决策部署，是党和政府为老百姓办实事的重大民生工程，关系亿万儿童健康成长，关系社会和谐稳定，关系党和国家事业未来。

以我国目前的财政能力，让政府完全承担起对学前教育的投入责任是不现实的。从图 5 可看出，在现阶段和今后一段时期内，民办幼儿园依然会是学前教育的主体。

因此，完善民办幼儿园市场准入制度、破解学前教育领域民间投资的"玻璃门"现象，既有利于激发民间投资活力和热情、促进"稳增长"，也是解决学龄前儿童"入园难、入园贵"难题、满足公众需求、"补短板"的重要举措。

（万所）

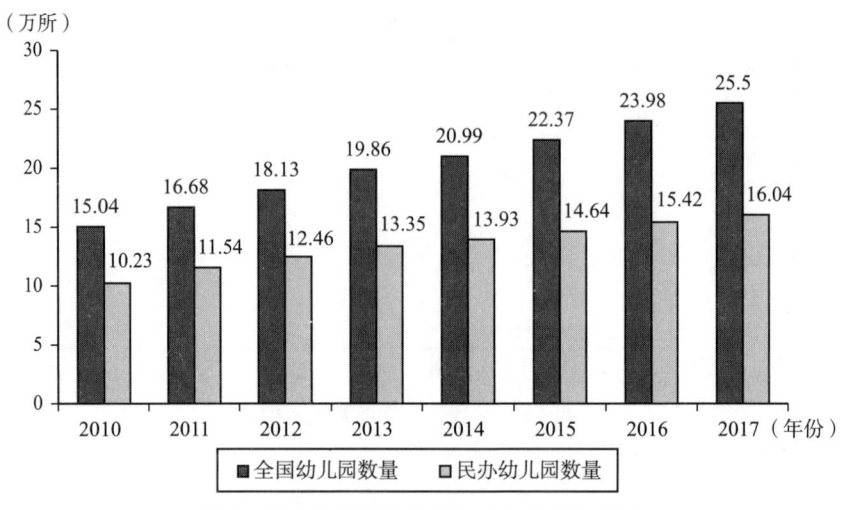

图5　近年来我国幼儿园和民办幼儿园总量

资料来源：2010～2017年全国教育事业发展统计公报。

（一）实施民办幼儿园分类管理，放宽部分类别民办幼儿园准入标准

《学前教育若干意见》明确提出，"制定民办园分类管理实施办法，明确分类管理政策"。建议教育部门在确定民办幼儿园准入标准时，突出底线标准，并注意底线标准与优质标准的区分。2017年民进北京市委会主委、北京师范大学中国教育政策研究院副院长庞丽娟曾建议，"继续推进公办民办并举的办园体制，给予民办幼儿园政策扶持和经费支持，在确保安全卫生的前提下，适当降低场地、规模等准入门槛。"

放宽部分类别民办幼儿园准入标准，把不合理、不现实的门槛适度下调，实施分类管理。特别是放宽部分类别民办幼儿园户外活动场地、绿化面积等指标的准入标准。例如，在香港办幼儿园并没有规定一定要有户外活动场所，香港的幼儿园大多都是以商场、居民楼为依托，甚至有不少幼儿园是建在多层车库的其中一层，有的甚至建在地下室。

（二）在民办幼儿园市场这个特殊市场准入领域深化"放管服"改革，简化优化审批服务

《学前教育若干意见》明确提出，"鼓励引导规范社会力量办园，充分调动各方面积极性"。在民办幼儿园这个特殊市场准入领域深化"放管

服"改革，由国家层面制定民办幼儿园跨部门全流程综合审批指引，各地出台实施细则。优化规范各项审批的条件、程序和时限，精简整合审批环节，向社会公布后实施。积极推进一站受理、窗口服务、并联审批，推广网上审批，进一步优化政府服务。取消无法定依据的前置条件或证明材料，严禁违反法定程序增减审批条件。

（三）有效利用信息技术，加强事中事后监管

加快转变政府职能，把工作重心从事前审批转到加强事中事后监管。消除当前民办幼儿园市场存在的监管盲区，建立健全教育部门主管、各有关部门分工负责的监管机制。加强学前教育监管体系和能力建设，强化教育机构特别是基层教育机构的监管能力。建设全国学前教育管理信息系统，逐步将包括民办幼儿园在内的所有学前教育机构接入该系统，实现信息共享、统一监管。按照《学前教育若干意见》的有关要求，各地建立幼儿园基本信息备案及公示制度，充分利用互联网等信息化手段，向社会及时公布并更新幼儿园教职工配备、收费标准、质量评估等方面信息，主动接受社会监督。

附件1：

我国市场准入制度概述

市场准入制度是政府制定的关于市场主体、交易对象进入市场的规则体系，主要包括市场主体资格的实体条件和取得主体资格的程序条件。市场准入制度是一国政府与市场关系的集中体现，直接关系着一个国家经济发展的活力。

（一）一般市场准入制度和特殊市场准入制度

市场准入制度根据宽严度又可分为一般市场准入制度和特殊市场准入制度。

1. 一般市场准入制度

一般市场准入制度是指市场主体进入一般性的、普通的市场的规则体系。一般市场准入制度下，市场主体只要符合有关法律法规规定的条件，到政府有关部门进行注册登记、领取营业执照，就能从事经营活动。如在

我国设立一家公司进入市场从事普通商品经营活动，只需要在实体上符合《公司法》所规定的相应条件，在程序上按照法定程序进行申请登记即可。这部分一般由《民商法》进行调整。一般市场准入制度规定的程序极其简便，条件比较宽松，为市场主体提供的是一条快捷、便利、宽松的准入通道，因此非常有利于市场主体的自主进入、自由竞争和自主经营。特别是近年来我国不断推进"放管服"改革，深化商事制度改革，推行"多证合一、一照一码"登记制度和"一套材料、一表登记、一窗受理"的工作模式，完善政府信息共享平台，大幅度缩短企业从筹备开办到进入市场的时间，进一步降低了创新创业的制度性成本，一般市场准入的便利化程度得到有效提高。

2. 特殊市场准入制度

特殊市场准入制度是指市场主体进入特殊市场的规则体系。在特殊市场准入制度下，市场主体必须具备特定条件和遵循特定程序，经过政府有关部门特许、许可或审批批准才能进入特殊市场从事经营活动。如在我国设立一家全国性商业银行，除了应当遵守《公司法》所规定的一般市场主体的条件外，还需要遵守《商业银行法》规定的特殊条件和程序（包括注册资本最低限额为人民币10亿元且是实缴货币资本），并且由国务院银行业监管机构批准方可设立。《行政许可法》是政府关于特殊市场准入制度最为基础的法律依据。《行政许可法》第12条规定了需要特殊市场准入、设定行政许可的6个领域（见下表）。

《行政许可法》规定的设定行政许可的领域

序号	需要设定行政许可的领域
1	直接涉及国家安全、公共安全、经济宏观调控、生态环境保护以及直接关系人身健康、生命财产安全等特定活动
2	有限自然资源开发利用、公共资源配置以及直接关系公共利益的特定行业的市场准入等
3	提供公众服务并且直接关系公共利益的职业、行业，需要确定具备特殊信誉、特殊条件或者特殊技能等资格、资质的事项
4	直接关系公共安全、人身健康、生命财产安全的重要设备、设施、产品、物品，需要按照技术标准、技术规范，通过检验、检测、检疫等方式进行审定的事项
5	企业或者其他组织的设立等，需要确定主体资格的事项
6	法律、行政法规规定可以设定行政许可的其他事项

显然，民办幼儿园提供的是公众服务，直接关系社会公共利益，属于应设立行政许可范畴。

（二）市场准入负面清单制度

我国市场准入负面清单制度是指国务院以清单方式明确列出在我国境内禁止和限制投资经营的行业、领域、业务等，各级政府依法采取相应管理措施的一系列制度安排。根据2018年12月21日国家发展改革委和商务部印发的《市场准入负面清单（2018年版）》，市场准入负面清单包含禁止和许可两类事项，适用于各类市场主体基于自愿的初始投资、扩大投资、并购投资等投资经营行为及其他市场进入行为。

1. 禁止准入类

在市场准入负面清单制度下，对禁止准入事项，市场主体不得进入，行政机关不予审批、核准，不得办理有关手续。如《市场准入负面清单（2018年版）》第3项规定，"禁止违规开展金融相关经营活动"；第4项规定，"非公有资本不得介入互联网新闻信息采编业务"。

2. 许可准入类

在市场准入负面清单制度下，对许可准入事项，包括有关资格的要求和程序、技术标准和许可要求等，由市场主体提出申请，行政机关依法依规作出是否予以准入的决定。如《市场准入负面清单（2018年版）》第113项规定，"未获得许可，不得设立民办学校（包括实施学前教育、初等教育、中等教育、高等教育的学校）"；第116项规定，"未获得许可或资质条件，不得设置医疗机构或从事特定医疗业务"。

3. 负面清单以外的行业

对市场准入负面清单以外的行业、领域、业务等，各类市场主体皆可依法平等进入。

附件2：

香港解决学龄前儿童入园问题的做法

一是市场准入规范化。2006年8月，香港特别行政区政府教育署颁布了《学前机构办学手册》，这份文件从楼宇设计、家具和设备、安全措施、健康、卫生、营养和膳食、课程与活动、教职员、费用及收费、家庭与学前机构、注册与规管11个方面对学前教育机构的举办做出了更为详细的规定,并注明该手册适用于幼儿中心、幼稚园及所有学前教育机构。

二是推行"学前教育学券计划"。香港特别行政区政府从2007年起实施"学前教育学券计划"(简称"学券计划"),向学前教育领域投放更多的资源,为有子女就读幼稚园的家长提供学费资助,"让本港所有适龄儿童均可接受费用合理且质素优良的学前教育"。在此计划下,香港制定了《学前教育学券计划下的质素评核架构》,非谋利幼稚园只有接受质量评核并达到指定标准后才有资格参加学券计划。香港特别行政区政府将对非谋利幼稚园的财政支持和幼稚园教育素质挂钩,从而激励非谋利幼稚园提高办学水平、教师素质和管理水平。

香港"学券计划"规定,所有参加"计划"的非谋利幼稚园都可跟政府兑换"学券",获得政府的资助。在2009~2010学年,香港所有950所幼稚园(其中本地幼稚园872所,非本地幼稚园78所)当中,有800所(约占84%)幼稚园参加了"学券计划"。"学券计划"规定,香港所有的幼儿家长都可领取"学券",并自主选择幼稚园。自"学券计划"推行以来,香港平均每年约有85%的幼稚园幼儿得到"学券计划"的资助。香港特别行政区政府预计,当计划踏入第4个学年,全港九成学童和家庭可以从中受惠,可以说,"学券计划"有力地促进了香港学前教育资源配置和教育机会供给的公平,从而彰显了学前教育的公平。

三是加强信息公开。为方便家长全面了解托幼机构的信息,香港特别行政区教育局不仅会在官方网站上提供有关幼稚园质素评核的结果和报告,还会提供该幼稚园所有的教师资历、师生比、全年学费等信息。

一、宏观经济篇

附件3：

10个代表性城市民办幼儿园准入条件和审批便利化程度比较

地区	准入标准				审批便利化程度	比较（以深圳市为基准）
	园舍条件	班额	师幼比	人员资格		
深圳市	幼儿园生均户外活动面积大于3平方米，生均活动室（不含功能室）面积大于2平方米	幼儿园大班不超过35人，中班不超过30人，小班不超过25人。3周岁以下幼儿混合年龄编班不超过30人	按成人与幼儿1:7的比例配备教职工队伍。全日制班每班配备2名专职教师和1名保育员。寄宿制班每班至少配备2名专职教师和2名保育员	园长符合任职要求，专任教师学历达标，带班教师具有《教师资格证》。保育员具备初中毕业以上学历。保健人员具有全日制医学院（护）校毕业学历。厨房工作人员上岗前取得"卫生知识培训证"和"健康证"	学前教育机构的审批在深圳市各区政务服务网站上进行。筹设审批的承诺办结时限是15个自然日，需要提交8种证明和资料；正式设立审批的承诺办结时限是45个自然日，需要提交15种证明和资料。对要报提交的证明和资料提供了填报须知和样本，方便申请者。并且提供了明确的咨询方式、监督投诉方式、法律救济途径	
长春市	民办幼儿园学生人均建筑面积不得少于3平方米，幼儿园卫生间不低于8平方米，活动室人均面积不低于1.2平方米，园舍保证2个以上的安全出口，不得租用住宅用地建园	幼儿园大班不超过35人，中班不超过30人，小班不超过25人	每班至少配备1名教师，每班配备1名保育员。寄宿制的儿童超过50名，设1名专职保健医师	园长符合任职要求。教师应具有幼儿师范学校（含中职幼儿专业）及以上学历取得幼儿教师资格证书。保育员具备高中阶段以上学历	学前教育机构的审批在长春市各区政务服务网站上进行。正式设立审批的承诺办结时限是20个工作日，需要提交13种证明和资料。对需要提交的证明和资料提供了填报须知和样本，方便申请者。并且提供了明确的咨询方式、监督投诉方式	准入条件较深圳市严格，审批的便利化程度优于深圳

· 127 ·

续表

地区	准入标准				审批便利化程度	比较（以深圳为基准）
	园舍条件	班额	师幼比	人员资格		
北京市	举办小规模幼儿园,提供全日制服务的,应有相对独立的幼儿户外活动场地,人均活动面积不低于2平方米;幼儿活动人均使用面积不低于2平方米	遵循国家标准	教职工与幼儿的比例在1:5.5~1:6	举办小规模幼儿园的个人应当具有北京市户籍。园长应当具有北京市师范类中专及以上学历或非师范类大专及以上学历。教师应具有幼儿师范类中专及以上学历或非师范类大专及以上学历,并取得幼儿园教师资格证书。保育员应具有初中以上学历。保健员应具有高中以上学历	学前教育机构的审批在北京市各区政务服务网站上进行。筹设审批办结时限是30个工作日,需要提交4种证明和资料;正式设立审批的承诺办结时限是90个工作日,需要提交30种证明和资料。对需要提交的证明和资料没有提供填报须知和样本	准入条件稍微宽松,但是审批的便利化程度不如深圳
石家庄市	生均室外活动面积不低于3平方米。生均建筑面积不低于3.5平方米,生均室内使用面积不低于2平方米	小班应在20~25人之间,中班应在25~30人之间,大班应在30~35人之间	全日制幼儿园原则上每班至少配备1名教师和1名保育人员,寄宿制幼儿园应按规定适当增加保教人员	民办幼儿园园长应具有教育专业中专以上学历,取得幼儿教师资格证书,民办幼儿园教师应具有中等以上学历,取得教师资格证书,具备相应任职条件。保育员应具备高中及以上学历并取得相应职业培训合格证书。保健人员、食堂工作人员应当具有相关岗位的资质	学前教育机构的审批在石家庄市各区政务服务网站上进行。筹设审批需要提交4种证明和资料;正式设立审批的承诺办结时限是30个工作日,要提交11种证明和资料。对需要提交的证明和资料没有提供填报须知和样本	准入条件较接近,但是审批的便利化程度不如深圳

一、宏观经济篇

续表

地区	准入标准				审批便利化程度	比较（以深圳市为基准）
	园舍条件	班额	师幼比	人员资格		
武汉市	无户外活动场地面积要求。生均用地面积中心城区不低于12平方米，远城区不低于14平方米；生均建筑面积不低于10平方米	原则上小班（3~4周岁）25人，中班（4~5周岁）30人，大班（5~6周岁）35人，混合班30人	标准班额每班至少配备2名教师、1名保育员	园长符合任职条件，具有幼儿师范学校毕业以上学历。聘任相应教师资格，取得相应教师资格，保育员应当具备高中毕业以上学历。配备专职的卫生保健、安全保卫等人员并持证上岗，其他有执业资格要求的岗位按国家规定聘任	学前教育机构的审批在武汉市各区政务服务网站上进行。设立审批的承诺办结时限是60个工作日，需要提交27种证明和资料。对需要提交示范文本，方便申请者。并且提供了明确的咨询方式、监督投诉途径	准入条件较深宽松，同时审批的便利化程度与深圳接近
郑州市	城市幼儿园幼儿户外活动场地生均使用面积应达2平方米以上	小班25人，中班30人，大班35人，混合班30人	每班应配备2名教师、1名保育员（寄宿制幼儿园增加1名保育员）	园长具有幼儿教育专业毕业或者大专以上学历，教师、保育员具有相应上岗资格或上岗资格证	学前教育机构的审批在郑州市各区政务服务网站上进行。筹设审批的承诺办结时限是7个自然日，需要提交3种证明和资料；正式设立审批的承诺办结时限是7个自然日，需交11种证明和资料。对需要提交的证明和资料明确提出材料要求，方便申请者。并且提供了明确的咨询方式、监督投诉途径	准入条件较深稍微宽松，同时审批的便利化程度优于深圳

续表

地区	准入标准				审批便利化程度	比较（以深圳为基准）
	园舍条件	班额	师幼比	人员资格		
重庆市	室外活动场地人均不低于2平方米。园舍人均使用面积不低于5平方米	办园规模原则上不低于3个班，招收幼儿规模不低于90人；个别地区因特殊情况也可酌情设置3个班及其以下、招收幼儿规模不低于30人的小型幼儿园	每班至少配备1名教师和1名保育员	园长应具有中等师范教育（含职业学校幼教专业）毕业及其以上学历。教师具有中等师范学校幼儿教育专业毕业或中等职业教育（含职业教育）幼儿教育专业毕业及其以上学历，取得幼儿教师资格证书。保育人员应具有初中以上学历	学前教育机构的审批在重庆市各区政务服务网站上进行。设立审批办结时限是10个工作日，需要提交的证明和资料提供了示范文本，受理问题常见错误示例，并且提供了明确的咨询和监督方式	准入条件较深圳市稍微宽松，同时审批的便利程度优于深圳
成都市	户外面积生均不低于2平方米。绿化面积生均不低于2平方米。每班有固定的幼儿活动室，面积不少于54平方米	小班应在20~25人之间，中班应在25~30人之间，大班应在30~35人之间	专任教师全日制幼儿园每班配2人，寄宿制幼儿园全日制每班配1人，3岁以下及寄宿制每班配2人	园长应具有幼儿教师资格证，从事幼儿教育工作5年以上。专任教师应具有幼儿园教师资格证。保育员应具有初中以上毕业程度	学前教育政务服务网站上进行。各区立审批的法定办结时限是90个工作日，需要提交10种证明和资料。对需要提交的证明和资料提供了填报须知和样本	准入条件较深圳市稍微宽松，但是审批的便利程度不如深圳
南京市	全园共用活动场地人均面积不小于2平方米，人均占地面积、建筑面积、午休室面积等遵循国家标准	幼儿园班级人数不得超过国家和省规定的限额	幼儿园平均每班应配备2名以上幼儿教师，1名以上保育员	幼儿教师、保安员、保育员等有关规定职业资格。保育员，保安员应当按照国家有关规定，接受职业培训，取得岗位任职资格	学前教育政务服务网站上进行。各区立审批的承诺办结时限是90个工作日，需要提交13种证明和资料。提供了明确的咨询方式、监督反投诉渠道	准入条件较深圳市稍微宽松，但是审批的便利程度不如深圳

一、宏观经济篇

续表

地区	准入标准				审批便利化程度	比较（以深圳为基准）
	园舍条件	班额	师幼比	人员资格		
南宁市	室外共用游戏场地人均不低于3平方米。幼儿园建设生均用地面积不低于13平方米	小班（3~4周岁）21~25人；中班（4~5周岁）26~30人；大班（5~6周岁）31~35人	遵循国家标准	幼儿园园长应当具有教师资格，具备大专及以上学历。教师应当具有中等幼儿师范学校以上学历，取得幼儿园及以上教师资格证书。保育员应当具备高中毕业及以上学历	学前教育机构的审批在南宁市各区政务服务网站上进行。筹设审批的承诺办结时限是15个自然日，需要提交10种证明和资料；正式设立审批的承诺办结时限是15个自然日，需要提交10种证明和资料	准入条件与深圳市接近，但是审批的便利化程度不如深圳

资料来源：
1.《深圳市规范化幼儿园标准（2010－2015）》《深圳市龙岗区》http：//www.gdzwfw.gov.cn/portal/guide/11440307007542910 M40102007001
2.《吉林省幼儿园设置标准（试行）》，吉林省网上办事大厅 http：//ccyzw.gov.cn/lawguide/220102－220100－JY－XK－001－001－008.jspx？wsfwsd＝4
3.《北京市举办小规模幼儿园暂行规定》，海淀区网上服务大厅 http：//www.bjhd.gov.cn/banshi/matter/matterInfo/list？ppid＝1003
4.《河北省民办幼儿园基本标准》，河北政务服务网（石家庄市新华区） http：//sjzxh.hbzwfw.gov.cn/art/2018/1/19/art_712_617587.html
5.《武汉市民办幼儿园设置标准》，湖北政务服务网（武汉市武昌区） http：//zwfw.hubei.gov.cn/lawguide/ykypt/420106000000MB117755300 100005001.jspx
6.《郑州市幼儿园设立管理规程》，河南省政务服务网（郑州市金水区） http：//zzjs.hnzwfw.gov.cn/art/2018/5/3/art_8368_560148.html
7.《重庆市民办幼儿园设置标准（试行）》，重庆市网上服务大厅（渝中区） http：//zwfw.cq.gov.cn/yzq/icity/proinfo？id＝F1BA8A618E3D42D3 A589AB188796BF7E
8.《成都市城区幼儿园办园基本要求（试行）》，四川政务服务网（成都市金牛区） http：//cdsjnq.sczwfw.gov.cn/app/main？flag＝2&areaCode＝ 51010600000
9.《江苏省学前教育条例》《南京市民办幼儿园许可管理办法》，江苏政务服务平台（南京市玄武区） http：//221.7.197.46/govcenter/projBasicInfo.do？ itemlist/ywList.do？webId＝14&iddept_ql_inf＝2ebf3b891322440d9fa463b507a82924&iszx＝
10.《广西壮族自治区幼儿园办园基本标准》，广西一体化网上政务服务平台（南宁市兴宁区） http：//njxw.jszwfw.gov.cn/jszwfw/bscx/ method＝getApproveList&gscCodeId＝NnXlq－Gsc－Org－0&gscPlace＝NnXlq&projectName＝%25E5%25A6%25E5%2589%258D%25E5% 25AD%25A6%25E5%2589%258D

二、财政政策篇

应对逆全球化挑战和引领全球化进程的财政政策

经济全球化是社会生产力发展的客观要求和科技进步的必然结果,是市场经济发展的必然趋势。但近年来,世界经济深度调整、复苏曲折,经济全球化遇到波折,美国和部分欧洲国家的逆全球化现象持续发酵,为世界经济增长带来较大不确定性。财政是国家治理的基础和重要支柱,在应对逆全球化挑战、推动和引领全球化进程中应发挥积极作用。

一、逆全球化的本质是为了争夺全球化利益的分配权

(一) 逆全球化的突出表现

一是各种形式的保护主义措施频繁出台。二十国集团(G20)成员不断推出新的保护主义措施。根据英国经济政策研究中心报告,2008年11月~2016年10月,G20的19个成员累计出台贸易与投资限制措施5 560项。其中,美国施行的贸易保护主义措施高达1 066项,居全球首位。另据统计,2010~2016年,G20成员实施的贸易限制措施总量增长了3.2倍。二是一体化进程受阻。英国已正式启动脱欧程序,欧洲经济一体化进程遭受重创。一些区域经济合作协定遭遇挫折。如美国宣布退出历经六年完成谈判的跨太平洋伙伴关系协定(TPP)。三是全球治理规则建设滞后。随着世界经济形势的发展变化,一些传统的国际治理规则需要调整和完善,一些新的全球治理规则需要制定和补充。但由于既得利益国家的阻挠,全球治理规则迟迟得不到调整。WTO的发展遇到前所未有的阻力,新的谈判进程停滞不前。逆全球化直接导致全球贸易增长速度明显放缓。1998~2008年间,全球贸易年均增长7%,2009~2015年间下降到3%,2016年同比仅增长1.7%,是2008年金融危机以来表现最差的一年。世

界进出口贸易总额占世界经济总量的比重从1990年的31%，上升到2008年的52%，而后又下降到2016年的42%。

（二）逆全球化的主要原因

一是发达国家内部贫富差距扩大。美国等发达国家将中低端产业转移到发展中国家，造成发达国家内部部分产业工人的就业和收入受到冲击，中产阶级地位难以维持，民粹主义思潮借机泛起，煽动反全球化的极端情绪。二是发达国家政策错误。发达国家经济全球化红利分配不均衡，跨国公司垄断大部分利润，"马太效应"日益凸显。政府受政治、集团利益等牵制，不但没有进行深刻反思、及时推进改革、着力解决深层次发展问题，反而把国内问题统统归咎于全球化，并采取保护主义、孤立主义等逆全球化的政策措施。三是全球分配机制缺乏包容性。目前的全球治理规则是由发达国家主导制定的。尽管调整进展缓慢，但由于发展中国家的积极推动，还是取得了一些进展，分配机制有了一些改善。但发达国家对这点改善也不能包容，片面认为全球化使美国等发达国家得利减少，中国等发展中国家获利较多，因而出现了逆全球化思潮和措施。

（三）逆全球化的本质

逆全球化的核心是利益之争，是发达国家争夺全球利益的战略措施。其意图是想通过各种保护主义手段，强行干预资源在世界范围内流动配置，以改变全球化格局，重新达到掌控规则制定主导权和利益分配控制权的目的。因此，与其说一些发达国家政治势力是在阻止全球化，不如说是在试图阻止以中国为代表的新兴国家参与全球治理规则制定，阻止新兴国家在全球市场上获取与发达国家同等地位和公平竞争的机会，其本质是试图打造一个更符合发达国家利益的、有选择的全球化。

二、逆全球化对我国的影响

（一）我国参与提供更多全球公共产品的紧迫性越来越突出

随着开放程度的不断深化，越来越多的中国企业和公民活跃在世界经济舞台,"海外中国"体量不断增大。当前,我国对外直接投资存量已破万亿美元,境外企业资产总额超过4万亿美元,在境外设立企业超过3万家,我国公民每年出境旅游人数达1亿人次左右,为我国公民和企业提供更多更有效的全球公共产品的需求越来越迫切。然而,我们的国际安保能力仍十分有限,提供的全球公共产品还不充分,成为参与国际竞争的突出短板。

(二)我国提高全球治理规则制定话语权的阻力越来越大

引导全球化进程必须掌握全球规则制定的话语权。目前,我国经济总量居世界第二位,对全球经济增长的贡献超过30%,开放的深度和广度空前,正处在由大向强发展的重要阶段,迫切需要提升以国际话语权为代表的"软实力"。党的十八大以来,我国创造性地提出构建新型国际关系,不断提升在国际事务中话语权,取得明显成效。但由于历史原因,现行国际治理体系和规则是按照维护发达国家利益制定的,我国作为大国经济体的话语权没有充分体现出来。少数发达国家掌握着国际规则制定权和解释权,发展中国家一旦在现行国际经贸规则下胜出,它们就随意解释和改变规则。由此可见,在逆全球化思潮泛起的情况下,发达国家势必继续采取多种手段巩固其规则制定者地位,世界各国对利益分配和规则制定的纷争加剧,我国要推动现行全球治理体系改革、提升我国的国际话语权将面临相当大的阻力和困难。

(三)我国加强宏观经济政策国际协调的难度越来越高

在逆全球化影响下,无论是企业"走出去",还是"引进来",我国加强宏观经济政策国际协调的难度都在加大。在"走出去"方面,我国面临越来越多的贸易和投资保护障碍。2016年,我国共遭遇来自27个国家(地区)发起的119起贸易救济调查案件,案件数量同比上升36.8%,达到历史高点;涉案金额达143.4亿美元,同比上升76%。在"引进来"方面,我国面临越来越激烈的国际税收竞争。美国总统特朗普提出减税新政,拟将美国企业所得税税率从35%降到15%;对美国跨国公司从海外返还的利润给予10%的优惠税率,并允许税款分10年分批延迟支付。时任英国首相特蕾莎·梅批准在2020年前把英国企业所得税税率降到17%。虽然目前来看我国宏观税负并不重,按照国际货币基金组织统计口径测算,2012~2016年我国宏观税负只有30%,低于发达国家(42.8%)和发展中国家（33.4%）的平均水平，但由于我国产业特别是制造业正处于结构优化、转型升级时期，尤其是在人工等要素成本上升、企业利润率较低的情况下，企业对税费负担较为敏感。美国税改及其带来的新一轮国际税收竞争，无疑将对我国税费制度带来较大挑战。

三、财政应对逆全球化挑战的对策建议

（一）以服务"一带一路"为重点，参与提供全球公共产品

深入研究我国利益之所在，在"共同但有区别的责任原则"下，积极参与提供全球公共产品，既要展现负责任的大国形象，又不能超前承担超过自身财力国力的责任和义务。在今后一个时期，除继续在防止战争、应对恐怖主义、打击国际犯罪、维护国际航路安全等领域提供全球公共产品外，应以服务"一带一路"为重点，参与提供全球公共产品。"一带一路"对于我国构建以合作共赢为核心的新型国际关系、推进全球化进程具有重要意义，是我国应对逆全球化挑战、推动和引导经济全球化进程的实际行动。财政要围绕"五通"加大支持力度。一是加大财政对"一带一路"基础设施资金投入，重点支持公路、铁路、光缆、电力等重点基础设施项目，促进设施联通。二是发挥财政资金杠杆作用，引导企业、金融机构、沿线国家以及其他国家，加大对"一带一路"资源开发、产能合作等重点项目的投入，促进资金融通。三是加强财税政策的沟通协调，重点推进关税谈判，避免双重征税，促进政策沟通和贸易畅通。四是加大对"一带一路"沿线国家人文教育等合作领域的财政支持，传播中华文化，扩大文化交流，促进民心相通。

（二）以应对各种形式的保护主义为重点，积极参与全球治理规则制定和宏观经济政策国际协调

积极做好应对逆全球化挑战的预案，反对各种形式的保护主义，特别是要提早做好贸易、投资、金融等方面的财政税收应对措施。充分利用世界银行、国际货币基金组织、亚洲开发银行、G20、WTO等国际组织平台，积极参与全球治理规则的制定，加强宏观经济政策的国际协调，提升我国财经话语权。积极参与国际税收治理，推动各国对重要领域的税收政

策进行协调，最大限度地减少各国之间的无序竞争，建立区域性的多边税收情报交换网络，加强在国际税收征管领域的深度合作。积极协调国际社会承认中国市场经济地位，为中国企业参与经济全球化提供公平合理的国际环境。加强税收政策协定宣传，帮助"走出去"的企业有效利用现有税收协定优惠，避免双重征税。

（三）以健全现代财政制度为重点，营造更加宽松有序的国内市场环境

一是完善财政收入体系。实行简单明晰的税费制度，提高透明度，重点减轻非税收入负担，降低制度性交易成本，保持合理的企业税费负担水平。二是强化税费政策公平。牢固树立全国"一盘棋"的意识，不再出台影响税收和市场统一、违反国际承诺的地方财税优惠政策。三是优化国内财政支出结构。针对全球化带来的产业结构调整和收入分配格局变化，及时调整优化支出结构，加大社会保障力度，对需要转岗就业的企业职工及时给予社会保障、加强再就业培训。通过优化财税政策，营造宽松稳定的国内市场环境，以吸引各国企业来中国发展。

贯彻新发展理念 有效实施积极财政政策[*]

党的十八大以来，财政部门按照党中央、国务院决策部署，全面贯彻"五位一体"总体布局、"四个全面"战略布局和新发展理念，以供给侧结构性改革为主线，以保障和改善民生为重点，实施更加积极有效的财政政策，着力激发市场主体活力，着力增强人民群众的获得感，有力推动了经济社会持续健康发展。

一、近五年来积极财政政策的主要做法

（一）加力实施减税降费政策，减轻实体经济负担

一是加大减税力度。2013年以来陆续出台实施了一系列减税降费措施，营业税改征增值税是减税规模最大的改革举措，累计减税近2万亿元，全面推开试点以来所有行业税负实现只减不增，约98%的纳税人税负下降或持平，有效降低了企业成本负担。扶持小微企业的税收优惠政策不断扩围，支持高科技研发和产业化普惠性税收优惠政策不断完善，激发了全社会创业创新活力。二是加大普遍性降费力度，2013年以来共取消、免征、停征和减征行政事业性收费和政府性基金1 368项，涉及减收金额3 690亿元。集中公布中央和地方政府性基金和行政事业性收费目录清单，实现全国"一张网"动态化管理，从源头上防止各类乱收费、乱摊派。初步测算，2013~2017年实施减税降费累计为市场主体减轻负担约3万亿元。

---

[*] 本文数据由作者根据相关资料整理分析得出。

（二）适度扩大财政赤字，保持必要的支出规模

一是合理扩大财政赤字规模。2013~2017年，全国财政赤字规模从1.2万亿元提高到2.38万亿元，赤字率从2.1%逐步提高到3%左右，支持重点战略、重要改革和重要政策落地实施；新增地方政府债券从3 500亿元增加至1.59万亿元，并发行地方政府债券置换存量债务，有力支持地方稳增长、补短板。二是加大统筹财政资金和盘活存量资金力度。全面清理结转结余资金，大力盘活财政存量资金，加大资金统筹使用力度，提高资金使用效益。三是创新财政支出方式。规范推广运用政府和社会资本合作（PPP）模式，出台一系列制度文件，保障各方合法权益，积极引导民间资本投资。截至2017年底，全国PPP综合信息平台项目库已进入开发阶段的项目达7 137个，计划投资额10.8万亿元。四是强化风险意识，建立地方政府债务风险预警和应急处置机制，坚决禁止借PPP、政府投资基金、政府购买服务等名义变相举债，防范化解财政金融风险。

（三）推动供给侧结构性改革，推动经济转型升级

一是着力支持产业升级。开展首台（套）重大技术装备保险补偿试点，设立国家集成电路产业投资基金、先进制造业产业投资基金等，支持实施"中国制造2025"，促进传统产业升级。中央财政统筹利用现有资金渠道，大力支持战略性新兴产业区域集聚发展。设立并发挥国家新兴产业创业投资引导基金、国家中小企业发展基金作用，支持初创期新兴产业和中小企业发展。支持496个县开展电子商务进农村综合示范，在北京中关村等12个地区开展现代服务业综合试点。完善电信普遍服务补偿机制，支持扩大信息消费。二是深入推进"三去一降一补"。建立化解钢铁、煤炭行业过剩产能的财税政策支持体系，中央财政设立总规模1 000亿元的工业企业结构调整专项奖补资金，支持做好去产能过程中的职工分流安置工作。将棚户区改造与去库存相结合，在商品房库存量大的地方积极推行棚改货币化安置。适当加大个人购买、转让住房的税收优惠力度，支持合理住房消费。研究提出积极稳妥降低企业杠杆率、市场化银行债转股工作思路，出台不良资产处置政策，进一步简化国有金融企业股权转让程序。在加大减税降费力度的同时，阶段性降低失业保险费率和住房公积金缴存比例等，推动企业降本增效。加大补短板力度，中央基建投资重点支持"一带一路"建设、京津冀协同发展、长江经济带发展三大战略，支持

"三农"、保障性安居工程、节能环保等重点领域和薄弱环节建设。三是推动实施创新驱动发展战略。持续加大财政科技投入力度，着力保障市场机制不能有效解决的公共科技活动。深化中央财政科技计划（专项、基金等）管理改革、中央财政科研项目资金管理改革等，最大限度地激发科研人员创新热情。深入开展小微企业创业创新基地城市示范，促进大众创业、万众创新。四是推进农业供给侧结构性改革。改革粮食等重要农产品价格形成机制和收储制度，推动实现农产品价格形成机制、农产品市场调控方式和农业补贴方式的重大转变。全面推开农业"三项补贴"改革，支持耕地地力保护和粮食适度规模经营。启动实施"粮改豆""粮改饲"试点，探索耕地轮作休耕制度试点。积极发展适度规模经营，加快农业社会化服务体系建设。加大支持高标准农田建设，提升粮食生产能力。五是支持促进区域协调发展。进一步加大均衡性转移支付力度，大幅增加对革命老区、民族地区、边境地区、贫困地区的转移支付，增加阶段性财力补助规模，加大对资源能源型地区的支持力度，支持困难地区财政运转和基本民生兜底。

（四）托底基本民生，增强人民群众的获得感

一是支持打赢脱贫攻坚战。聚焦深度贫困地区推进脱贫攻坚，支持解决基本公共服务、基础设施建设等问题。推动贫困县涉农资金整合，下放部分涉农资金配置权，提高资金使用效益。支持探索资产收益扶贫和实施易地扶贫搬迁，以精准扶贫促共享发展。二是加强基本民生保障。建立城乡统一、重在农村的义务教育经费保障机制，实现相关教育经费随学生流动可携带，支持实施农村义务教育学生营养改善计划，全面改善贫困地区义务教育薄弱学校基本办学条件。落实更加积极的就业政策，通过社会保险补贴、职业培训补贴等方式，鼓励企业吸纳就业困难人员，提高劳动者职业技能，增强就业公共服务能力。实现基本医保制度全覆盖，推动建立稳定、可持续的医保筹资和待遇调整机制。全面推开公立医院综合改革，建立完善城乡居民大病保险制度。统一城乡居民基本养老保险制度，全面实施机关事业单位养老保险制度改革，进一步提高基本养老保险待遇水平。健全特困人员救助供养制度，建立经济困难的高龄、失能等老年人补贴制度，保障困难群体基本生活。三是支持美丽中国建设。财政资金集中用于群众反映强烈的突出环境问题，加大对大气、水、土壤污染防治的支持力度，实施农村环境"以奖促治"，开展山水林田湖生态保护和修复工

程试点，实施退耕还林还草、天然林保护全覆盖、草原生态保护补助奖励等政策。推进节能减排综合示范，鼓励新能源汽车发展。稳步扩大流域上下游横向生态补偿机制，积极推进排污权有偿使用和交易试点，利用市场机制促进节能减排和环境保护。

二、近五年来积极财政政策的实施成效

在积极财政政策和其他相关政策等综合作用下，我国经济保持中高速增长，经济发展质量提高，生态环境明显改善，人民群众获得感增强，地方政府债务风险总体可控。

（一）有力促进经济稳中向好

2013~2017年国内生产总值（GDP）年均增长7.1%，高于同期世界和发展中经济体的平均增长水平，对世界经济增长的贡献率超过30%。2017年经济继续保持稳中有进、稳中向好的发展态势，GDP同比增长6.9%，比2016年加快0.2个百分点，好于年初预期，连续十个季度保持在6.7%~6.9%的区间。就业持续向好，城镇新增就业连续五年超过1 300万人，31个大中城镇调查失业率稳定在5%左右。价格涨势温和，2013~2017年居民消费价格年均上涨1.9%。

（二）推动经济结构调整取得明显成效

服务业对经济增长的支撑作用不断增强，服务业占GDP比重由2013年的46.7%提高至2017年的51.6%。消费对经济增长的贡献率稳步提升，由2013年的47%提高至2017年的58.8%，比资本形成总额高26.7个百分点。装备制造业和高技术产业快速发展，2017年分别增长11.3%和13.4%，增速分别高于规模以上工业增加值4.7个和6.8个百分点。新动能不断成长，创业创新、网络经济、数字经济、分享经济加快发展，新服务新产品新产业迅速成长。节能降耗取得明显成效，2017年全国单位GDP能耗比2012年累计降低20.9%。

（三）保障和改善民生取得重大进展

居民生活稳步改善，农村居民收入增速连续8年高于城镇居民。九年义务教育全面普及，贫困地区义务教育薄弱学校办学条件不断改善，2016年开始，农村贫困家庭学生普通高中学杂费得到免除，高等教育毛入学率大幅提高。精准扶贫精准脱贫成效卓著，2012～2017年累计减贫6 600万人以上。社会保障覆盖面持续扩大，覆盖城乡居民的社保体系基本建成。基本住房需求得到有效保障，2013～2017年全国城镇保障性安居工程共开工建设3 400多万套，中央财政支持完成农村危房改造1 500多万户。

（四）地方政府债务风险总体可控

目前，初步建成覆盖限额管理、预算管理、风险预警、应急处置、监督管理等各个环节的地方政府债务"闭环"管理体系。地方政府债务管理日趋规范，规模增长过快势头得到有效控制。截至2017年末，全国地方政府性债务余额16.47万亿元，控制在全国人大批准的限额之内，风险总体可控。截至2017年底，全国地方累计发行置换债券10.9万亿元，缓解存量政府债务集中到期偿还风险，地方政府利息支出负担大幅降低。

三、近五年来积极财政政策的实施经验

近五年来的积极财政政策实践，为今后进一步完善财政宏观调控政策积累了以下经验：一是坚持贯彻新发展理念，更加注重让市场在资源配置中起决定性作用，更好发挥政府作用。面对经济发展新常态下的复杂局面和多难抉择，以及财政收入增速放缓、支出刚性增长的趋势性变化，加强预研预判，深入分析经济发展和运行趋势变化，准确把握调控的力度、节奏和重点，注重实施定向调控，抓住重点领域和关键环节有针对性地采取措施，不断创新调控方式，激发市场主体活力，引导改善社会预期，确保经济运行在合理区间。深入推进财政"放管服"改革，以行政审批制度为突破口，推动政府职能转变，切实整治涉企乱收费，为市场主体减负松绑。二是坚持从供给侧发力，更加注重提高经济发展质量和效益。财政政策既有调控总量功能，也有调控结构优势。党的十八大以来，在坚持实施积极的财政政策、推动解决总量性问题的同时，把转方式调结构放到更加重要位置，围绕经济运行中的重大结构性失衡问题，加大对供给侧结构性改革的支持力度，不断提升供给体系质量和效率，支持培育新的发展动能，改造提升传统比较优势，增强持续增长动力。三是坚持以人民为中

二、财政政策篇

心,切实保障和改善基本民生。自觉践行以人民为中心的发展思想,突出公共财政的公共性、公平性,持续增加民生投入,完善公共服务体系,合理引导预期,保障群众基本生活,扎实推进民生事业建设,建立健全保障和改善民生的长效机制,让改革发展成果更多更公平惠及全体人民,更好满足人民群众对美好生活的需要。四是坚持强化风险意识,更加注重经济社会健康可持续发展。认真贯彻党中央、国务院关于加强地方政府债务管理的决策部署,不断强化风险意识,树立系统思维,提高工作的主动性和前瞻性,着力构建规范的地方政府举债融资机制,健全地方政府风险防控制度体系,加大违法违规举债担保行为查处力度,确保不出现区域性和系统性风险。

党的十九大提出了新时代坚持和发展中国特色社会主义思想和基本方略,确立了习近平新时代中国特色社会主义思想的历史地位,确定了决胜全面建成小康社会、开启全面建设社会主义现代化国家新征程的目标,对新时代推进中国特色社会主义伟大事业做出了全面部署。下一步,中央财政将全面贯彻落实党的十九大精神,更加紧密地团结在以习近平同志为核心的党中央周围,继续贯彻新发展理念,坚持质量第一、效率优先,以推进供给侧结构性改革为主线,建立现代财政制度,继续实施积极财政政策,并增强财政可持续性,更好发挥财政在国家治理中的基础和重要支柱作用,支持建设现代化经济体系,切实保障和改善民生,防范化解潜在风险,为实现"两个一百年"奋斗目标和中华民族伟大复兴的中国梦做出更大贡献。

2018年积极财政政策实施情况及成效[*]

2018年,财政部门认真贯彻党中央、国务院决策部署,坚持稳中求进工作总基调,落实高质量发展要求,以供给侧结构性改革为主线,聚力增效实施积极的财政政策,适时加强预调微调,推动扩大内需和结构调整,有力促进了经济社会持续健康发展。

一、2018年积极财政政策实施情况

(一)大力实施减税降费

减税降费是积极财政政策的一个重要着力点,结合税制改革和形势变化,在年初确定的减税降费政策基础上,年中新增部分措施,全年减负约1.3万亿元。一是完善增值税制度。降低增值税税率水平,将制造业等行业增值税税率从17%降至16%,将交通运输、建筑、基础电信服务等行业及农产品等货物的增值税税率从11%降至10%,增值税税率调整为16%、10%、6%三档。统一增值税小规模纳税人年销售额标准,将工业企业和商业企业小规模纳税人的年销售额标准由50万元和80万元上调至500万元。退还部分企业的留抵税额,对装备制造等先进制造业、研发等现代服务业符合条件的企业和电网企业在一定时期内未抵扣完的进项税额予以一次性退还。二是实施个人所得税改革。落实全国人大常委会关于修改个人所得税法的决定,自2018年10月1日起,将个人所得税基本减除费用标准由每月3 500元提高到5 000元。调整优化税率结构,扩大3%、10%、20%三档低税率级距,广大纳税人能够不同程度地享受到减税红

---

[*] 本文数据由作者根据相关资料整理分析得出。

利,特别是中等以下收入群体获益更大。设立专项附加扣除,围绕与人民群众生活密切相关的重点支出领域,设立子女教育、继续教育、大病医疗、住房贷款利息、住房租金、赡养老人等6项专项附加扣除项目,自2019年1月1日起正式实施。三是加大小微企业税收支持力度。将享受减半征收企业所得税优惠政策的小型微利企业年应纳税所得额上限由50万元提高到100万元,将符合条件的小微企业和个体工商户贷款利息收入免征增值税单户授信额度上限由100万元提高到1 000万元。四是鼓励企业加大研发投入。取消企业委托境外研发费用不得加计扣除限制,将企业研发费用加计扣除比例提高到75%的政策由科技型中小企业扩大至所有企业,将高新技术企业和科技型中小企业的亏损结转年限由5年延长至10年,对企业新购进单位价值不超过500万元的设备、器具允许当年一次性税前扣除。五是调整完善进出口税收政策。分两批对4 000多项产品提高出口退税率并简化退税率结构。对包括抗癌药在内的绝大多数进口药品实施零关税,降低汽车整车及零部件、部分日用消费品和工业品进口关税,我国关税总水平由2017年的9.8%降至7.5%。六是进一步清理规范涉企收费。停征首次申领居民身份证工本费等一批行政事业性收费,降低重大水利工程建设基金等部分政府性基金征收标准,延长阶段性降低社会保险费率和企业住房公积金缴存比例政策期限。

(二) 保持较高支出强度

一是扩大财政支出规模。2018年全国财政赤字规模23 800亿元,与上年持平,赤字率2.6%,通过统筹各项资金,全国一般公共预算支出超过22万亿元,有力保障重点领域和关键环节投入。二是较大幅度增加地方政府专项债券规模。新增发行地方政府专项债券13 500亿元,比上年增加5 500亿元,提前两个月完成发行目标,有力支持地方稳增长、补短板。三是创新财政支出方式。规范有序推进政府和社会资本合作(PPP),积极提高民间资本参与度,截至2018年末,全国PPP综合信息平台项目管理库累计落地项目4 691个,投资额7.2万亿元,落地率54.2%,同比提高16个百分点。

(三) 推动三大攻坚战取得明显成效

一是加强地方政府债务风险防控。出台地方政府债务信息公开办法,指导地方有序公开债务限额余额、债券发行和资金使用安排、债务还本付息等信息。进一步完善地方政府隐性债务风险监管政策,加强资金供给端、项目建设源头风险防控。强化监督问责,配合建立终身问责、倒查责任机制,组织核查部分市县和金融机构违法违规举债行为,并公开通报曝光。健全统计监测机制,及时警示债务风险。督促地方落实属地管理责任,牢牢守住不发生系统性风险的底线。二是大力支持脱贫攻坚。中央财政补助地方专项扶贫资金1 060.95亿元,增加200亿元,增长23.2%,增加的资金重点用于"三区三州"等深度贫困地区。全面推进贫困县涉农资金整合试点,全年整合资金超过3 000亿元。探索建立财政扶贫资金动态监控机制,制定财政扶贫项目资金绩效管理办法,绩效目标管理基本实现全覆盖。三是加大污染防治力度。中央财政支持污染防治攻坚战相关资金约2 555亿元,增长13.9%,其中大气、水、土壤污染防治投入力度为近年来最大。扩大中央财政支持北方地区冬季清洁取暖试点范围。实施促进长江经济带生态保护修复奖励政策,建立长江流域重点水域禁捕补偿制度。启动城市黑臭水体治理示范,支持中西部地区城镇污水处理提质增效。组织开展第三批山水林田湖草生态保护修复工程试点。

(四) 支持深化供给侧结构性改革

一是推进科技创新能力建设。中央一般公共预算本级科学技术支出增长10.3%。支持实施国家科技重大专项,开展中央财政科研项目资金管理改革督察,在优化科研项目和经费管理、减少报表和过程检查、推进科研项目绩效评价等方面推出一系列新举措。二是支持制造业转型升级。推动智能制造、工业强基、绿色制造和工业互联网发展,支持制造业创新中心加强能力建设。落实首台(套)重大技术装备保险补偿试点政策,累计支持推广1 087个项目,涉及装备价值总额1 500多亿元。三是激发创业创新活力。支持100个国家级、省级实体经济开发区打造特色载体,助推中小企业"双创"升级。设立国家融资担保基金,提升服务小微企业和"三农"等的能力。对扩大小微企业融资担保业务规模、降低小微企业融资担保费率成效明显的地方予以奖补激励。四是落实"三去一降一补"重点任务。出台推进去产能和"僵尸企业"债务重组相关政策,继续支持钢铁、煤炭行业化解过剩产能,"十三五"钢铁、煤炭去产能的主要目标任务基本完成,中央企业处置"僵尸企业"和治理特困企业工作取得积极进展。五是促进城乡区域协调发展。中央财政均衡性转移支付增长9.2%,老少边穷地区转移支付增长15.7%,不断加大对中西部地区的支持力度。

建立健全实施乡村振兴战略财政投入保障制度。建立跨省域补充耕地国家统筹机制和城乡建设用地增减挂钩节余指标跨省域调剂机制。

(五) 持续改善社会民生

一是实施更加积极的就业政策。落实就业创业补贴政策,加强公共就业服务能力建设,中央财政就业补助资金支出468.78亿元,增长6.8%。二是推动教育改革发展。中央财政教育转移支付的84.4%投向中西部地区,并向贫困地区倾斜。巩固城乡义务教育经费保障机制,支持学前教育、职业教育、高等教育发展。三是加强基本民生保障。机关事业单位和企业退休人员基本养老金标准提高约5%。城乡居民基本养老保险基础养老金最低标准提高至88元,并建立了基本养老保险待遇确定和基础养老金正常调整机制。城乡居民医保财政补助标准提高到每人每年490元,增加的40元中一半用于加强大病保险保障能力。基本公共卫生服务经费人均财政补助标准达到55元。四是支持做好最低生活保障、特困人员救助供养等困难群众救助工作。提高优抚对象等人员抚恤和生活补助标准,惠及全国860余万优抚对象。继续支持各类棚户区改造、公租房配套基础设施建设等。

二、积极财政政策的实施成效

2018年,在积极财政政策和其他相关政策等综合作用下,我国经济运行保持在合理区间,经济结构持续优化,质量效益稳步提升,民生福祉不断改善,地方政府债务风险总体可控。

(一) 促进经济运行保持在合理区间

2018年我国国内生产总值突破90万亿元,增长6.6%,增速连续16个季度运行在6.4%~7.0%区间,经济运行的稳定性和韧性增强。就业持续向好,城镇新增就业1 361万人,连续6年保持在1 300万人以上,全年各月全国城镇调查失业率保持在5%左右,年末城镇登记失业率3.82%,降至近十多年来的最低水平。物价水平涨势温和,居民消费价格上涨2.1%。

（二）推动经济结构优化取得明显成效

服务业对经济增长的支撑作用不断增强，占 GDP 比重升至 52.2%，比上年提高 0.3 个百分点，对经济增长的贡献率接近 60%。消费对经济增长的贡献率大幅提升至 76.2%，比上年提高 18.6 个百分点，比资本形成总额高 43.8 个百分点。装备制造业和高技术制造业快速发展，分别增长 8.1% 和 11.7%，增速分别高于规模以上工业增加值 1.9 个和 5.5 个百分点。新动能不断成长，平台经济、共享经济、智能经济加快发展，大众创业万众创新深入推进，日均新设企业超过 1.8 万户。节能降耗取得明显成效，万元 GDP 能耗比上年下降 3.1%。

（三）保障和改善民生取得新进展

人民生活持续改善，全国居民人均可支配收入实际增长 6.5%，农村居民收入增速连续 9 年高于城镇居民。全国约 1.45 亿义务教育学生免除学杂费并获得免费教科书，1 392 万家庭经济困难寄宿生获得生活费补助，1 400 万进城务工农民工随迁子女实现相关教育经费可携带，3 700 万学生享受营养膳食补助。社会保障网进一步织密兜牢，社会保险覆盖范围扩大。困难群体住房保障持续推进，全年棚户区改造开工 626 万套、农村危房改造 190 万户。脱贫攻坚成效卓著，全年减贫 1 386 万人，易地扶贫搬迁 280 万人。

（四）地方政府债务风险总体可控

覆盖地方政府债务限额管理、预算管理、风险管理、监督管理等各个环节的"闭环"管理制度体系已基本建立。截至 2018 年末，我国地方政府债务余额 18.39 万亿元，控制在全国人大批准的限额之内，债务率（债务余额/综合财力）76.6%，远低于国际通行的 100%～120% 警戒线；加上纳入预算管理的中央政府债务余额 14.96 万亿元，全国政府债务余额 33.35 万亿元，政府债务的负债率（债务余额/GDP）为 37%，低于欧盟 60% 的警戒线，也低于主要市场经济国家和新兴市场国家水平，风险总体可控。

高度警惕人口老龄化可能触发的财政金融风险*

人口老龄化是我国当前和基本实现社会主义现代化时期内的最大基本国情，是实现中华民族伟大复兴中国梦路上的重大挑战。为落实好党的十九大报告中提出的"促进生育政策和相关经济社会政策配套衔接，加强人口发展战略研究"要求，贯彻好党的十九大报告中提出的"坚决打好防范化解重大风险、精准脱贫、污染防治的攻坚战"部署，我们深入分析了人口老龄化发展趋势及对财政金融风险的影响，并提出了有针对性的政策建议，积极应对人口老龄化，有效化解财政金融风险，为发展新时代中国特色社会主义和建设社会主义现代化强国提供有力支撑。

一、我国人口老龄化的"三大走向"

我国是世界上人口老龄化程度比较高的国家之一，老年人口数量最多，老龄化速度最快，应对人口老龄化任务最重。当前，我国人口老龄化正发生新的重大转变，人口结构正处于重要拐点区。

（一）由老龄化快速走向深度老龄化

我国人口老龄化程度不断加深，正快速迈向深度老龄化社会。截至2016年底，我国60岁以上老年人口总数超过2.3亿人，65岁以上人口总数接近1.5亿人，占总人口比重达到10.8%。2000年，我国65岁以上人口占总人口比重达到7%，正式进入老龄化社会①。此后，我国人口老龄化增速逐步加快，"十五""十一五""十二五"期间分别增加了0.7、1.2、

---

* 本文数据由作者根据相关资料整理分析得出。
① 根据联合国标准，一个国家或地区65岁以上人口占总人口比重超过7%为老龄化社会（aging society），超过14%为老龄社会（aged society），也称深度老龄化社会，超过21%为超老龄社会（hyper-aged society）。

1.6 个百分点。根据联合国《世界人口展望报告 2017》测算，2015～2020 年期间我国人口老龄化率提高 1.7 个百分点；2020～2025 年期间提高 2 个百分点，达到 14.2%，进入深度老龄化社会；2025～2035 年期间增加 6.7 个百分点，进一步提高到 20.9%，进入超老龄社会，届时我国 65 岁以上老年人口将达 3 亿人，相比 2016 年增加一倍；到 2060 年这一比例还将进一步提高到 30.5%，此后，我国老龄化水平将一直维持在这样的超高水平，进入"老龄化高原"阶段（见图1）。

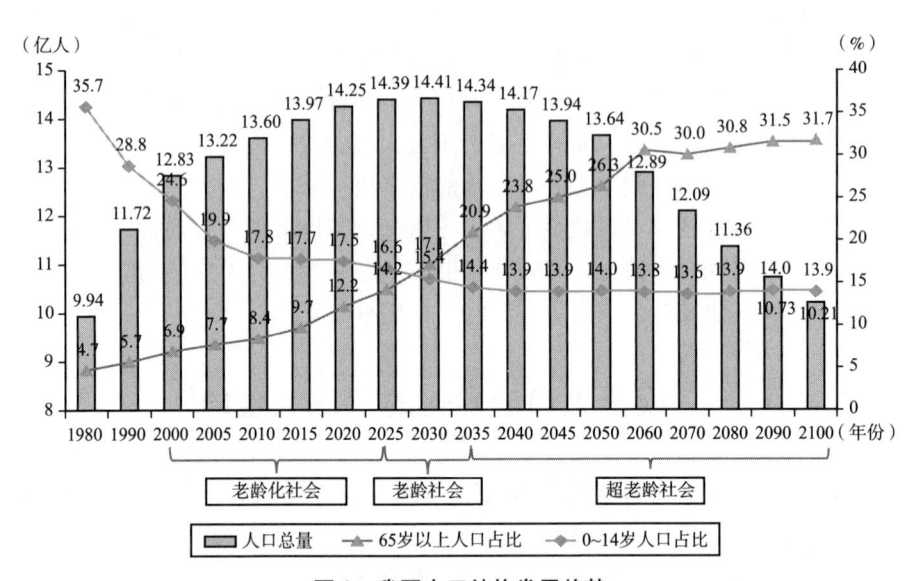

图 1 我国人口结构发展趋势

资料来源：根据联合国数据计算。

从国际比较看，我国人口老龄化进程过快。我国从老龄化社会进入深度老龄化社会只有 25 年左右，而主要发达国家进入深度老龄化社会的平均时间为 60 年，如美国 69 年，英国 46 年，法国 114 年，德国 42 年。

（二）由人口扩张走向人口收缩

当前，我国已进入低生育阶段。我国人口总和生育率只有 1.6 左右[①]，

---

① 目前，我国人口总和生育率水平存在较大分歧。根据 2015 年国家统计局 1% 人口抽样调查数据计算，我国总和生育率只有 1.047，但多数人口学者认为我国总和生育率水平在 1.4～1.6 之间。《世界人口展望 2017》报告预测，2015～2020 年我国人口总和生育率为 1.63。

远低于维持正常人口更替 2.1 的水平。如果总和生育率长期保持 1.6，在两代人（55 年）后新出生人口数量将减少近一半。尽管 2016 年我国实施全面放开二孩政策，我国人口出生率水平依然较低，不会逆转我国人口发展的大趋势。2016 年我国新出生人口 1 786 万人，同 2012～2015 年平均每年 1 654 万新出生人口相比，仅多出生 132 万人。从目前数据看，2017 年出生人口将与 2016 年基本持平，不会有较大提高，低于当初实施全面放开二孩政策时年均新出生 2 000 万以上人口的预测①。我国青少年人口占比急剧下降，青少年人口总量将开始减少。2016 年，我国 0～14 岁人口为 2.5 亿人，占总人口比重为 17.7%，已进入"严重少子化②"阶段。预计从 2019 年起，我国 0～14 岁人口绝对数量将下降，开始出现人口收缩倾向。预计我国总人口将在 2030 年达到 14.4 亿人左右的历史最高水平，之后人口总数开始下降，正式走向人口收缩。

（三）由人口红利走向人口负担

我国劳动年龄人口数量面临快速减少的严峻形势。2012～2016 年，我国劳动人口绝对数量连续 5 年下降，累计减少 1 796 万人。根据测算，2020 年后，我国劳动年龄人口③将开始急剧减少，2020～2035 年均减少 715 万人，其间累计减少约 1.1 亿人。2016 年底，我国流动人口总数 2.45 亿人，连续两年下降，累计减少 800 万人。从国际比较看，我国人口红利正逐渐消失。2015 年，我国人口中位年龄已达到 37 岁，与美国（37.6 岁）基本持平，高于世界平均水平（29.6 岁）和中高收入国家平均水平（33.9 岁），与印度（26.7 岁）、巴西（31.3 岁）、南非（26.1 岁）等金砖国家差距较大。从全世界范围来看，我国养老负担最重。2017 年，我国老年扶养比④已达到 24.6%（见图 2）。目前，我国 60 岁以上老龄人口规模相当于英法德三国人口总和，65 岁以上老年人口数量比日本总人口还多。

---

① 王培安：《实施全面两孩政策人口变动测算研究》，中国人口出版社 2016 年版。该书根据中性方案预测，实施全面两孩后 2017～2021 年我国出生人口分别为 2 109.9 万、2 188.6 万、2 077.1 万、1 935.8 万、1 689.1 万人。
② 根据人口学统计标准，一个社会 0～14 岁人口占比 15%～18% 为严重少子化，低于 15% 为超少子化。
③ 劳动人口数据采用的是 15～59 岁人口数量。
④ 因我国现行政策规定的退休年龄主要是 60 岁，所以，我国老年扶养比采用的是 60 岁及以上人口与劳动年龄（15～59 岁）人口之比。

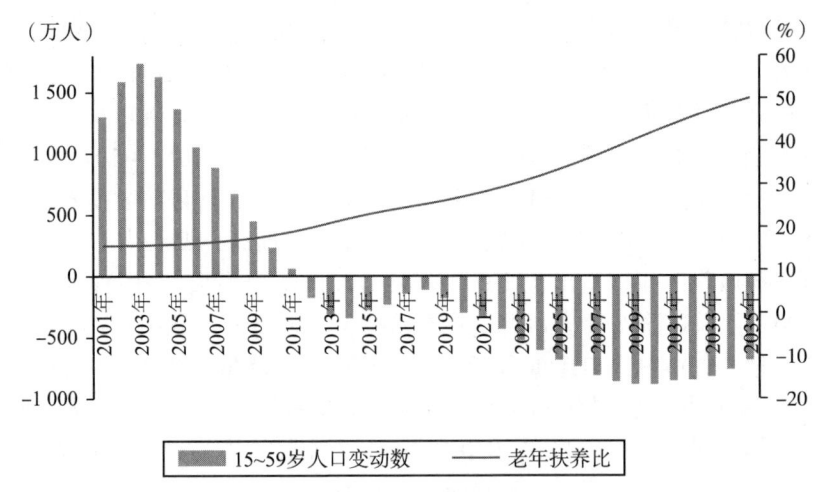

图 2　我国 15~59 岁人口变动趋势

资料来源：根据联合国数据计算。

当前，我国人口结构正发生深刻变化，处在重要的拐点区。以人口老龄化为主要特征的人口结构变化已成为影响国计民生、民族兴衰和国家长治久安的重大战略问题，是影响我国经济社会发展的最重要基础性力量。按照党的十九大提出的发展战略目标，2020~2035 年是我国基本实现社会主义现代化时期，同时也将是我国应对人口老龄化最艰难的阶段。随着我国第一次和第二次出生高峰时期人口进入老龄化阶段，此时期我国老龄化率急速上升，老年人口规模增长最快，接连跨入深度老龄化和超老龄化社会，我国总人口规模达到峰值并转入负增长。

二、高度警惕人口老龄化带来的财政风险

发达国家长时期、分阶段完成的重大人口结构变化，我国压缩到短期内同步呈现，随之而来的各种问题也会集中显现。人口老龄化对经济社会的重大影响，财政首当其冲。

（一）人口老龄化对财政风险影响的国际比较

老龄化水平提高将增加政府社会保障支出，降低财政收入增速，加剧

二、财政政策篇

财政收支矛盾。《欧盟委员会报告 2015》指出,老年扶养比[①]是推动公共养老支出增加的主要因素。从发达国家经验看,老龄化率高的国家公共养老支出占 GDP 比重较高,老龄化速度快的国家,公共养老支出占 GDP 比重增速也较快。如日本、葡萄牙、意大利、希腊等老龄化进程较快的国家,其养老支出的增长率也相对最快。通过对欧盟 25 个成员国 1995 ~ 2014 年数据分析测算[②],老年扶养比提高 1% 将增加财政支出 0.5%。同时,老龄化对财政收入形成负面冲击。在由老龄化社会进入深度老龄化社会期间,日本税收增速从 30% 高增长回落到 4% 左右(1970 ~ 1994 年数据见图 3),韩国税收增速由 20% 的高增长下降到 5% 左右。

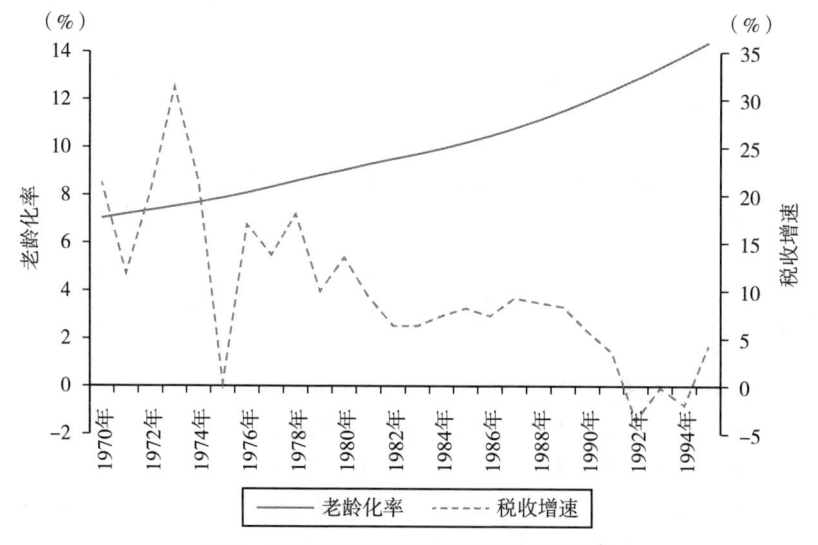

图 3 日本走向深度老龄化期间税收增速

资料来源:World Bank、OECD、IMF。

老龄化水平升高加剧财政收支矛盾,最终,老龄化成本只能债务化,推高政府债务水平。如图 4 所示,政府债务水平随老龄化水平提高而提高。目前,日本政府的债务水平高居全球第一,与日本快速进入超老龄化社会有较大关系(见图 4)。

---

① 老年扶养比即 65 岁以上人口与 15 ~ 64 岁人口之比,是衡量老龄化水平的重要指标。
② IMF 工作论文 *The Impact of Population Aging on Public Finance in the European Union*。

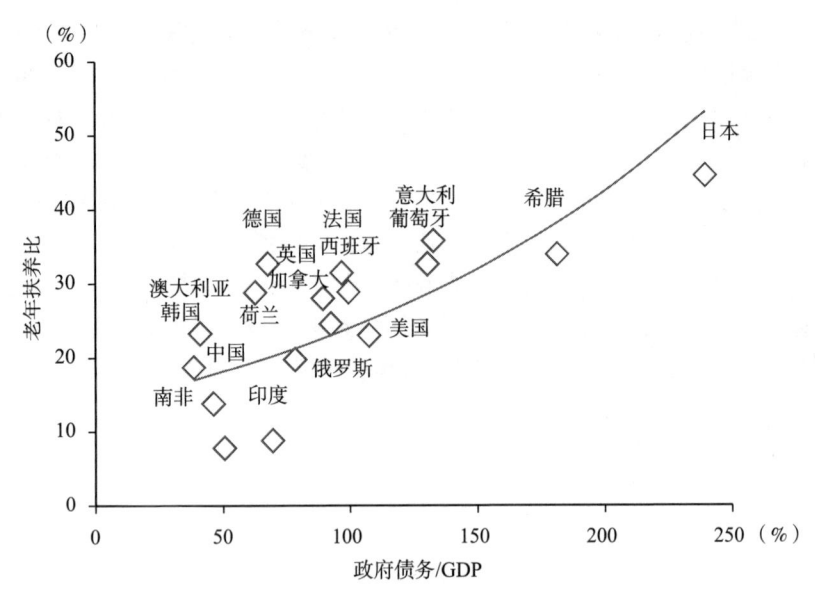

图 4　2016 年主要国家老龄化率与政府债务比率

资料来源：World Bank、OECD、IMF。

（二）人口老龄化给我国财政带来的"三大压力"

1. 养老、医疗支出快速增长，财政支出压力陡增

仅从保费收支看，从 2014 年起我国企业职工基本养老保险基金已连续三年入不敷出，当期保费缺口①规模由 2014 年的 1 071.3 亿元扩大到 2016 年的 3 374.6 亿元。2016 年我国企业职工基本养老保险基金支出为 25 781.7 亿元②，2012~2016 年年均增长 16.6%，远高于同期保费收入增速。2016 年财政对企业职工基本养老保险基金的补贴已达到 4 290.8 亿元。2016 年，企业职工基本养老保险基金财政依赖度③快速上升至 13.1%。假设现行政策不变，我们预计 2020 年我国企业职工基本养老保险财政依赖度将达到 25%，2025 年将达到 40%（见图 5）。2016 年我国养

---

① 根据历年社保基金决算数据计算，当期保费缺口 = 当期保费收入 - 当期基金支出。
② 来自 2016 年社会保险基金决算数据。
③ 根据 2016 年社会保险基金决算数据计算，财政依赖度 =（基金支出 - 基金保费收入）/基金支出。

老总支出①占我国广义财政支出②的14.4%，占GDP比重为4.5%。假设现行政策不变，我们测算，2020年我国养老总支出占广义财政支出比重将达到16.1%，2025年将接近20%。此外，人口老龄化对医保基金带来的风险需高度关注，值得警惕。从统计数据看，我国老年人发病率比青壮年高3~4倍，住院率高2倍。2016年我国部分地区城乡居民医保基金已出现当期赤字，个别地区累计结余赤字。

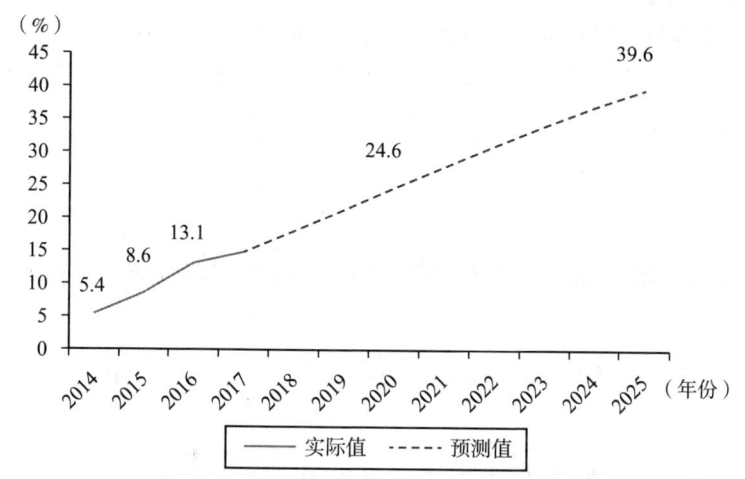

图5 全国企业职工基本养老保险基金财政依赖度预测

资料来源：根据社会保险基金决算数据、联合国数据测算。

2. 降低税收增速，财政收入增长压力加大

人口老龄化与资本积累、劳动力增长和全要素生产率联系都十分紧密。首先，在资本积累方面，随着人口老龄化不断加深，养老成本激增，产出中用于消费的部分将不断提高，而用于储蓄的部分则将会下降，导致资本积累水平下降。如日本的储蓄率与总扶养比相关系数为-0.74。其次，随着老龄化水平的提高，劳动力供给也会相应下降。再次，老龄化会降低社会创新水平，影响全要素生产率提升。人口老龄化会拉低经济增

---

① 来自2016年全国财政决算数据，养老总支出包括企业职工基本养老保险支出、行政事业单位离退休和城乡居民基本养老保险支出，2016年支出分别为25 781.7亿元、5 234.6亿元、2 173.9亿元，合计33 190.2亿元。

② 来自2016年全国财政决算数据，按照IMF《政府财政统计手册》计算口径，包括一般公共预算支出、政府性基金支出（不含土地使用权）、国有资本经营支出、社会保险基金支出，并剔除重复计算部分，2016年为230 948亿元。

速,进而降低税收增速。根据有关研究①,2021~2025年是人口老龄化影响我国经济增长相对严重时期,可使经济潜在增长率下降约2.2个百分点。我国税收增速从2007年最高的31%下降到2016年的4.4%,与其他国家迈向深度老龄化阶段税收增长趋势基本一致。2017年1~11月,虽然我国税收增速实现了11.2%的增长,但从长期看,缺少可持续性。随着我国人口老龄化水平的进一步加深,我国税收增长压力加大,面临较大挑战。

3. 地方政府发放养老金压力大,加剧地方政府债务风险

目前,养老金发放已成部分基层政府最大难题。个别地方为保养老金发放,通过向银行贷款、串用其他险种基金、挪用国库资金等方式筹措资金,加剧地方政府债务风险。

三、高度警惕人口老龄化可能触发的金融风险

人口与金融发展密切相关,是影响金融产品、信用、市场等风险的重要因素。

(一) 人口老龄化对金融风险影响的国际比较

人口结构拐点区,易发生由资格价格泡沫引起的经济金融危机。从国际经验看,人口老龄化对金融风险的影响集中体现在资产价格方面。大量研究表明,在人口红利阶段,资产价格呈上升趋势;在人口老龄化阶段,呈下跌趋势。人口结构转换时期,易发生由资产价格泡沫,尤其是房地产价格泡沫,引起的经济金融危机。国际货币基金组织对多个国家的面板数据分析表明,在46次系统性银行危机中,其中有2/3之前都经历了房地产价格"繁荣—萧条"模式;51次房地产价格泡沫破裂后,有35次发生了金融危机。其中,人口结构变化在恶性房地产泡沫及系统性金融危机中扮演了重要角色,很多危机都是发生在人口结构从"人口红利"向"人口负担"的转变阶段,如日本20世纪90年代初的经济危机、美国2008年金融危机等。此外,基于119个国家(地区)1980~2012年面板数据

---

① 全国老龄办:《国家应对人口老龄化战略研究总报告》。

分析①也表明，人口老龄化水平处于 8.1% ~ 11.5% 的拐点区之间，金融体系不稳定性显著上升。

2008 年美国金融危机爆发于人口结构拐点区。2008 年美国金融危机时，美国人口扶养比②达到最低水平，人口结构处于重大调整区间。同时，居民住房抵押信贷快速增长，2001 ~ 2007 年间居民抵押信贷规模翻番，从 5.3 万亿美元迅速增加到 10.6 万亿美元。2001 ~ 2006 年间房价指数大幅上涨了 50%。因信贷宽松和过度资产证券化，大量不具有购买能力的个人购买了房产，成为危机爆发的温床，随着房价快速下跌，继而引发了 2007 年的次贷危机和 2008 年的全球金融危机（见图 6）。

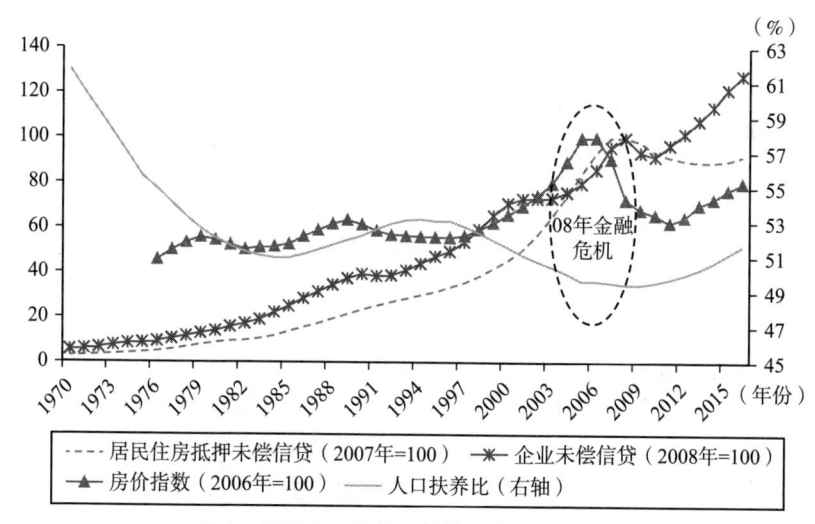

图 6 美国人口结构、信贷、资产价格关系

资料来源：FED、BIS、UN。

日本 20 世纪 90 年代经济危机发生在人口结构拐点区。1991 年，日本人口扶养比达到了历史最低水平，人口结构发生重要转折。日本非金融企业部门债务快速上升，1984 ~ 1990 年间，非金融企业债务/GDP 快速升高了 50 个百分点。1987 ~ 1991 年，日本城市地价指数急剧上升了 48.6 个点，达到历史最高水平 147.8。随着利率快速上调，资产价格大幅下跌，

---

① 陈雨露、马勇：《老龄化、金融杠杆与系统性风险》，载于《国际金融研究》2014 年第 9 期。
② 指总人口中非劳动年龄人口数与劳动年龄人口数之比。本报告根据《世界人口展望报告 2017》数据计算，采用的是 0 ~ 14 岁人口和 65 岁以上人口之和与 15 ~ 64 岁人口之比。

爆发了严重经济危机。目前，日本地价指数只有1991年最高水平时的1/3，与70年代时期水平相近（见图7）。

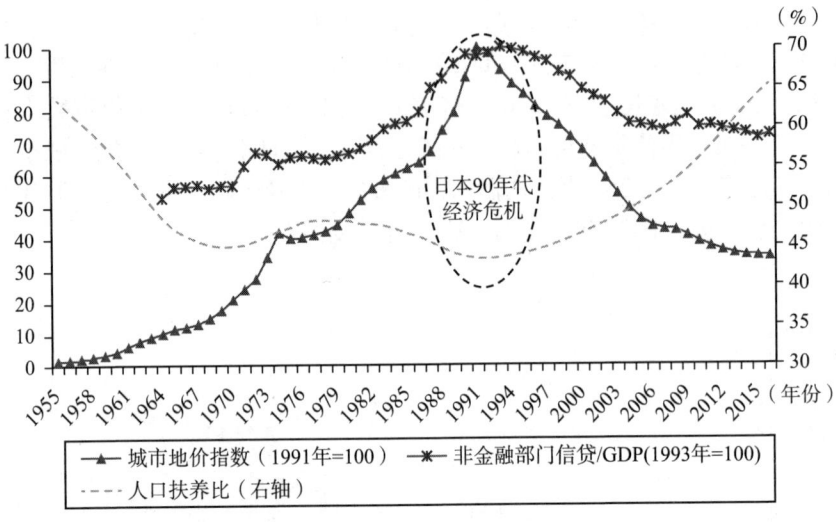

图7 日本人口、信贷、资产价格关系

资料来源：BIS、Statistics Japan、UN。

许多其他国家的危机也经历了类似情况，都遵循了在人口结构重大变化背景下"信贷快速上升—资产价格泡沫—银行坏账增加—经济金融危机"的模式。总体看，人口结构转变并不必然导致资产价格泡沫，也不一定引起经济危机，但是人口老龄化会压缩应对危机、走出危机的空间。如果处在人口拐点区间，人口结构变化与信贷激增叠加，在信贷快速增长作用下，金融系统不稳定性会显著上升，资产价格泡沫导致金融危机概率明显增加。

（二）人口老龄化影响金融风险的理论及传导机制分析

从实证分析和国际经验看，人口、信贷和房价存在着紧密的关联，是引发经济金融危机的关键因素。为此，我们构建了居民、金融和房地产三部门影响及传导机制分析框架，对三部门间相互影响的理论及传导机制做了分析（见图8）。

二、财政政策篇

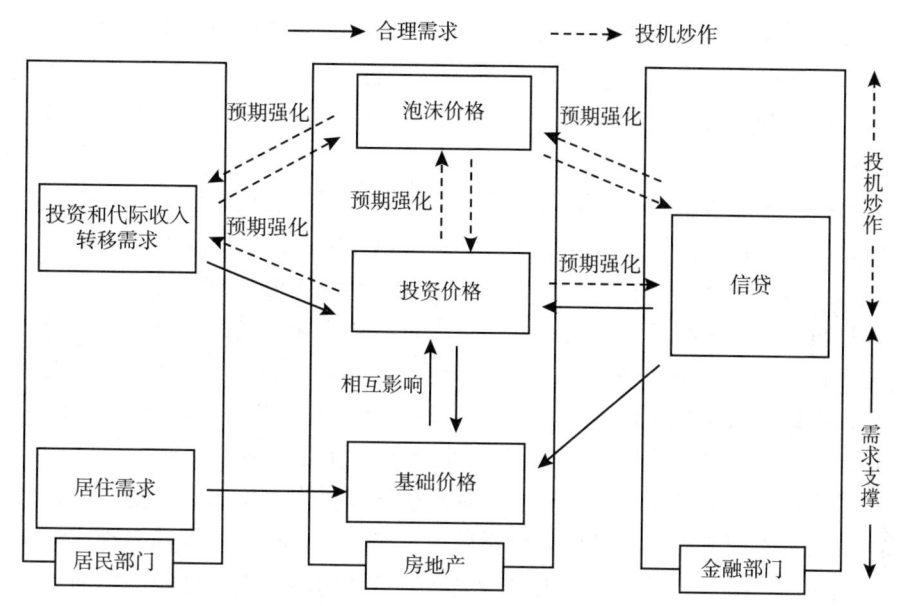

图8 居民、金融、房地产三部门影响及传导机制分析框架

居民购房需求、房地产双重属性和金融机构偏好高度契合，居民、金融和房地产三部门天然联系紧密。从微观视角看，居住是居民个人购房的最主要、最基础需求，房子是用来住的。房地产具有普通商品和固定资产的双重属性，由此衍生出个人购房的投资和代际收入转移需求。相应，房地产价格包括基础价格、投资价格和泡沫价格三部分，基础价格是房地产价格的最重要构成和支撑。由于信息不对称等因素，银行等金融机构发放信贷时一般会要求提供抵押。房地产是典型的不动产、是天然的抵押品，高度契合金融部门发放信贷的要求。尤其在我国信用体系建设和风险控制模式滞后的背景下，银行等金融系统更是偏好房地产抵押。个人购房需求、房地产双重属性和金融系统的偏好高度匹配，房地产、居民和金融三部门紧紧联系在了一起。

金融信贷与房地产价格、居民需求间存在预期强化作用，推升房地产泡沫价格。金融部门为满足个人居住、合理的投资和代际收入转移需求提供信贷支持，是金融服务民生的体现，是非常必要的。金融体系在储蓄转化为投资的过程中起到中介作用，但因其具有顺周期和"杠杆"的特点，在投资价格和基础价格上升的推动下，金融信贷会大大推升房价，形成泡沫价格。与信贷对房地产基础价格和合理投资价格影响不同，信贷、房地产投资泡沫价格、个人投资和代际收入需求之间存在预期强化作用，三者之间自我循环，在基础价格上升推动下，会造成投资和代际收入转移需求、信贷和房价的上升螺旋，快速吹大泡沫价格，严重偏离基本面。当房地产基础价格及投资价格出现转折，预期出现转变，信贷、房地产投资泡沫价格、个人投资和代际收入需求三者之间在预期强化的作用下，相互影响，形成房价的下跌螺旋。最终，导致房地产价格快速下降。

人口结构拐点区，房价基础价格变动会导致房地产泡沫价格破裂，引发危机。从宏观视角看，当社会处于人口红利时期，储蓄者较多，对资产需求较大，大家会竞争有限的投资机会。同时，人口红利阶段年轻人较多，全社会风险偏好较高，乐于加杠杆。因旺盛的需求和较高的风险偏好，人口红利阶段会提升资产的基础价格和投资价格。随着人口结构变化、人口红利渐渐消失，房地产的基础价格和投资价格出现转变，泡沫价格失去基本面支撑，在预期强化作用下，房地产价格会非理性下跌。如果前期房地产泡沫严重，加之很多情况下人口结构转折期也是经济增速的换挡期，在这些因素的共同作用下，在人口结构转折区间内极易发生由房地产泡沫引发的经济金融危机。

（三）我国潜在金融风险累积，脆弱性明显上升

1. 我国宏观杠杆率趋于稳定，但潜在风险较高

据统计，2017年第三季度末我国宏观杠杆率为239.0%[①]。2017年以来，我国宏观杠杆率呈现趋稳态势。2017年第一～第三季度微升1.5个百分点。截至2017年第二季度末，我国私人非金融部门还本付息率为20%，与其他国家相比仍然较高，但自2016年第二季度以来一直稳定在这一水平。我国宏观杠杆率正处在由上涨放缓向总体稳定阶段转换，但是潜在风险依然较高。

我国居民部门杠杆率水平相对较低，但上升较快。截至2017年三季度末，我国居民杠杆率已提高至48.6%，与发达国家相比，虽然还相对较低，但明显高于新兴市场国家37.9%的平均水平。从居民信贷与居民可支配收入之比看，据我们估算，不考虑民间融资情况下，当前我国居民信贷与居民可支配收入之比已超过90%。日本20世纪90年代初和美国2007年这一比重超过了100%，分别达到了120%和130%，但随后都发生了危

---

① 2017年我国杠杆率数据来自中国社科院国家金融与发展实验室《中国金融运行三季度报告（2017）——基于"NIFD金融指数"的分析》。

机，当前均回落至100%左右。近两年，我国居民杠杆率上升较快。2015年末我国居民杠杆率为38.8%，不到两年时间增加了近10个百分点。预计2017年居民住户新增贷款将超过7万亿元，再创历史新高。消费信贷快速增长是驱动2017年居民杠杆率上升的主要因素。截至2017年11月，我国居民短期消费贷款为6.75万亿元，同比增加1.95万亿元，同比增长40%。需要警惕短期消费信贷异化为变相房贷所产生的风险。

我国企业杠杆率水平有所下降，但国企去杠杆效果不明显。过去10年间，我国经历了两次典型的加杠杆周期，2008~2009年企业加杠杆和2016~2017年居民加杠杆。2008年前企业部门年新增贷款2万多亿元，2009年激增至8万亿元。另外，2014~2015年企业贷款增速也较快。截至2017年第三季度末，我国企业杠杆率为154.8%，虽较2017年初有所下降，仍高于当前世界主要国家水平，也高于日本20世纪90年代经济危机和美国2008年金融危机时的水平（见图9）。2017年第一~第三季度我国企业杠杆率下降了2.9个百分点，但作为去杠杆重中之重的国有企业降杠杆效果不明显。截至2017年11月底，我国国有企业负债总额为100.08万亿元，资产负债率65.9%，较2017年初微降0.1个百分点。

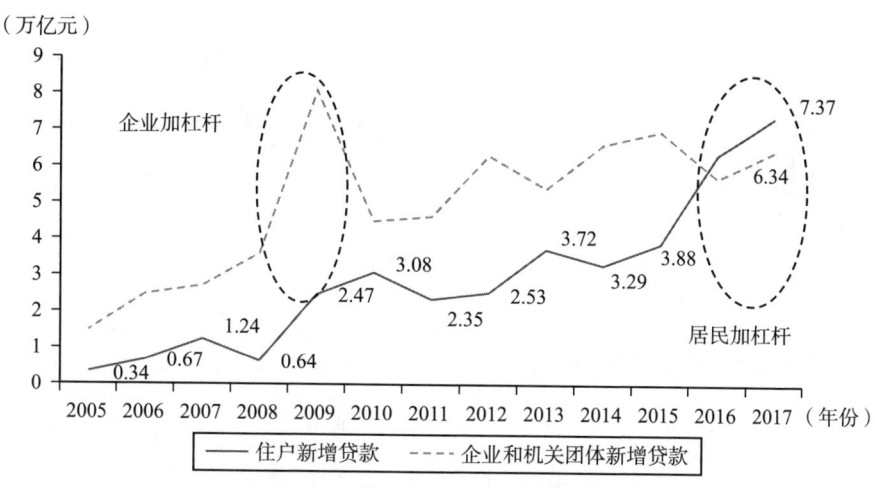

图9 2005~2017年10月我国企业、居民部门新增信贷

资料来源：Wind资讯、人民银行。

2. 我国房地产市场二元化特征明显，区域性结构性矛盾十分突出

最近两年，我国房地产价格经历了排浪式上涨，一线、二线和中小城市

房价轮番上涨，部分城市房价和涨幅明显偏离基础价格，房价泡沫较大。从总量和长期趋势看，房地产基础价格已趋于稳定并将下行。2016年我国城市住宅人均建筑面积已达到36.6平方米，高于英国、法国、日本、韩国等国水平。25~44岁主要购房人口将大幅下降。预计未来5年，我国主力购房人口将累计减少2 120万人，过去5年仅略降84万人。2015年，我国自有住房空置率为21.4%①，高于日本、英国、美国水平。从北京、上海、成都、武汉等大城市看，其住宅空置率高于全国平均水平，并呈上升趋势。从近期和区域结构看，我国房地产领域结构性风险较高。目前部分一线及中心城市房地产去化周期过低，有进一步推升房价泡沫的潜在风险。人口净流出区域、中小城市房地产去化周期仍然较高，存在较高的库存风险。

3. 综合看，我国金融风险总体可控，需高度警惕金融风险积聚，要高度关注金融风险的可能诱发因素

当前，我国人口结构正发生重大转变；我国宏观杠杆率水平较高，潜在风险隐患增多；房地产市场总量趋于饱和，存在较大的区域性结构性风险。我国到了风险敏感期、多发期，发生风险的概率在上升（见图10）。

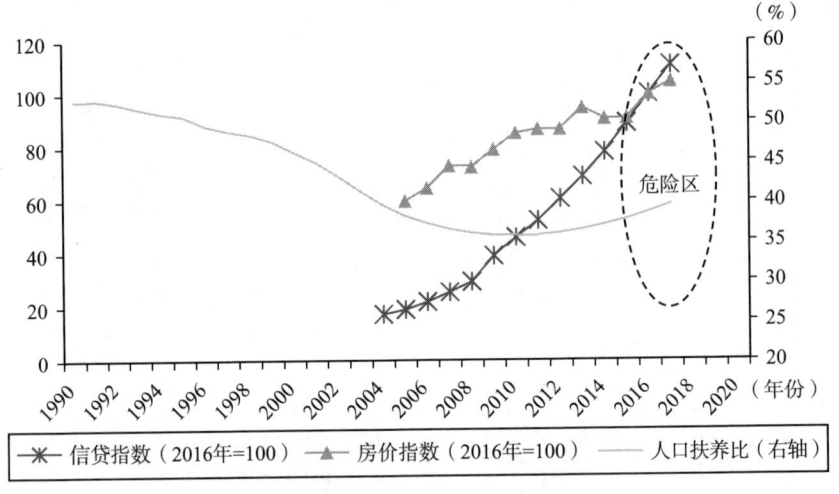

图10 我国人口、信贷、资产价格关系

资料来源：根据国家统计局、人民银行、联合国数据计算。

---

① 中国家庭金融调查与研究中心统计并按照日本和欧洲标准计算。2015年北京、上海、天津、武汉、成都、重庆住房空置率分别为23.5%、20.3%、24.0%、24.7%、27.3%、24.4%。2017年调查数据正在汇总计算，还未发布。

四、坚决打赢防范和化解重大风险攻坚战的政策建议

从我国人口老龄化演进趋势看，未来3～5年是我国做好应对快速老龄化冲击的关键时期。抓住这一相对有利时间窗口，坚持底线思维，坚持当前与长远相结合、控制消除与化解应对相结合的总体思路，出实招，解决真问题，坚决打赢防范化解重大风险攻坚战。一方面，要紧密跟踪分析人口、经济、财政、金融发展趋势，综合研判各领域风险，制定应对危机的综合处置预案；另一方面，要对人口、财政、金融领域风险提出具体有针对性的应对化解举措。为此，我们提出如下政策建议：

（一）应对人口老龄化的政策建议

1. 进一步放开人口生育政策，并适时出台鼓励生育的政策措施

从全面放开二孩向全面放开生育政策转变。研究出台鼓励生育政策措施，综合运用休假、个税倾斜及设立"母亲基金""幼教发展基金"等福利财税政策，提高人口出生率。

2. 深入挖掘人口质量红利，保持经济在中高速增长阶段停留更长时间

目前，我国经济社会发展需要适度经济增速支撑，要避免经济增速过快下行。充分挖掘利用人口质量红利，深入实施创新驱动发展战略，提高全要素生产率。大力发展人工智能、工业4.0、物联网等新经济，着力培养壮大新动能，保持经济增速在中高速增长阶段停留较长时间，减少老龄化对经济社会冲击，避免陷入中等收入陷阱。

（二）应对财政风险的政策建议

1. 尽快出台并实施养老保险参数调整政策

完善企业职工养老保险省级统筹制度，加快建立企业职工养老保险中央调剂制度，尽快实现养老保险全国统筹。加快制定并出台渐进提高退休年龄政策，调整缴费年限、缴费基数，完善"早减晚增"养老金领取机制，严格执行提前退休领取养老金的政策规定，杜绝各类不合规的提前退休现象。

2. 加快发展多支柱养老保险体系

进一步完善税收支持企业（职业）年金发展的优惠政策，大力支持企

业（职业）年金发展，加快出台支持个税递延型商业养老保险发展的政策措施。

（三）应对金融风险的政策建议

1. 央行政策调控要更多着眼于金融周期

当前，由信贷和房价快速上涨引起的金融风险在加大，金融周期快速向顶部区域攀升。央行政策目标要及时调整，政策调控关注经济周期同时，更多关注金融周期。健全货币政策和宏观审慎政策双支柱调控框架，将控制化解金融风险放在更加突出的位置，有效控制杠杆率水平，守住不发生系统性金融风险的底线。

2. 坚决管住货币信贷总闸门

去杠杆是供给侧结构性改革的重点任务之一，同时也是防范系统性金融风险的关键所在。管住货币是去杠杆的有效之招。紧紧抓住货币这个"牛鼻子"，管住货币供给总闸门。要搞好总量调节，稳健的货币政策要保持中性，保持货币信贷和社会融资规模合理增长。面对当前局势，要采取"先稳后降"的积极稳妥策略，既不能让当前趋势发展下去，也不能政策"急刹车"。首先，要扭转居民信贷快速上涨的势头，综合运用多种政策措施遏制居民信贷过快增加。其次，以市场化、法治化方式，通过兼并重组、完善企业治理结构、盘活存量结构、发展股权融资，降低企业杠杆率。近年来，地方政府隐性债务扩张较快，值得警惕。尽快摸清政府隐性债务规模及成因，强化地方政府主要领导责任，严格落实债务终身负责制，尽快细化出台相关实施办法。

3. 着力优化货币投放机制

创新金融调控思路和方式，进一步完善定向调控和相机调控，疏通传导机制，有效提升信贷投放的精准度。加强价格机制的调控作用，探索完善利率走廊机制，合理引导市场利率。加强预期管理，稳定市场信心和情绪。必要情况下，在科学研判形势、保持松紧适度的前提下，适时适度启用常规货币政策手段向市场投放流动性。2016年我国地产开发和房产开发贷款分别同比增长-4.9%和12.2%，而同期居民个人购房贷款同比增长35%。这就造成了房地产供给端（房产企业）信贷快速下滑，而需求端（居民）贷款快速上升的局面，引起房地产价格急剧上涨，造成了如今房地产价格高位"堰塞湖"局面。在当前实体经济转型、中小企业盈利能力相对较弱情况下，加剧了资金"脱实向虚"，推升资产价格泡沫，导致社会融资成本居高不下,严重扭曲了金融和实体经济的关系,降低了金融服务实体经济的效率。

4. 进一步完善国有大型金融机构公司治理结构

国有大型金融机构因其国有和"大而不能倒"的属性,有较高的政府隐性担保,这导致了其高风险偏好倾向。进一步完善国有大型金融机构的公司治理结构,形成有效的决策、执行和制衡机制,促进公司治理更加健康。加强党的领导同公司法人治理一体化建设,充分发挥党组织对国有金融机构的领导作用。

PPI 等价格因素对财政收入影响机理研究[*]

2017年以来,在大力实施减税降费的情况下,财政收入仍保持较快增长。前11个月全国财政收入同比增长8.4%,其中税收收入同比增长11.2%,为2012年以来同期最高,有力地支撑了财政收入平稳较快增长。税收收入较快增长,既受供给侧结构性改革红利持续释放、宏观调控政策更加精准、经济运行稳中向好等带动,也与工业生产者出厂价格(PPI)等涨幅较高密切相关。为此,在统筹考虑经济因素的情况下,我们重点就PPI等价格因素对相关税收的影响机理进行了研究,经测算2017年价格因素对财政收入增长的贡献率约50%。

一、PPI 等因素对国内增值税的影响

我国税制结构以流转税为主,流转税占全部财政收入比重约四成,其中国内增值税占比超过30%,是我国第一大税种,财政收入特别是增值税受价格影响较大。按照纳税原理,国内增值税=销项税额－进项税额,其中销项税额受当期价格影响较大,进项税额受前期购进产品或原材料价格影响较大。2017年以来国内增值税较快增长,是工业生产平稳增长、PPI涨幅较高以及增值税管理水平提升等因素综合作用的结果。

(一)工业生产平稳增长是增值税增长的基本支撑

2017年以来,随着产业转型升级有序推进以及去产能成效不断显现,工业生产稳中有升,工业增加值增速从前两年的6%左右提高到6.7%,主要产品销量稳定增长,带动企业销售收入较快增长,是支撑工业增值税

---

[*] 本文数据由作者根据相关资料整理分析得出。

较快增长的基本因素。

(二) PPI 较快上涨是拉动增值税增长的主导因素

PPI 是衡量工业产品出厂价格变动程度的指数，直接影响企业销售收入，进而影响销项税额。前几年由于产能过剩问题凸显，PPI 持续下降，导致 2015 年和 2016 年工业企业主营业务收入仅增长 0.8% 和 4.9%，PPI 对税收增长贡献率也为负值。2016 年以来，随着供给侧结构性改革持续发力，供求矛盾明显缓解，市场预期不断改善，2016 年 9 月 PPI 扭转连续 54 个月下降态势后进入上升通道，2017 年 1~11 月上涨 6.4%，涨幅同比提高 8.4 个百分点，相应地，1~10 月规模以上工业主营业务收入增长 12.4%，同比加快 8 个百分点，是拉动工业增值税较快增长的主导因素（见图 1）。

(三) 进项税抵扣进一步放大了增值税增收效应

纳税企业当期抵扣的进项税发票与生产周期长短有关。考虑到 180 天的增值税发票认证周期（2017 年 7 月 1 日起改为 360 天），企业进项税额一般会在半年之内完成抵扣。因此，在 PPI 上行周期，由于前几个月采购成本价格较低，进项税额相对少，而当月销售产品价格较高，销项税额相对多，因 PPI 上涨带来的增值税增收效果更明显，弹性系数大于 1。反之，在 PPI 下行周期，减收效果也更明显。据测算，2003 年以来，多数年份工业增值税增速对 PPI 涨幅的弹性系数为 2 左右。

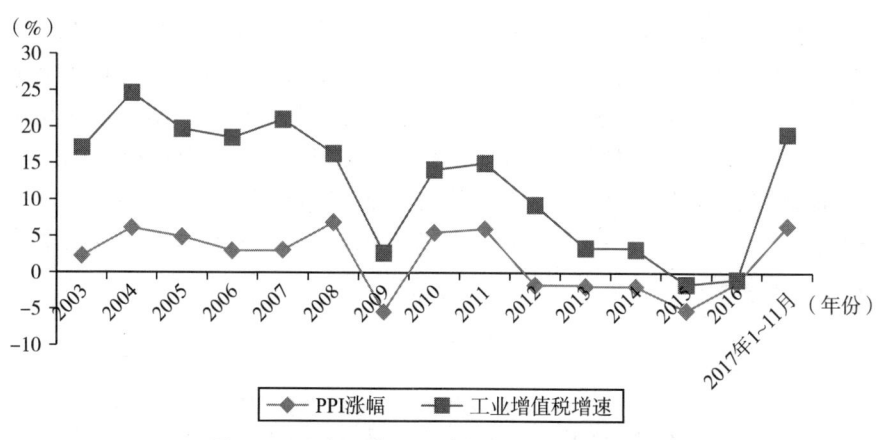

图 1　2003 年以来 PPI 涨幅与工业增值税增速

（四）上游行业增值税受价格波动影响更明显

2013年以来，PPI波动主要来自"三黑一色化工①"八大行业，虽然这些行业占PPI权重约1/4，但价格波动剧烈，涨跌幅经常超过30%，对PPI波动贡献率始终超过八成，这与CPI中食品价格（占CPI权重1/3左右）长期领涨领跌相似。因此，八大行业税收受价格波动影响也较大。以煤炭行业为例，2013~2016年煤炭开采和洗选业价格降幅基本在10%以上，同期煤炭增值税降幅均在20%左右。1~11月煤炭开采和洗选业价格上涨30.9%，带动煤炭行业增值税增长1倍以上。但也要看到，当前八大行业税收增幅高，很大程度上是前期低基数的恢复性反弹，虽然煤炭增值税增长翻倍，但绝对额仅相当于回到2013年的水平。

（五）全面推开营改增试点提高了增值税实际征收率

全面推开营改增后，产业链条更加完善，上下游抵扣也更加充分。企业纳税意识明显增强，很多下游企业为了实现抵扣，主动向上游企业索要发票，客观上减少了税收流失。同时，增值税发票管理新系统上线后，管理和征收更加规范、更加便捷，提高了实际征收率，对增值税较快增长也起到了一定促进作用。

二、PPI等因素对企业所得税的影响

企业所得税是我国第二大税种，占财政收入的比重约18%。受PPI影响较大的主要是工业企业所得税（见图2），按照纳税原理，工业企业所得税=(当期产成品价格×产品销量－上期原材料价格×成本数量+其他收入－其他成本－其他税金)×所得税税率。PPI对工业企业所得税的影响和增值税有相似之处，但影响因素更复杂。2018年以来工业企业所得税较快增长，是PPI较快上涨、降成本成效显现以及营商环境改善等因素综合作用的结果。

---

① 分别为煤炭开采和洗选业、石油和天然气开采业、黑色金属矿采选业、有色金属矿采选业、石油加工炼焦及核燃料加工业、黑色金属冶炼压延加工业、有色金属冶炼压延加工业、化学原料及化学制品制造业。

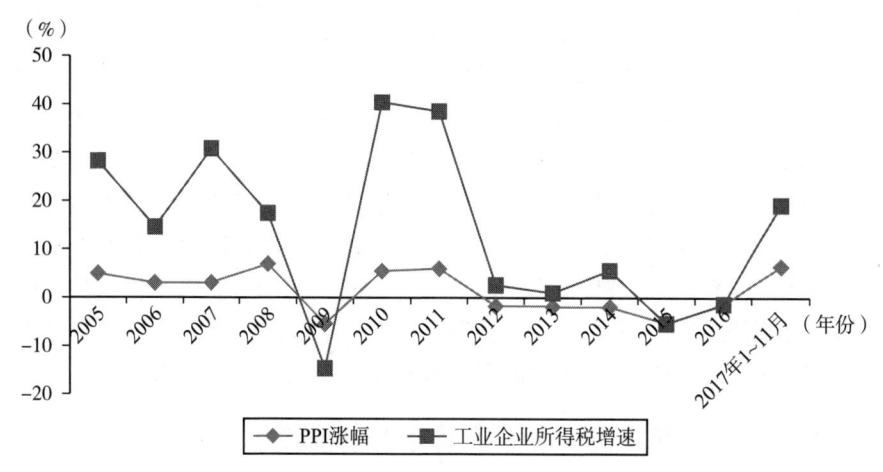

图2 2005年以来PPI涨幅与工业企业所得税增速

（一）PPI上涨带动企业销售收入较快增长

销售收入是决定企业利润的最重要因素。PPI直接影响产品销售收入和购进成本两方面，然后影响企业利润总额，进而影响企业所得税。在PPI上涨带动下，规模以上工业企业主营业务收入较快增长，为企业利润增长奠定了基础。

（二）降成本带动企业利润增长快于销售收入增长

影响企业利润和企业所得税的因素除主营业务收入外，还受原材料、人工、土地、税费、融资、物流等诸多成本因素影响。1~10月规模以上工业企业利润增速（23.3%）明显高于工业企业主营业务收入增速（12.4%），与降成本成效明显有很大关系。近年来党中央、国务院在促进实体经济发展方面采取了一系列措施，积极财政政策不断加大减税降费力度，支持企业去杠杆降成本。1~10月工业企业每百元主营业务收入中成本和费用下降0.51元，相应地，主营业务收入利润率（6.24%）同比提高0.55个百分点，对工业企业利润总额的贡献约四成。同时，随着深化"放管服"等商事制度改革，营商环境不断改善；"双创"蓬勃发展，新增市场主体数量较快增长，税基扩大也带动企业所得税较快增长。

（三）PPI对上游行业利润的带动作用更强

随着煤炭、钢铁等行业去产能取得积极成效，行业价格快速回升，企业也因此由去库存转为补库存，进一步提升了市场需求，这些因素推动上游行业企业利润增速持续增高。2017年1~10月，煤炭开采和洗选业、黑色金属冶炼和压延加工业利润分别增长6.3倍和1.6倍，相应的企业所得税分别增长3.3倍和1.7倍。而装备制造业①等中高端产业税收则主要受"量"的拉动。2017年以来装备制造业价格基本为零增长，但税收增长较快，1~11月通用设备、专用设备、汽车、电信设备制造业企业所得税同比分别增长18.5%、18%、8.5%、9.2%。这说明随着我国结构调整持续推进，在居民消费升级和产业转型升级的带动下，计算机、智能手机、汽车、电信设备、精密机床等中高端装备制造业产品的需求稳步增长。

（四）企业所得税受征管方式影响增速波动较大

企业所得税的征管是当年预缴、次年5月汇算清缴、多数企业按季度预缴。企业若按实际利润额计算应税额存在困难，可按上年的缴税额平摊到各月或各季度进行预缴，这会导致企业预缴税额与当年实际利润增速不匹配，需要次年汇算清缴后才能消除有关差异。从历年数据看，每年1月、4月、5月、7月、10月、12月，企业所得税增速往往波动较为剧烈。

三、国际大宗商品价格对进口环节税收的影响

除极少数从量计征的商品外，大宗商品进口环节税收与进口价格有着密不可分的关系。按照纳税原理，进口关税＝进口数量×进口价格×关税税率，进口消费税＝进口数量×进口价格×[(1+关税税率)×消费税税率/(1-消费税税率)]，进口增值税＝进口数量×进口价格×[(1+关税税率)×增值税税率]/(1-消费税税率)。此外，进口环节税收以人民币计算，而大宗商品价格以美元计价，还需要考虑美元兑人民币汇率变化对税收的影响。

（一）进口量价齐升带动进口环节税收快速增长

从历史数据看，2000年以来，进口环节税收增速与一般贸易进口额增

---

① 包括金属制品业、通用设备制造业、专用设备制造业、交通运输设备制造业、电气机械及器材制造业、通信设备计算机及其他电子设备制造业、仪器仪表及文化办公用机械制造业。

速变化趋势高度一致，二者基本是1:1的关系（见图3）。2018年以来，全球经济保持复苏态势，有效需求稳步增长，带动国际大宗商品价格上涨，1~11月反映大宗商品价格的CRB（美国商品研究局）指数同比上涨7.4%，我国进口价格同比上涨13%左右（含美元兑人民币汇率升值2.3%）。同时，我国内需回暖，进口量保持较快增长，在量价齐升带动下，1~11月一般贸易进口额增长25.4%，拉动进口环节税收增长25.8%。

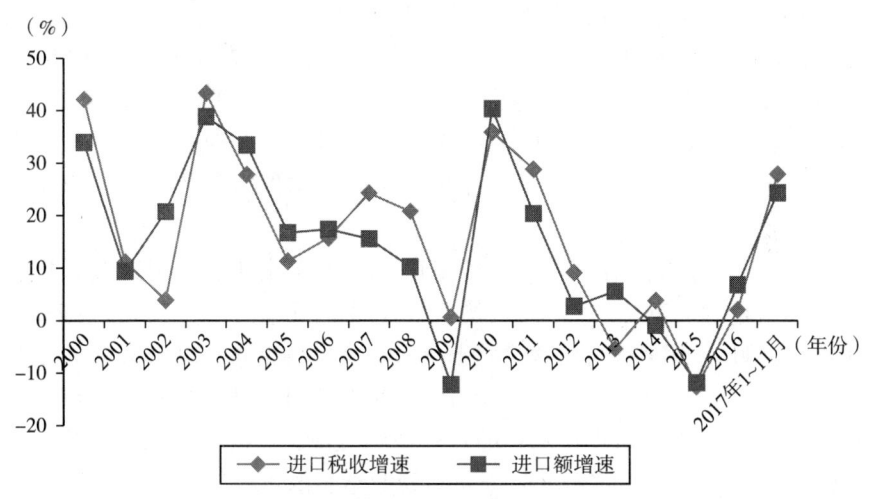

图3 2000年以来进口税收与进口额增速

（二）大宗商品价格与国内PPI相互影响

我国经济总量和进出口总额居世界前列，一些重要的工业产品如煤炭、铁矿石、钢铁的需求量或生产量位居世界首位。随着我国与全球经济深度融合，我国PPI与国际大宗商品价格关系更加密切、变化趋势更加同步。一方面，国际大宗商品价格通过进口环节，对国内工业品价格产生输入性影响；另一方面，国内一些重要工业产品供需关系的变化，也会在很大程度上影响国际大宗商品价格。2016年下半年以来，国际大宗商品价格触底回升，既有全球经济复苏向好、有效需求增加的大背景，也与我国推进供给侧结构性改革，缓解了煤炭、钢铁等主要工业品供给过剩有一定关系。据测算，2012年以来，CRB指数涨幅与我国PPI涨幅变化高度一致，二者相关系数为0.8左右。

四、PPI 等价格因素对其他税收的影响

资源税实施从价计征改革后,原油、煤炭、天然气等价格上涨会直接拉动相关品类的资源税较快增长,1~11月增长46.6%。此外,虽然热点城市陆续出台房地产调控政策,但2018年以来房地产市场仍较活跃,带动相关税种增收较多。前10个月商品房销售面积同比增长8.2%,商品房销售额同比增长12.6%,土地购置面积增长12.9%,土地购置金额增长43.3%。相应地,1~11月房地产企业所得税、城镇土地使用税、土地增值税、契税等相关税收累计均保持较快增长,但7月以来增速逐月回落。

综合以上分析,结合计量模型测算,2017年全年全国财政收入增长4.5%,价格因素拉低财政收入增幅1.1个百分点,贡献率为-25%;2018年前11个月全国财政收入增长8.4%,价格因素拉高财政收入增幅4.2个百分点,贡献率约50%。其中,PPI上涨对工业增值税的贡献率约为2/3,对工业企业所得税增长的贡献率约五成;国际大宗商品价格上涨(包含美元兑人民币升值因素)对进口税收增长的贡献率约五成。

从2018年看,改革红利持续释放,我国经济继续稳中向好,有利于财政收入稳定增长。国际油价短期仍存上涨动力,但原油长期供需基本平衡,油价难以大幅反弹,加上2017年基数抬高,预计2018年大宗商品价格总体涨幅将比2017年回落。PPI受2017年涨幅较高影响,2018年涨幅将趋于回落,但考虑到去产能和环保督查等政策持续推进,预计还将保持一定水平。同时,2018年随着房地产市场调控效应持续显现,以及加快住房制度改革和长效机制建设,房地产相关税收将会逐步回归正常增长。加上2018年将继续实施较大规模减税,也会带来政策性减收。综合分析,预计2018年财政收入仍将保持平稳增长,但增幅将比2017年有所放缓。

下一步,我们将深入贯彻党的十九大精神,紧扣社会主要矛盾变化,坚持稳中求进工作总基调,坚持新发展理念,坚持质量第一、效益优先,坚持以供给侧结构性改革为主线,继续实施积极的财政政策,着力推动创新发展,着力发展实体经济,着力支持打好防范化解重大风险、精准脱

二、财政政策篇

贫、污染防治的攻坚战,推动解决发展不平衡不充分问题,促进经济社会持续健康发展。同时,继续密切关注经济增长及 PPI 等价格指标变化情况,加强预测分析,及时监测财政收入增长的结构变化情况,统筹做好预算执行,确保收入稳定增长。

我国直接税比例变动趋势分析及政策建议*

自党的十八届三中全会提出"深化税收制度改革""逐步提高直接税比重"以来，我国税制改革取得重大进展，税制结构相应有所变化。党的十九大进一步强调"深化税收制度改革"，优化税制结构、完善直接税体系仍是重要内容。为客观认识当前我国直接税与间接税比例关系，在对直接税和间接税进行税种划分的基础上，我们开展了相关测算并进行了国际比较。数据表明，近年来我国直接税比重显著提升，2017年为35%，比2012年提高了6个百分点，与大部分发展中经济体以间接税为主体的特征相符，与我国经济发展阶段相适应。今后一个时期，随着相关税制改革的推进，我国直接税比重将平稳提升，逐步形成直接税与间接税并重的税制结构。

一、直接税与间接税的税种划分

理论界对于直接税与间接税的界定存在较多争议，目前通用的划分标准是税收负担能否转嫁。直接税是指税负不能或不易转嫁的税种类别，间接税是指税负能够转嫁或容易转嫁的税种类别。由于税负转嫁具有较强的隐蔽性、复杂性和细碎化等特征，在实际中较难清晰度量税负转嫁的广度与深度，因此，各国在直接税与间接税的税种划分上存在一定差异，国际组织也没有统一的划分标准。

现行税制下，我国有18个税种。为更清晰地分析税种结构，本文将进口货物增值税和消费税单列。根据税负能否转嫁的划分标准和税种性质，对我国税种进行划分（见表1）。直接税包括企业所得税、个人所得

---

* 本文数据由作者根据相关资料整理分析得出。

税、房产税、车船税、城镇土地使用税；间接税包括国内增值税、国内消费税、进口货物消费税和增值税、出口货物退增值税和消费税、资源税、城市维护建设税、关税、船舶吨税、车辆购置税、土地增值税、耕地占用税、契税、烟叶税、印花税、环境保护税（2018年开征）和其他税收收入。按上述划分，2017年我国直接税规模为49 815亿元，占比35%；间接税规模94 544亿元，占比65%。

表1　　　　　　　　我国直接税与间接税的税种分类

直接税	所得税收	个人所得税、企业所得税
	财产税收	房产税、车船税、城镇土地使用税
间接税	货物与劳务税收	国内增值税、国内消费税、资源税、城市维护建设税、土地增值税、耕地占用税、契税、烟叶税、车辆购置税、印花税、环境保护税（2018年开征）
	国际贸易税收	进口货物消费税和增值税、出口货物退增值税和消费税、关税、船舶吨税
	其他税收	

需要说明的两个问题：一是关于直接税与间接税税种划分的分歧。主要集中于契税、印花税等税种。契税是对境内取得土地、房屋权属的企业和个人征收的税收。有学者认为，契税基本上是由买方缴纳，应属于直接税。考虑到契税是房地产交易环节税收，对交易价格产生一定影响，本文划为间接税。印花税是对书立、领受相关凭证的单位和个人征收的税收。有学者认为，印花税中50%以上是证券交易印花税，而证券交易印花税是根据股票交易金额对卖方收取的税收，基本上不能转嫁，可划为直接税。考虑到印花税属于行为税，在交易环节征收，本文将印花税划为间接税。二是关于社会保险基金收入和部分政府性基金收入。经济合作与发展组织（OECD）将社会保障缴款作为政府税收进行统计。部分学者认为社会保险基金收入具有不易转嫁的特征，可归为直接税。我们认为，按照IMF标准及我国税种分类，社会保障缴款不属于税收，而是与税收并列的一个收入类别，因此本文在测算直接税比重时未考虑社会保险基金收入。

二、我国直接税与间接税的比例测算

根据对税种的划分，对1994年以来我国直接税与间接税的比例关系进行研究（见图1），主要有以下特点：

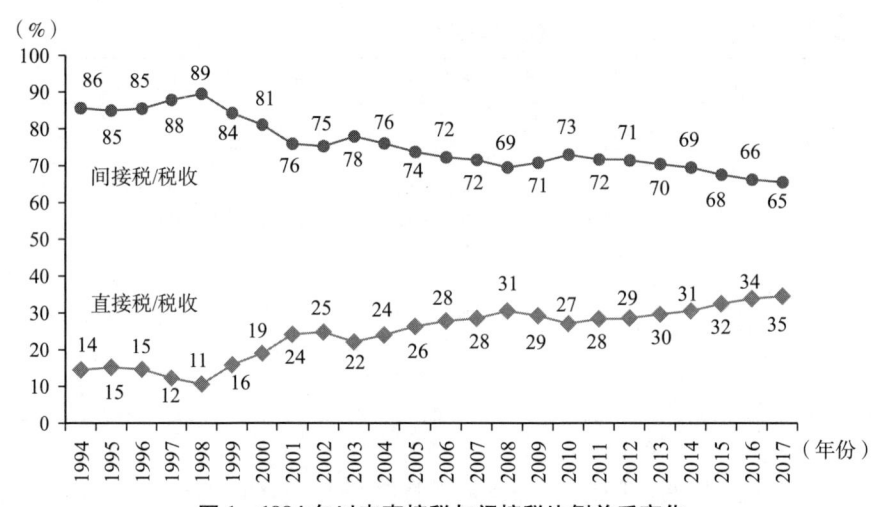

图1 1994年以来直接税与间接税比例关系变化

资料来源：1994~2016年数据为财政决算数，2017年数据为预算执行数。

（一）直接税比重总体呈上升态势

1994~1998年，直接税占比较低。1999年起直接税比重快速上升，2002年达25%，比1998年提高14个百分点，主要是1998年为应对亚洲金融危机，我国财政政策由适度从紧转向积极，有效稳定了经济增长，企业效益逐步好转，企业所得税出现恢复性高速增长。2009~2011年，因企业利润受国际金融危机影响增速回落，直接税比重略有降低，随着企业利润稳定增长和居民收入水平提高，直接税比重继续呈上升态势，2017年为35%。

总体上，1994~2017年，我国直接税规模从741亿元扩大至5万亿元，直接税比重从14%提高至35%，累计提高了21个百分点。其中，企业所得税贡献最大，从708亿元增至3.2万亿元，增长44.4倍，累计拉升直接税比重 13 个百分点；个人所得税增至 1.2 万亿元，累计拉升直接税比重 5 个百分点；房产税、城镇土地使用税、车船税累计拉高直接税比重 3 个百分点。

（二）2012 年以来直接税比重加速提高

党的十八大以来，我国税制改革稳步推进，特别是营改增试点五年累计减税超过 2 万亿元，相应拉低间接税增幅。同时，供给侧结构性改革成效不断显现，2017 年企业效益明显回升，加上居民收入持续增加，直接税比重提高较多，从 2017 年的 35% 增加到 2012 年的 29%，提高了 6 个百分点。其中，企业所得税增加 1.2 万亿元，拉升直接税比重 3.5 个百分点；个人所得税增加 6 146 亿元，拉升直接税比重 1.7 个百分点。

（三）间接税比重下降但仍处于主体地位

虽然以增值税、消费税、关税为主的间接税占税收收入比重总体呈下降趋势，从 1994 年的 86% 下降至 2017 年的 65%，累计降低 21 个百分点，但始终高于直接税占比，2017 年间接税占税收收入比重高于直接税 30 个百分点。

三、直接税与间接税比重的国际比较

为便于国际比较，采用国际货币基金组织（IMF）的税种分类（不含社会保障缴款），本文将所得税、工资与劳动力税、财产税划为直接税，将货物劳务税、国际贸易税、其他税等划为间接税。根据 IMF 的《政府财政统计年鉴》，选取有数据的经济体的税收收入作为样本，计算得出 2011～2015 年的五年间 56 个国家或地区直接税和间接税比重。

（一）大部分发达经济体直接税与间接税并重

在 34 个发达经济体中，有 26 个地区 2015 年直接税比重超过 40%。其中，美国、澳大利亚、瑞典、丹麦、新西兰、比利时等 6 个经济体直接税比重超过 60%，呈"直接税为主、间接税为辅"的税制结构，美国直接税占比高达 78%；加拿大、法国、德国、韩国、新加坡等 20 个经济体直接税比重处于 40%～60% 的区间，呈"直接税与间接税并重"的税制结构，20个中有14个经济体直接税比重超过50%。发达经济体直接税比重总体上比发展中经济体要高，主要是因为直接税税基主要取决于居民收入和企业利润，而且直接税征管相对复杂、对征管配套设施要求严格，而发达经济体经济发展水平相对较高，直接税税源丰富，税收征管体系也较为完善。但是，由于各国经济结构不同，各个发达经济体税制结构存在明显差异，直接税占比也呈现不同特征。例如，美国个人所得税为税收主体，近50年来个人所得税占税收比重波动幅度较小，目前占比达53.1%，相应地其直接税在税制结构中占绝对主体，2011~2015年直接税比重均值为77%。德国的工业经济较为发达，个人所得税、企业所得税、增值税和营业税为四大主体税种，直接税与间接税比例关系相对均衡，2011~2015年其直接税比重均值为53%。

（二）大部分发展中经济体以间接税为主、直接税为辅

22个发展中经济体中，有18个2015年间接税比重高于60%，呈"间接税为主、直接税为辅"的税制结构；仅有4个间接税比重处于40%~60%，呈"直接税与间接税并重"的税制结构；除南非外，21个经济体直接税比重低于50%。由于间接税征管便利，有利于筹集财政收入，发展中经济体大部分以间接税为主体税种，直接税比重相应较低。2017年我国直接税比重为35%，间接税比重为65%，也呈"间接税为主、直接税为辅"的税制结构。

（三）近年来部分发达经济体直接税比重略有下降

对比34个发达经济体2011年和2015年的直接税比重，18个发达经济体直接税比重有所下降，高于60%的地区从9个降为6个，反映近年来发达经济体直接税比重趋降、间接税比重趋升的态势。例如，英国直接税比重从59%降至56%，主要与下调企业所得税税率促进经济增长有关。加拿大直接税比重从71%降为59%，与时任总统低税收低支出政策有关。

四、直接税与间接税比重的未来展望

直接税与间接税各有优点、相辅相成。直接税一般采用累进税率，有利于调节收入分配和体现社会公平原则；间接税征收简便、税源丰富，有

二、财政政策篇

利于体现经济效率和广泛筹集财政收入,两者相辅相成。直接税与间接税比例关系是由一定时期内经济社会发展水平、税制结构等决定的。现阶段,我国直接税与间接税比重与经济发展阶段是基本相符的。随着我国由中高收入国家逐步向高收入国家行列迈进以及税制改革不断深化,直接税比重将持续提升。我国税制结构的发展方向将是"直接税与间接税并重"的模式,有助于更好地发挥税收对提高经济效率与促进社会公平的作用。

(一)企业所得税将继续对拉升直接税比重发挥基础作用

2017年我国企业所得税占税收的比重达22%,占直接税的比重近60%,是拉升直接税比重的主导税种。企业所得税收入主要来源于工业、金融业和房地产业。受去产能、降成本等政策有效落实,新动能加快成长,工业生产者出厂价格(PPI)大幅反弹等影响,2017年我国规模以上工业企业利润恢复性高增长,同比增长21%,为2012年以来增速最高。随着供给侧结构性改革持续深入推进,市场供需关系稳步改善,PPI涨幅回落,2018年企业利润将高位回落至平稳增长,企业所得税将平稳增长。

(二)未来个人所得税提升直接税比重空间较大

目前我国个人所得税占税收和直接税的比重偏低。2017年个人所得税占税收比重为8%,占直接税比重为22%。我国先后于2006年、2008年、2011年三次提高个人所得税基本费用扣除标准,有效减轻了工薪阶层税负。相应地,个人所得税增速短期内也受到较大影响,2006年、2008年、2012年个人所得税增速分别比上年回落3.5个、13个、29个百分点。考虑到2018年将提高个人所得税基本费用扣除标准,增加专项附加扣除,预计短期内个人所得税增速将出现回落。国际上个人所得税政策调整也出现了趋同性,美国、日本、德国、泰国等都已经或即将实施新的个人所得税政策,目的是减轻家庭税负、吸引人才、提高本国税制竞争力。从长期看,我国个人所得税还有较大发展空间,2015年56个经济体个人所得税占税收比重平均为25%,其中发达经济体平均为32%,发展中经济体平均为12%,而我国2017年个人所得税占税收比重仅为8%,分别低于发达经济体和发展中经济体24个和4个百分点。随着我国逐步实行综合征收与分类征收相结合的个人所得税制,居民收入持续增长,税基不断扩大,个人所得税规模将不断扩大,对直接税比重的拉升作用将明显增强。

我国财政支出水平及结构的国际比较分析

按照国际可比口径,我们对我国财政支出总水平和按功能分类的支出结构进行了测算及国际比较分析。研究表明,我国财政总支出占GDP比重在世界上处于中低水平,与我国宏观税负水平较低保持一致,与我国经济发展阶段也基本匹配;从支出功能看,我国经济事务支出占总支出比重较高,一般公共服务支出占比较低,社会保障、医疗保健支出占比接近世界平均水平,教育支出占比高于世界平均水平。

一、我国国际可比口径财政支出情况

国际货币基金组织(IMF)制定的《政府财政统计手册》(2014)是当前世界通行的政府财政统计标准,它对政府支出的定义是由交易产生的政府权益减少。按照支出功能性质,IMF将财政支出分为十大类,包括一般公共服务、国防、公共秩序和安全、经济事务、环境保护、住房和社会福利设施、医疗保健、娱乐文化和宗教、教育、社会保障。我国于2007年参照IMF的分类标准进行了政府收支分类改革,现有的支出功能分类包括一般公共服务、外交、国防、公共安全、教育、科学技术等二十多类。由于我国支出功能分类与IMF的分类仍有差别,相关科目在进行国际比较时按照IMF科目进行了一一转换(详见附表),例如,经济事务支出包含我国的农林水支出、交通运输支出、商业服务业支出、国土海洋气象支出、粮油物资储备支出、金融支出等,社会保障支出包含社会保障和就业支出、住房保障支出、除医疗保险基金之外的社会保险基金支出。

根据上述定义,我国国际可比口径财政支出包括一般公共预算支出、政府性基金支出、国有资本经营预算支出、社会保险基金支出,但需要扣除以下项目:一是扣除重复计算项目。我国四类预算之间有调入调出资金，包括一般公共预算中对社会保险基金的补助，这部分资金在社会保险基金中列为财政补贴收入，属于资金转移，在计算全口径财政支出时应扣除；同样地，一般公共预算收入调入政府性基金预算的资金安排支出也要相应扣除。二是扣除政府性基金预算中的国有土地使用权出让收入安排的支出。按照 IMF 定义，土地出让交易是政府土地资产的减少和货币资金的增加，只是资产形式变化，政府权益没有变化，因此土地出让收支均不计入国际可比口径财政收支。按上述口径计算，2013~2017 年，我国国际可比口径财政支出从 17.3 万亿元增加到 25.1 万亿元，占当年 GDP 的比重从 29% 提高到 30.3%（见表 1）。考虑到我国实际情况，如果土地出让收入纳入财政收入，也应剔除成本补偿性费用，只计入土地出让净收益。加上 2017 年土地出让净收益 12 343 亿元后，我国政府收支规模均相应增加，政府支出为 26.3 万亿元，占 GDP 比重为 31.8%。

表 1　　　　2013~2017 年我国国际可比口径财政支出　　　　单位：亿元

项目	2013 年	2014 年	2015 年	2016 年	2017 年
一、全国一般公共预算支出	140 212	151 786	175 878	187 755	203 330
二、全国政府性基金支出	9 616	10 228	9 448	8 351	8 921
其中：土地使用权出让支出	40 885	41 236	32 900	38 527	51 780
三、全国国有资本经营预算支出	1 562	2 014	2 067	2 155	2 011
四、全国社会保险基金支出	28 744	3 3681	39 118	43 605	48 952
五、扣除重复计算部分	7 595	8 770	10 588	11 217	12 389
（一）中央一般预算调入政府性基金预算的资金	92	100	44	39	40
（二）国有资本经营预算收入调入一般公共预算的资金	78	223	230		
（三）一般公共预算对社会保险基金的补助支出	7 426	8 447	10 244	11 089	12 264
国际可比口径财政支出	172 539	188 938	215 922	230 650	250 825
占当年 GDP 比重（%）	29.0	29.3	31.3	31.0	30.3

从总量上看，我国支出总规模不断增加，但财政总支出占 GDP 比重

从2015年的31.3%下降至2017年的30.3%。主要是近年来我国大力实施减税降费，财政收入占GDP比重连续2年下降，从2015年的29%下降到2017年的27.4%，财政支出占GDP比重也相应回落。与此同时，我国积极财政政策力度不断加大，赤字率从2015年的2.4%提高到2017的2.9%。

从结构上看，近年来我国财政支出结构不断优化。一般公共服务支出占财政总支出的比重从2013年的9.5%降至2017年的9.2%（见表2），主要是各级政府树立"过紧日子"观念，严控"三公"经费；社会保障支出占比从20.1%提高至22.3%，主要是不断织密扎牢民生保障网，实施更加积极的就业创业政策，社会保障和就业、社会保险基金、住房保障等支出较快增长；医疗保健支出占比从8.4%提高至9.8%，主要是基本医疗卫生制度不断完善，城乡居民医疗保险的财政补助逐年提高；环境保护支出占比从2.0%提高到2.4%，主要是环境治理力度不断加大。

表2　　　2013～2017年我国各项功能支出占财政总支出比重　　　单位：%

支出项目	2013年	2014年	2015年	2016年	2017年
一般公共服务支出	9.5	9.2	8.6	9.3	9.2
国防支出	4.3	4.4	4.2	4.2	4.2
公共秩序和安全支出	4.5	4.4	4.3	4.8	5.0
经济事务支出	28.4	27.7	27.7	24.9	23.4
环境保护支出	2.0	2.0	2.3	2.2	2.4
住房和社会福利设施支出	7.4	7.8	8.2	8.6	9.0
医疗保健支出	8.4	8.6	9.1	9.7	9.8
娱乐、文化和宗教支出	1.6	1.5	1.5	1.4	1.4
教育支出	13.4	13.6	13.3	13.4	13.4
社会保障支出	20.1	20.7	21.0	21.6	22.3

二、按功能分类的财政支出国际比较情况

根据IMF的统计数据，我们对我国财政支出的总量、结构与国际进行了比较，结果如下：

二、财政政策篇

(一) 我国财政总支出占 GDP 比重低于国际平均水平

根据 IMF 公布的《政府财政统计年鉴（2016）》，我们对有数据的经济体财政支出占 GDP 比重进行了测算。2015 年，世界各国按功能分类的财政总支出占 GDP 比重平均水平为 37.1%，其中发达经济体平均为 43.5%，发展中经济体平均为 32.5%。2017 年我国按国际可比口径计算财政总支出占 GDP 比重为 30.3%，比世界平均水平低 6.8 个百分点，比发达经济体平均水平低 13.2 个百分点，比发展中经济体平均水平低 2.2 个百分点（见表 3）。我国财政支出水平在世界上属于中等偏低水平，这与我国宏观税负水平较低保持一致，与我国经济发展阶段也基本匹配。

表 3　　按功能分类的财政总支出占 GDP 比重的国际比较　　单位：%

项目	2015 年按功能分类的财政总支出占 GDP 比重
发达经济体平均值	43.5
发展中经济体平均值	32.5
世界平均水平	37.1
中国（2017 年）	30.3

(二) 我国经济事务支出占比较高，教育支出占比达到世界平均水平，社会保障、医疗保健支出占比接近世界平均水平

从各项功能支出占总支出比重看，2015 年世界平均水平较高的前四项支出分别是社会保障支出（25.9%）、一般公共服务支出（20.4%）、经济事务支出（13.4%）、教育支出（11.7%）。发达经济体和发展中经济体的支出结构有所差异，例如，由于发达经济体社会福利体系完备，社会保障支出占总支出比重较高；而发展中经济体对经济增长支持力度相对更大，经济事务支出占总支出比重较高。我国功能支出占总支出比重最高的前三位分别是经济事务支出（23.4%）、社会保障支出（22.3%）、教育支出（13.4%）。

从各项功能支出占 GDP 比重看，2015 年世界平均水平较高的前四项支出分别是社会保障支出 10.7%、一般公共服务支出 7.1%、经济事务支出 4.8%、教育支出 4.1%。发达经济体社会保障支出占 GDP 的比重高于发展中经济体 8.9 个百分点，这是其财政支出占 GDP 比重高于发展中经

济体的主要原因，而其他支出占 GDP 比重基本相差 2 个百分点左右。我国功能支出占 GDP 比重最高的前三项分别是经济事务支出（7.1%）、社会保障支出（6.8%）、教育支出（4.1%）。

与世界水平相比，我国按功能分类的支出主要有以下特点：一是经济事务支出占总支出比重（23.4%），分别高于发达经济体和发展中经济体 12.6 个和 8 个百分点；占 GDP 比重（7.1%），分别高于发达经济体和发展中经济体 2.8 个和 2.2 个百分点，主要是我国仍是发展中经济体并且政府宏观调控能力较强，现阶段仍承担大量的基础设施建设和经济发展职能。二是教育支出占总支出比重的 13.4%，分别高于发达经济体和发展中经济体 1.2 个和 2 个百分点；占 GDP 比重的 4.1%，达到世界平均水平，低于发达经济体 1.1 个百分点，高于发展中经济体 0.5 个百分点。三是社会保障支出占总支出比重 22.3%，低于发达经济体 12.6 个百分点，高于发展中经济体 3.2 个百分点；占 GDP 比重 6.8%，低于发达经济体 8.9 个百分点，高于发展中经济体 0.1 个百分点。

总体来看，按照国际可比口径，2017 年我国在教育、医疗保健、社会保障、文化、住房、环境保护等重点民生方面的支出合计占总支出比重达 58.3%，高于世界平均水平 2.4 个百分点，高于发展中经济体平均水平 10.8 个百分点，低于发达经济体 10.9 个百分点；我国一般公共服务支出占比为 9.2%，低于世界平均水平。按照我国一般公共预算支出的口径，我国教育、文化体育与传媒、社会保障和就业、医疗卫生和计划生育、节能环保、城乡社区、住房保障支出占一般预算支出的比重分别为 15%、1.7%、12.2%、7.2%、2.8%、10.5%、3.1%，合计占比为 52%，超过一半，而一般公共服务支出占比为 8.3%。我国的财政总支出水平和功能支出结构比例，与我国所处发展阶段以及我国的国情是基本适应的。

三、未来我国财政支出结构变化趋势及有关政策建议

展望今后一个时期，从支出水平看，基于"瓦格纳法则"，随着我国经济发展和人均收入水平提高，财政总支出占 GDP 比重将呈上升趋势，欧洲、美国、日本等发达经济体的发展历程证实了这一规律（见图1）。

二、财政政策篇

1960年,发达经济体人均GDP平均值为6 000美元①左右,财政支出占GDP比重平均为28%;1960~1980年,发达经济体经济快速发展,人均GDP提高到1980年的18 000美元左右,同期财政支出占GDP比重扩大到43%,比1960年提高了15个百分点,年均提高0.75个百分点;1980~2000年,发达经济体进入平稳发展阶段,人均GDP提高到2000年的26 000美元左右,同期财政支出占GDP比重提高到46%,年均提高0.15个百分点,比前20年明显放缓。

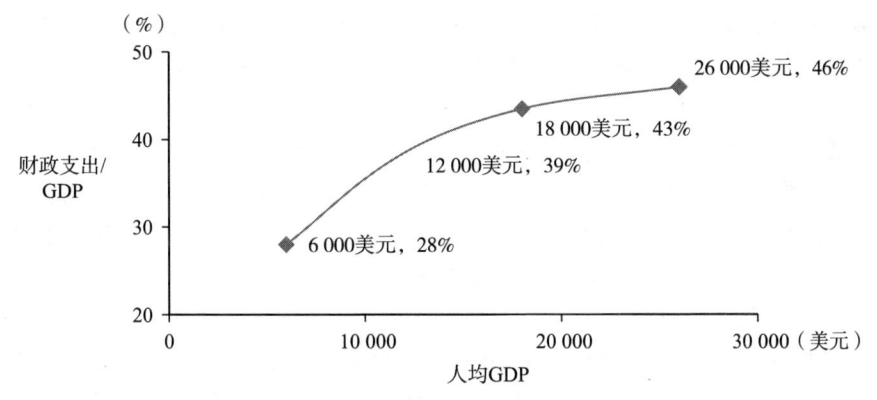

图1 人均GDP与财政支出占GDP比重变化示意图

2008年国际金融危机后,发达经济体财政经济状况恶化,财政支出增速下降,2015年发达经济体财政支出占GDP比重平均水平回落到41.6%。比如,2010~2015年美国财政支出占GDP比重从42.2%降至36.1%,英国从50.3%降至42.9%,德国从48%降至43.9%,西班牙从45.6%降至42.9%。与此同时,发达经济体债务占GDP比重也快速上升,从2008年的78.7%提高到2015年的104.1%②,远超60%的国际警戒线。

2017年我国人均GDP为8 800美元,对比发达经济体的发展历程,在人均GDP达到18 000美元之前,财政支出占GDP比重总体仍处于较快上升期。"十二五"期间(2011~2015年)我国财政支出占GDP比重年均提高0.8个百分点。近两年我国财政支出占GDP比重回落1个百分点,主要与减税降费力度较大导致宏观税负下降有关。从长期看,按照国际经

---

① 资料来源:根据世界银行人均国民总收入(GNI)数据和美元指数测算。
② 资料来源:IMF世界经济展望数据库。

验，我国财政支出占 GDP 比重仍将保持上升态势。短期内，考虑到继续减税降费、赤字率有所下降，预计财政支出占 GDP 比重将保持基本平稳。

从支出结构看，随着我国经济进入高质量发展阶段，人民生活水平和需求层次提高，以及转变政府职能、深化简政放权、创新监管方式，财政支出重点将转向打好"三大攻坚战"、支持创新驱动、提高全要素生产率、提高保障和改善民生水平。因此，预计经济事务支出占总支出比重趋于下降，政府投资将逐步从一般竞争性领域退出，经济事务支出占比已呈现下降趋势，近三年年均回落 1.4 个百分点，预计未来将继续回落；社会保障、医疗保健支出占比趋于上升，随着我国社保覆盖面不断扩大以及人口老龄化加快，社会保障、医疗保健支出将继续较快增长，近三年年均分别提高 0.5 个和 0.4 个百分点，但考虑到部分地区社保基金收支矛盾突出，财政负担日益加重，预计未来占比提高趋势可能放缓；环境保护支出占比趋于上升，随着我国环境治理力度不断加大，近三年环境保护支出占比年均提高 0.1 个百分点，预计未来将保持平稳上升态势。此外，一般公共服务支出、教育支出、住房和社会福利设施支出、娱乐文化和宗教支出占比趋于基本稳定。

下一步，财政部门将按照党中央、国务院决策部署，继续调整优化财政总支出和各分项支出结构，更好地发挥财政在国家治理中的基础和重要支柱作用，正确处理好政府与市场、保运转与惠民生、稳增长与促改革、调结构、防风险的关系，考虑财政可持续性，形成支出规模合理增长、支出项目有保有压、支出行为有效规范、支出效益不断提高的运行机制，推动经济高质量发展。

附表

我国功能分类支出科目与 IMF 科目对照

IMF 功能分类	我国支出科目
701 一般公共服务	一般公共预算中的部分一般公共服务支出、外交支出、部分科学技术支出、国债还本付息支出、债务发行费支出
702 国防	一般公共预算中的国防支出
703 公共秩序和安全	一般公共预算中的公共安全支出

二、财政政策篇

续表

IMF 功能分类		我国支出科目
704	经济事务	一般公共预算中的部分一般公共服务支出、部分科学技术支出、农林水支出、交通运输支出、资源勘探信息等支出、商业服务业等支出、国土海洋气象等支出、粮油物资储备支出、金融支出 政府性基金中相关经济事务支出 国有资本经营支出中的相关经济事务支出
705	环境保护	一般公共预算中的节能环保支出
706	住房和社会福利设施	一般公共预算中的城乡社区支出 政府性基金中的政府住房基金支出等
707	医疗保健	一般公共预算中的医疗卫生与计划生育支出 社保基金中的基本医疗保险支出、生育保险支出
708	娱乐、文化和宗教	一般公共预算中的文化体育与传媒支出和部分一般公共服务支出
709	教育	一般公共预算中的教育支出 政府性基金中用于教育的支出
710	社会保障	一般公共预算中的社会保障和就业、住房保障支出 政府性基金中用于社会保障的支出 社保基金中的基本养老金支出、工伤保险待遇支出、失业保险金支出 国有资本经营支出中的补充全国社会保障基金

进一步增强企业减税降费
获得感的政策建议[*]

税收负担问题始终是治国理政的要务。美国宣布减税计划后,企业税费负担已经成为社会各界普遍关注的热点问题。经过深入分析,我们看到,我国企业税费负担处于国际中等水平,总体上与我国经济发展阶段相适应,既无比较优势也无明显劣势,而且2016年减税降费政策成效显著,企业缴纳税费占营业总成本的比重大幅下降,税费负担不是导致资本外流的主要原因。由于经济发展进入新阶段,企业对税费负担较为敏感,同时收费项目繁多也导致制度性交易成本居高不下,在企业减税空间不大的情况下,应该进一步规范企业收费,降低企业缴费负担,降低制度性交易成本,稳妥应对国际减税竞争。

一、从国际看,我国企业税负既无
比较优势也无明显劣势

(一) 我国宏观税负处于世界中下等水平

宏观税负是衡量企业税费负担、进行企业税负国际比较的重要指标。2016年,按照国际货币基金组织(IMF)口径[①]统计的我国政府收入占GDP比重为28%,考虑到我国实际情况,IMF口径收入加土地出让净收益后,政府收入占GDP比重为29%。IMF数据显示,2015年世界平均税负为31.4%,发达国家为36.2%,新兴经济体为26.6%。我国宏观税负低于世界平均值2.4个百分点,远低于巴西(41.5%)、俄罗斯(41.1%)、

---

[*] 本文数据由作者根据相关资料整理分析得出。
[①] IMF统计口径的政府收入=政府税收收入+社保缴款+捐赠收入+其他收入。

日本（38%）、南非（38%）、韩国（34.3%），但高于新兴经济体平均税负2.4个百分点，接近美国（31.8%）、瑞士（32.6%），高于泰国（22.4%）、新加坡（18.9%）、印度尼西亚（15.1%）。总体上看，我国宏观税负与我国发展中国家的地位相适应（见图1）。

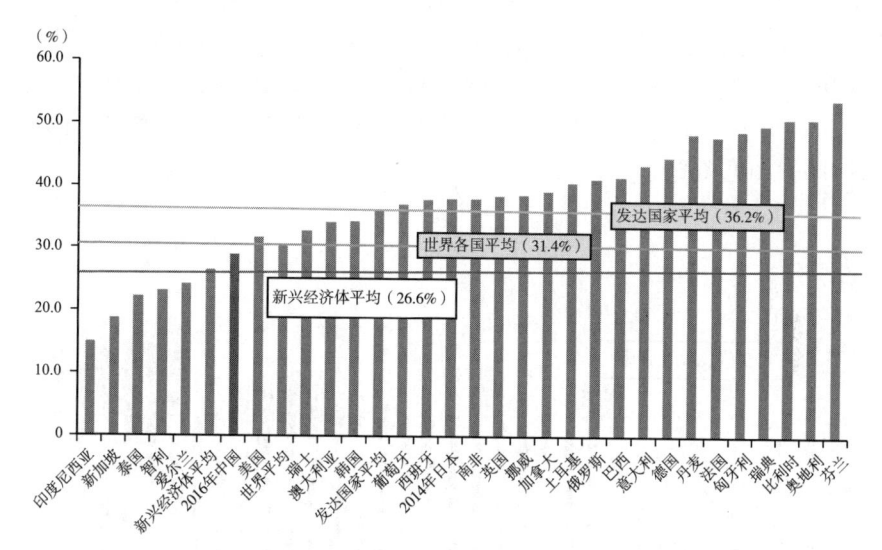

图1 世界主要经济体政府收入占GDP比重

注：此处中国为2016年数据，受数据可获取性限制，日本数据为2014年，其他国家数据为2015年。

资料来源：国际货币基金组织数据库（IMFDATA）。

（二）我国企业"总税率"在188个国家中居第75位

"总税率"是世界银行用于比较各国企业营商环境而设立的指标，其分子是企业承担的税费总额，分母是包括税费的商业利润，含义是每百元商业利润中税费占比。企业承担的税费总额包括企业承担的税收和政府强制征收的费用。世界银行根据2015年采集的数据测算中国企业"总税率"为68%，居第12位。参照世界银行对"总税率"的定义，对我国企业"总税率"调查测算结果显示[①]，2015年我国"总税率"为40.5%。差异原因在于，世界银行在计算"总税率"时采集的我国企业数据样本量很

---

① 参照世界银行对"总税率"的定义，2017年3月，中国注册会计师协会组织全国167家会计师事务所对2 481家国内企业进行了抽样调查，样本企业覆盖了18个国民经济行业分类。

小，不符合我国实际情况①。

2015年世界平均"总税率"为40.6%。其中，低收入国家为51.7%，中低收入国家为38.4%，中高收入国家为41.4%，高收入国家为36%。按照我国"总税率"为40.5%进行国际排名比较，我国企业税费负担在全部188个国家中排在第75位（见附表2），低于巴西（68.4%）、法国（62.8%）、印度（60.6%）、德国（48.9%）、日本（48.9%）、俄罗斯（47.4%）、美国（44%），但高于越南（39.4%）、芬兰（38.1%）、韩国（33.1%）、泰国（32.6%）、英国（30.9%）、南非（28.8%）（见图2）。

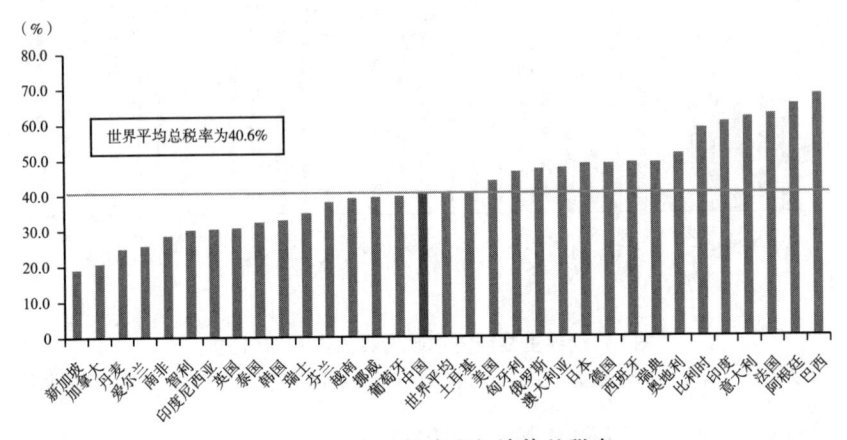

图2 2015年世界主要经济体总税率

资料来源：世界银行WDI数据库。

从上述研究情况看，我国企业综合税负率低于美国，而且统计数据显示，我国企业税费负担率虽无明显国际比较优势，但也没有明显劣势。考虑到我国工业门类齐全，产业配套完整，工人素质较高，国内政局稳定，大国优势明显，消费潜力巨大，市场前景广阔，我国仍有较强的国际竞争力，税费问题不是导致资本外流的主要原因。

---

① 世界银行测算"总税率"是以"假定情形"为基础，2015年6月至2016年6月，在主要城市中设定一两家中等规模标准企业，综合销售利润率、员工结构和工资水平、固定资产处置行为等因素进行测算。

二、从国内看，减税降费政策成效显著

（一）减税降费政策密集出台

为消除重复征税，减轻企业税收负担，推动企业创新发展，促进企业转型升级，政府实行结构性减税和普遍性降费，加强对实体经济的支持。特别是2016年以来，全面推开"营改增"试点，同时将所有企业新增不动产所含增值税纳入抵扣范围，减并增值税税率，扩大企业研发费用加计扣除范围，加大对高新技术企业支持力度，出台股权激励和技术入股递延纳税政策，完善科技企业孵化器税收政策，扩大小微企业所得税、固定资产加速折旧优惠政策范围，对物流企业大宗商品仓储设施城镇土地使用税等6项税收实施减免。据统计，2016年降低企业税负5 736亿元，2017年预计减少企业税负3 500亿元。企业"营改增"试点全面推开后，目前涉企税种有增值税、消费税、企业所得税、资源税、城镇土地使用税、土地增值税、耕地占用税、房产税、城市维护建设税、车辆购置税、车船税、印花税、契税、烟叶税、关税、船舶吨税等16个。在日常生产经营活动中，我国企业缴纳的税种一般在7个左右，规模比较大、经营范围比较广的企业涉及的税种一般在10个左右。

经过持续清理规范，中央设立的行政事业性收费由185项减少至51项，减少幅度超过72%，其中涉企收费由106项减少至33项，减少幅度为69%；政府性基金由30项减少至21项，减少幅度为30%。2016年以来，每年减轻企业负担超过2 100亿元。地方层面也取消、减免了一大批本地区设立的收费项目，据统计，各省（区、市）累计取消收费已超过600项。经与企业座谈，我们了解到，在33项涉企收费和21项政府性基金中，受行业类型、经营范围、优惠政策等因素影响，不同类型企业实际缴纳的收费基金项目差别较大。

除上述税收和收费、基金外，按照法律法规规定，企业还需要为职工缴存"五险一金"，即社会保险基金（分为养老、医疗、失业、工伤、生育五项险种）和住房公积金。其中，养老、医疗、失业保险基金和住房公积金由企业和职工双方按照缴费工资的一定比例缴纳；工伤、生育保险由企业按照缴费工资的一定比例缴费，职工本人不缴费。为减轻企业社保缴

费负担,2015~2017年,政府连续出台政策降低失业、工伤、生育和养老保险费率。据测算,降费政策落实后每年可减轻企业和个人负担超过1 900亿元。住房公积金方面,在2016年规范和降低住房公积金缴费比例的基础上,2017年还将继续研究降低企业住房公积金缴费比例。

(二) 企业减负成效明显

为评估近年来减税降费政策的实际影响及变动趋势,我们调用Wind数据库中全部A股3 200多家上市公司2012~2016年的相关财务数据进行了统计测算。统计结果显示,2016年,上市公司实缴税费占营业总收入比重为8.18%,占营业总成本比重为9.08%,均比以前年度有较大幅度降低(见图3、图4)。

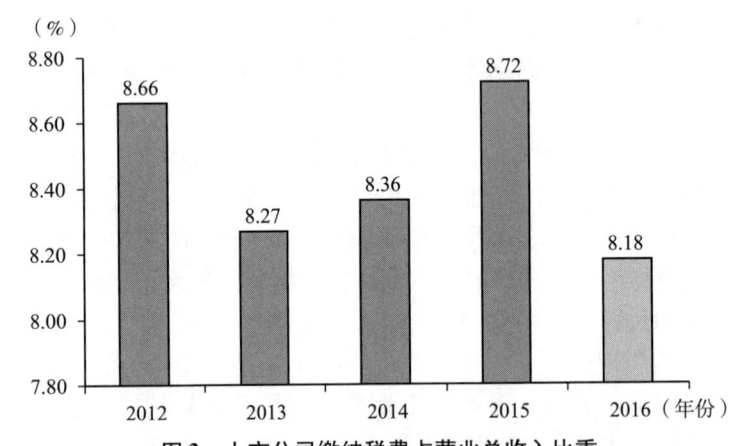

图3 上市公司缴纳税费占营业总收入比重

资料来源:图中数据根据Wind数据库中相关数据计算得到。

由于上市公司企业年报中没有单独披露企业缴纳增值税和缴费情况,我们使用A股全部上市公司2012~2016年的财务年报所得税数据,重点对企业所得税的变动趋势进行了分析。据测算,2016年我国上市公司实际负担的企业所得税税率为21.36%,比上年低1.87个百分点,企业税负减轻趋势明显(见图5)。

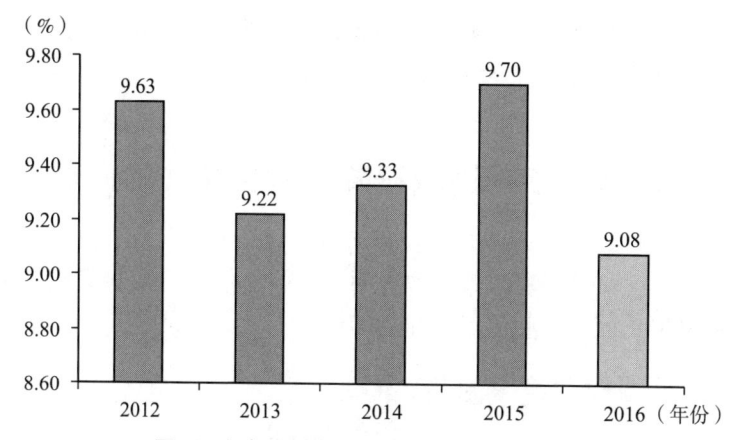

图 4 上市公司缴纳税费占营业总成本比重

资料来源：图中数据根据 Wind 数据库中相关数据计算得到。

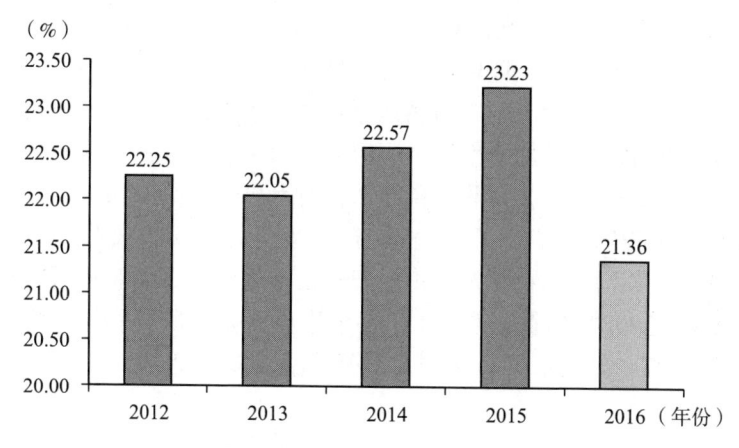

图 5 上市公司实际所得税税率

资料来源：图中数据根据 Wind 数据库中相关数据计算得到。

（三）2017 年减税降费超过万亿元

根据国务院部署，目前已出台 4 批政策减税降费 7 180 亿元。2017 年 7 月 1 日起，取消工业企业结构调整专项资金，暂免银行业和保险业监管费，明确降低国家重大水利工程建设基金和大中型水库移民后期扶持基金、相关行政事业性收费的征收标准，以及工程质量保证金的预留比例，预计每年可再减轻企业负担 2 830 亿元，合计全年为企业减负超过 1 万亿元，其中降费占60%以上。随着增值税税率减并等相关政策不断落地，企业税费负担减轻的趋势将会延续。

三、进一步推进减税降费需要关注的问题

政府出台的减税降费政策已取得明显成效，但随着形势发展，进一步推进减税降费仍面临一些值得关注的问题。

（一）国际减税竞争加剧

2017年4月，美国总统特朗普公布了税改方案大纲，将企业所得税税率从35%降至15%，同时将属人征税原则改为属地征税原则，仅对美国企业在美境内所得征税，吸引海外资金回流美国。如果税改方案获得国会批准，将会使美国企业所得税税率从世界排名第3位降至第130位左右，成为主要经济体中企业所得税税率最低的国家之一，税率水平接近部分避税天堂。而且属人原则改为属地原则也会使美国公司对外投资时更看重东道国的税率，从而加剧发展中国家之间为争夺美资的减税竞争。由此可见，特朗普政府推进公司收入税改革，对世界经济具有重大潜在溢出效应，特别是对我国出口竞争力、投资环境吸引力和税收改革环境影响较大。在欧洲，英国首相特蕾莎·梅已正式批准进一步下调企业所得税税率的政策，将在2020年前降至17%，并承诺英国企业所得税税率将保持在20国集团国家中最低水平。法国总统马克龙竞选时也表示，将在任期内减税200亿欧元。

（二）制度性交易成本偏高加重企业负担问题较为突出

目前企业生产经营过程中，在检测、检验、鉴定、测量、评估等环节，经营服务性收费等制度性交易成本偏高。2016年，某企业反映共有缴费项目533项。经财政部门组织核查，2015年有支出数据的实际缴费项目为317项，剔除缴费内容重复的项目后，2015年实际缴费项目数量为212项，缴费金额7 412.1万元。其中，2项政府性基金共3 456.4万元，26项行政事业性收费2 185.3万元，1项国有资源有偿使用收入（排污权出让收入）372.9万元，148项经营服务性收费1 236.3万元，35项协会商会会费、订刊费等其他收费161.2万元。虽然收费金额不到1亿元，占该

企业整个现金流和收入比重并不高,但繁多的收费项目要求企业付出巨大的人工和时间成本,对企业构成了隐性负担,影响了企业的效益。与上市公司财务人员的座谈也印证了这一点。不仅大企业受到收费困扰,协会商会垄断资源收费也提高了中小企业的制度性交易成本,成为企业减负的难点。据调查,湖北一家中小矿产企业"被迫"加入6家行业协会,2014~2016年3年间,会费支出达到26.5万元,平均每年8.8万元。

(三)企业减税降费获得感不强

"当前企业经营发展中遇到的最主要困难"调查问卷[①]结果显示,2016年,企业家选择比重最高的八项依次是:"人工成本上升"(68.4%)、"社保、税费负担过重"(50.2%)、"企业利润率太低"(43.4%)、"整个行业产能过剩"(38.2%)、"资金紧张"(35.1%)、"缺乏人才"(33.2%)、"国内需求不足"(24%)和"未来影响企业发展的不确定因素太多"(22%)(见表1)。统计数据显示,自2011年以来,影响企业利润的主要因素是人工成本上升和社保、税费负担过重。近年来政府减税降费力度较大,但企业减税降费获得感不强,主要原因在于融资、人工、能源等成本不断上升,企业创新能力、转型升级、消化成本的速度没有跟上,企业经营困难。"营改增"试点全面推开后,堵塞了营业税避税漏洞,增值税抵扣链条打通,税收征管力度加大,此前曾利用营业税漏洞避税的企业"营改增"后税负加重。目前税收总量中涉企份额接近90%,而且流转税所占比重较大。由于流转税与增值环节相关,与企业盈亏无关,所以无论企业是否盈利,增值税等流转税都需要缴纳。面对综合成本上升的压力,税费负担容易成为一些企业发泄怨气的出口。

表1　　　　　　当前企业经营发展中遇到的主要困难　　　　　　单位:%

序号	选项	2016年	2015年	2014年	2013年	2012年	2011年
1	人工成本上升	68.4	71.9	76	79.2	75.3	79
2	社保、税费负担过重	50.2	54.7	54.5	51.3	51.8	43.3

---

① 国务院发展研究中心公共管理与人力资源研究所企业家调查系统课题组组织实施了《2016·中国企业经营者问卷跟踪调查》。2016年8月10日发出问卷,截至10月15日回收问卷1960份,样本覆盖31个省、自治区和直辖市的各个行业,其中国有企业和非国有企业分别占3.7%和96.3%;大、中、小型企业分别占9.2%、24.8%和66%。调查对象中企业董事长或总经理、厂长和党委书记占90.8%。

续表

序号	选项	2016年	2015年	2014年	2013年	2012年	2011年
3	企业利润率太低	43.4	40.8	40.8	41.1	44.8	22.9
4	整个行业产能过剩	38.2	41.2	41.4	36.9	30.9	39.1
5	资金紧张	35.1	37.9	35.6	36.6	35	38.8
6	缺乏人才	33.2	32.8	30.4	28.4	29.7	32.8
7	国内需求不足	24	29.4	23.7	28.9	25.5	7.7
8	未来不确定因素太多	22	22.7	18.5	27.6	27.4	19.9
9	缺乏创新能力	16.5	14.8	13.8	11.4	13.8	11.2
10	能源、原材料成本上升	16.1	13.7	19.9	25.3	31.3	57.7
11	企业招工困难	15	13.2	20.1	19.4	22.3	28.9
12	资源、环境约束较大	12.1	10.5	9.4	9.8	8.4	8.2
13	企业领导人发展动力不足	9.9	7.7	8.3	7	7.8	5.2
14	遭受侵权等不正当竞争	9.8	9.7	8.3	7.4	6	7.6
15	地方政府干预较多	8.8	7.2	8.8	11	6.4	7.1
16	出口需求不足	7.6	9.9	8	9.5	11.6	6.1
17	缺乏投资机会	3.8	3.5	3.3	3.6	3.2	18.7
18	人民币升值过快	3.5	5.5	8.9	13.4	7.9	2.9
19	电力供应不足	0.4	0.5	0.6	1.4	1.1	9.3

资料来源：国务院发展研究中心公共管理与人力资源研究所。

四、进一步推进减税降费的相关建议

（一）稳妥应对国际减税竞争

受诸多因素限制，美国公司收入税改革在2017年不会完成国会立法。即使调整15%的税率目标，2018年完成国会立法仍面临较大困难，这就为我国应对国际减税竞争提供了缓冲期。根据上市公司年报数据测算，2016年我国企业实际所得税税率为21.4%，而且呈现下降趋势。据毕马威国际会计师事务所统计，2016年，全球企业所得税平均税率为23.6%，OECD国家企业所得税税率为24.8%。考虑到我国企业所得税税率尚无比较劣势，同时我国企业所得税在全部税收收入中占比达到22.1%的实际情况（美国企业所得税比重仅为9%），以及减税政策具有刚性特征，为防止加剧财政收支矛盾（我国降低企业所得税税率1个百分点则财政减收超过1 300亿元①，限制了我国的减税空间），我们不宜盲目跟风减税，而应保持战略定力，将减负重点放在清理规范对企业的各项收费上，给企业一个良好稳定的预期，同时发挥大国经济优势，降低企业综合成本，进一步优化良好营商环境，增强吸引外资的竞争力。

（二）建立减负长效机制

一是从源头上防范乱收费。要按照国务院要求，加快推动各级政府建立行政事业性收费和政府性基金、政府定价的涉企经营服务性收费、财政补助事业单位收费目录清单并上网公布，形成常态化公示机制，实现全国"一张网"动态化管理，清单之外的涉企收费一律不得执行。二是通过行政审批制度改革降低制度性交易成本。继续深化行政审批制度改革，进一步减少审批环节，清理取消行政审批中介服务违规收费，降低不合理评估费用，加大对强制企业购买指定商品和接受服务的监督力度，努力降低企业制度性交易成本。三是确保各项减税降费措施尽快落实到位。2017年将为企业减负1万亿元。对于国务院出台的各项政策，要加强督促检查，确保落实到位。同时要加强日常监督检查力度，查处各种侵害企业合法权益的违规行为，鼓励企业和社会广泛监督，防止被取消的收费项目改头换面重新现身。

（三）有效降低要素成本

一是规范水、电力、石油、天然气等垄断性行业产品定价行为，降低用水用能及物流成本。二是提高劳动力市场灵活性，建立企业工资增长与劳动生产率挂钩的机制，避免人力成本上涨过快。三是支持企业内部挖潜、降本增效。

此外，基于目前社会上对企业税费负担存在诸多误解的实际情况，应积极引导社会舆情，防止过度炒作，以便顺利推进财税体制改革，构建现代财政制度营造良好社会环境。

---

① 2016年全国征收企业所得税28 850亿元，企业实际负担的所得税税率为21.4%。据此推算，1%所得税税率对应税款额约为1 348亿元。

附表 1

2015 年宏观税负国际比较 单位：%

国别	宏观税负	其中：税收收入	非税收入占全部收入比重
丹麦	48.4	47.4	2.1
法国	48.0	29.1	39.4
比利时	50.9	30.3	40.4
芬兰	53.9	31.2	42.2
奥地利	50.9	29.1	42.8
瑞典	49.8	40.6	18.5
意大利	43.5	30.2	30.6
匈牙利	48.9	26.1	46.7
挪威	38.6	28.2	27.0
德国	44.7	23.3	47.9
葡萄牙	37.0	25.4	31.4
西班牙	37.8	22.5	40.5
英国	38.5	27.0	29.9
2014 年日本	38.0	20.0	47.3
加拿大	39.2	27.5	29.9
瑞士	32.8	20.3	38.1
澳大利亚	34.1	27.4	19.7
美国	31.8	20.1	36.8
韩国	34.3	18.7	45.5
爱尔兰	24.3	19.8	18.5
智利	23.2	19.3	17.0
2016 年中国	29.0	17.5	39.7
巴西	41.5	23.1	44.2
印度尼西亚	15.1	12.0	20.4
泰国	22.4	17.8	20.5
俄罗斯	41.1	19.4	52.8
南非	38.0	29.1	23.4
新加坡	18.9	13.8	26.9
土耳其	40.5	22.4	44.7
世界平均	31.4	24.8	33.3

资料来源：IMF 数据库。2016 年中国数据为综合司根据 IMF 口径实际测算数。

二、财政政策篇

附表 2

企业"总税率"国际比较

排序	国别	税率(%)	排序	国别	税率(%)	排序	国别	税率(%)
1	科摩罗	216.5	26	喀麦隆	57.7	51	安哥拉	48
2	阿根廷	106	27	贝宁	57.4	52	澳大利亚	47.6
3	玻利维亚	83.7	28	斯里兰卡	55.2	53	俄罗斯	47.4
4	厄立特里亚	83.7	29	白俄罗斯	54.8	54	匈牙利	46.5
5	赤道几内亚	79.4	30	刚果(金)	54.6	55	利比里亚	45.9
6	帕劳	75.4	31	刚果(布)	54.3	56	几内亚比绍	45.5
7	中非共和国	73.3	32	墨西哥	52	57	苏丹	45.4
8	毛里塔尼亚	71.3	33	乌干达	51.9	58	格林纳达	45.3
9	哥伦比亚	69.8	34	奥地利	51.6	59	加蓬	45.2
10	巴西	68.4	54	斯洛伐克	51.6	60	塞内加尔	45.1
11	几内亚	68.3	36	科特迪瓦	51.3	61	洪都拉斯	44.4
12	阿尔及利亚	65.6	36	冈比亚	51.3	62	伊朗	44.1
13	塔吉克斯坦	65.2	38	希腊	50.7	63	美国	44
14	马绍尔群岛	64.8	39	捷克	50	64	坦桑尼亚	43.9
15	委内瑞拉	64.7	40	圣基茨和尼维斯	49.7	65	马耳他	43.8
16	乍得	63.5	41	摩洛哥	49.3	66	埃及	43.5
17	法国	62.8	42	瑞典	49.1	67	菲律宾	42.9
18	波多黎各	62.3	43	西班牙	49	68	立陶宛	42.7
19	意大利	62	44	德国	48.9	69	叙利亚	42.7
20	尼加拉瓜	60.8	44	日本	48.9	70	多米尼加	42.4
21	印度	60.6	46	爱沙尼亚	48.7	71	安提瓜和巴布达	41.9
22	密克罗尼西亚	60.5	47	多哥	48.5	72	乌拉圭	41.8
23	突尼斯	60.2	48	马里	48.3	73	布基纳法索	41.3
24	比利时	58.7	48	阿富汗	48.3	74	土耳其	41.1
25	哥斯达黎加	58.3	50	尼日尔	48.2	75	中国	40.5
世界平均					40.6			

资料来源：世界银行 WDI 数据库，中国数据为中注协测算数据。

我国地方政府债券市场的现状、问题及政策建议[*]

自2015年新《中华人民共和国预算法》实施四年来，我国地方政府债券从无到有，已发展成为全市场规模最大的债券品种，在促进经济社会发展、规范中央和地方财政关系、防范化解财政金融风险等方面发挥了重要作用，但在实际运行中，也出现了发行定价受非市场化因素影响较大、二级市场流动性不足、监管环节仍有盲点等问题。建议从优化顶层设计、提高发行市场化、激发二级市场活力和加强监督问责等方面，进一步完善地方政府债券市场。

一、我国地方政府债券市场的发展历程及现状

（一）地方政府债券的三大发展阶段

回望历史，我国地方政府债券市场大致分为三个发展阶段。

1. 2008年之前，严禁发行，隐性举债

20世纪80年代末至90年代初，许多地方政府为筹集资金修路建桥曾发行过地方政府债券，但出于对地方政府承付兑现能力的怀疑，1994年颁布的《中华人民共和国预算法》明确规定，"除法律和国务院另有规定外，地方政府不得发行地方政府债券"。囿于GDP考核压力和分税制改革后地方财力有限，1994年以来，地方政府融资呈现出"隐性化"特征：一方面是中央政府通过国债转贷和地方政府债券试点等方式不断探索地方政府融资模式，另一方面则是地方政府通过搭建投融资平台作为举债主体，大力发展"城投债券"，绕开法律的限制。

---

[*] 本文数据由作者根据相关资料整理分析得出。

2. 2009~2014 年，试点发行，规模较小

2008 年底，为应对国际金融危机，国务院推出 4 万亿投资计划，并通过特别批准的方式在 2009 年政府工作报告中首次提出安排发行地方政府债券 2000 亿元。自此，我国地方政府债券发行大门正式开启，地方政府债券的发行规模逐步扩大。与此同时，我国地方政府的总体债务规模也在急剧膨胀，地方政府债券占地方政府债务的比重依然较低。截至 2014 年底，该比重约为 8%。

3. 2015 年至今，限额发行，快速增长

为防范地方政府债务风险，2014 年 10 月国务院发布了《关于加强地方政府性债务管理的意见》，提出建立规范的地方政府举债融资机制：没有收益的公益性事业发展确需政府举借债务的，由地方政府发行一般债券融资，主要以一般公共预算收入偿还；有一定收益的公益性事业发展确需政府举借债务的，由地方政府通过发行专项债券融资，以对应的政府性基金或专项收入偿还；地方政府要将一般债务收支纳入一般公共预算管理，将专项债务收支纳入政府性基金预算管理。2015 年初正式实施的新《预算法》也规定，经国务院批准的省、自治区、直辖市的预算中必需的建设投资的部分资金，可以在国务院确定的限额内，通过发行地方政府债券举借债务的方式筹措，且债务"只能用于公益性资本支出，不得用于经常性支出"。从此，我国发行地方政府债券有了正式的法律依据，地方政府债券市场规模开始快速增长。截至目前，地方债发行已实现可发债主体全覆盖（见图 1）。

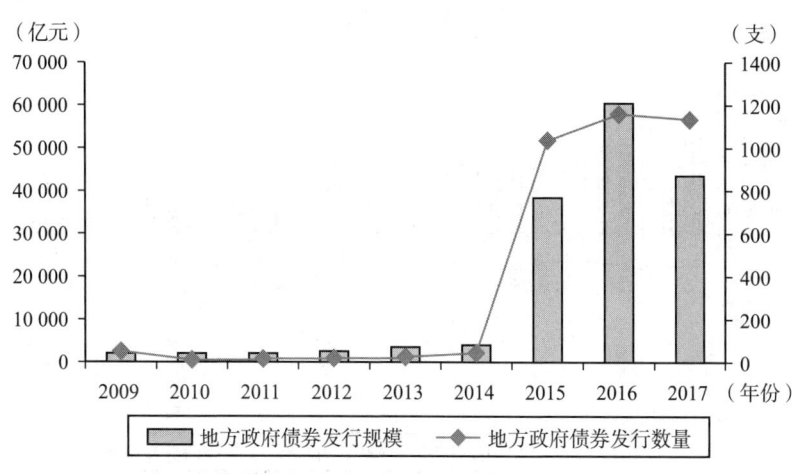

图 1 我国地方政府债券发行量（2009~2017 年）

（二）我国地方政府债券的发展现状

截至 2017 年末，全国存续地方政府债券规模 14.74 万亿元，是全市场存量规模最大的债券品种（各债券品种见图 2、附表 1），占 2017 年 GDP 的比重已达 17.82%，占全国地方政府债务余额（16.47 万亿元）的比重已从 2014 年的 8% 提升到 89.52%。从各地的存量来看，江苏、山东、浙江、四川、广东五省的债券余额均超过了 7 000 亿元，在全国排名靠前；而甘肃、海南、青海、宁夏、西藏等地区由于经济体量较小，发债规模均不超过 2 000 亿元，排名靠后（各省比重见图 3、附表 2）。

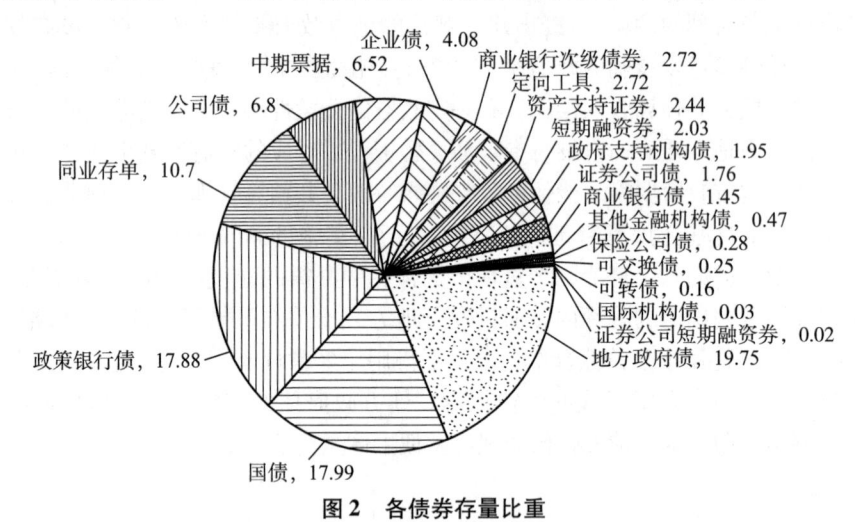

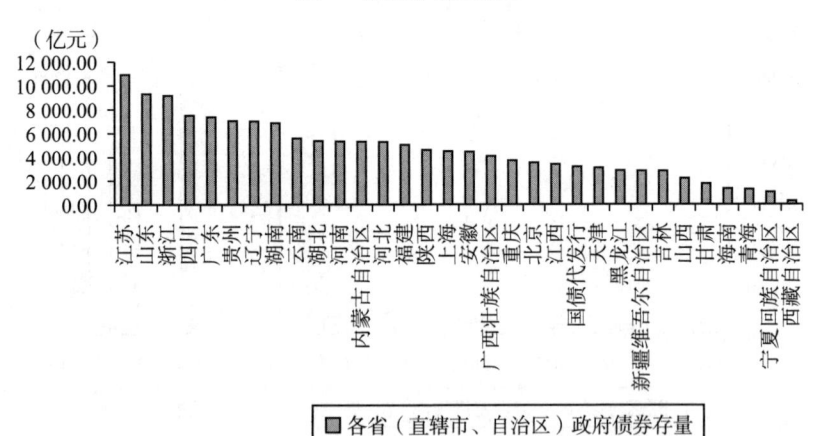

图 2　各债券存量比重

图 3　各省（直辖市、自治区）政府债券存量（截至 2017 年度）

二、财政政策篇

1. 置换债券规模较大

按发债目的分,地方政府债券分为置换债券和新增债券①。2015年,财政部印发《关于对地方政府债务实行限额管理的实施意见》,要求地方政府存量债务中通过银行贷款等非政府债券方式举借部分,通过三年左右的过渡期,由省级财政部门在限额内安排发行地方政府债券置换。2015~2017年,置换债共计发行10.85万亿元,占全部地方政府债券的73.61%,累计为地方政府节约利息支出约1.2万亿元②。通过置换债券,地方政府将高息、短期债务(包括银行贷款、平台债券、信托和非标融资等)转换为低息、长期政府债券,延长了债务期限,减轻了债务负担,缓解了存量政府债务集中到期偿还风险,避免了地方政府资金链断裂,并降低了金融系统呆坏账损失,有利于金融机构化解系统性风险。

2. 专项债券的比重逐渐增多

尽管一般债券的余额(8.76万亿元,占比59.43%)依然较大,但专项债发行的规模和比重在逐步提升。2015~2017年的比重分别为25.4%、41.5%和45.8%,增长态势明显。

3. 公开发行占多数,鼓励定向承销置换债券

按发行方式分,地方政府债券分为定向承销和公开发行两种(见图4)。

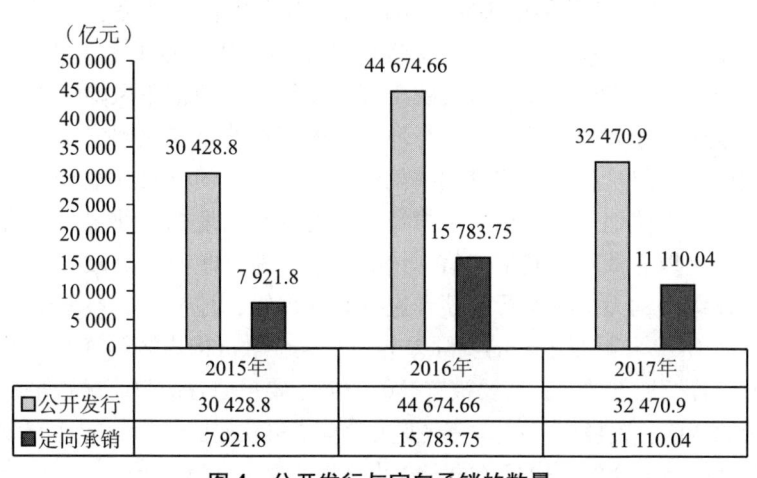

(亿元)	2015年	2016年	2017年
公开发行	30 428.8	44 674.66	32 470.9
定向承销	7 921.8	15 783.75	11 110.04

图4 公开发行与定向承销的数量

---

① 新增债券是相对置换债的概念,不等于新发行地方债,也不等于每年两会披露的地方债务限额新增规模。

② 资料来源:《财政部有关负责人就发布关于做好2018年地方政府债务管理工作的通知答记者问》。

采取定向承销方式置换银行贷款，能够避免置换债券资金挪用，不发生现金流，对债券市场冲击较小，受到政策鼓励。截至2017年底，各级地方政府存续债券中公开发行债券11.26万亿元（占比76.39%），定向发行债券3.48万亿元（占比23.61%）。不过，随着2018年置换债券任务的完成，定向承销方式将退出历史舞台。

二、地方政府债券面临的主要问题

尽管我国地方政府债券发展迅速，但依然面临着发行定价过程中存在非市场化因素、二级市场流动性不佳、监管环节存在盲点等问题，亟待解决。

（一）发行定价受非市场化影响较大

在地方债发行初期，发行利率普遍接近招标下限，且难以体现区域间的差异。比如，2014年7月，山东自发自还的地方债中标利率均低于同期限二级市场国债收益率约20BP；2015年6月，湖北和浙江省的地方债招标中，除了10年期品种结果略微不同外，其余中标利率完全一样。时至今日，整体上，目前地方债的一级发行利率与二级市场的利差仍然较大，且波动范围显著高于国债。这反映出部分发行主体的信用风险未得到合理定价，说明在地方政府债券的发行环节可能存在非市场化因素干扰：一是地方政府垄断定价权导致定价利率偏低。地方政府的财政存款和对本地经济资源的控制使地方政府相对于投资者，特别是当地的商业银行，具有定价权。二是地方债发行利率与信用评级脱节。地方政府的财政会计信息不透明，评级机构无法对发行的债券进行有效评级，地方债收益率未能真实体现地区GDP和财政收入的实际差异。三是金融机构为缓解资产减值压力被动低价置换地方债务。需要被置换的债务主要是原各级政府融资平台向金融机构的贷款，置换后，这些贷款变更为有中央政府隐性担保的地方政府债券，显著提高了金融机构资产的安全性。为减少不良贷款上升、减少贷款减值准备计提、降低经营风险，金融机构通常被动低价置换地方债务。

（二）债券交易流动性不足

一是地方债的投资者结构单一。由于一级市场发行利率偏低，债券上市后估值明显低于面值,导致地方债一级发行参与机构不踊跃,类型单一,多数为商业银行。根据中债资信的研究,截至2017年8月末,商业银行是地方债最主要的持有人,占比约77.55%,其中全国性商业银行地方债持有比例接近73%,特殊结算成员、基金、个人投资者持有的比例分别为8.42%、5.37%和4.25%,保险机构、交易所、券商等其他投资者合计持有比例仅为4.42%,与2016年的投资人结构基本一致。

二是二级市场流动性不佳。与债券市场的整体投资者结构相比,地方债持有人较为单一,交易型投资者持有比例较低,制约了二级市场流动性。而且由于地方债估值低于票面,商业银行二级市场卖出会直接带来亏损,所以商业银行多将地方债归入持有到期账户,进一步限制了二级市场的交易活跃度。交易的不活跃,致使地方政府债券的市场难以担当价格发现者角色,难以借助市场力量调节地方债供求。此外,受定向承销地方债暂不能现券交易、人民银行货币政策操作中使用地方债作为质押品较少等因素影响,地方债非常缺乏流动性。从交易数据来看,2017年地方债现券交易量和换手率较上年同期均出现大幅下降:从交易量看,地方债的现券交易量同比大幅缩减至8407.92亿元,平均月度交易额仅700.66亿元,而同期国债交易量高达12.02万亿元;从换手率看,2017年地方债换手率仅为5.7%,而同期国债换手率高达89.44%。整体来看,未来地方债流动性可改善空间巨大(各债券品种的交易量数据见附表3)。

(三) 监管仍存在盲点

一是各发行主体信息披露不规范。尽管《关于做好2017年地方政府债券发行工作的通知》要求,地方财政部门应当不迟于全年首次发行前5个工作日,通过指定网站披露债券发行兑付相关制度办法、本地区中长期经济规划、地方政府债务管理情况等信息,并按照规定格式披露本地区经济、财政和债务有关数据。但是,在具体实践中,一些省份披露信息情况并不规范完整,主要是缺乏统一的政府综合财务报告制度,无法完全把握地方的资产信息;还有些地方债发行过程中未披露募集资金用途,未明确募集资金将用于置换非政府债券形式的政府债务或新增项目建设;多数发行主体未披露置换资金的使用情况,包括置换资金对应的项目、原有债权形式等。

二是专项债券信息披露不全面。目前专项债发行主体仅披露包括项目类别、债券使用额度、项目总投资、未来偿债资金来源等在内的简单信息，投资者难以判断项目风险。比如，2017年发行的土地储备专项债券中，均没有披露项目的预期土地出让收入的具体数目及对债券本息的覆盖程度，且各地发行债券存在明显的模仿倾向，公开的信息简单同质化，鲜有省份按照《财政部关于做好2015年地方政府专项债券发行工作的通知》的要求对可行性研究报告摘要、立项审批情况进行披露，投资者对土地储备项目的合法、合规性以及项目本身的可行性缺乏了解渠道，无法全面了解项目的真实、潜在风险，导致市场对专项债的认知与一般债差别不大，专项债与一般债的差异、专项债之间的差异未得到合理体现。

三是地方政府债务的危机处理和预警机制的有效性尚待检验。2016年，为建立健全地方政府性债务风险应急处置工作机制，切实防范和化解财政金融风险，国务院办公厅颁布了《地方政府性债务风险应急处置预案》，明确了各级政府和相关部门的职责，对不同的债务风险事件进行了分级处置安排。不过，鉴于尚无风险事件发生，该应急处置预案的有效性和可操作性尚待检验。

三、完善地方政府债券市场的政策建议

发展地方政府债券，对于促进经济社会健康发展、规范中央和地方财政关系、防范化解财政金融风险等具有重要的积极意义。特别是近期央行宣布自2018年9月起将地方政府专项债纳入社会融资规模统计，意味着未来地方债发行将成为金融宏观调控的对象之一。为加快解决我国地方政府债券市场发展中面临的问题，可以考虑从完善发行机制、活跃二级市场、加强监督问责等三个方面着手。具体建议如下：

（一）提高地方政府债券发行的市场化程度

1. 强制信息披露

由于发行省市清一色获得最高信用等级AAA债项评级，全国各地经济实力的巨大差别并未反映在发行结果上。建议制定地方政府债务信息公开制度办法，并对地方政府的信息披露情况开展定期核查，进一步强化地方政府的信息披露责任。同时，逐步增加其他必要的信息披露内容，比如每年置换资金的使用情况，包括用于置换的债务形式、到期期限、资金投向，举债主体的政府级别、举债主体的类别等；新增债券方面，尤其是专

项债券，应明确专项债券对应的项目详细信息，包括项目概况、偿债计划、未来现金流预测、潜在风险评估等；在专项债存续期间，地方政府还要按期向投资人公布财政收支、投资项目进度等重要信息披露指标。

2. 优化信用评级

要加快培育和发展信用评级行业，出台行业规范，完善地方政府债券评级体系，充分发挥信用评级机构的市场化约束力量，真正实现不同地区债券定价的差异性。同时，也要加强信用评级机构监管，规避发行人与评级机构利益冲突问题。

（二）激发地方政府债券二级市场活力

1. 实施做市商制度

地方债投资者结构单一、商业银行占比过大的现象极大影响了其二级市场的流动性。从这个角度出发，激发非银机构参与地方债定价与交易将具有积极意义。具体地，可在银行间债券市场选择四大行及持有地方债规模较大的股份制商业银行作为做市商，对关键期限地方债开展做市服务，向投资人双向报价，以自身资金和持有的地方债开展交易，活跃市场。同时，建议修订《银行间债券市场做市业务评价指标体系》，适当增加地方债双边报价在做市商考核中的比重，对双边地方债报价量越大、价差越窄的机构给予做市商考核更高的分数。

2. 丰富投资人构成

地方债存量债务主要为银行贷款，地方政府债券又主要通过银行间市场发行，导致投资人结构较为单一，国有商业银行持有近八成，且大多采取"买入并持有"的策略，限制了地方政府债券的二级市场流动。为此，一是应逐步扩大地方政府债券在证券交易所市场发行规模，逐步打通银行间市场和交易所市场之间的主要制度壁垒，吸引更多投资者进行二级市场交易，将地方政府债券投资主体扩大到证券公司、基金公司等非银金融机构，丰富投资人构成。二是积极争取社保基金、公积金、企业年金等长期投资者的认购。为吸引更多投资者购买，应该放开期限、利率类型的限制，通过适当增加1年及以内的短期品种和超长期品种的发行，满足更多投资者的需要，促进投资人结构多元化。三是探索通过商业银行柜台向个人发售市民债券，以项目的透明度和公益性，吸引本地居民购买，有利于提高债券投资者监督力量，提高投资效率。

3. 增强质押功能

尽管《财政部 中国人民银行关于中央和地方国库现金管理商业银行定期存款质押品管理有关事宜的通知》规定，国债的超额质押率为105%，地方债为115%，但央行在开展中期借贷便利（MLF）的实际操作中，国债的实际质押率在94%以上，而地方债质押率仅为70%[①]。过低的质押率不仅会造成债券资产浪费，还会限制商业银行接受地方债的积极性。建议人民银行在常备借贷便利（SLF）、中期借贷便利（MLF）、抵押补充贷款（PSL）等货币政策操作中，更多使用地方债作为抵（质）押品，提高地方债质押率，拓宽地方债抵（质）押用途。

4. 调整风险权重

根据2013年银监会颁布的《商业银行资本管理办法（试行）》，商业银行对地方债权的风险权重为20%，对国债的风险权重按0计算（即商业银行购买国债不会占用资本金）。这意味着在同等免税的情况下，地方债较国债需要有额外的溢价补偿，才有利于商业银行投资配置地方政府债券。其实，对纳入限额管理的地方政府债券，其风险与国债相差不大，因此建议对公开发行的地方政府一般债券的风险权重适当调低，降低地方债对于银行资本金的占用，为银行更好运用资本金支持地方经济发展预留空间。

（三）完善地方政府债券监督管理体系

1. 全面推进地方政府预算规范透明

为促进地方政府规范举债，必须进一步提升地方财政预算的全面性、规范性和透明度，为各类信息使用者评价债务风险和债务资金管理绩效提供有效信息来源。这就需要：推进全口径政府预算管理，全面反映政府收支总量、结构和管理活动；加快编制以权责发生制为基础的政府综合财务报告，进一步完善地方政府债务报告制度，全面真实反映地方的财力情况。

2. 完善地方政府债券监管体系

地方债券市场的健康发展，离不开监管体系的完善。除发挥财政部门的监管职能之外，可以借鉴国际经验，成立专门机构或通过行业自律组织进行有效监管。同时，应在不断拓展预算公开内容和范围基础上，全面披

---

① 陈琴，《2017年上半年地方债发行颇引人注目，看点有哪些？》，搜狐财经。

露各级地方政府债务信息，发动群众和媒体参与监督，与监管主体、自律组织等形成良性互动，提高监管效率。

附表1

各债券品种存量（截至2017年底）

类别	债券数量（支）	债券数量比重（%）	债券余额（亿元）	余额比重（%）
地方政府债	3 377	9.13	147 448.24	19.75
国债	274	0.74	134 344.97	17.99
政策银行债	378	1.02	133 494.68	17.88
同业存单	12 394	33.49	79 926.10	10.7
公司债	4 426	11.96	50 808.50	6.8
中期票据	3 595	9.71	48 675.57	6.52
企业债	2 837	7.67	30 483.00	4.08
商业银行次级债券	369	1	20 299.62	2.72
定向工具	2 325	6.28	20 273.11	2.72
资产支持证券	4 245	11.47	18 246.84	2.44
短期融资券	1 515	4.09	15 162.00	2.03
政府支持机构债	133	0.36	14 545.00	1.95
证券公司债	511	1.38	13 135.75	1.76
商业银行债	231	0.62	10 821.20	1.45
其他金融机构债	110	0.3	3 523.80	0.47
保险公司债	59	0.16	2 057.53	0.28
可交换债	151	0.41	1 842.69	0.25
可转债	57	0.15	1 198.18	0.16
国际机构债	11	0.03	230	0.03
证券公司短期融资券	7	0.02	152	0.02
合计	37 005	100	746 668.78	100

资料来源：Wind资讯。

附表 2

各省（自治区、直辖市）政府债券存量表（截至 2017 年底）

省	债券数量（支）	债券数量比重（%）	债券余额（亿元）	余额比重（%）
江苏	133	3.94	10 911.19	7.4
山东	230	6.81	9 293.37	6.3
浙江	211	6.25	9 151.49	6.21
四川	135	4	7 489.56	5.08
广东	164	4.86	7 357.03	4.99
贵州	109	3.23	7 038.65	4.77
辽宁	173	5.12	7 001.75	4.75
湖南	44	1.3	6 848.40	4.64
云南	129	3.82	5 563.00	3.77
湖北	111	3.29	5 350.00	3.63
河南	101	2.99	5 307.16	3.6
内蒙古自治区	136	4.03	5 288.85	3.59
河北	106	3.14	5 268.45	3.57
福建	150	4.44	5 025.69	3.41
陕西	114	3.38	4 591.44	3.11
上海	69	2.04	4 477.60	3.04
安徽	80	2.37	4 431.28	3.01
广西壮族自治区	111	3.29	4 078.13	2.77
重庆	71	2.1	3 704.33	2.51
北京	91	2.69	3 519.42	2.39
江西	105	3.11	3 391.03	2.3
国债代发行	14	0.41	3 182.00	2.16
天津	112	3.32	3 081.03	2.09
黑龙江	79	2.34	2 862.14	1.94
新疆维吾尔自治区	111	3.29	2 827.57	1.92
吉林	70	2.07	2 821.58	1.91

二、财政政策篇

续表

省	债券数量（支）	债券数量比重（%）	债券余额（亿元）	余额比重（%）
山西	77	2.28	2 178.12	1.48
甘肃	69	2.04	1 737.03	1.18
海南	74	2.19	1 310.42	0.89
青海	100	2.96	1 259.87	0.85
宁夏回族自治区	87	2.58	1 028.86	0.7
西藏自治区	11	0.33	71.81	0.05
合计	3377	100	147448.25	100

资料来源：Wind 资讯。

附表3

各债券品种的交易量（2017年）

单位：亿元

	银行间	上交所	深交所	合计
国债	119 283.80	871.93	3.69	120 159.43
地方政府债	8 298.39	105.26	4.27	8 407.92
央行票据	0.00	0.00	0.00	0.00
同业存单	358 297.30	0.00	0.00	358 297.30
金融债	327 022.57	293.32	237.34	327 553.24
政策银行债	317 723.32	160.06	112.17	317 995.55
商业银行债	4 003.84	0.00	0.00	4 003.84
商业银行次级债券	3 236.56	0.00	0.00	3 236.56
保险公司债	144.72	0.00	0.00	144.72
证券公司债	3.56	133.26	121.85	258.66
证券公司短期融资券	616.72	0.00	0.00	616.72
其他金融机构债	1 293.86	0.00	3.33	1 297.19
企业债	26 505.96	775.91	31.08	27 312.94
一般企业债	26 404.01	773.81	29.73	27 207.55
集合企业债	101.94	2.10	1.34	105.39

续表

	银行间	上交所	深交所	合计
公司债	0.00	2 857.24	6 820.12	9 677.37
一般公司债	0.00	2 857.24	1 003.79	3 861.03
私募债	0.00	0.00	5 816.34	5 816.34
中期票据	63 177.22	0.00	0.00	63 177.22
一般中期票据	63 173.61	0.00	0.00	63 173.61
集合票据	3.61	0.00	0.00	3.61
短期融资券	64 650.16	0.00	0.00	64 650.16
一般短期融资券	14 520.29	0.00	0.00	14 520.29
超短期融资债券	50 129.87	0.00	0.00	50 129.87
项目收益票据	0.00	0.00	0.00	0.00
定向工具	4 889.24	0.00	0.00	4 889.24
国际机构债	1 051.23	0.00	0.00	1 051.23
政府支持机构债	2 622.25	0.02	0.03	2 622.31
资产支持证券	1 452.25	0.00	169.41	1 621.67
证监会主管 ABS	0.00	0.00	169.41	169.41
银监会主管 ABS	1 233.85	0.00	0.00	1 233.85
交易商协会 ABN	218.41	0.00	0.00	218.41
可转债	0.00	1 845.68	397.44	2 243.12
可交换债	0.00	650.05	239.09	889.13
可分离转债存债	0.00	0.00	0.00	0.00
总计	977 250.37	7 399.41	7 902.48	992 552.26

资料来源：Wind 资讯。

区块链在"数字财政"*建设中的作用与路径

党的十九大报告明确提出,要推动互联网和实体经济深度融合,在创新引领、绿色低碳、共享经济、现代供应链等领域培育新增长点,形成新动能。2018年5月28日两院院士大会上,习近平总书记指出,"以人工智能、量子信息、移动通信、物联网、区块链为代表的新一代信息技术加速突破应用"。根据当前世界信息技术向ABCD技术领域聚焦的实际情况[A指人工智能(AI),B指区块链(blockchain),C指云计算(cloud),D指大数据(big data)],我们结合财政业务对作为数字经济基础技术且迅猛发展的区块链进行了分析思考,研究提出了运用区块链技术加快"数字财政"建设的路径选择。

一、区块链原理、特点及用途

(一)区块链原理

区块链[①]也称分布式账本技术(distributed ledger technology),由加入

---

* 数字财政是根据当前各行业各领域普遍加快研究探索适合自身数字化发展道路的实际情况,在借鉴"数字地球""数字中国""数字社会""数字经济""数字金融"等相关概念的基础上,立足财政业务实际,着眼于适应国家治理数字化进程首次提出的概念名词。开展此项研究目的是紧跟国家治理现代化的步伐,在财政领域创造性应用信息技术进行前瞻性探索和布局,努力建设与数字经济匹配、与数字社会相适应的数字财政,争取在国家治理数字化进程中发挥引领作用。数字财政相关研究目前国内尚无可供参考的文献资料,世界各国财政部也处于探索过程中,尚未见可供借鉴的成熟经验。本项研究刚刚破题,报告的观点均为初步研究结论,需要随着财政改革形势变化和信息技术发展不断深入和完善。

① 区块链源于化名为中本聪(Satoshi Nakamoto)的技术极客在2008年发表的奠基性论文《比特币:一种点对点电子现金系统》。区块链作为比特币的基础支撑技术,与比特币相伴而生。区块链技术和比特币的关系,如同建筑技术和经典建筑物。比特币的技术特点充分体现了区块链本质属性,但区块链技术应用领域和具体表现形式远远超越比特币。从技术角度看,比特币区块链是经过长期技术积累,在解决拜占庭将军决策问题(1982年)、椭圆曲线密码学(1985年)、不可追踪的密码学网络支付系统(1990年)、使用时间戳确保文件安全(1991年)、哈希算法(1997年)、匿名的分散电子现金系统(1998年)、工作量证明机制(2005年)等一系列技术问题后产生的。区块链技术的重要价值体现在五个方面:一是有望实现去中介化从而降低中介成本;二是解决数据追踪与信息防伪问题;三是有效解决关键数据保护和授权访问问题;四是灵活的可编程特性可以服务市场和公共服务领域;五是有助于实现商业组织形态的重构和社会协作方式变革。

区块链参与经济活动的众多利益相关方共同维护，使用密码学算法保证传输和访问安全，能够在数据验证一致后实现各节点共同存储，因而难以篡改且能溯源。区块链以"区块"为单位存储数据，按照"链"式逻辑结构依时间轴确定记录顺序并建立"区块"之间的逻辑关联，能够真实准确完整连续地记录经济活动的全部内容。区块链具体构成如图1所示。

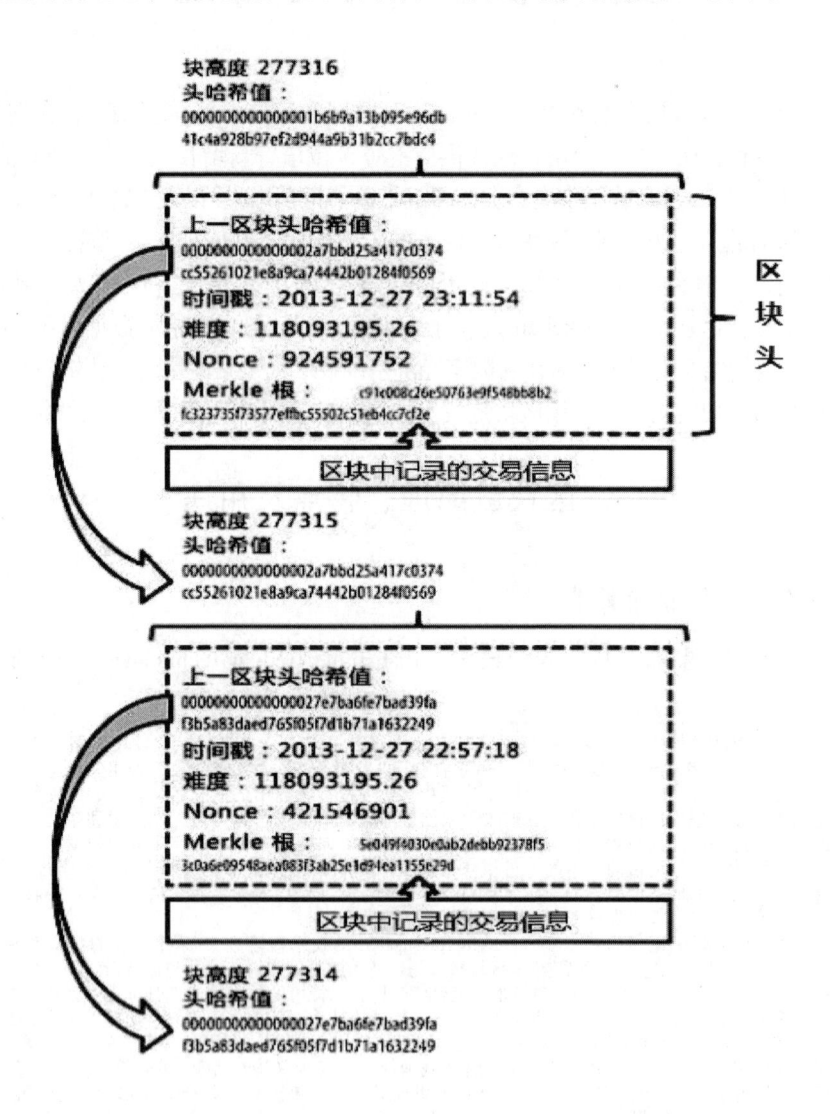

图1 包含3个区块的区块链结构

(二)区块链突出优点是以数学为基础的信任建立机制

在区块链的分布式记账、点对点通信、易连接、防篡改、可追溯等诸多特点中,以数学为基础的信任建立机制是区块链的突出优点,也是区块链将目前信息传输互联网(互联网1.0)升级为价值传输互联网(互联网2.0)的关键所在,因此2015年11月英国出版的《经济学人》将区块链称为"创造信任的机器"。在图2中可见,处于区块链系统核心位置的共识和智能合约都以数学算法为基础,区块链在技术层面保证了系统的数据可信(密码学算法、数字签名、时间戳)、结果可信(智能合约、公式算法)和历史可信(链式结构、时间戳),因此区块链提供了一种"机器中介",尤其适用于协作方不可信、利益不一致或缺乏权威第三方介入的行业应用。

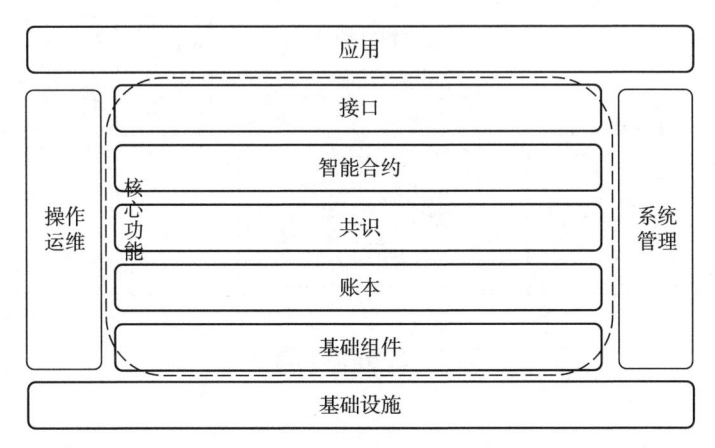

图2 区块链技术架构

市场经济本身是契约经济和信用经济，而信用和信任建筑在法律契约规制和道德文化约束基础上，并需在市场中经历经济活动实践检验，基本上属于依赖第三方的"他证明"，所以信用与信任的积累是一个较为漫长的过程。与以往信任和信用赖以存在的社会科学范畴的法律契约和道德文化基础不同，区块链以数学作为人类社会经济活动的信任和信用基础，这种"自证明"从根本上改变了以往"第三方证明"的信任机制，大大缩短了信任与信用建立的过程，节省了建立信用的时间成本，同时数学作为描述解释客观实际的自然科学，具有区别于社会科学的世界范围内规则通用的优势，能够有效打通不同文化背景差异，超越地域和种族的局限，快速建立起有效沟通和交易的平台，在陌生的市场主体之间建立起基于数学的信任，为区块链的应用奠定了十分广阔的前景。这些特点有利于我们在对外经贸活动中超越意识形态差异增强国际互信，对推进"一带一路"倡议具有十分重要的应用价值。

截至目前，区块链已经历三个发展阶段，分别是以比特币为代表的加密数字货币以及相关金融基础设施领域应用的区块链1.0，以智能合约为代表的区块链2.0，各领域深入应用的区块链3.0。从时间间隔看，区块链技术进步呈现加速状态。从功能作用看，区块链1.0与数字货币两位一体，随着区块链技术升级，区块链显示出更多场景的应用和广阔的发展空间。具体情况如图3所示。

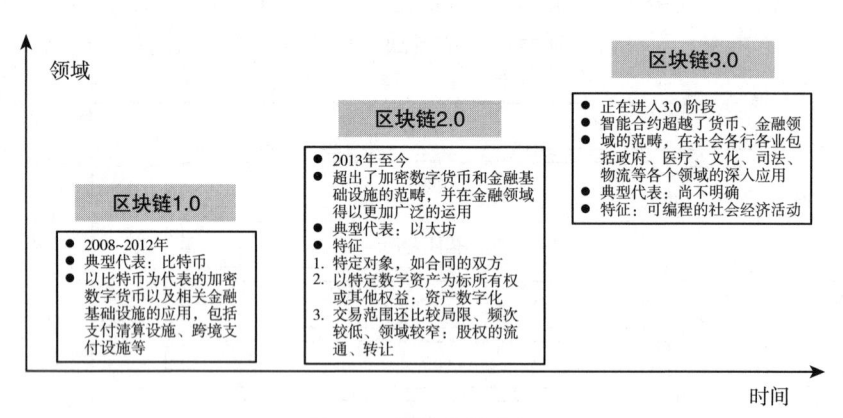

图3 区块链演化进程

二、财政政策篇

据估算①,到 2027 年区块链可为全球经济贡献 3 000 亿~4 000 亿美元的价值。目前各国竞相布局区块链产业制高点,区块链与实体经济加速融合,区块链技术创新日趋活跃。分领域来看,区块链技术应用以金融领域为典型代表,向医疗健康、物流、工业互联网等经济社会诸多领域逐步扩展延伸,世界各国都对此给予了高度关注。目前全球区块链技术应用已初步形成了包含硬件和基础设施、底层技术、上层应用和安全服务在内的技术生态格局。

(三)区块链类型及用途

区块链可根据技术架构分为公有链、联盟链②与私有链三种类型(比特币、以太坊等数字货币区块链属于典型的公有链)。按照逻辑主从关系可以分为主链和侧链。对比情况如图 4 所示。

区块链的关键特征	匿名	能源消耗	去中心化	集体维护	高度透明
公有链	✓	✓	✓	✓	✓
联盟链			部分	✓	✓
私有链				✓	

图 4 公有链、联盟链和私有链的对比

"高效低能""去中心化""安全"是区块链的三项核心价值。在公有链、联盟链与私有链中,联盟链较好地兼顾了三者,成为最适宜商业化应用的区块链技术架构。除了市场商业化应用,区块链在公共服务领域能用于防范黑客、反腐、确保投票真实公正、管理慈善事业等。英国政府 2016

---

① FT 中文网:《加密货币的投机泡沫》,2017 年 12 月 18 日。
② 联盟链参与方同为同一行业或相关业务组织,因此相互之间能够实现数字身份实名,从而确保了区块链上的数字化交易与实际法律主体对应,保障了合法有效性。另外,在共识机制上由于参与主体数字身份互知晓,提前达成了业务共识,因此不会产生工作量机制所需能源消耗。由于联盟链参与方共同享有对整体网络的记账权,而非由单一中心控制,因此又能够兼顾一定的去中心化特性,保障了联盟参与方相互间的公平、公正与公开。

年发布白皮书《分布式账本技术：超越区块链》，计划开发服务公共领域事务的区块链应用系统，并于 2016 年使用区块链技术发放社会福利。新加坡政府认为区块链技术能够应用于余额结算、金融交易记录确认等领域，因此新加坡银行及监管机构要对区块链开展深入研究，巩固新加坡的国际金融中心地位。美联储于 2016 年 10 月呼吁政府、监管者和企业高度关注区块链技术并开展创新应用密切合作。迪拜于 2016 年成立了全球区块链委员会，成员包括政府实体、国际 IT 公司以及区块链创业公司等。

二、区块链在数字财政建设中的作用

数字财政是综合运用现代信息技术，着眼于充分发挥财政在国家治理中的基础和重要支柱作用，利用联盟区块链技术构建的智能化管理框架和财政信息实时反馈系统，能够提高财政资金管理使用的透明度和智能化、自动化程度，增强财政政策的科学性、精准性和有效性。数字财政是与数字经济相匹配、数字社会相适应的可编程财政管理网络系统，将改变财政工作方式和手段，有利于财政部门更好地履行工作职能建设现代财政制度。

在建设数字财政过程中，联盟区块链是建设数字财政的有效技术手段，可以在数字财政建设中发挥关键作用。联盟区块链由联盟节点共同参与账本读写，联盟链中各节点角色及功能已预先设定，且网络共识、运维和接入均由预先设定的节点控制。这些特点保证了联盟区块链适用于多层级跨领域的交易、结算、协同办公及存证等场景。从数字财政建设需求看，相比人工智能、云计算等先进信息技术，联盟区块链有三方面比较优势。

（一）联盟区块链具有高扩展性，能够为数字财政的众多用户提供广阔的参与空间

财政工作涉及党政机关、事业单位、企业法人、社会团体、公民个人多方面服务和管理的对象，联盟区块链可通过跨链、分片等特有技术强化高扩展性和兼容性，在数字空间中容纳众多使用对象。任何需要参与数字财政运行系统的用户，都能够以普通节点的形式接入以联盟链技术为基础构建的数字财政区块链平台，参与数字财政系统建设和运行，获取相关数

字财政资讯和数字财税权益。结合财政业务来看，运用联盟区块链技术建立数字财政架构，不仅可以充分包容财政部门各个层级的资金管理拨付节点，还可以兼容行政部门、企事业单位等财政资金管理使用节点，兼容审计监察等监督节点，财政数据的系统性、全面性将会大大拓展，将有力推动财政数据的深度挖掘及分析利用。数字财政还能精准刻画财政资金从拨出国库到最终发挥作用的全部过程，准确衡量财政资金投入的有效性，为制定、评估和调整财政政策提供坚实的数据基础。

（二）联盟区块链具有高易用性，能够建立实时响应的数字财政资金运行模式，提升财政政策效能

区块链具有内嵌链式数据结构，这保证了区块链技术在兼容人工智能、云计算、大数据等信息技术构建有序数据空间方面具有独特优势。目前，区块链与云计算结合已有较为成熟的落地应用，人工智能、大数据均可在区块链构建的数字系统中充分发挥作用。数字财政用户众多，利益目标也各不相同，联盟区块链为数据节点提供了良好的接入性，便于用户节点使用。结合财政业务来看，在区块链网络中，财政经济活动发生即清算，并被实时记录在账，这就为实时调度资金管理使用情况提供了技术保障，能够有效加速资金流动进程，降低直至消除资金在各节点的滞留时间，减少财政政策传导时滞，提高财政政策的有效性。

（三）联盟区块链具有高安全性，可以支持数字财政运行系统建成基于多层级中心的强信任体系，提高监管效能

区块链具有公开透明、全面完整、实时响应的技术特性。依托联盟区块链底层技术平台建设的数字财政运行系统，可以通过多层级中心化的分布式结构实现财政信息同步与共享，通过链式共享账本解决财政数据追溯与信息防伪，通过密码算法解决关键财政数据保护和授权访问，通过智能合约的编程特性规范财政业务执行，从而解决数字财政系统运行的安全性问题。区块链独有的信任建立机制能够有效降低对财政资金全链条监管的难度，从财政资金分配到财政资金拨付使用，直至财政资金绩效考评和财政政策评估调整都将变得简便易行，有效降低了财政资金投入项目的全生命周期管理难度，大大提升了监管效率和资金使用效益，提高了财政部门社会公信力，促进了国民收入分配领域的社会公平与正义，更好地发挥了财政的国家治理基础和重要支柱作用。

三、运用区块链技术推进数字财政建设的路径选择

在万物互联的信息时代，数据即财富①，代码即法律，算力即权力。掌握数据和算力就是掌握了财富和权力。财政是治国理政的基础和重要支柱，财政部门是财政经济数据的生产者、使用者和管理者，财政数据和财政算力就是数字时代的财政权力，理应牢牢掌握在财政部门手中。为此，财政工作在经济社会发展数字化进程中应紧跟技术进步潮流，按照刘昆部长要求，与时俱进地树立互联网思维，在财政领域创造性地应用信息技术前瞻布局，努力建设与数字经济相匹配，与数字社会相适应的数字财政，紧跟国家治理现代化步伐，争取在国家治理数字化进程中发挥引领作用。

在数字财政规划方面，要坚持当前应用和长远规划相结合，兼顾当前和长远，选取工作需求拉动和顶层设计推动相结合的路径。在顶层设计时要找准痛点、瞄准堵点，在需求应用环节要解决痛点、疏通堵点。要以现实利益的改进和应用体验的改善推进管理和数字经济构建。考虑到财政工作的复杂性和区块链技术仍未最后定型的实际情况，在数字财政建设过程中，应当加强顶层统筹规划和设计，遵循先易后难、重点突破、连点成线、以线带面、分区规划，逐步推进的路径，坚持三项原则：一是数据主权安全。要树立财政数据的价值理念，在数字时代维护好、管理好包括数据生产权、使用权和监管权在内的财政数据主权，从根本上筑牢数据财政生态系统的基础。二是运转高效精准。数字财政信息系统必须有助于提高数据真实度，反映财政经济运转的真实情况，同时极大提升财政经济运转效率，快速交换数字信息，有效降低制度性交易成本，这就要求数字财政建设要具备高性能运转、低门槛进入的技术特征。三是透明开放中性。数字财政服从和服务于现代公共财政建设，所以数字财政必须坚持技术中立原则，不能因为技术方面原因对财政政策的制定执行造成干扰，同时要坚持透明开放原则，为各级财政部门、使用财政资金的行政及企事业单位、市场主体、社保对象提供友好互动的技术接口，充分调动各方面力量，共同推进数字财政建设进程。

---

① 随着信息互联网向价值互联网升级，数据具有生产要素属性，所以数据是资源；数据能够驱动市场经济运行，所以数据是能源；数据本身具有价值尺度和流通手段（如比特币等数字货币），所以数据是财富。

二、财政政策篇

在数字财政内容方面,根据财政业务特点,可以自上而下分为业务应用系统层、财政预算监管层、区块链节点平台底层。待同一层级数字财政平台建成后,可以使用跨链、分片技术在中央、省、市各层级数字财政联盟链之间建立链接,不断扩容数字财政覆盖面,提升财政业务管理的精准程度,从而不断健全数字财政的业务功能,共同搭建一个共识、共建、共管、共享、共赢的生态系统,实现从提高工作效率到提高资金使用效益,再到提高财政政策宏观调控作用的目标。单一层级数字财政生态系统结构如下(见图5):

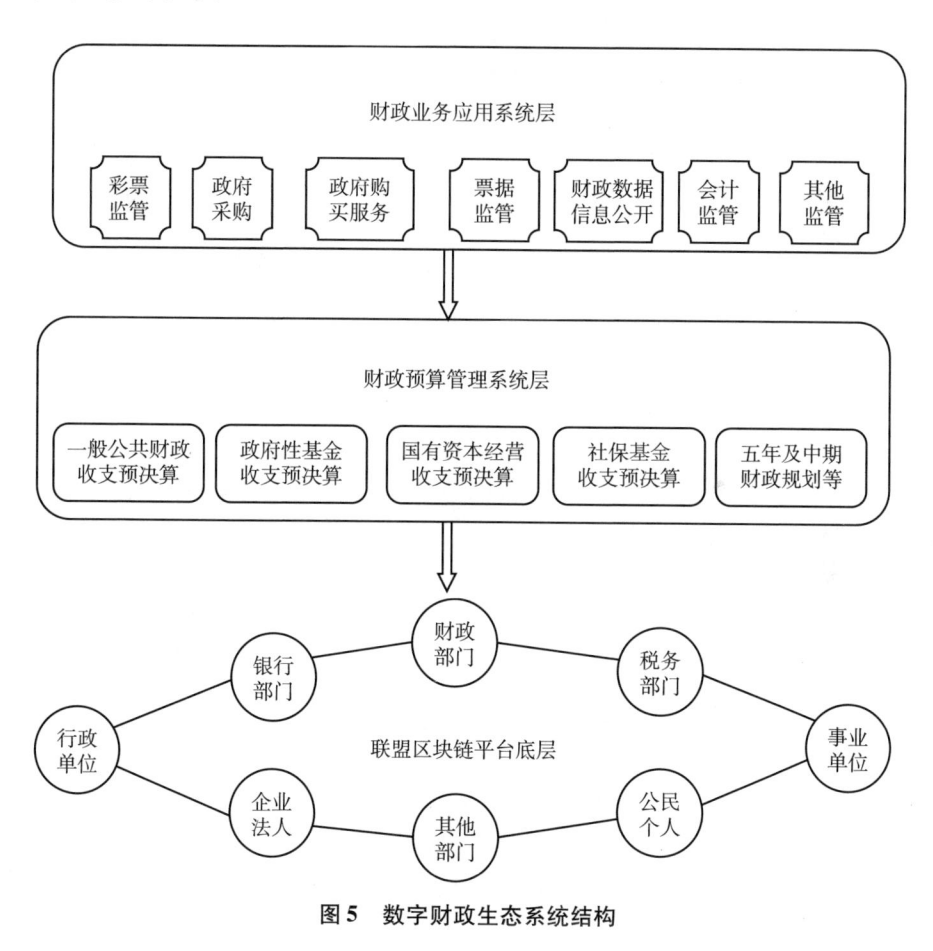

图5 数字财政生态系统结构

在数字财政发展阶段方面,我们预计,数字财政1.0能够在会计信息监管、彩票监管、政府采购等领域实现重点突破,提升监管效率;数字财政 2.0 能够在财政预算监管系统方面发挥实时监控作用，有效提升财政资金使用效益；数字财政 3.0 能够与数字经济发展和国家治理数字化相匹配，有效提高财政政策宏观调控作用。现阶段，针对当前医疗骗保案多发的情况，我们可以考虑借鉴英国政府利用区块链发放社会福利的做法，会同有关部门研究引入区块链管理方式，开展区块链监管医保资金试点，提高资金管理使用效益，同时为推进数字财政建设积累初步经验。

智利的结构性财政平衡规则：
基本情况、评价和启示*
——实现财政可持续发展的国际经验借鉴

经济新常态下，我国财政面临着两个突出风险，即地方政府债务特别是地方隐性债务风险和人口老龄化带来的财政风险，财政中长期可持续发展面临严峻挑战。党的十九大报告指出，从现在到 2020 年，是全面建成小康社会的决胜期，强调这一时期"要坚决打好防范化解重大风险、精准脱贫、污染防治的攻坚战"，并把防范化解重大风险攻坚战放在首位。实现财政中长期可持续，有效控制地方政府债务特别是地方隐性债务风险和人口老龄化带来的财政风险，是打好防范化解重大风险攻坚战的题中应有之义，将为决胜全面建成小康社会，开启全面建设社会主义现代化国家新征程创造有利条件。

他山之石，可以攻玉。世界其他国家实现财政可持续发展的经验值得借鉴。在世界经济发展史上，典型的债务危机有 20 世纪 80 年代的拉美债务危机和 2008 年全球金融危机之后爆发的欧洲主权债务危机。但智利吸取了过去拉美债务危机的教训，实施结构性财政平衡规则，平稳度过 2008 年全球金融危机的冲击，并保持财政可持续发展。本文研究了智利结构性财政平衡规则的实施背景、主要做法，分析了其内在机理、可取之处，并结合我国实际提出政策建议。

一、智利结构性财政平衡规则基本情况

（一）智利实施结构性财政平衡规则的背景

在 20 世纪 80 年代拉美债务危机爆发后，智利遭遇了严重的财政危机。

---

* 本文数据由作者根据相关资料整理分析得出。

财政危机使得智利各阶层深刻地认识到，如果政府支出不受约束，政府债台高筑，在经济衰退时，政府将既无力实施逆周期财政政策来刺激经济，也不能实现在社会福利方面的承诺。从1987年直到1998年，智利通过建立总额控制机制和铜稳定基金等改革，逐步走出20世纪80年代的财政危机。①

然而，在1998年亚洲金融危机的冲击之下，智利的财政状况迅速恶化。这使得智利的改革者意识到，20世纪90年代建立起来的预算制度仍不足以确保财政可持续，财政状况常常随经济周期同步波动，不能实现结构性平衡。

2000年5月，智利总统里卡多·拉戈斯宣布将结构性财政平衡规则作为该国财政政策的基础。随后，智利在制定2001年财政预算时首次采用结构性财政平衡规则。从那时起，这个财政规则实施10多年来，经历了两轮经济周期，特别能够是经受住2008年国际金融危机和2010年智利特大地震的考验②，在智利宏观经济稳定中发挥着基础性支柱作用。

（二）智利结构性财政平衡规则的主要做法

智利结构性财政平衡规则的主要做法可以概括为"测算两种长期指标、区分两类政府收入、建立两大主权基金、设定两个调控目标"。

结构性平衡规则要求区分政府的实际收入与结构性收入。财政支出不再取决于实际收入，而是由结构性收入和结构性盈余的政策目标二者决定。每年政府都会根据对潜在GDP和长期均衡铜价的预测，测算结构性收入，同时设置结构性盈余的政策目标，即每年政府至少都要将占当年GDP比重1%的财政收入储蓄起来。被储蓄起来的财政收入存入养老储备基金、经济与社会稳定基金这两大主权基金，养老储备基金用来确保政府能够在中长期兑现其在养老和社会保障方面的承诺，在基金总额达到383.85亿美元之前只存入、不取出；经济与社会稳定基金用于实现跨年度财政预算平衡。

1. 测算两种长期指标：潜在GDP和长期均衡铜价

重点关注两种长期指标对财政收入的周期性影响：潜在GDP、长期均衡铜价（后来包括钼价）。智利的结构平衡规则之所以如此关注铜、钼价

---

① 马骏：《从财政危机走向财政可持续：智利是如何做到的?》，载于《公共行政评论》2014年第1期。
② 新浪财经：《智利8.8级大地震 经济损失达300亿美元》，据英国《每日邮报》报道，截至目前，死亡人数已经上升至750人，同时有200多万人受到不同程度损伤。据智利政府预计，此次地震造成的经济损失将在150亿～300亿美元之间。2010年3月1日，http://finance.sina.com.cn/j/20100301/14277477196.shtml。

格变化在中长期对财政收入的影响,是因为它的财政收入高度依赖这两种矿产资源的生产和出口。铜矿出口收入占智利财政收入的16%左右,其中由政府所有的智利国家铜业公司(CODELCO)提供了大约10%的财政收入,剩余6%来源于私营铜矿公司。[①] 智利成立两个外部专家委员会,分别为政府提供独立的关于潜在GDP和长期铜价的技术预测。其中,关于潜在GDP的测算主要依据柯布-道格拉斯生产函数。

2. 区分两类政府收入:结构性收入和实际收入

智利把政府收入区分为结构性收入和实际收入。可以借助结构性赤字和周期性赤字来理解这两类收入概念的不同。结构性赤字是指非经济周期因素引起的赤字,即经济活动保持在充分就业、处于潜在经济增长率时的赤字,故又称"充分就业赤字"。周期性赤字指经济运行的周期性引起的赤字,如在经济衰退时由于财政支出增加而财政收入减少所形成的赤字。

财政平衡既受周期性因素的影响,也受结构性因素的影响。智利作为世界上最主要的铜钼生产国,其宏观经济受到两个周期性因素的影响:一是经济周期,繁荣、衰退、萧条、复苏交替循环;二是大宗商品周期,牛市与熊市交替。就智利而言,两个周期经常是叠加的。

就智利而言,结构性收入是经济在潜在的而不是实际的产出水平下运行时政府能够获得的财政收入,以及铜价处于长期趋势而非实际价格时可产生的来自铜生产和出口的收入。在结构性平衡框架中,收入估计的重点是剔除经济周期影响之后政府可能获得的结构性收入(即独立于周期性因素影响的可获得收入),并将财政支出建立在结构性收入基础上。

3. 建立两大主权基金:养老储备基金、经济与社会稳定基金

作为结构性平衡规则的一部分,智利的两个主权财富基金即养老储备基金和经济与社会稳定基金设置得非常独特和巧妙,一个是为未来长期性的支出责任进行储蓄,另一个是为了稳定宏观经济以及在中期内平滑财政支出而进行储蓄。具体而言,养老储备基金实质上是一个储蓄基金,其目的是在代际间转移财富,确保政府能够在中长期兑现其在养老和社会保障方面的承诺,尤其是最低养老水平承诺。按照法律规定,每年将根据政府总体预算盈余的情况,向该基金存入占当年GDP比重在0.2%~0.5%之间的财政收入。即使财政出现赤字,也必须存入占当年GDP比重0.2%的

[①] 杰弗里·弗兰克尔:《解决顺周期性财政问题:智利的结构性预算制度》,载于《比较》2014年第6期。

财政收入；若财政盈余情况超过这个比重，存入的财政收入可以提高为占当年 GDP 的 0.5%。经济与社会稳定基金其设置目的是维持宏观经济稳定。在经济状况良好以及铜价上升时，将一部分财政收入储蓄起来，当经济状况不佳或铜价下跌时，就动用该基金来平滑财政支出。此外，在经济状况良好时，政府可动用该基金来偿还债务。

4. 设定两个调控目标：结构性盈余目标和财政政策逆周期调节目标

2001 年建立结构性平衡规则时，智利政府明确设置了一个占 GDP 比重为 1% 的结构性盈余的政策目标，即每年政府至少都要将占当年 GDP 比重为 1% 的财政收入储蓄起来。智利政府之所以在结构性平衡规则中明确设置结构性盈余目标，是因为其清醒地认识到在未来政府将面临巨大的支出责任。这些支出责任体现在规模比较庞大的政府或有负债，尤其是政府在社会福利方面的承诺。若不未雨绸缪，届时政府将难堪重压。当然，如果出现未预计到的严重不利经济状况时，政府可以调整结构性盈余的目标。例如，尽管已确定 2006~2010 年期间结构性盈余目标是 GDP 的 1%，但在全球金融危机爆发后，智利政府将 2008 年的结构性盈余目标调低到 GDP 的 0.5%，2009 年和 2010 年再调低到零。结构性平衡规则的另一个政策目的是实现财政政策逆周期调节目标，消除财政政策的顺周期性。

（三）智利结构性财政平衡规则的实施步骤

实施结构性平衡规则之前，智利财政部的预算流程是这样的：财政部给各部委一个预期能满足其项目需求的支出上限；在实际操作中，绝大多数部委会反馈给财政部一个超过其先前设定的支出上限的项目支出安排；由于理性预期到这一点，财政部给各部委一个经过刻意削减的支出上限，并相应收到各部委同样刻意膨胀的项目支出需求，这样财政部和各部委在预算支出就会进行讨价还价的博弈，甚至最终会将总统卷入这个过程。

在结构性平衡规则下，预算流程是截然不同的情况。结构性平衡规则仅适用于中央政府的财政预算，在预算编制过程中发挥硬约束的作用。

首先，财政部根据当前宏观经济态势预估下一年的实际收入；两个专家委员会分别为政府提供独立的关于潜在 GDP 和长期铜价的技术预测，在此基础上从实际收入中减去周期性因素的收入，便得到结构化收入；从结构化收入中减去结构性盈余目标，便得到预算支出的边界，从而使预算支出独立于经济周期的变化。其次，在预算支出安排上，财政部不是给各部委一个支出上限，而是给各部委提供一个支出下限，即为最低限度的

二、财政政策篇

"惰性支出",包括法定义务支出、跨年度的承诺支出、保基本的运转经费等。由结构性规则锁定的总预算支出与各部委最低限度的"惰性支出"之间的差额扣除绩效分配即为增量预算支出。增量支出主要用于实施新项目和既有项目的扩张。增量预算支出以竞争性的方式向各部委分配,各部委为获得增量预算支出需要向财政部申报支出项目,财政部对这些支出项目进行技术评审并进行优先级排序。最终,各部委获得各自的预算份额,包括最低限度的"惰性支出"和数额不等的增量预算支出(见图1)。①

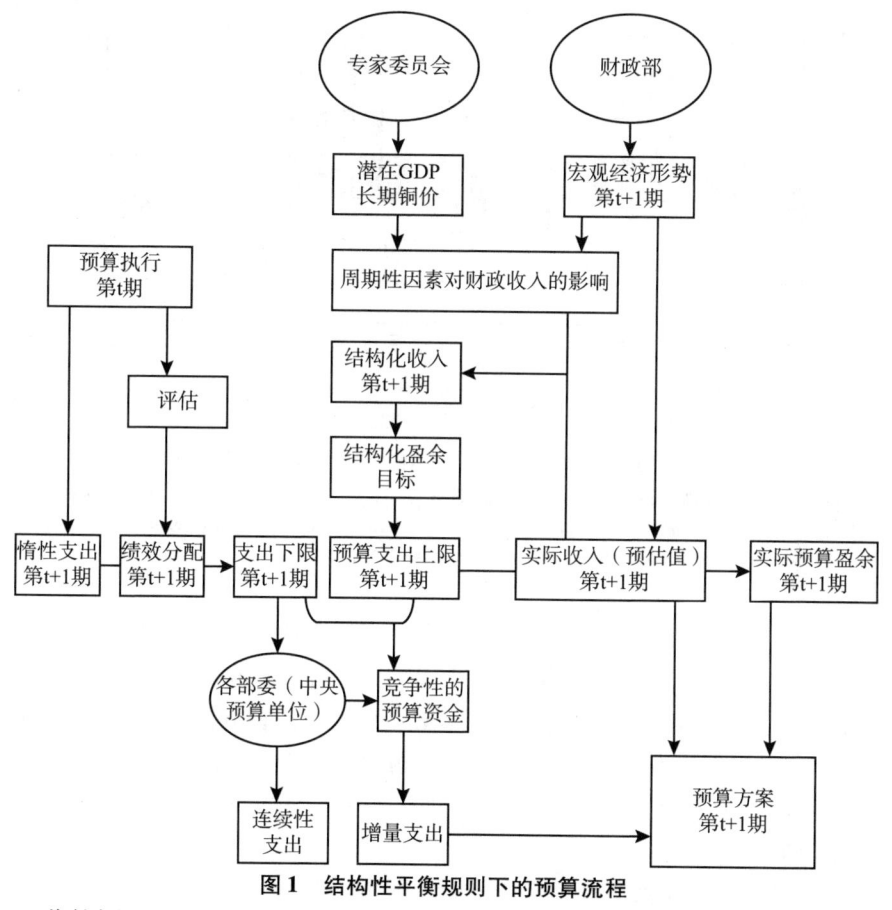

图1 结构性平衡规则下的预算流程

资料来源:Mario Marcel, *The Structural Balance Rule in Chile:Ten Years, Ten Lessons*, Inter-American Development Bank Publications, 2013.

---

① Mario Marcel, *The Structural Balance Rule in Chile:Ten Years, Ten Lessons*, Inter-American Development Bank Publications, 2013.

（四）智利结构性财政平衡规则的实施基本情况

智利政府从 2001 年开始实施结构性平衡规则到今，这一规则成为智利财政政策制定的基本制度框架。图 2 显示了 2001～2014 年智利财政的实际盈余和结构性盈余情况。

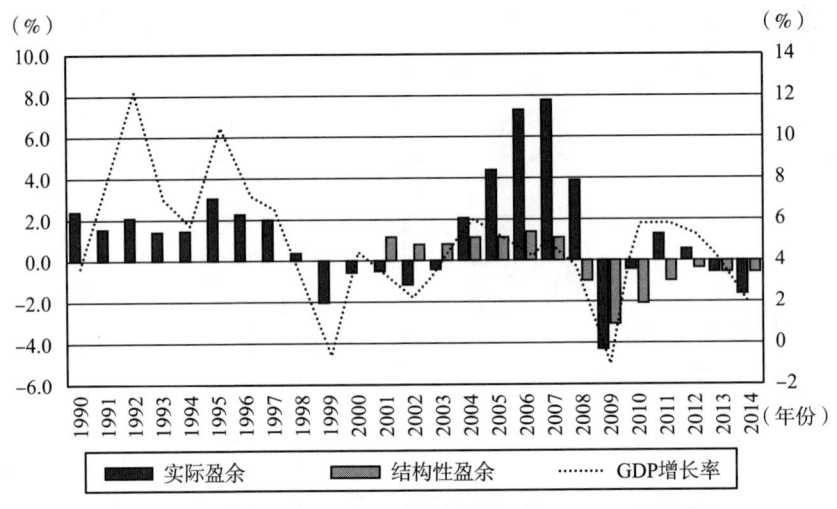

图 2　智利财政的实际盈余和结构性盈余（2001～2014 年）

资料来源：Andres Solimano and Diego Calderón Guajardo, *The Copper Sector, Fiscal Rules, and Stabilization Funds in Chile: Scope and Limits*, WIDER（The United Nations University World Institute for Development Economics Research）Working Paper 2017/53, 2017.

由图 2 可见，2006～2009 年，智利财政实际盈余的波动非常剧烈，先是大宗商品遇到"大牛市"，然后是遭遇国际金融危机，这期间智利政府为实施结构性规则在政治上付出了艰辛的努力。图 2 中 2006～2008 年智利实际盈余和结构性盈余存在显著的不同，不仅显示了周期性因素对财政盈余影响的幅度之大，而且展示了智利政府对财政纪律的坚守。

1. 智利政府坚定实施结构性平衡规则

在国际金融危机爆发前的 3 年中，智利政府通过结构性平衡规则，充分利用国际大宗商品价格攀升的机会，将经济增长尤其是铜矿出口获得的收入储蓄起来。在此期间，随着国际铜价飙升，政府财政收入也随之大幅增加，国内要求政府增加支出的要求也逐步上升。

二、财政政策篇

2006年,铜价在1年内暴涨50%,这让拥有全球1/3铜储量的智利政府收入剧增。随即,要求花掉这些"意外之财"的呼声如排山倒海般接踵而来,学生们走上街头示威游行。但是,独立专家小组给政府的建议是,铜价的上涨是暂时性的,政府应将这些意外的收入储蓄起来。智利政府采纳了这个建议,智利政府在2006~2008年拥有的财政盈余占GDP的6%~8%。特别是2008年,世界铜价为8 000美元/吨,是2001年铜价的4倍,为历史最高水平。而智利政府却坚持储蓄大部分铜出口获得的款项,继续严格实施结构性盈余的政策目标。政府反对花费由铜出口获得的高额款项,民众对此存有怨言。2008年6月,智利总统巴切莱特和财政部长贝拉斯科获得的政治支持率下降到智利实行民主政治以来所有总统和财政部长都没有过的最低水平。

然而,残酷的现实很快就证明,政府这样做是正确的。因为,铜价很快开始大幅下跌,金融危机对智利经济和财政的影响迅速加深。由于政府从2001年到2008年一直在储蓄,并在2008年将政府债务占GDP的比重下降到超低的4.9%,并持有占GDP比重为19.3%的政府净资产,智利政府现在有充足的实力应对这场危机,实施逆周期的财政政策,并确保社会福利支出水平不仅不会出现下降,而且有所增加。2008年金融危机爆发后,智利政府迅速于2009年1月推出全球第四大规模的财政刺激计划。

2009年中期,巴切莱特已经成为自智利民主选举以来支持率最高的总统。高支持率一直维持到她任期结束,如图3所示。① 与此同时,她的财政部长贝拉斯科,也成为自智利民主选举以来支持率最高的财政部长,贝拉斯科在4年的财政部长任期(2006~2009年)内经历从"令人恶心"到"民族英雄"的戏剧性巨变。②

2. 两大主权财富基金的情况

智利政府利用财政盈余向养老储备基金中注入资金。即使在金融危机影响最重的2008年和2009年,甚至大地震冲击智利财政的2010年,智利政府都在向该基金注入资金。迄今为止,智利政府也未动用该基金中的一分钱,即使在金融危机和大地震冲击的情况下也是如此。智利政府不仅在严格实施结构性平衡规则,而且在养老金管理方面具有长远的

---

① Jeffrey A. Frankel, Harvard University, *A Solution to Fiscal Procyclicality: the Structural Budget Institutions Pioneered by Chile*, Central Bank of Chile Working Papers N°602, 2011.
② 专访智利前财长安德烈斯·贝拉斯科:《逆周期的财政政策是怎样炼成的》,载于《第一财经日报》2012年5月11日。

战略眼光。

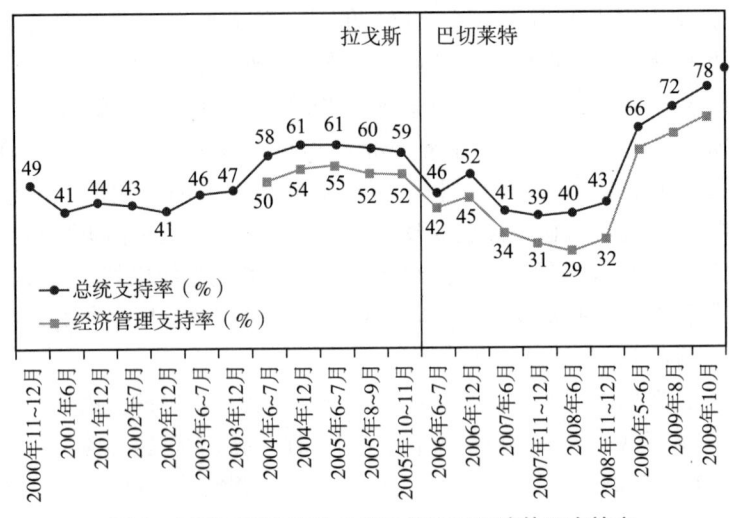

图3 智利两届政府的总统支持率和经济管理支持率

注：拉戈斯，总统任期：2000年3月~2006年3月；巴切莱特，总统任期：2006年3月~2010年3月。

资料来源：Jeffrey A. Frankel, Harvard University, *A Solution to Fiscal Procyclicality: the Structural Budget Institutions Pioneered by Chile*, Central Bank of Chile Working Papers N°602, 2011.

经济与社会稳定基金的情形稍有不同。其设置目的是维护宏观经济稳定。在经济情况良好的年份，智利政府都在向该基金注入资金。即使2010年发生大地震，智利政府也在向该基金存入资金，在动用1.5亿美元的同时，存入13.623亿美元。在2009年和2010年，为了应对金融危机和地震灾害的冲击，智利政府从该基金中动用了不同数额的资金。其中，2009年动用的数额最大。2009年，为了刺激经济，实施逆周期财政政策，智利政府从该基金中动用了92.777亿美元。这使得该基金的市值从2008年202.11亿美元锐减为112.85亿美元。2011年，政府既未存入也未动用资金。不过，从2012年开始，随着经济好转，智利又开始向该基金存入资金。智利政府的两个主权财富基金其资金注入和动用情况见表1，其规模和投资收益率情况见图4。

二、财政政策篇

表 1　　智利两大主权基金的资金注入和动用情况

年份	实际 GDP 增长率（%）	经济与社会稳定基金（亿美元）		养老储备基金（亿美元）	
		注入资金	动用资金	注入资金	动用资金
2006	5.7	—	—	6.045	0
2007	5.2	131	0	7.364	0
2008	3.3	50	0	9.091	0
2009	-1.0	0	92.777	8.367	0
2010	5.8	13.623	1.5	3.373	0
2011	5.9	0	0	4.433	0
2012	5.6	17	0	11.974	0
2013	5.0	6.034	0	13.768	0

资料来源：马骏：《从财政危机走向财政可持续：智利是如何做到的?》，载于《公共行政评论》2014 年第 1 期。

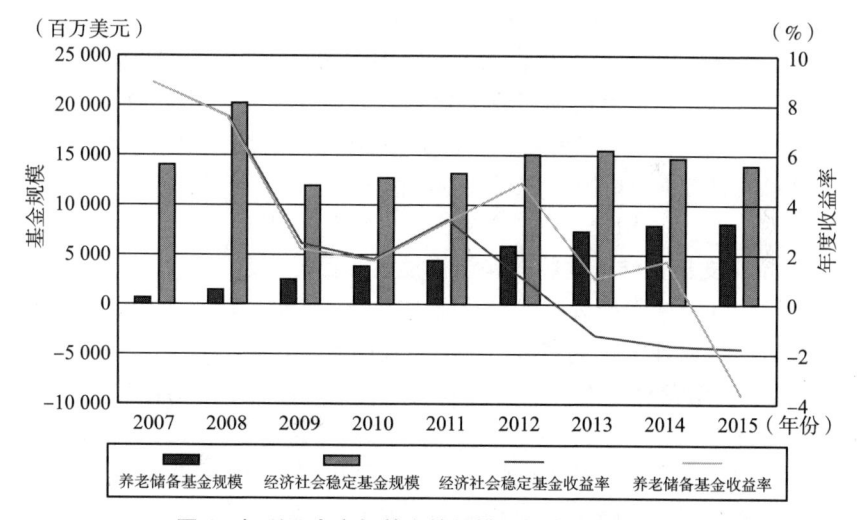

图 4　智利两大主权基金的规模和投资收益率情况

资料来源：Andres Solimano and Diego Calderón Guajardo, *The Copper Sector, Fiscal Rules, and Stabilization Funds in Chile: Scope and Limits*, WIDER（The United Nations University World Institute for Development Economics Research）Working Paper 2017/53, 2017.

二、对智利结构性财政平衡规则的评价

（一）智利结构性财政平衡规则的机理分析

1. 结构性盈余：从实际财政收支盈余中剔除周期性因素的影响

结构性财政收支盈余（简称"结构性盈余"，structural balance）是指处于潜在 GDP 时的财政收支余额，是从实际财政收支盈余（简称"实际盈余"，actual balance）中剔除周期性因素的影响。

用 BE 表示结构性盈余，B 表示实际盈余，ECP 表示经济周期性因素对财政收支余额的影响。则结构性盈余的数学表达式为：$BE = B - ECP$。

用 Y 表示实际 GDP（real GDP），Y^* 表示潜在 GDP（trend GDP），μ 表示财政收入弹性系数（即 GDP 每增长 1% 财政收入增长的百分点），则经济周期的波动对财政收支余额的影响为 $\mu(Y - Y^*)$。用 C 表示实际的铜产量，P_{Cu} 表示实际的铜价，P_{Cu^*} 表示铜的长期价格（long-term price of copper），则铜价波动对财政收支余额的影响为 $C(P_{Cu} - P_{Cu^*})$。

则经济周期性因素对财政收支余额的影响 ECP 的表达式为：

$$ECP = \mu(Y - Y^*) + C(P_{Cu} - P_{Cu^*})$$

则结构性盈余 BE 的表达式具体为：

$$BE = B - \mu(Y - Y^*) - C(P_{Cu} - P_{Cu^*})$$

2. 预算支出由结构性收入和结构性盈余目标决定

在结构性财政平衡规则下，政府支出将会由结构性收入和结构性盈余目标决定，从而独立于经济运行中周期性因素的影响。

用 FE 表示预算支出（fiscal expenditure），SR 表示结构化收入（structural revenue），AR 表示实际收入（actual revenue）。

由于结构性盈余＝结构化收入－预算支出，即 $BE = SR - FE$。

实际盈余＝实际收入－预算支出，即 $B = AR - FE$。

代入 $BE = B - \mu(Y - Y^*) - C(P_{Cu} - P_{Cu^*})$，可得到：

$SR = AR - \mu(Y - Y^*) - C(P_{Cu} - P_{Cu^*})$，即：

结构化收入＝实际收入－经济周期影响－铜价波动影响；

$FE = SR - BE = AR - \mu(Y - Y^*) - C(P_{Cu} - P_{Cu^*}) - BE$，即：

预算支出＝结构化收入－结构性盈余＝实际收入－经济周期影响－铜

价波动影响-结构性盈余。

如2001~2007年期间结构性盈余目标是GDP的1%，即BE=1%Y，则预算支出FE为：

$$FE = SR - BE = AR - \mu(Y - Y^*) - C(P_{Cu} - P_{Cu^*}) - BE$$
$$= AR - \mu(Y - Y^*) - C(P_{Cu} - P_{Cu^*}) - 1\%Y$$

第二次世界大战后，凯恩斯主义在国际上盛行。凯恩斯的确主张在经济萧条时运用扩张性财政政策来刺激经济，但他同时也主张一旦经济恢复正常、财政收入开始增加后，政府应削减支出，压缩债务和赤字水平。但在实践中，政治家在经济萧条时一般都会是忠诚的凯恩斯主义者，但在经济复苏后就不一定会是凯恩斯主义者。这就使得财政政策缺乏逆周期性，甚至常常是顺周期性的，从而不能在中长期确保财政可持续。

结构性平衡规则将财政支出计划建立在结构性收入的基础上，剔除了周期性因素（经济增长、铜价波动）的影响，同时明确要求政府在经济状况良好时必须将一定比例的财政收入储蓄起来，然后在经济状况不佳时运用这些储蓄。于是，结构性平衡规则就可以在中期时间框架内平滑财政支出，使得财政政策具有逆周期性。

（二）智利结构性财政平衡规则的可取之处

1. 强化了财政可持续的理念，降低了智利政府债券的主权利差

智利的结构性平衡规则之所以取得成功，在于其由透明度、可预测性和强制执行机制决定的制度约束力，进而强化了财政可持续的理念。在透明度方面，智利将结构性平衡规则向全社会广泛深入宣传，结构性平衡规则的理念、方法、实施情况的评估结果均公之于世；而且组建两个独立的外部专家组分别测算潜在GDP和长期均衡铜价，进而得出政府的结构化收入。在可预测性方面，智利的结构性平衡规则是可量化的、易于评估的。政府的结构化收入的计算有明确的计算公式，是否实现1%的结构性盈余目标也易于检验。为使结构性平衡规则具有可信的强制执行机制，一方面，智利国会2006年通过了《财政责任法》，以法律的形式将结构性平衡规则固定下来。《财政责任法》规定，总统必须在就职90天内以法令的形式陈述本届政府在财政方面的基本思路及其对结构性平衡的影响。另一方面，智利以"事后"的方式实施结构性平衡规则，确保结构化平衡政策目标在整个预算执行过程得到实现。

智利的结构性平衡规则具有高约束力，显著提高了智利政府在国际债

券市场上的信誉,降低了智利政府债券的主权利差①,减少了智利政府在国际债券市场上的融资成本。

如图5所示,实施结构性规则之前的智利主权利差呈现上升的趋势。如图6所示,实施结构性规则之后的智利主权利差呈现显著下降的趋势,下降了约100个基点。2011年,惠普国际将智利的主权债务评级从A提升到A+(按外国货币计),从A+提升到AA-(按本国货币计算)。2011年,智利在国际债务市场上以拉美国家有史以来最低利息率发行了债券。

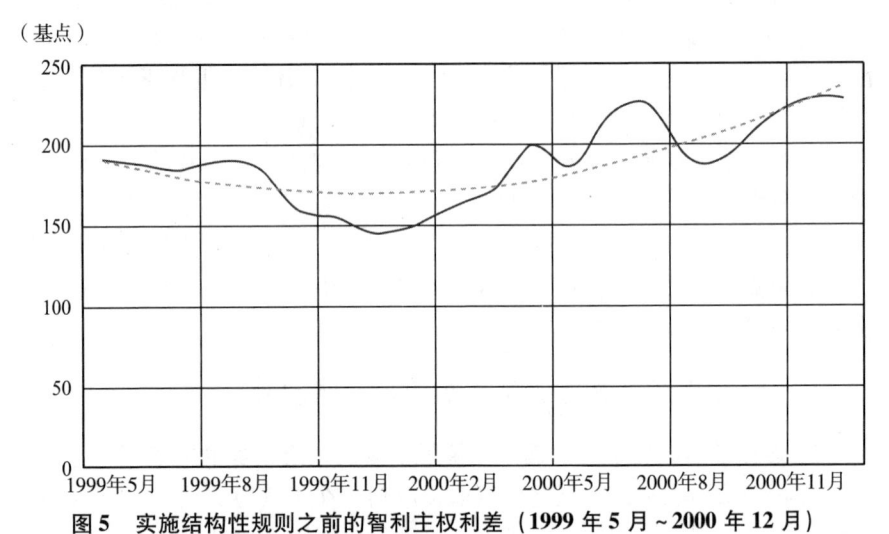

图5 实施结构性规则之前的智利主权利差(1999年5月~2000年12月)

资料来源:Jorge Rodríguez C., Carla Tokman R. and Alejandra Vega C., Structural Balance Policy in Chile, *OECD Journal on Budgeting* Volume 7 - No. 2, ISSN 1608 - 7143, 2007.

2. 确保了财政政策的逆周期性,实现了跨年度预算平衡

实施结构性平衡规则使得智利政府实现了跨年度预算平衡和逆周期的财政政策,消除了财政政策的顺周期性,显著提高了政府在经济不佳时期可以腾挪的"财政空间",减少经济运行的波动性。上文中智利前财政部长贝拉斯科在4年的任期(2006~2009年)内经历从"令人恶心"到"民族英雄"的戏剧性巨变,其实质则是智利成功做到了生产大宗商品的发展中国家很难做到的一件事情——真正的逆周期财政政策。

---

① 债券的主权信用利差是指某国政府发行债券的报价比最安全的政府债券(美国国债)高出的基点数。

(基点)

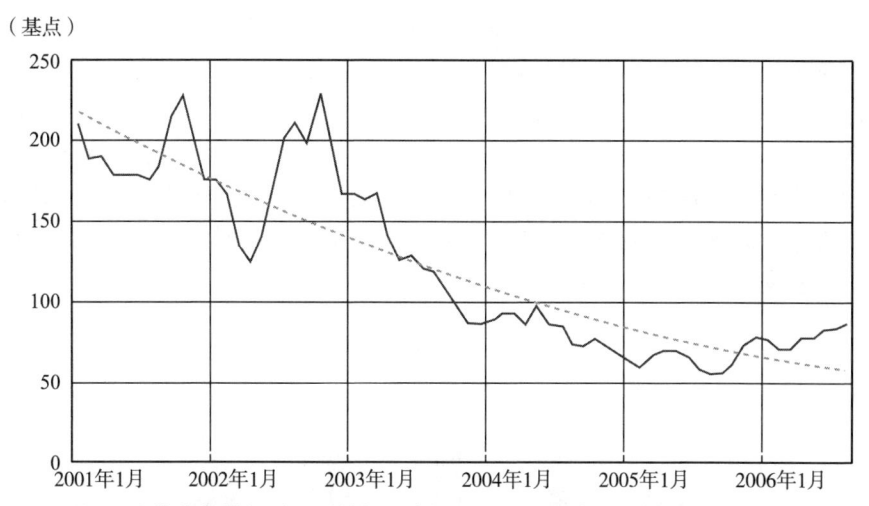

图6 实施结构性规则之后的智利主权利差（2001年1月~2006年8月）

资料来源：Jorge Rodríguez C., Carla Tokman R. and Alejandra Vega C., Structural Balance Policy in Chile, *OECD Journal on Budgeting* Volume 7 – No. 2, ISSN 1608 – 7143, 2007.

3. 通过建立财政储备显著降低了政府债务风险和养老支出压力，确保了财政的可持续发展

在结构性平衡规则下，智利通过结构性盈余目标即每年政府至少都要将占当年GDP比重为1%的财政收入储蓄起来，存入养老储备基金和经济与社会稳定基金，显著降低了政府债务风险和养老支出压力，确保了财政的可持续发展。

2008年，智利政府总债务为73.35亿美元，2012年飙升为324.23亿美元，相应地，债务占GDP的比重也从2008年的4.9%上升到2012年的11.9%。然而，一方面这个比重仍是非常低的，远远低于60%的财政风险警戒线；另一方面，在同时应对两大冲击即国际金融危机和大地震重大自然灾害之后，政府债务占GDP之比仅为11.9%，这简直是一个奇迹。在这个后金融危机时代，绝大部分国家政府债务占GDP之比都在60%以上。智利政府即使在金融危机影响最重的2008年和2009年，甚至大地震冲击智利财政的2010年，都在向养老储备基金注入资金，基金规模已经相当可观，显著缓解了政府养老支出压力。

一方面，保证了公共政策的连续性和稳定性。智利实施结构性盈余政策目标的一个主要目的就是确保政府能够在将来兑现社会政策方面的承诺。在20世纪80年代后期至90年代初的这一段时期，在债务危机的冲

击之下，智利政府不得不大幅削减社会支出，1987年社会支出占GDP的比重为15.7%，1990年下降到12.7%。实施结构性平衡规则后，财政支出的安排建立在结构性收入而不是波动较大的当年实际财政收入之上，而且设置了结构性盈余的政策目标，这就有助于提高公共政策的可持续性，尤其是在社会政策领域进行长期规划，确保福利水平不会因为经济波动而受影响。2008年金融危机爆发后，智利政府不仅没有削减，反而提高了社会福利支出，如图7所示。

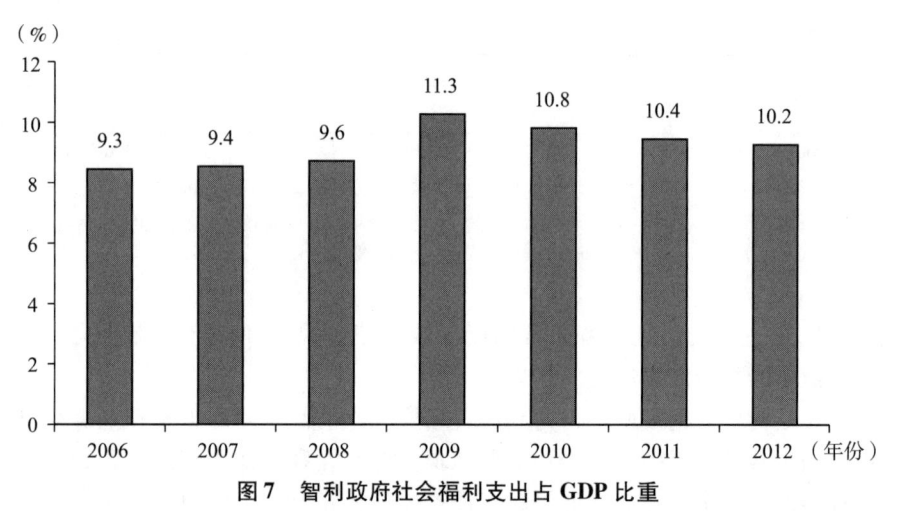

图7 智利政府社会福利支出占GDP比重

资料来源：马骏，《从财政危机走向财政可持续：智利是如何做到的？》，载于《公共行政评论》2014年第1期。

另一方面，助力智利跨越"中等收入陷阱"。多年来，智利从本国实际出发，制定并推行自主的经济政策和公平合理的社会政策，走出了一条独特的改革发展道路。特别是结构性盈余政策使智利逐渐摆脱了在多数拉美国家存在的外债压力，政府财政状况明显好转，不仅改善了国家基础设施投资，而且维持了政府对社会保障体系的资金投入，取得了很好的社会效果。2010年，智利成为南美第一个加入OECD组织的国家，开始跨入世界发达国家的行列。2011年，智利实现了人均国民收入12 350美元，达到了世界银行规定的高收入国家的标准（按照世界银行2009年的标准，高收入国家的人均国民收入为12 196美元以上），成功跨越"中等收入陷阱"。2012年，智利又被世界银行列为"高收入经济与合作组织成员国"。①

三、智利结构性财政平衡规则对我国财政可持续发展的启示

智利与中国在基本国情特别是经济规模、经济结构方面存在显著的差异。智利国土面积75万平方千米、人口数量1 700万。根据IMF数据，2016年智利GDP为2 470.25亿美元；人均GDP为13 576美元，人均GDP排名世界第57位。智利拥有全球1/3铜储量，铜矿出口收入占智利财政收入的16%左右。但我国面临着智利实施结构性财政平衡制度相似的财政经济背景，即我国财政收入受周期性因素影响很大、我国政府债务风险加速集聚、快速老龄化背景下我国面临严峻的社保养老支出压力，所以智利结构性财政平衡制度的理念值得学习借鉴。

1. 始终坚守并强化财政可持续的理念

改革开放以来，我国财政政策呈现长时期的扩张性倾向，体现在财政赤字常态化和财政赤字规模不断扩大两方面。从1978年到2016年，我国经历了多轮经济周期，我国政府财政盈余的年份只有1978年、1981年、1985年和2007年这4个年份，其余年份全部是财政赤字。进入新常态以来，我国面临着财政收入中低速增长与支出刚性增长的矛盾、政府债务特别是地方债加速集聚的风险和人口老龄化带来的财政风险。在这种形势下，始终绷紧财政可持续这根弦，实现财政可持续发展，是保证财政充分发挥国家治理基础和重要支柱作用的必然要求。

2. 探索构建符合我国国情的结构性财政平衡体系

借鉴智利的经验并尊重我国国情，通过"预测潜在GDP指标、区分两类政府收入、做大中央预算稳定调节基金、设定两个调控目标"，探索构建符合我国国情的结构性财政平衡体系。预测潜在GDP指标是指组织独立的外部专家组，依据柯布-道格拉斯生产函数测算我国今后5年的潜在GDP指标。区分两类政府收入是指区分政府的实际收入与结构性收入。结构性收入是经济在潜在GDP水平下运行时政府能够获得的财政收入；

---

① 《从智利经验看如何跨越"中等收入陷阱"》，载于《人民日报海外版》2016年12月1日第10版。

财政支出不再取决于实际收入，而是由结构性收入和结构性盈余的政策目标二者决定。做大中央预算稳定调节基金是指破除当前对于该基金规模不能超过中央一般公共预算支出总额5%的限制，在经济繁荣时趁势做大该基金规模，使其真正发挥稳定宏观经济和在中期内平滑财政支出的效应，更进一步发挥应对政府债务风险的财政储备作用。设定两个调控目标是指设定财政政策逆周期调节目标和结构性盈余政策目标。一方面，强化财政政策的逆周期性，财政预算支出建立在结构性收入基础之上，将公共财政与周期性因素的影响隔离开来，探索把结构性预算平衡制度作为我国财政建立跨年度预算平衡机制的具体实现路径。另一方面，设定一个占GDP 1%左右的结构性盈余政策目标。即在条件成熟时，每年政府至少都要将占当年GDP比重为1%的财政收入储蓄起来并存入全国社会保障基金、中央预算稳定调节基金，特别是做大中央预算稳定调节基金的规模。从代际平衡的角度，财政需要解决人口老龄化带来的养老支出膨胀和不断积累的政府债务问题。在我国，养老方面已经有了全国社会保障基金作为储备，而政府债务方面则无论是中央还是地方，尚缺乏明确的偿债储备和机制。建立以实现代际平衡为目标的我国财政稳定储备制度即做大中央预算稳定调节基金势在必行。

3. 健全宏观经济分析预测机制

智利结构性财政平衡制度的前提是测算潜在GDP和长期均衡铜价，进而计算出剔除经济周期影响之后政府获得的结构性收入；其实现财政可持续发展的关键在于建立两个主权基金来调控中长期支出。借鉴智利经验，我国要实现财政可持续发展，必须进一步加强财政经济形势分析预测工作，研究区分周期性因素和结构性因素，组织专家科学测算潜在GDP，并加强对中长期财政平衡情景分析。

三、货币政策篇

我国货币政策实施效果评价及政策建议*

——基于1994年以来的阶段梳理和计量分析

党的十九大报告指出，我国应健全货币政策和宏观审慎政策双支柱调控框架，深化利率和汇率市场化改革，守住不发生系统性金融风险的底线。基于此，我们对1994年以来货币政策实施情况、实施效果和存在的问题进行了回顾和梳理，并开展了计量分析。研究发现，货币政策的效果不仅有滞后性，也有顺周期性和非对称性，近年来调控政策效果递减。未来，应进一步完善数量型中介目标，加快构建价格型中介目标，着力疏通货币政策传导机制，提高货币政策的前瞻性和针对性。

一、我国货币政策操作目标及分析

（一）货币政策框架

包括货币政策工具、中介目标、最终目标和传导机制四方面。中国人民银行作为中央银行，通过操作货币政策工具，对中介目标进行调节，影响经济中流动性的充裕程度，再通过一定的传导机制对最终目标进行调节。

货币政策工具方面，包括直接型工具和间接型工具（见图1）。直接型工具主要包括调整基准利率和限制信贷规模，具有较强的计划经济色彩。间接型工具注重引导经济主体自主决策来实现政策目标，主要包括：公开市场操作工具（包括回购交易、现券交易、TLF、央行票据和SLO等）、存款准备金制度、贷款工具（除各类再贷款工具外，还包括SLF、

---

* 本文数据由作者根据相关资料整理分析得出。

MLF、PSL 等)、再贴现工具等。货币政策中介目标方面,在我国主要是指流动性指标,主要用数量型指标和价格型指标表征经济的流动性水平。货币政策最终目标方面,《中国人民银行法》规定货币政策的最终目标是维护币值的稳定并以此促进经济增长,但实际操作中呈现多元化特点,包括经济增长、价格稳定、充分就业、国际收支平衡、金融稳定、结构调整等目标。此外,央行还肩负着推动金融体系改革和开放的任务。货币政策传导机制方面,主要通过利率、信贷、资产价格、汇率等渠道进行传导。央行通过使用各类货币政策工具来调节流动性中介目标,通过多种渠道,逐渐传导至最终目标。

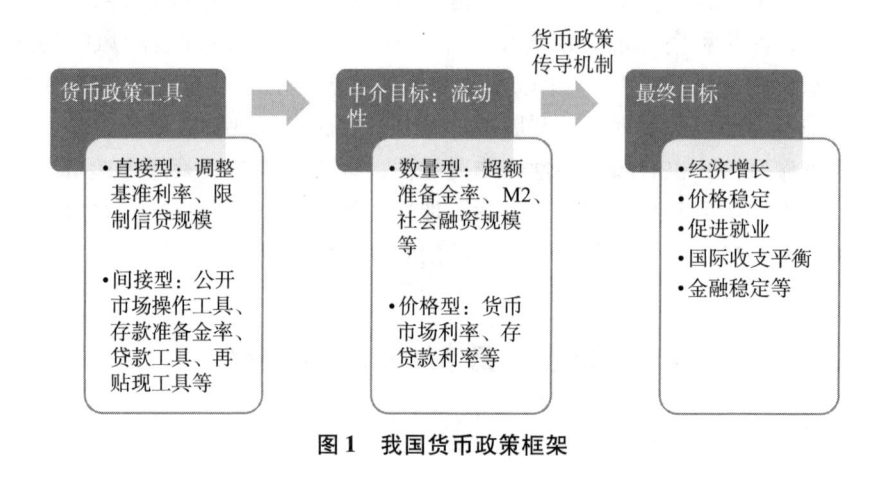

图1 我国货币政策框架

(二) 流动性的层次及指标

在宏观层面,通常把流动性直接理解为不同统计口径的货币信贷总量。总体货币流动性,指的是整个经济的货币存量水平是否偏离合意的货币均衡水平。数量型指标包括货币存量(M0、M1、M2)以及增速、社会融资规模等。价格型指标主要是指人民币存贷款利率。银行体系流动性,反映整个银行系统的资产总量变化情况,其扩张越快,说明银行体系向经济提供的流动性越多。数量型指标主要是指超额准备金率,能够体现银行向实体经济提供流动性的潜力大小。价格型指标包括银行同业拆借利率、银行间债券回购利率等。金融市场流动性,一般指的是二级市场的流动性。中央银行通过调节银行体系流动性,影响金融市场流动性,二者共同决定了总体货币流动性。

二、对我国货币政策实施情况的梳理评价

（一）货币政策过紧引发通缩：1994~2002年

1994年我国经济增长出现过热，GDP同比增幅超过12%，CPI同比涨幅超过20%，远超合理预期。在此背景下，央行实施了适度从紧的货币政策，以控制严重通货膨胀。具体包括：严控信贷规模，要求银行收回乱拆借的资金，以及多次大幅上调存贷款基准利率。这些政策取得了明显效果，1996年我国通胀率降至正常水平，1997年继续实施了适度从紧的货币政策，通胀率持续下降，从1月份的5.9%回落到12月份的0.4%。与此同时，1997年下半年亚洲金融危机爆发，我国出口受到很大影响，经济下行压力明显加大。1998年第一季度GDP增速从上年全年的8.8%回落至7.6%，CPI负增长，经济出现萧条。面对严峻的形势，1998年第一季度末货币政策开始从"适度从紧"转为"稳健"，同时辅以积极财政政策，以促进经济增长。具体包括：降低准备金率，1998年3月将准备金率由13%大幅下降至8%，1999年11月进一步降到6%，随后一直保持到2003年；降低基准利率，1998年3月至2002年底，连续五次大幅降息，一年期定期存款利率由5.67%降到1.98%，一年期贷款利率由8.64%降到5.31%；降低银行资金成本，1997年底至2002年，五次下调再贷款利率，三次下调再贴现率，鼓励银行增加信贷。但这些放松银根效果对促进经济增长并未立即见效，1998年我国经济没有完成"保8"的任务，CPI也处于通缩区间并持续到2003年才转正。这既有亚洲金融危机冲击较大的影响，也与1998年前长期实施过度紧缩政策、未能根据经济形势变化及时调整货币政策方向有很大关系。

（二）货币政策双重目标冲突：2003~2007年

随着我国加入WTO后出口高速增长，加上国内投资较快增长的双引擎带动，我国经济进入高增长阶段，GDP增速基本保持在10%以上，CPI涨幅也处于较高水平，经济总体特点是有些过热。货币政策的取向是"稳中从紧"，主要是在维持汇率稳定的前提下，控制过剩流动性，缓解通胀压力。具体包括：2003年4月启动发行央行票据，以回收金融体系过多流

动性;15 次提高存款准备金率,由 6% 提高到 14.5%;8 次提高存款基准利率,9 次提高贷款基准利率,一年期存款基准利率由 1.98% 提高到 4.14%,一年期贷款基准利率由 5.31% 提高到 7.47%。这一阶段,货币政策实施的主要问题是稳定汇率和控制通胀的双重目标带来的政策工具失灵。由于出口形成大量结汇,外汇占款成为基础货币主要投放方式,为对冲外汇占款,2003 年只好启用发行央行票据,回购金融体系过多流动性,一度取得了良好效果。但随着央行票据的不断累积并到期兑付,对冲的有效性快速下降。2003 年有效对冲率为 53.3%,2007 年降至 11.3%。因此,央行不得不重拾直接型调控工具,连续上调存款准备金率,以冻结金融体系的过多流动性,导致存款准备金率提高至 14.5% 的水平。但过剩流动性已难以遏制,通胀率持续上升,2007 年第三季度 CPI 同比涨幅升至 6.1%。

(三) 货币政策频繁转向加剧经济波动:2008~2012 年

为遏制过剩流动性以及通胀,2007 年底货币政策从长期实施的稳健货币政策转向从紧货币政策。随后,央行上调存贷款基准利率,一年期存款基准利率由 3.87% 提高到 4.14%,一年期贷款基准利率由 7.29% 提高到 7.47%。2008 年上半年连续五次提高存款准备金率,由 14.5% 进一步提高至 17.5%。2008 年起再贴现利率由 3.24% 提高到 4.32%,再贷款利率也相应向上浮。但 2007 年美国次贷危机引发全球金融危机,继而导致世界经济衰退。尽管 2007 年下半年我国经济增速仍超过 14%,但金融危机影响已经显现,一个直观指标是外汇占款出现罕见下降,2007 年 11 月外汇占款为 130 681 亿元,12 月降为 128 377 亿元,表明我国出口受到影响,交易性货币需求减少,随后逐步导致流动性下降。为应对国际金融危机,2008 年 9 月起实施"一揽子"刺激计划,11 月份货币政策再次转向,将从紧货币政策转向为适度宽松货币政策。具体包括:将大型金融机构准备金率从 17.5% 降至 15.5%,中小金融机构由 17.5% 降至 13.5%;一年期存款基准利率由 4.14% 降至 2.25%,一年期贷款基准利率由 7.47% 降至 5.31%;2008 年 11 月和 12 月两次降低再贷款利率和再贴现利率。但这些政策并未取得预期效果,2009 年第一季度 GDP 增速降至 6.6%,新增就业人口增速在 2008 年全年降至 0.32%,为历史最低,很大程度上与央行在 2017 年下半年过早实施货币政策转向所致。2009 年下半年起,我国经济形势再度出现变化,在大规模刺激性政策的作用下,2010 年我国 GDP 增速超过 10%,投资增速超过 20%,通胀率超过 5%,经济呈现过热特征,与全球经济衰退形成明显反差。为此,央行从 2010 年起再次收紧银根,大型金融机构准备金率由 15.5% 上升到 21.5%,中小金融机构由 13.5% 上升到 18%;五次提高存贷款基准利率,一年期存款基准利率由 2.25% 上升到 3.5%,一年期贷款基准利率由 5.31% 上升为 6.56%;将再贴现利率由 1.8% 上升到 2.25%,再贷款利率也相应上浮。总体来看,这一时期货币政策经历了频繁转向和大起大落,在转向和调整时机方面存在一定的问题,经济过热时未能及时退出,陷入被动应付、措手不及的局面,不但没有发挥逆周期调控的作用,反而加剧了经济运行波动。

(四) 去杠杆防风险下的新型调控:2013 年至今

2013 年起我国经济进入"三期叠加"阶段,经济下行压力加大,GDP 增速在 2014 年和 2015 年出现连续下滑,分别为 7.4% 和 6.9%,同时,产能过剩、杠杆率过高等结构性问题逐步凸显,特别是随着银行理财、信托、券商资管、基金子公司等金融业态爆发式发展,"影子银行"快速扩张,使得金融体系杠杆率快速提高,成为可能引发系统性金融风险的重大隐患。在此背景下,央行采取了一系列措施完善货币政策工具。一是创设常备借贷便利(SLF)、中期借贷便利(MLF)等工具,将公开市场操作由每周二、周四操作变为每个工作日均可操作,为市场提供不同期限的流动性,并初步构筑利率走廊。二是采用差别准备金制度,成为宏观审慎框架中的重要组成部分,旨在鼓励资金流向"三农"、小微企业和"债转股"项目。三是推动利率市场化改革,逐渐取消利率限制,放弃直接调节基准利率这一政策工具。四是新增支小再贷款和扶贫再贷款,创设抵押补充贷款(PSL),与支农再贷款和再贴现工具一起,成为支持"三农"、小微企业、贫困地区,进而调整经济结构的主要货币政策工具。

三、对货币政策实施效果的计量分析

为更加准确评价货币政策实施效果,我们采用计量模型进行了定量分析。研究基于我国 1993~2018 年第三季度的季度环比数据序列,模型构建中包括央行数量型中介目标(M2)、价格型中介目标(利率),以及宏观调控目标:经济增长目标(GDP)、通胀目标(CPI)、金融稳定目标(股价)和国际收支平衡目标(汇率)。计量研究结果表明,我国货币政策实施效果存在显著的滞后性、顺周期性和非对称性,且政策边际效果递减。

(一) 货币政策效果显现存在滞后性

一是 M2 变化对经济和物价的影响滞后一年左右。M2 的变化对 GDP 和 CPI 的初始影响都不明显,随着时间推移,对 GDP 的影响在第 4 个季度达到峰值,对 CPI 的影响在第 2 个季度达到峰值。但对股价的初始影响较为显著,在第 2 个季度达到峰值。二是利率变化对经济和物价的影响也滞后一年左右。利率变化对 GDP 和 CPI 的初始影响也不明显,对 GDP 的影响在第 3 个季度达到峰值,对 CPI 的影响在第 3 个季度达到峰值。对股价的初始影响显著,在第 3 个季度达到峰值。这表明货币政策传导机制仍存在障碍,实施效果滞后,而且对实体经济作用要明显滞后于资本市场,影响货币政策有效性,也容易造成资本市场投机。

(二) 货币政策存在明显的顺周期性

货币乘数反映了商业银行货币派生的能力和商业银行对外借贷、创造信用的意愿。统计分析表明,M2 货币乘数与 GDP 的相关系数高达 0.79,格兰杰因果关系检验结果表明,M2 货币乘数与 GDP 变量互为因果。这表明货币政策实施效果存在较强顺周期性,经济过热时商业银行对经济的繁华预期增加其投放信贷的意愿,使得货币乘数增加,在央行基础货币投放一定的前提下,货币供给上升,进一步加剧经济的过热。反之,在经济下行压力加大,银行出于风险防控的考虑,不愿意将资金借贷给实体经济,普遍存在惜贷甚至抽贷等行为。因此,由于存在货币政策顺周期,宏观政策并不能达到理想的调控效果,甚至会进一步加剧经济波动。

(三) 货币政策实施效果存在非对称性

计量结果表明,扩张性货币政策和紧缩性货币政策的实施效果不尽相同。M2 的变化对 CPI 而言,扩张性货币政策冲击在短期见效较快,效果在第 4 个季度最大,之后快速减弱;紧缩性货币政策初始作用不明显,但影响随着时间推移不断增强,在第 8 个季度达到最大,之后缓慢收敛。相比较而言,紧缩性货币政策效果更加持续和突出,对经济的影响更大。这种非对称性一定程度上也限制了货币政策的有效性,特别是在经济下行周期,扩张性的货币政策效果并不理想。

（四）货币政策稳增长的边际效果递减

计量结果表明，1993~2018年第三季度M2对GDP的弹性系数为0.7，利率对GDP的弹性系数基本为0，表明20多年来我国实施数量型中介目标的货币政策对经济增长起到了促进作用。但分阶段来看，1993~2008年M2对GDP的弹性系数为0.77，利率对GDP的弹性系数为-0.05，政策效果更好。但2009~2018年M2对GDP的弹性系数不到0.6，利率对GDP的弹性系数为正值（意味着降息对经济增长反而有一定拖累作用），表明货币政策对促进经济增长的效果在递减。

四、结论及政策建议

基于以上对货币政策的定性分析和定量评价，有关结论和政策建议如下：

（一）进一步完善数量型中介目标

随着金融深化，M2的可控性以及与最终目标的相关性逐渐下降。2011年以来央行发布社会融资规模指标，反映实体经济资金需求情况，与M2一起作为货币政策中介目标。2018年以来，央行对M2和社会融资规模指标进行了3次调整，1月将"宝宝类"等非存款类货币市场基金纳入M2统计口径，7月将"存款类金融机构资产支持证券"和"贷款核销"、10月将"地方政府专项债券"先后纳入社会融资规模统计。尽管如此，社会融资规模统计仍有许多不完善之处，目前外债、外商直接投资、国债、民间借贷、典当、私募股权投资基金等融资未纳入其统计范畴，尤其是外债、外商直接投资和国债等融资对国民经济直接或间接产生影响。频繁调整口径导致统计数据可比性受到影响，央行应加快健全金融业综合统计制度，避免为维持社会融资规模一定增速而频繁扩大口径。

（二）加快培育价格型中介目标

理论和国际经验均表明，随着金融创新不断深化，M2和社会融资规模等数量型指标均会面临失效困境。近年来央行运用价格型货币政策工具发挥了一定调控作用，但在2014年、2015年经济下行压力加大时，仅靠价格型工具无法有效发挥作用，央行再度使用调节存款准备金率等数量型工具，这表明构建以价格型目标为主的货币政策框架仍然任重道远。应逐步放开存贷款利率隐性管制、以动态的市场化监管手段进行管理；充分借鉴其他国家经验教训，逐步制定符合我国国情的"利率走廊"调控机制，提升货币政策实施效率；提高银行业竞争程度，大力发展直接融资，让市场对资金要素配置发挥决定性作用，从而逐步退出数量型调控方式。

（三）着力疏通货币政策传导机制

由于货币政策实施存在明显的顺周期性、非对称性，且扩张性货币政策的效果要弱于紧缩性货币政策，很大程度上与货币政策传导不畅有关，虽然流动性总体宽裕，但资金难以流向实体经济。为此，必须全面深化金融体制改革，优化金融资源配置，进一步完善宏观审慎监管政策框架和金融机构考核体系，引导和鼓励金融机构更好地支持实体经济发展，同时推进国有企业、价格等经济体制领域深层次改革，使货币政策传导过程更加顺畅，减少政策操作时滞，充分发挥促进经济平稳运行和金融稳定的作用。

（四）增强货币政策的前瞻性和针对性

在某些时点，货币政策在方向、时机和力度上存在一定偏差，亚洲金融危机和国际金融危机前后表现得尤为突出，由于货币政策效果有一定滞后性，必须防患于未然，提前采取措施，才能避免陷入被动。为此，应进一步加强对经济金融形势的分析研判，密切关注新动向、新风险、新趋势，提高政策设计的前瞻性和针对性。各宏观调控部门和各级政府也应形成有效的工作协作协同和联动机制，确保形成政策合力，有效应对经济运行中的内外部冲击。

关于我国创新型货币政策工具的评价及改进建议*

传统型货币政策工具在历史上曾发挥了重要作用。近年来，央行大量使用各种创新型货币政策工具，货币政策日渐结构化、复杂化。我们通过对历年货币政策执行报告以及央行资产负债表的梳理和分析，探讨了创新型货币政策工具的产生背景、现状、作用和不足，并做出了相应的改进建议。

一、近年来我国大量使用创新型货币政策工具

(一) 创新型货币政策工具产生背景

由表1可见，根据资产负债表恒等式①以及央行资产负债表各科目含义，可以建立如下恒等式：

表1　　　　　2018年4月央行资产负债表　　　　单位：亿元

资产方		负债方	
国外资产	220 101.22	储备货币	307 283.61
外汇	215 026.26	货币发行	77 626.23
货币黄金	2 541.50	其他存款性公司存款	224 662.34
其他国外资产	2 533.47	非金融机构存款	4 995.04
对政府债权	15 274.09	不计入储备货币的金融性公司存款	4 001.42
其中：中央政府	15 274.09	发行债券	

---

* 本文数据由作者根据相关资料整理分析得出。
① 总资产＝总负债。

续表

资产方		负债方	
对其他存款性公司债权	93 847.46	国外负债	1 233.27
对其他金融性公司债权	5 949.94	政府存款	33 433.49
对非金融性部门债权	57.64	自有资金	219.75
其他资产	17 994.91	其他负债	7 053.74
总资产	353 225.27	总负债	353 225.27

资料来源：中国人民银行官方网站。

$$基础货币（储备货币）= 外汇占款（外汇）+ 对金融机构债权① \\ + 其他净资产② - 发行债券 - 政府存款$$

可见外汇占款、对金融机构债权会增加基础货币，发行债券会减少基础货币。按上式梳理历史数据，如图1所示，可将基础货币投放分为三个阶段：

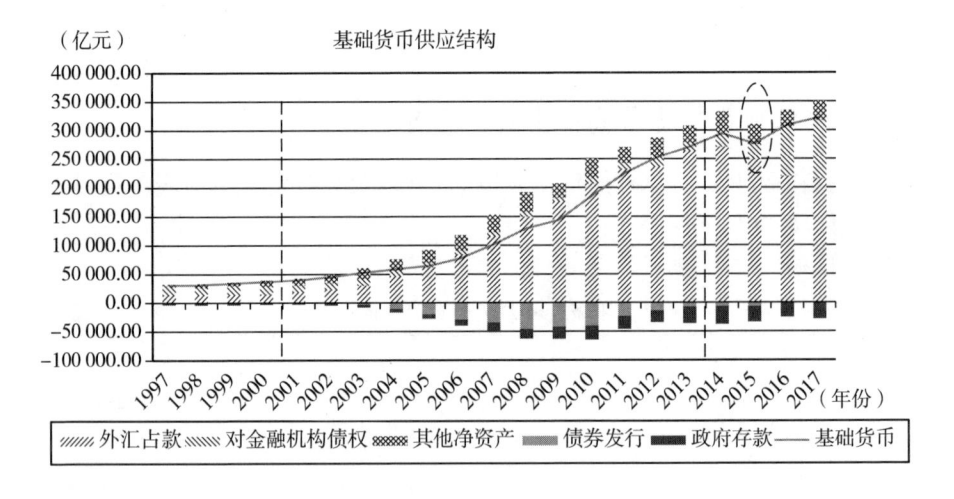

基础货币供应结构

（图例：外汇占款　对金融机构债权　其他净资产　债券发行　政府存款　——基础货币）

---

① 对金融机构债权 = 对其他存款性公司债权 + 对其他金融性公司债权。其中"对其他金融性公司债权"主要是金融稳定再贷款，变动较小。该项变动主要由"对其他存款性公司债权"引起。

② 其他净资产 = 货币黄金 + 其他国外资产 + 对政府债权 + 对非金融性部门债权 + 其他资产 - 不计入储备货币的金融性公司存款 - 国外负债 - 自有资金 - 其他负债。这些组成部分或者规模较小或者反映特定时点央行的特殊操作，又或者内容比较庞杂，因此不单独分析。

三、货币政策篇

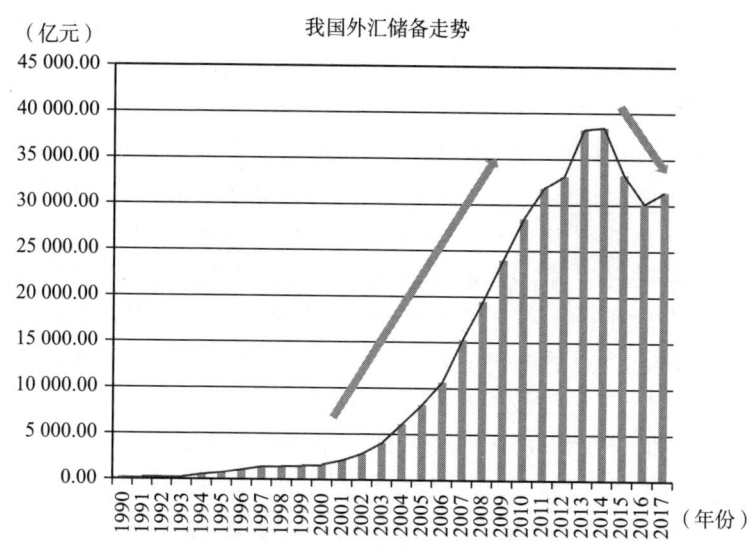

图1 历年来我国基础货币供应结构及外汇储备示意图

注：自2011年起，央行将其他金融性公司的存款剥离出了基础货币范畴，因数额较小，本文暂不予考虑。

资料来源：Wind资讯。

（1）2001年之前。在此期间，再贷款①（即上述"对金融机构债权"）是中央银行吞吐基础货币最重要的渠道，1999年和2000年对基础货币增长的贡献率甚至超过了100%。

（2）2001~2013年。加入WTO后我国全面融入全球分工体系，较强的出口竞争力造成经常项目长期顺差，其与GDP比值在2007年达到10%左右的峰值②。人民币单向升值的预期造成资本和金融项目长期顺差。在双顺差的格局下，为维护汇率的基本稳定，央行被动购买外汇，形成最主要的基础货币投放渠道，2005年外汇占款对基础货币增长贡献率甚至接近300%。由于我国债券市场深度不够，传统的现券卖断和正回购无法充分回收流动性③，央行只能通过调整负债结构进行对冲。一是从2003年4月

---

① 这里的"再贷款"是广义的再贷款，即央行对于金融机构的债权，其含义比传统货币政策工具的"再贷款"范围要大。

② 与此互为镜像的是，美国经常项目赤字于2006年录得创纪录的8 067.26亿美元，占当年GDP的5.8%。

③ 本文所指流动性均指超额准备金。因为在基础货币的组成部分中，现金是银行信用扩张的漏出项，法定准备金被央行冻结，只有超额准备金能被银行自由使用，进行信用扩张。

起发行央票，发行量最高时为4.3万亿（2008年）。二是将大型、中小型存款类①金融机构法定存款准备金率②从6%的历史低点（2003年）分别上调至21.5%、19.5%的历史高点（2011年）。在此期间，准备金和央票成为锁住热钱的池子③（刘煜辉，2010）。

（3）自2014年起。再贷款重新作为基础货币投放的主要渠道。2012年以来，受金融危机影响全球需求不振，国内经济结构调整，贸易品成本上升，经常项目顺差占GDP比重下降至国际认可的合理标准（4%）之内；美国经济强劲复苏，美元加息预期强烈，跨境资本呈现双向流动态势，资本和金融账户（不含储备资产）出现逆差。外汇占款2012年起增速下降，2014年5月后绝对值开始下降。2012年央行暂停发行央票并重启逆回购，2013年起创设短期流动性调节工具（SLO）、常备借贷便利（SLF）、中期借贷便利（MLF）、抵押补充贷款（PSL）、临时流动性便利（TLF）、临时准备金动用安排（CRA）等工具；陆续开展定向降准、定向再贴现、定向再贷款④等操作。再贷款成为央行投放基础货币的主要途径，在2016年、2017年贡献率分别达到177.23%、133.06%（见表2）。

表2　　　　　1998~2017年各组成部分对基础货币增量贡献率　　　　单位：%

年份	外汇占款	对金融机构债权（再贷款）	其他净资产	债券发行	政府存款	合计
1998	62.46	-58.30	130.05	0.00	-34.21	100.00
1999	42.61	139.46	-79.47	0.00	-2.60	100.00
2000	26.23	101.43	13.99	4.14	-45.79	100.00
2001	120.10	-67.27	39.73	0.00	7.44	100.00
2002	61.61	-6.27	77.23	-28.14	-4.44	100.00
2003	100.41	-3.75	47.66	-20.04	-24.27	100.00

---

① 2008年下半年对大型、中小型存款类金融机构进行差别化降准，自此大型存款类金融机构法定存款准备金率要比中小型存款类金融机构高出2个百分点。

② 提高法定存款准备金率并不能减少基础货币总量，但可以改变基础货币结构，即可以使部分超额准备金转变为法定准备金，从而减少金融机构可以动用的资金，降低货币乘数。

③ "池子"的说法由周小川（2010）提出，其表示"针对入境'热钱'，中国可采取总量对冲的措施。也就是说，短期投机性资金如果流入，通过这一措施把它放进'池子'里，而不会任之泛滥到整个中国实体经济中去。等它需撤退时，将其从'池子'里放出，让它走。"

④ 即信贷政策支持再贷款。

三、货币政策篇

续表

年份	外汇占款	对金融机构债权（再贷款）	其他净资产	债券发行	政府存款	合计
2004	267.65	0.84	−20.10	−133.80	−14.59	100.00
2005	295.24	120.81	−117.18	−167.98	−30.89	100.00
2006	165.65	19.00	5.77	−70.40	−20.00	100.00
2007	129.51	−32.08	51.50	−19.88	−29.05	100.00
2008	124.49	−1.99	17.79	−40.87	0.57	100.00
2009	172.94	−10.79	−58.44	25.17	−28.87	100.00
2010	76.49	5.13	21.97	3.79	−7.38	100.00
2011	65.15	0.20	−12.90	43.63	3.92	100.00
2012	15.45	21.11	22.15	34.14	7.15	100.00
2013	147.77	−25.08	−13.38	32.76	−42.07	100.00
2014	27.79	46.72	31.66	5.37	−11.55	100.00
2015	125.00	−2.53	0.38	0.28	−23.12	100.00
2016	−89.30	177.23	−13.05	18.62	6.49	100.00
2017	−35.97	133.06	26.67	3.88	−27.64	100.00

注：2015年基础货币下降。该年外汇占款下降，对其他存款性公司债权增加。
资料来源：Wind 资讯。

（二）创新型货币政策工具使用现状

创新型货币政策工具构成了上述再贷款中"对其他存款性公司债权"的主体部分。截至2018年4月，根据月度数据①，创新型货币政策工具中的SLF、MLF、PSL余量分别是390.60亿、4.02万亿、3.04万亿，合计7.10万亿，占"对其他存款性公司债权"的75.66%。从图2可见，这三项合计所占央行资产比重从2013年的1%左右增加到目前的20.10%，增速明显，引起各界高度关注（见图2）。

---

① 根据公开数据及合理推断，SLO、TLF、CRA余量为0。定向再贴现数据未披露，定向降准释放的流动性难以精确计算。定向再贷款余额按季度披露部分数据，截至2018年第一季度，支农再贷款余额为2 410亿元，支小再贷款余额为928亿元，扶贫再贷款余额为1 476亿元，共计4 814亿元。

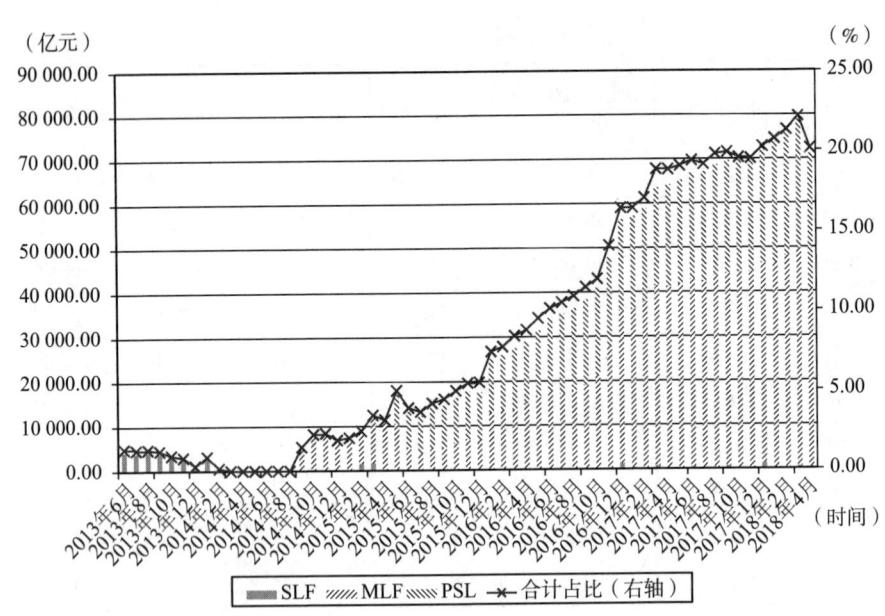

图 2 近年来 SLF、MLF、PSL 各月余额合计以及占央行总资产比例

资料来源：Wind 资讯。

二、创新型货币政策工具的积极作用

创新型货币政策工具在丰富主动释放流动性工具、探索构建利率走廊从而稳定短期市场利率等方面发挥了积极作用。

（一）丰富主动释放流动性工具

2014 年前，我国流动性过剩，央行需要以提高法定存款准备金率、发行央票、开展正回购等方式回收流动性。随着外汇占款渠道投放的流动性逐渐减少甚至转为负数，为保持中性适度的金融环境，主动释放流动性的必要性有所增加。传统的释放流动性工具以降准和逆回购为主，运用创新型货币政策工具可以主动提供流动性，丰富释放流动性的工具。

（二）探索构建利率走廊，稳定短期市场利率

利率走廊是国外通行做法，可以稳定商业银行等金融机构的预期，避免预期利率飙升而出现囤积流动性的倾向，达到稳定利率、降低公开市场

三、货币政策篇

操作频率和数量的作用。从图 3 可见,欧元区、美国的利率走廊①效果较好。自 2015 年起,我国探索构建下限为超额准备金利率(0.72%),上限为 SLF 操作利率的利率走廊。经过测算可知,2016 年银行间质押式回购 7 天加权利率(R007)、存款类机构质押式回购 7 天加权利率②(DR007)等货币市场重要利率的波动性有所降低③。

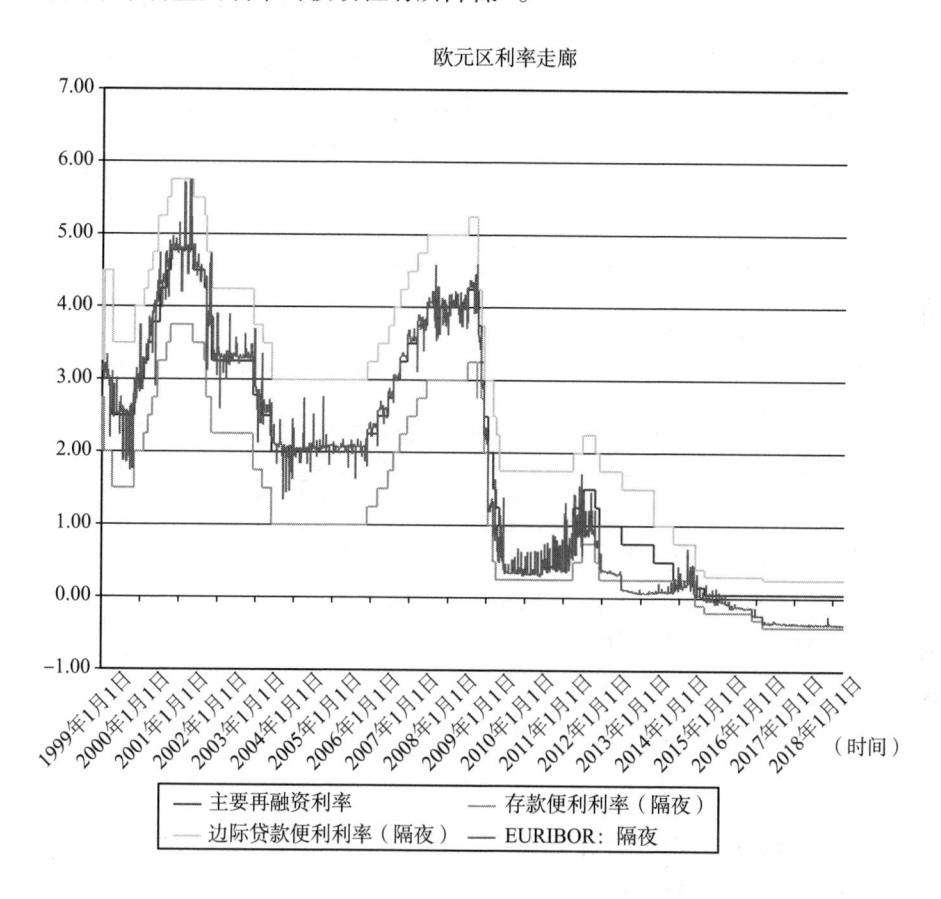

欧元区利率走廊

— 主要再融资利率
— 存款便利利率(隔夜)
— 边际贷款便利利率(隔夜)
— EURIBOR:隔夜

---

① 欧元区央行从 1999 年欧元启动起就设置了以边际借贷便利(marginal lending facility)利率为上限、存款便利(deposit facility)利率为下限,主要再融资(main refinancing operations)利率为政策利率的利率走廊框架。美联储近年来也尝试设立以隔夜逆回购利率(overnight reverse repurchase offering rate, ON RRP)为下限,超额准备金利率(interest on required reserve excess balances, IOER)为上限,联邦基金利率(federal funds rate)为政策利率的利率走廊框架。

② 2014 年 12 月 15 日,央行发布 DR007,其以利率债为质押,可降低交易对手信用风险和抵押品质量对利率定价的扰动,能够更好地反映银行体系流动性松紧状况。

③ 此处波动性以变异系数(标准差与平均数的比值)衡量。R007、DR007 的变异系数在 2015 年都为 0.30 左右,2016 年分别下降至 0.10、0.08。

美国利率走廊

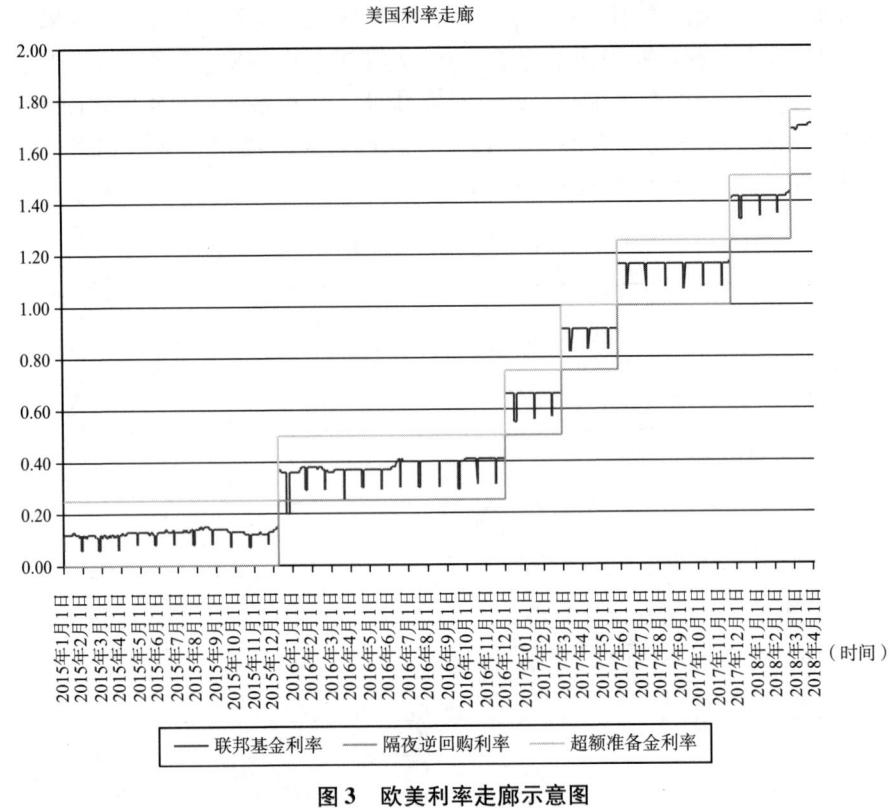

图 3 欧美利率走廊示意图

资料来源：欧央行、美联储官网、Wind 资讯。

三、创新型货币工具的不足

按主要用途（有些会有交叉）进行深入剖析，可发现创新型货币政策工具虽然发挥了一定作用，但仍有较多不足。

（一）在提供短期流动性方面的不足

央行主要以 SLO、TLF、CRA 来提供短期流动性，这存在以下问题：

1. 与逆回购有重合

SLO 有 1 天、2 天、3 天、4 天、5 天、6 天、7 天、2~7 天、2~6 天、3~6 天、5~6 天 11 种操作期限，实质上相当于超短期（7 天内）的逆回购，而逆回购已有5天和6天的操作期限①（虽然均只在2013年使用过1次）。TLF本质相当于不需要担保品的28天逆回购，CRA是TLF的升级版，本质上相当于操作利率为法定存款准备金利率（1.62%）、不需要担保品的逆回购。看似"精巧"的创新型工具，却与已有的工具交叉重复，使货币工具复杂化。

2. 操作对象范围较狭窄

SLO操作对象限定为48家公开市场业务一级交易商中具有系统重要性、资产状况良好、政策传导能力强的19家机构，TLF、CRA限定为在现金投放中占比高的几家大型商业银行或全国商业性银行，这不利于稳定中小金融机构的短期流动性。

（二）在提供较长期限流动性方面的不足

央行主要以MLF、PSL来提供较长期限流动性，这存在以下问题：

1. 与流动性缺口的期限不匹配

理论上来说，由于外汇占款减少导致的流动性（基础货币）减少是永久性的②，相应填补流动性缺口的工具也应当是永久性，或者期限尽可能长（例如央行通过在二级市场上买入长期国债）。但目前MLF、PSL有1年到5年不等的期限，随着操作期限的结束，释放的流动性又会被收回。为了持续提供中长期流动性，央行需要频繁滚动续作各种工具，使流动性供给趋于碎片化和复杂化；面临操作到期时，金融机构会猜测央行续作的时间和数量，由于存在不确定性，容易导致流动性需求不稳定，加剧整个资金市场的波动。

2. 抬高了金融市场资金成本进而影响到实体经济

一是抬高了整体资金成本。目前1年期MLF利率为3.3%，根据2015年11月披露的信息，PSL利率是2.75%，都显著高于以降准等方式提供的资金成本（超额准备金利率为0.72%），抬高了整体资金成本。二是抬高了中小金融机构资金成本。PSL只向国家开发银行、中国农业发展银行、中国进出口银行操作；MLF要求以高等级债券或者优质信贷资产作为担保品，而中小型金融机构缺少这些资产，加剧了"流动性分层"的现象。即先由央行释放流动性给大型金融机构，大型金融机构再充当"二

---

① 逆回购有5天、6天、7天、14天、21天、28天、63天（2017年10月底设立）、91天共8种期限。

② 此处"永久性"是指不会像债券一样，在某个到期日（maturity）会发生资金的逆向流动。

道贩子",向中小型金融机构提供流动性,拉长资金链条、扩大套利空间,提高了中小金融机构的资金成本。金融市场增加的资金成本向实体经济转嫁,会进一步加剧实体经济尤其是中小企业的"融资难""融资贵"的问题。

(三) 在引导市场利率方面的不足

目前央行主要以 SLF 作为上限探索构建利率走廊稳定短期市场利率,以 MLF 发挥中期政策利率的作用,另外 PSL 也有一定的引导中长期利率的作用[1]。综合来看央行试图构建一条从隔夜到长期的政策利率曲线,以引导货币市场、债券市场、信贷市场资金利率。这存在以下问题:

1. SLF 不够完善,影响利率走廊效果

一是 SLF 操作对象以存款类金融机构为主,不包含非银行金融机构,因此以其利率为上限的利率走廊对于反映存款类金融机构资金利率的 DR007 有较好的稳定效果,但在 2016 年底监管加强后,反映整体市场资金利率的 R007 却频繁突破走廊上限,其波动性在 2017 年、2018 年明显上升[2]。二是 SLF 与超准的利率差过大。目前我国 7 天 SLF 利率为 3.55%,超准利率为 0.72%,利率走廊的宽度为 283BP,显著高于欧元区 (65BP)、美国 (25BP),不利于稳定短期利率。三是 SLF 滞后一个月披露操作期限、数量、利率等信息,不能及时引导预期,稳定短期市场利率 (见图 4)。

2. 中长期政策利率体系难以奏效

理论上来说,中长期利率包含市场对于未来短期实际利率、通胀的预期以及期限溢价,会受到较多不可控因素的影响,央行很难准确预测未来的"均衡"中长期利率。如果以非均衡的政策利率体系去引导市场中长期利率,可能会适得其反,进一步加大市场利率的失衡。并且不同期限的政策利率可能会发出不同的政策信号,带来政策导向和市场预期的混乱。

---

[1] http://www.pbc.gov.cn/zhengcehuobisi/125207/125213/125434/125798/2968751/index.html,《央行有关负责人就降息降准以及放开存款利率上限答记者问》。

[2] 在 2017 年、2018 年(截止到 4 月底),R007 的变异系数分别上升到 0.16、0.21。

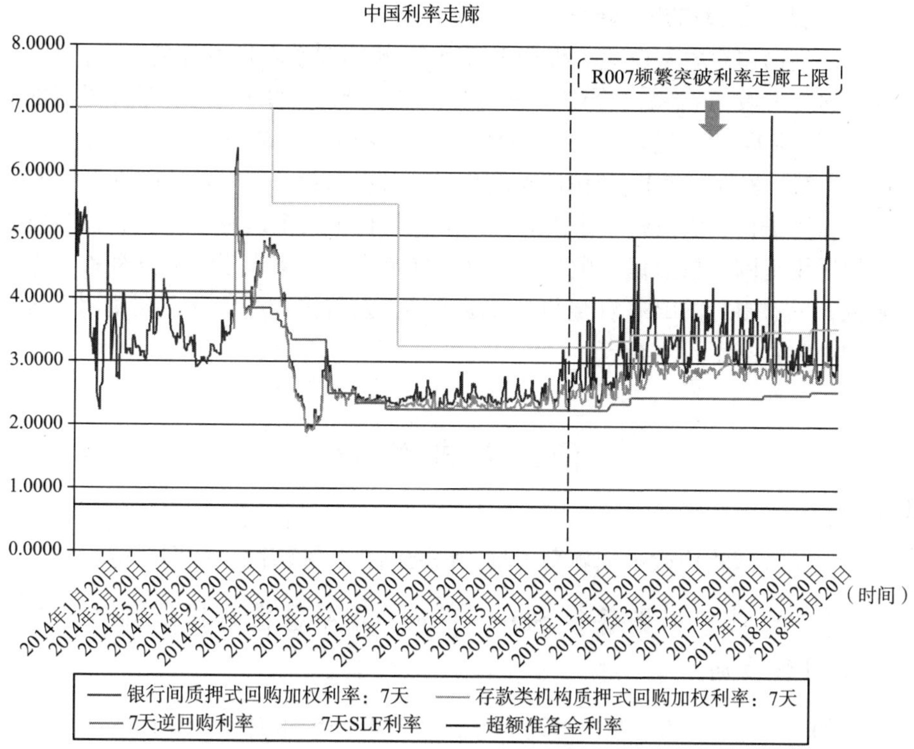
中国利率走廊
8.0000
7.0000
6.0000
5.0000
4.0000
3.0000
2.0000
1.0000
0.0000
R007频繁突破利率走廊上限
2014年1月20日
2014年3月20日
2014年5月20日
2014年7月20日
2014年9月20日
2014年11月20日
2015年1月20日
2015年3月20日
2015年5月20日
2015年7月20日
2015年9月20日
2015年11月20日
2016年1月20日
2016年3月20日
2016年5月20日
2016年7月20日
2016年9月20日
2016年11月20日
2017年1月20日
2017年3月20日
2017年5月20日
2017年7月20日
2017年9月20日
2017年11月20日
2018年1月20日
2018年3月20日
（时间）
银行间质押式回购加权利率：7天
存款类机构质押式回购加权利率：7天
7天逆回购利率
7天SLF利率
超额准备金利率

图4　中国利率走廊

资料来源：Wind 资讯。

（四）在调节经济结构上的不足

目前央行主要通过定向降准、定向贷款、定向再贴现等定向工具调节经济结构，此外也用 MLF、PSL 等工具引导资金支持特定领域。这存在以下问题：

1. 整体而言货币政策工具难以调节经济结构

货币政策主要调节总量，结构性、定向性的货币政策创新型工具，难以有效调节经济结构。这是因为：一是货币政策传导链条比较长，中间每个环节会有一定的信息时滞、道德风险，难以如臂使指，贯彻政策意图；二是资金（资本）具有天然的逐利性和流动性，以“调结构”名义所获资金最终流向难以保证。

2. 部分工具有泛化趋势

一是操作对象宽泛化。根据央行 2015 年第四季度货币政策报告，"享受定向降准政策机构占全部金融机构的比例超过 98%。"这说明所谓的"定向"降准已经泛化，与全面降准差别较小。二是资金使用泛化。以 PSL 为例，根据《2017 年第四季度货币政策执行报告》，从 2017 年起央行决定由国开行、农发行、进出口行三家银行自主决定运用 PSL 资金发放贷款的适用范围，按照保本微利原则合理确定贷款利率水平。从某种程度上来说，三家银行的 PSL 资金与在金融市场上发行债券所筹资金在使用上区别较小，背离了设立初衷。

四、改进建议

对于我国货币政策创新型工具，需要结合实际情况，区别对待。

（一）以逆回购替换 SLO、TLF、CRA 提供短期流动性，应对临时性波动

如上所述，SLO、TLF、CRA 与逆回购有一定重合之处，因此可以通过适当增加逆回购操作期限（7 天以内）、调整使用条件（如春节等特定条件下适当降低担保品要求以及操作利率），将 SLO、TLF、CRA 与逆回购进行"合并同类项"，以优化后的逆回购来应对短期性、临时性的资金面扰动。

（二）以降准逐步替换 MLF、PSL，提供稳定的长期流动性，降低实体经济成本，缩减央行资产负债表

随着货币政策框架普遍由数量型向价格型转变，取消或大幅降低法定存款准备金率成为国外通行做法。目前我国大型、中小型存款类金融机构存款准备金率分别为 16%、14%，仍处于高位。降准通过改变基础货币的结构，可以减少法定准备金，增加超额准备金，增加市场流动性（见表 3）。

三、货币政策篇

表3   **美国法定存款准备金率**

存款类型（百万美元）	存款准备金率（%）	开始生效时间（日期）
净交易账户：0～16	0.00	2018年1月18日
16～122.3	3.00	2018年1月18日
超过122.3	10.00	2018年1月18日
非个人定期存款	0.00	1990年12月27日
欧洲货币存款	0.00	1990年12月27日

资料来源：美联储官网。

截至2018年4月，MLF、PSL合计金额为7.10万亿元，同期境内人民币存款总量为169.72万亿元，则只需再全面降准4.5%[①]，即将大型、中小型存款类金融机构存款准备金率调整为11.5%、9.5%[②]，就可替换MLF、PSL来提供长期流动性（7.64万亿元），达到以下效果：一是可以减少市场波动，稳定市场预期。二是降低资金成本。经过测算，每年可降低金融机构整体资金成本近2 000亿元[③]。再加上降准是"一视同仁"，中小金融机构也能增加流动性，可以缩短资金链条、压缩套利空间，进一步降低中小金融机构、中小企业的资金成本。三是达到缩表的作用。其他科目不变的条件下，降准替换MLF、PSL，会在央行资产端减少"对其他存款性公司债权"，负债端减少"其他存款性公司存款"（准备金包含在内），达到缩减央行资产负债表的效果，减轻社会各界对央行"放水"的担忧。

需要指出的是，无须将降准视为"洪水猛兽"。从2003年起至2011年，央行将法定准备金率从6%的历史低点不断提高是为了冲销由于外汇占款增加而造成的过剩流动性。随着近年来外汇占款的下降，反向操作，即通过下调法定存款准备金率来投放流动性，是符合逻辑的选择。

[①] 实质上需要再降准4.18%，但考虑到央行通常降准是50BP或者100BP，所以此处取为4.5%。
[②] 即使这样，我国的法定存款准备金率也远高于其他主要经济体。
[③] 2018年4月，MLF余量为40 170亿，均为1年期，利率为3.3%。PSL余量30 446亿，不知期限，利率取2015年11月公布的2.75%。考虑到释放的超额准备金机会成本为0.72%，减少成本的计算公式为：40 170×（3.30% -0.72%）+30 446×（2.75% -0.72%）=1 654.44（亿元）。

（三）改进 SLF，继续探索构建利率走廊，取消其他创新型工具的政策利率色彩，更好发挥国债收益率曲线定价基准作用

1. 改进 SLF，继续完善利率走廊

未来需要继续探索构建利率走廊，发挥 SLF 利率作为走廊上限的作用，条件成熟时取消基准存贷利率，实现利率"双轨制"的融合（易纲，2018）。要将 SLF 操作对象扩大至非银金融机构，增加操作信息披露，提高政策透明度，逐步收窄利率走廊宽度，进一步扩大合格抵押品范围。此外，目前具有代表性的短期市场利率中，DR007 消除了信用风险对利率定价的干扰，R007 受众更广，需要权衡选取或进一步优化，择机明确所盯住的短期市场利率，以稳定市场预期。

2. 取消其他创新型工具的政策利率作用，更好发挥国债收益率曲线定价基准作用

在逐步减少 MLF、PSL 运用的同时，要取消其政策利率的作用，逐渐从提高金融市场深度入手，完善国债发行结构、方式和品种，提高国债二级市场流动性，进一步发展国债期货等衍生品市场，更好地发挥国债收益率曲线定价基准作用。

（四）在经济结构调整上减少运用创新型工具，更注重发挥财政的作用

财政资金可以直接作用于微观经济体，影响经济结构。因此在调节经济结构上，要减少运用定向降准、定向再贷款、定向再贴现以及 MLF、PSL 等工具，更注重发挥财政的作用。未来需要继续实行积极的财政政策，综合采用降低税费、风险分担、信用保证、利息补贴、引导基金等方式，更好地支持经济发展、结构调整。例如近期由中央财政发起、联合有意愿的金融机构共同设立国家融资担保基金，可以通过政府增信，解决中小企业贷款抵押物不够、自身信用不足的问题，在带动各方资金扶持小微企业、"三农"和创业创新等方面起到了良好的作用。

国库库款与 M2 的相关性研究及政策建议*

M2 = 流通中的现金 + 企业活期存款 + 准货币（定期存款 + 居民储蓄存款 + 其他存款）。国库库款余额是指在国库的预算资金，是各级政府为了满足日常支付需要而以现金和准现金形式持有的存款。按照目前定义，M2 的构成中并不包括国库库款，但国库库款增加将导致基础货币[①]减少，并通过货币乘数，进一步传导到 M2，回收或投放流动性。2016 年以来 M2 增速持续下降，10 月末同比增速 8.8% 跌至历史最低，与代表货币需求的社会融资规模的走势也有所背离，引起了社会广泛关注，央行时常将此归因于国库库款扰动。本文研究结论得出，国库库款与基础货币呈负相关关系，但 M2 增速下降不能简单归因于库款增加所致。同时应完善库款调节机制，主动加强与货币政策的协调，更好地发挥库款的调控作用。

一、关于国库库款对 M2 的传导机制

根据 M2 = 基础货币 × 货币乘数[②]，基础货币的影响因素主要是外汇储备和存款准备金率，目前外汇储备和存款准备金均在 20 万亿元以上。但国库库款对 M2 也有一定影响，主要体现在两个方面：一是国库库款对基础货币的负相关影响；二是通过货币乘数对 M2 的影响。因为货币乘数的变动因素较为复杂，简单地将 M2 增速下降归因于库款增加，缺乏足够的说服力。

（一）国库库款与基础货币呈负相关关系

国库库款变动对基础货币的传导机制。基于央行资产负债表（见表

---

* 本文数据由作者根据相关资料整理分析得出。
① 基础货币 = 指银行存款准备金 + 流通中的现金。
② 货币乘数是货币供给扩张的倍数，其大小决定了货币供给扩张能力的大小。

1），可以分析国库库存变动对基础货币的影响。根据资产负债平衡原理，当其他项目不变时，某项资产或负债的变动会引起基础货币的变动。一般而言，资产的变化会引起基础货币的同向变化，负债的变化会引起基础货币的反向变化。当央行买进国外资产时，基础货币相应增加，即央行购买国外资产起到投放基础货币的效果；当央行发行央行票据时，负债项目增加，而基础货币减少，即央行通过公开市场操作回笼基础货币。

表1　　　　　　　　　　央行货币当局资产负债表

资产	负债
国外资产	基础货币
对中央政府的债权	财政存款
对各级地方政府的债权	央票发行
对存款货币银行的债权	不计入储备货币的金融性公司存款
对非货币金融机构的债权	国外负债
对非金融政府企业的债权	自有资金
其他资产	其他负债

国库库款变动对基础货币的影响主要是通过对流通中的货币和存款准备金的影响来实现的。当国库库款流入时，资金以现金或银行存款的形式流入国库，国库库存增加，流通中的货币、商业银行在中央银行的存款准备金相应减少，基础货币相应减少，市场流动性收缩；当国库库款流出时，国库库款降低，商业银行在中央银行的存款准备金增加，基础货币相应增加。

近年来，随着财政收入的逐年递增及国库集中支付改革、国库信息化建设和预算外资金逐步纳入预算管理等一系列国库管理体制的改革和创新，国库库款整体呈现了较快上升的趋势，国库库款从 2006 年初的 7 296.47 亿元上升到 2017 年 8 月末的 42 507 亿元，增长了近 5 倍。基础货币从 2006 年的 63 000 亿元上升到 2017 年 8 月末的 304 000 亿元，增长了近 4 倍。国库库款资金作为央行一项负债，与基础货币呈现负相关关系。（见图1）

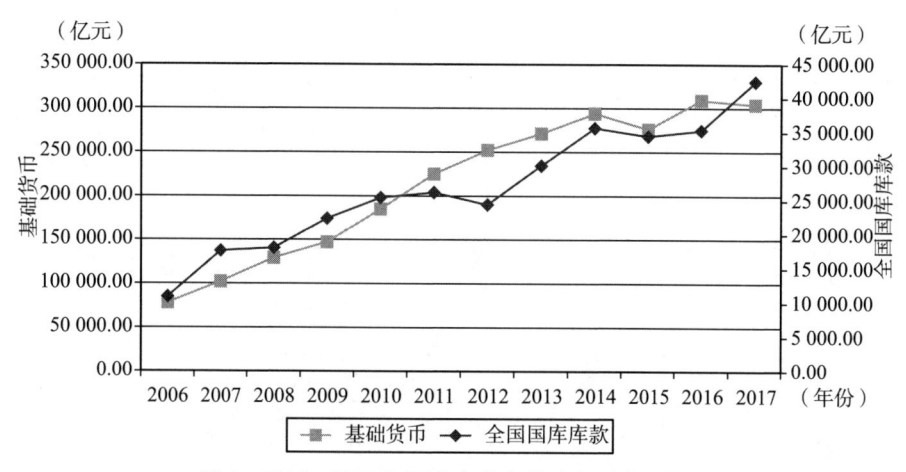

图1 2006～2017年国库库款和基础货币增长情况

资料来源：Wind资讯。

（二）受货币乘数影响，国库库款对M2的影响变得复杂

在实际经济生活中，银行提供的货币和贷款会通过数次存款、贷款等活动产生出数倍于它的存款，即通常所说的派生存款，货币乘数的大小决定了货币供给扩张能力的大小。货币乘数的计算公式是：货币乘数 =（现金存款比率 + 1）/（法定准备金率 + 超额准备金率 + 现金存款比率）。从计算公式可知：现金存款比率、法定准备金率、超额准备金率均与货币乘数呈负相关关系。

影响货币乘数的因素非常复杂，包括公众可支配的收入、公众对通货膨胀的预期心理、银行业信用工具的发达程度、利率水平、央行再贴现率、资产的流动性等多种因素，涵盖经济、金融等多个领域，受货币、财政、金融、产业等方面政策影响。从长期来看，货币乘数总体上呈上升趋势，但期间有明显波动调整（见图2），因此，不宜将M2增速下降简单归因于国库库款的增加。

（三）国库库款总量上升抵消了外汇占款增加对流动性的冲击

1994年外汇管理体制改革后，我国实行的是有管理的浮动汇率制，为了避免人民币汇率的大幅波动，央行通过在外汇市场上买卖外汇影响外汇市场的供求关系，保持人民币汇率的相对稳定，外汇占款成为投放基础货币的主要渠道。从2006年1月至2017年10月末，外汇储备从8 537亿美

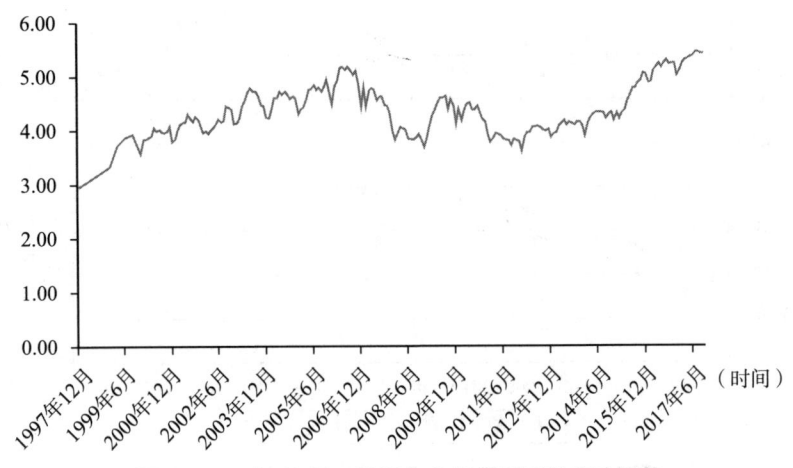

图 2 1997 年 12 月~2017 年 9 月货币乘数变动趋势

资料来源：Wind 资讯。

元上升至 31 092 亿美元，增长了近 3 倍。受外汇占款持续增长的影响，近十年来 M2 的增速居高不下，平均增速超过了 16%，2009 年 M2 增速最高达到 29.74%，我国经济面临通货膨胀的风险。在这样的背景下，国库库款的大量增加客观上帮助中央银行回收银行体系的流动性，且一定程度上抑制了 M2 的增速，从而对金融稳定发挥了积极作用（见图 3）。

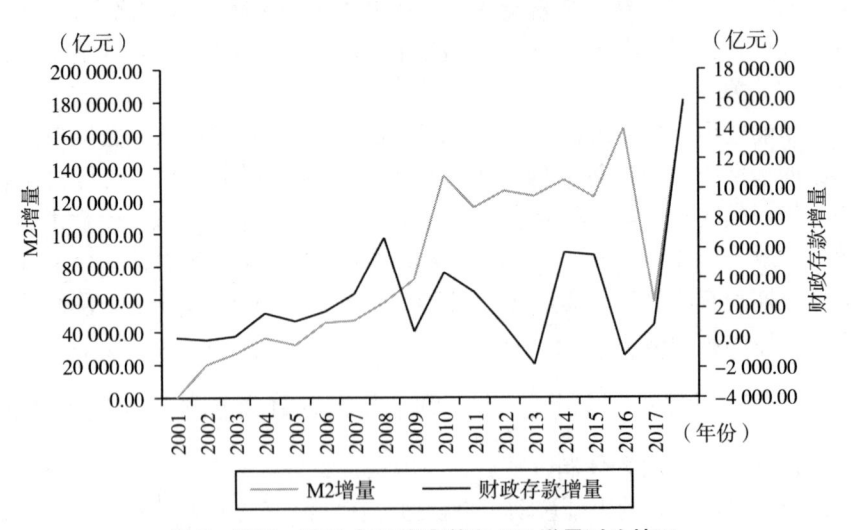

图 3 1999~2016 年国库库款和 M2 增量对比情况

资料来源：Wind 资讯。

二、关于财政政策与货币政策兼容的库款变动空间

国库库款是财政政策和货币政策的重要连接点，国库库款在确保财政支付需要的基础上，充分考虑其规模对 M2 的影响，找到使财政政策和货币政策兼容的库款变动空间具有重要的现实意义。

（一）库款变动空间的下限即满足财政支付需要的库底目标余额

1. 国际经验借鉴

发达市场经济国家通常实行财政库底目标余额管理制度，表现为每个工作日终了时国库单一账户仅保留最低现金余额，高出余额部分，在保证安全性、流动性和收益性前提下，开展定期存款、逆回购、买回国债等国库现金管理操作。英国和大多数欧元区国家设定的库底目标余额比较低，美国设定的目标余额相对宽泛（见表 2）。发达市场经济国家通过有效的国库现金管理，不仅最大限度减少了国库现金头寸、获取了更高的收益，而且财政部门以市场参与者身份进行现金管理的市场操作，消除国库现金头寸波动对基础货币供给的影响，配合了央行货币政策目标的实现。

表 2　西方部分发达国家国库现金收支预测管理办法

国家	预测监测机制	余额设定	熨平余额方法
美国	按日实时监测账户余额、投资余额，对质押品价值进行动态检测	在纳税高峰期余额设定为 70 亿美元，其他时间保持在 50 亿美元，金融危机后余额提高至 1 500 亿美元	如果低于这个水平，在当日或次日上午从商业银行"税收与贷款账户"调入现金补足
英国	按日预测，根据收入支出滚动更新	2 亿英镑	每周五发行短期国债
法国	每年年初对国库账户 12 个月内的每日现金流进行初步预测，国库交易总体情况每 30 分钟更新	不超过 1 亿欧元	发行短期债券

续表

国家	预测监测机制	余额设定	熨平余额方法
加拿大	央行根据每日现金流预测,在上午和下午分别就财政存款向商业银行进行招标拍卖	30亿~40亿加元	债务管理办公室每两周发行一次国库券
澳大利亚	提前一年对现金进行预测,提前一个半月对日常支出进行预测,官方公共账户盯住91天滚动平均余额	7亿~11亿澳元	发行短期债券

2. 对我国库底目标余额的探索

由于现阶段我国还没有形成发达的货币市场,尤其是短期国债市场,以及尚不具备精确的国库现金流量预测机制,在目前设定一个相对较高的目标余额更符合我国国情。根据《2016~2018年全国财政国库现金流量预测报告》相关数据,我们对库底目标余额进行了测算,得出如下结论:

方案一:按照满足半个月财政库款流出原则,设立库底目标余额为15 000亿元。2017年月度库款流出为31 330亿元,2018年月度库款流出为30 022亿元,按照保障半个月财政库款流出原则,大致可设立库底目标余额为15 000亿元,库款保障水平约为0.5。

方案二:按照基本覆盖月度财政收支差额原则,设立库底目标余额为10 000亿元。随着财政经济趋稳、目标余额管理体制的逐步完善及现金流估算和预测水平的提高,可以进一步降低目标余额的规模。我们对2016年分月财政收支差额情况进行了分析,月度收支最大差额为10 700亿元,为确保财政支出需要,按照库款余额可以基本覆盖月度财政收支最大差额的原则,设定库底目标余额为10 000亿元。设定库底目标余额10 000亿元时,2017年库款保障水平[①]为0.32,2018年为0.33,与当前库款保障水平0.68相比,财政资金的使用效率将大幅度提高。

在当前我国宏观经济形势复杂多变,经济下行压力加大,各种不确定性因素叠加,部分经济金融风险向财政风险扩散转化的情况下,我们倾向于方案一。

---

① 库款保障水平=月均库款余额/月均库款流出量。

(二) 库款实有规模可结合流动性管理目标主动调节

(1) 国库库款大于库底目标余额时，将超过部分的闲置现金进行国库现金管理操作，通过商业银行存款、购买政府债券等方式获取投资收益，提高国库资金的使用效益。同时，国库现金管理规模兼顾与 M2 的协调配合。

情形一：当 M2 增速下降，需要配合投放流动性时，国库现金管理可以实施商业银行定期存款，规模应控制在 1 万亿元左右。国库现金管理商业银行定期存款占全部国库现金管理操作的 96.9%，成为国库现金管理的主要方式。据计算，2008 年 1 月至 2015 年 12 月期间，我国中央国库现金商业银行定期存款月度平均存款为 1 766 亿元，占国库现金平均余额的 6%。月度存款规模最大值为 3 800 亿元，最小值为 300 亿元。选取变量为国库现金商业银行定期存款 T、基础货币 B，数据为月度数据。

对变量 lgB、lgT 进行回归分析，引入滞后变量 lgB (-1)。回归结果为：

$$\lg B = 0.2725 + 0.0122 \lg T + 0.9711 \lg B(-1)$$
$$R^2 = 0.99 \quad DW = 2.20$$

由回归结果可知，假定影响基础货币的其他因素固定不变，当国库现金管理商业银行定期存款提高 1% 时，基础货币同步增长 0.0122%，M2 也同步增长 0.0122%[①]。这表明目前阶段，我国国库现金商业银行存款对基础货币和 M2 的影响较小，对货币政策的冲击有限。当库存现金商业银行存款月均存款规模达到 10 000 亿元时，基础货币和 M2 的增幅将达到 5.6%，按照当前 M2 增速和规模进行近似计算，相当于 M2 增速提升 0.5 个百分点，释放流动性 8 267 亿元，是 10 月新增人民币信贷 6 632 亿元的 1.25 倍，对货币政策冲击较大。因此，为避免国库现金管理对货币供给产生较大的影响，中央国库现金管理的规模应控制在 1 万亿元以内。

情形二：当 M2 增速持续上升，需要配合回收流动性时，国库现金管理可以实施国债回购。国债回购是指财政部门向融券方卖出国债，并在签订的合同中规定，需在卖出该笔国债后在双方商定的时间，以商定的价格再买回该笔国债，并支付原商定的利息。本质上就是一种短期贷款，回购

---

① M2 = 基础货币 × 货币乘数，取对数后即 M2 的增长率 = 基础货币的增长率 + 货币乘数的增长率。

方即财政部门用自己的国债作为抵押获得这笔借款,到期后还本付息;而商业机构或个人通过国债回购市场把自己的资金借出去,获得固定的利息收入。目前,上交所、深交所国债逆回购的品种较丰富,有1天、2天、3天、4天、7天、14天、28天、91天、182天国债回购产品。

(2)当库款不能满足支付需要,出现季节性财政资金缺口时,可以通过发行国债予以弥补,建议主要发行1年期以下国债,甚至还可以通过发行期限为几天的现金管理券来弥补临时性的财政资金缺口。发行国债是投放基础货币的主要渠道,如果面临M2增速上升,需要配合回收流动性的情形,就应适当控制国债发行规模。

国债发行额对M2影响的阶段性较明显,1994年以前,国家财政赤字主要由财政部门向央行透支予以弥补。1994年取消财政向央行透支后,财政赤字只能通过发行国债来改善。

选择变量为M2、国债发行量ND、外汇储备FB,数据为年度数据。选择样本的区间是1994~2016年。回归结果:

$$M2 = 15758.2 + 24.59172ND + 11.82494FB$$
$$(2.49) \quad (9.84) \quad (6.28)$$
$$R^2 = 0.99 \quad F = 24.55 \quad DW = 2.36$$

由回归结果可知,国债发行和外汇储备都是影响货币供应量的重要因素。随着外汇市场开放度的不断提高,外汇储备的基础货币调控功能将不断减弱,要求提高国债发行规模,改善国债期限结构,进一步加大国债基础货币调控能力。

三、关于国库库款和货币政策协调配合的政策建议

(一)理顺财政与央行在国库管理方面的管理体制

建议明确财政部门作为国库管理的单一责任主体,行使国库管理职责,央行只是受财政部委托代理国库业务。从1995年开始,国家金库条例规定央行经理国库,职能比较模糊,导致财政部门在账户设置、预算执行和国库现金管理中都要与央行进行协调,财政政策效率受到影响。从国际货币基金组织的定义来看,国库不单是指国家金库,更重要的是指财政代表政府控制预算执行,保管政府资产和负债的一系列管理职能,财政部

门应在国库管理中起主导作用。在实际操作中,应加强国库现金管理与货币政策协调配合,财政部门和央行应进一步完善协商机制,主动寻求国库现金管理与央行公开市场操作政策效应叠加。

(二) 丰富国库现金管理操作工具,合理控制国库现金管理规模

一是坚持采取滚动操作,稳定库存现金水平,熨平库存现金波动,降低库存波动对基础货币和货币供应量的影响。二是在 15 000 亿元库底目标余额的前提下,提高国库库存利用效率,通过持有定期存款、国债、企业短期融资券、商业票据等金融资产的形式,提高财政资金对金融市场的参与度。尤其要配合好货币政策调控,均衡合理安排财政资金购买或出售金融资产,防止财政资金快进快出加剧金融市场波动。三是设立国库现金管理警戒线,密切关注国库现金操作对货币政策的影响,将中央国库现金管理规模控制在 1 万亿元以内。

(三) 滚动发行短期国债,提高库款变动的灵敏度

近年来,我国国债发行规模呈快速增长趋势,从 2000 年的 4 153 亿元增长到 2016 年的 30 869 亿元,增长了约 6.43 倍。从期限结构看,1 年以下国债发行额占比 17.6%,10 年以上国债发行额占比 3%,1~10 年国债发行额占比 79.4%。国债市场成为央行调节基础货币的重要渠道,但发行规模和期限结构与发达国家国债市场相比仍有较大差距。短期国债是国债管理和国库现金管理的有效工具,有利于解决国库临时短期内的资金短缺需求,有助于国库现金流入和流出在时间上的匹配,减少财政对库底资金的需要。今后应重点发行 1 月期、3 月期和 6 月期的国债。

关于新三板与科创板协调发展，共同服务实体经济的政策建议[*]

金融是实体经济的血脉，资本市场在金融运行中具有牵一发而动全身的作用。2018年11月5日，习近平总书记在首届中国国际进口博览会开幕式上宣布，将在上海证券交易所设立科创板并试点注册制。中央经济工作会议在布置2019年重点工作任务时明确指出，要推动在上交所设立科创板并试点注册制尽快落地。有评论认为，全国股份转让系统（新三板）与科创板存在同质竞争。经系统梳理新三板发展历程、特点和成效，我们认为新三板和科创板都立足于服务科技创新和经济高质量发展，二者应当互相借鉴，差异化发展，携手推进资本市场增量改革。

一、新三板发展历程

（一）"两网"的建立和停运

20世纪90年代，为改善国有企业经营，我国进行了股份制改革。这一过程中，为防止国有资产流失，有关部门设立了法人股，向企业法人和内部职工进行定向募集。但这些股份却在二级市场上交易受限，加大了改革阻力。为解决这一问题，1992年7月中国证券市场研究中心建立全国证券交易自动报价系统（securities trading automated quotations system, STAQ），成为指定的法人股流通市场；1993年4月，中国证券交易系统有限公司建立全国电子交易系统（national exchange and trading system, NET），从事法人股转让业务。二者合称为"两网"系统。1998年东南亚金融危机爆发后，我国金融监管层全面清理国内证券市场，停运各地发展不成熟、标准不一致的场外交易市场，STAQ市场和NET市场也在其中。

---

[*] 本文数据由作者根据相关资料整理分析得出。

1999年9月9日,"两网"正式停止运行。

(二) 老三板:证券公司代办股份转让系统

2001年6月经中国证监会批准,中国证券业协会发布《证券公司代办股份转让服务业务试点办法》,指定了申银万国、国泰君安、大鹏证券、国信证券、闵发证券和辽宁证券6家证券公司代办原本在两网系统挂牌公司的股份转让业务,以解决两市挂牌企业的股份流通问题,建立了由证券公司代办股份转让业务的场外交易制度。同年7月16日,第一家公司挂牌转让股份,证券公司代办股份转让系统正式开通运行。2001年水仙股份从主板退市①,于当年12月10日起,转而在代办股份转让系统挂牌。自此,沪深证券交易所市场退市的公司也纳入代办股份转让系统,使其成为退市机制的一部分,这也标志着三板市场的雏形基本形成。证券公司代办股份转让系统又被称为"老三板"。

(三) 新三板的建立

1. 正式启动中关村科技园区非上市股份有限公司股份报价转让系统

"老三板"虽然为原两市挂牌公司及从主板市场退市的公司提供了股份流通的交易平台,但市场投资主体关注度极低,市场交易十分清淡,缺乏融资功能,亟待改革。2006年1月,为落实国家自主创新战略、推动科技型企业借力资本市场发展,国务院发布了《证券公司代办股份转让系统中关村科技园区非上市股份有限公司股份报价转让试点办法》及相关配套文件,将北京市中关村科技园区内具备规定资质的非上市高科技公司纳入代办股份转让系统中实现融资,北京中关村园区非上市股份有限公司"代办股份转让系统"开始进入试点。2009年6月,证券业协会又先后发布了一系列新修订的规则性文件和操作性文件。中关村股份报价转让系统也被称为"新三板"。

2. "新三板"扩容至四个园区

在中关村非上市股份有限公司股份报价转让试点多年后,新三板扩容被提上议事日程。2012年8月,国务院批准《关于扩大中关村试点逐步建立全国中小企业股份转让系统的请示》,同意筹建全国股份转让系统,并将试点范围扩大到上海张江、天津滨海和武汉东湖高新区等国家级高新园区。

---

① 2001年4月,中国证监会正式启动退市机制。

3. 正式建立全国股份转让系统

2013年1月16日，全国股份转让系统正式揭牌运营，对原证券公司代办股份转让系统挂牌公司全部承接，运营管理工作由中国证券业协会转为由全国中小企业股份转让系统有限责任公司负责。2013年2月，国务院颁布《全国中小企业股份转让系统有限责任公司管理暂行办法》，证监会批准《全国中小企业股份转让系统业务规则》，非上市公众公司突破股东人数200人的限制；同年6月19日，国务院第13次常务会议决定将全国股份转让系统试点扩容至全国。12月13日，国务院正式发布《国务院关于全国中小企业股份转让系统有关问题的决定》，明确了全国股份转让系统的性质、功能和定位，证监会明确指出，全国股份转让系统是继沪深交易所后第三家全国性证券交易场所，是多层次资本市场体系的重要组成部分。

二、新三板市场特点与成效

党的十九大报告指出，要深化金融体制改革，增强金融服务实体经济能力，提高直接融资比重，促进多层次资本市场健康发展。目前，我国多层次资本市场体系主要由主板市场、中小板、创业板、新三板和区域股权交易市场五部分组成，各市场在上市、交易等方面有较大差异。相对于沪深交易所，新三板聚焦于服务创新型、创业型、成长型中小微企业，有力地发挥了"苗圃"与"土壤"作用。

（一）新三板制度特点

1. 包容性的市场准入

2013年6月，制定了《全国中小企业股份转让系统挂牌条件适用基本标准指引》，明确了申请挂牌公司准入条件，符合条件的企业均可进入市场。挂牌审查工作强调以信息披露为核心，减少自由裁量空间，进一步明确了市场预期。2017年9月，对上述标准指引进行修订，取消了对净利润不能持续亏损的限制，即进一步放宽了挂牌条件，允许亏损企业挂牌。

2. 差异化的分层管理

2016年6月，全国股转公司实施对挂牌公司的分层管理，从盈利性、成长性和市场认可度三个方面设置三套差异化的创新层标准，将市场分为基础层和创新层。2017年12月，对分层管理制度进行修改，调整了创新层的部分准入和维持标准①。修改内容主要为：一是调减净利润标准，提高营业收入标准，新增竞价市值标准；二是在共同准入标准中增加"合格投资者人数不少于50人"的要求；三是着眼于提高创新层稳定性，防止"大进大出"，将维持标准改为以合法合规和基本财务要求为主②。为进一步完善分层管理，新三板将在创新层基础上增设精选层，设置更高要求的准入标准。考虑到新三板是海量市场，实施分层管理有利于实现对挂牌公司的分类服务和管理，降低投资者信息搜寻成本。但实际上，创新层配套的交易、融资制度还有待完善，目前未明显优于基础层，并且创新层企业面临更严格的信息披露、公司治理要求③，导致部分优质企业进入创新层积极性不高。

3. 多元化的交易制度

2006年1月，中关村开始试点建立新三板，企业实行协议转让④；2014年8月，推出做市商制度。2017年12月，与分层制度的完善相配套，进一步推进交易制度改革。一是引入集合竞价，原采取协议转让方式的股票盘中交易方式统一调整为集合竞价，盘中时段的交易方式由"协议转让＋做市转让"，改成"集合竞价＋做市转让"，供挂牌企业自主选择。基础层每日收盘时段进行1次集合竞价；创新层实行每小时撮合1次、每天共5次的集合竞价模式。二是为满足市场参与人合理的协议转让需求⑤，提供了盘后协议转让与特定事项协议转让两种交易方式。最初的协议转让方式下，新三板交易较为"冷清"，做市转让制度的引入提高了市场整体流动性，也增强了对创新创业企业的定价功能。但一方面，由于做市商数量较少，容易导致大型券商操纵市场，加大信息不透明程度；另一方面，做市商在市场上承担风险较大，参与热情也有所下降。集合竞价相比于协议转让、做市商转让，其形成的价格更加公允，交易信息更加透明。但目前集合竞价的交易频次较低，与沪深交易所的连续竞价相比，成交价格缺

---

① 维持标准指创新层企业继续维持在创新层板块的条件。
② 由于大部分新三板企业属于中小型企业，业绩波动较大，如果设置较多财务指标作为创新层的维持标准，容易影响创新层的稳定性。因此此次修订，将维持标准中的净利润、营业收入、市值等财务要求删除，保留了部分基本财务指标。
③ 例如，创新层企业需要披露半年度报告，而基础层企业无此要求。
④ 协议转让指交易双方先进行线下直接洽谈，谈妥后再进行股权交割。
⑤ 例如，公开转让交易对象可能为三类股东（契约型基金、资产管理计划和信托计划），可能会形成挂牌企业转板时的障碍。

乏连续性，不利于实现价格发现功能。

4. 市场化的主办券商推荐制度

2013年1月发布的《全国中小企业股份转让系统有限责任公司管理暂行办法》规定全国股份转让系统实行主办券商推荐制度，构建了以主办券商为核心的市场化遴选机制，要求主办券商以销售为目的遴选企业。同时，新三板要求主办券商持续督导企业规范运营，时间远长于主板、中小板、创业板要求①。这在一定程度上可以降低企业（尤其是中小型企业）的违规风险，但也会增加企业的规范成本。

5. 严格的投资者适当性管理

为了有效控制市场风险，新三板市场实施了严格的投资者适当性管理，设定了500万的投资者准入门槛②，目的是逐步建成以机构投资者和高净值客户为主体的证券交易场所。但由于门槛较高、投资者类型较单一③，一定程度上也影响了市场流动性和成交量。目前，已有近200家以新三板股票为主要投资标的的资管产品（包括基金公司及其子公司专户产品、证券公司资管计划），但公募基金、保险基金、社保基金等专业投资机构受制度限制，仍未能参与新三板市场。

6. 多样性的融资功能

新三板融资业务主要包括定向发行普通股、优先股，创新创业公司非公开发行可转换公司债券。对于挂牌公司定向发行融资，遵循公司自治和买者自负原则，主要由全国股转公司实施以信息披露为核心的备案管理。《非上市公众公司监督管理办法》规定在新三板公开转让股票的公众公司向特定对象发行股票后股东累计不超过200人的，中国证监会豁免核准，由全国中小企业股份转让系统自律管理。2018年10月，为满足挂牌公司差异化的融资需求，推出了授权发行制度④，提高了小额发行的决策效率。但是，对于有较大融资需求的优质企业，新三板还缺乏公开发行融资机制，未能形成规模大且效率高的融资方式。

---

① 主板和中小板企业的IPO，保荐机构的持续督导期间为上市当年剩余时间及其后2个完整会计年度；创业板企业的IPO，保荐机构的持续督导期间为上市当年剩余时间及其后3个完整会计年度。

② 个人投资者需要500万元的金融资产，机构投资者需要500万元的实收资本。

③ 以私募基金为主。

④ 公司召开年度股东大会时可逐年根据公司章程的规定对公司下一年度"小额快速"融资安排作出决议，授权董事会分次对具体融资时间和融资额作出决策。

(二) 挂牌企业高质量发展

目前新三板共有 10 786 家挂牌公司,是全球首个服务企业达到一万家的证券市场,整体市值达到 3.52 万亿元[①]。2013~2017 年,挂牌公司总资产、营业收入和净利润分别累计增长 102.02%、75.97%、91.61%,已有 906 家公司挂牌后实现规模升级,其中 844 家小型企业成长为大、中型企业。

1. 挂牌公司整体业绩保持较快增速,产业结构持续优化

2017 年 4 054 家挂牌公司年收入过亿元,2 392 家公司净利润出现跨越式增长,增幅达 100% 以上。多家企业为细分行业龙头,如生物医药企业成大生物,是全球人用狂犬疫苗龙头,国内市场占有率达 50%。挂牌公司主要分布在制造业和信息传输、软件和信息技术服务业,先进制造业占比大幅上升,从 2013 年的 15.8% 大幅上升至 2017 年的 28.1%;战略新兴产业[②]和现代服务业[③]自试点扩大至全国以来,占比分别稳定在 24% 和 34% 左右。

2. 挂牌公司研发强度稳定在较高水平,新三板涌现出一批具有高成长性、高附加值、高回报率的企业

挂牌后公司整体研发支出呈上升趋势,总体研发强度保持在 5% 以上的较高水平,较全社会研发强度高出 2.9 个百分点。挂牌企业中,符合新经济企业特征的共 4 782 家,占比 44.43%,其中 2 654 家公司增速符合瞪羚企业[④]划分标准,占比 55.50%。28 家挂牌公司符合全球公认的新经济独角兽划分标准,集中在互联网应用、文化娱乐、新科技、新环保和生物制药产业。

3. 挂牌公司发展环境逐渐改善,吸引了早期投资,受到地方政府的关注与支持

新三板为私募股权基金提供了新的退出平台,丰富了中小微企业直接融资工具。PE/VC 有超过 60% 的项目通过新三板退出;目前有 PE/VC 持

---

① 资料来源:全国股份转让系统。
② 战略性新兴产业是指以重大技术突破和重大发展需求为基础,对经济社会全局和长远发展具有重大引领带动作用,知识技术密集、物质资源消耗少、成长潜力大、综合效益好的产业。
③ 现代服务业指以现代科学技术特别是信息网络技术为主要支撑,建立在新的商业模式、服务方式和管理方法基础上的服务产业。
④ 瞪羚企业划分标准:上年度总收入在 1 000 万~5 000 万元之间的企业,收入增长率达到 20% 或利润增长率达到 10%;上年度总收入在 5 000 万~1 亿元之间的企业,收入增长率达到 15% 或利润增长率达到 10%;上年度总收入在 1 亿~5 亿元之间的企业,收入增长率达到 10% 或利润增长率达到 10%。

股的挂牌公司占 63%，较挂牌时高出 14 个百分点。截至 2017 年末，全国股转公司与 23 个省级人民政府和部分地市州签订战略合作协议，为各地区的中小微企业量身定做服务方案。

三、新三板应与科创板携手推进资本市场增量改革，服务科技创新和经济高质量发展

虽然目前尚无明确的上市指引，但从原战略新兴板、中国存托凭证（Chinese Depository Receipt，CDR）等改革实践来看，新三板可以在原有优势和经验上，与科创板差异化互补，互相借鉴，协同发力。

（一）国内科创企业资源众多，新三板可与科创板差异互补

1. 国内科创产业发展势头良好，企业资源足够多，回归意愿强烈

一方面，优质储备资源数量较多。截至 2017 年末，国内共有 120 家独角兽企业，占全球独角兽企业的 40%①。另一方面，近年来中概股在价格波动加大的环境下，回归境内的情绪更加明显。特别是 2018 年 10 月以来，经历了近十年的牛市，美股出现明显回调，中概股受到较大影响。

2. 新三板可与科创板形成差异互补

习总书记明确指出，建设科创板，要支持上海国际金融中心和科技创新中心建设。因此科创板倾向于高起点、具有行业代表性的科创企业，市值将会较高。同时可以观察到，随着时间推移，我国资本市场改革试点趋向于选取更大市值的企业②。而从目前国内多层次资本市场的上市/挂牌公司市值看，主板和中小板 97% 的公司市值在 15 亿元以上，其中 77% 的公司在 20 亿~300 亿元之间；创业板 94% 的公司市值在 15 亿元以上，其中 77% 的公司市值在 15 亿~70 亿元之间；新三板 98% 的公司市值在 15 亿元以下，其中 89% 的公司市值在 5 亿元以下。因此，预计科创板、新三板的服务企业市值将有较大差异，两者可以优势互补。同时需要指出的是，市值在 5 亿~15 亿元之间的公司目前缺乏资本市场服务，新三板、科创板

---

① 资料来源：胡润研究院《2017 胡润大中华区独角兽指数》、科技部火炬中心《2016 中国独角兽企业发展报告》、德勤和投中《2017 中美独壳兽研究报告》。

② 以 2018 年推出的 CDR 为例，其试点企业标准为已在境外上市且市值不低于 2 000 亿元人民币，或尚未在境外上市，近一年营业收入不低于 30 亿元人民币且市值不低于 200 亿元人民币，市值要求远高于 2015 年提出的原战略新兴板各标准中 10 亿元、15 亿元的要求。

可以共同开拓这一蓝海市场。

（二）不断完善资本市场基础制度，新三板可与科创板携手推进资本市场增量改革

习近平总书记明确指出，建设科创板，要不断完善资本市场基础制度。这对资本市场建设提出了更高的要求。

1. 上市条件设置需要与时俱进

科创型公司创业初期盈利状态普遍不佳甚至长时间亏损①；出于融资需要，引进多轮 PE/VC 导致股权分散，但需要保持创始人等核心人员对企业的实际控制权，以避免资本的短期化行为。这使得科创型公司的上市制度需要作出相应的调整。这方面新三板已取得一定进展，例如对盈利性、现金流均无明显要求，对净资产、股本总额、企业存续期要求远低于其他板块。科创板可以在参考新三板实践的同时，进一步做出"投票权差异、协议控制架构②"等特殊安排。而科创板的实践，也会为新三板提供有益的借鉴，促进两个市场的共同发展。改革将会释放巨大的红利，从港交所经验看③，通过改革提质，允许没有收益或盈利的生物科技公司上市，2018 年香港 IPO 融资额达到 2 866 亿港元，同比增长 123.4%，位列全球第一④。

2. 注册制改革需要加快推进

习近平总书记明确指出，科创板将试点注册制。考虑到 2015 年 12 月全国人大常委会已对沪深交易所授权实施股票发行注册制，科创板试点注册制法律依据充足，落地速度将会明显加快。注册制的核心是市场化，不对企业盈利情况实质审核，而以信息披露为核心，以公开反馈意见的方式进行审核发行注册。新三板实践中，对企业的最低财务要求就是实际要求⑤，只要信息披露材料符合一致性、齐备性、可理解性即可挂牌，没有其他的"隐性条件"⑥，不需要发审委的行政审批。科创板可以借鉴新三板的实践经验，加快推进注册制改革，同时也要强化退市制度，形成"优

---

① 例如，亚马逊（Amazon）长期亏损，但由于商业模式前景较好，在资本市场广受追捧。
② VIE 模式（variable interest entities）。
③ 2018 年 4 月，港交所实施上市制度改革，发布了新兴及创新产业公司上市制度细则，其变动主要包含三个方面：一是允许双重股权结构公司上市；二是生物科技此类企业即便在没有盈利的情况下，也可赴港上市；三是在美国上市的企业，也可回归港股。
④ 资料来源：德勤《中国内地及香港 IPO 市场——2018 年回顾与 2019 年前景展望》。
⑤ 主板、中小板、创业板的 IPO 实际要求远高于最低要求。
⑥ 例如对申请公司的持续经营能力进行实质性判断。

胜劣汰、进退有序"的良性循环。

(三) 优化投资者适当性管理

无论是新三板还是科创板，因为其上市/挂牌企业具有高风险性，需要进行投资者适当性管理，加强投资者与其投资产品的风险匹配度。理论上来说，投资者"合格"与否，取决于其投资经验、知识背景、资产财富等多方面因素，但考虑到信息不对称导致的搜寻成本过大，在我国实践中，投资者适当性管理的核心在投资者的资金量。

目前新三板实行 500 万元的资金门槛，虽然保护了中小投资者，但考虑到我国 90% 以上的投资者证券资产在 50 万元以下，仅有不到 0.4% 的投资者证券资产在 500 万元以上，过高的资金门槛在一定程度上降低了市场流动性、削弱了企业融资能力。2018 年全年新三板交易量为 811.06 亿元，而上交所、深交所交易量仅 1～11 月就分别达到了 37.9 万亿元、46.9 万亿元。2018 年全年新三板挂牌企业融资①604.14 亿元，而仅 1～10 月 A 股上市企业融资②9 014.96 亿元。因此，科创板投资者门槛的设置需要更贴近市场实际情况，例如可设置在 50 万元左右。这反过来也会将对新三板适度调整投资者门槛提供支撑，以进一步提高市场活力和效率（见表 1）。

表 1　　　　　2016 年 12 月合计账户数 A 股流通市值分布

资产范围（元）	账户数量（万户）	占比（%）
1 万以下	1 202.25	24.35
1 万~10 万	2 363.59	47.87
10 万~50 万	1 052.48	21.31
50 万~100 万	179.78	3.64
100 万~500 万	120.87	2.45
500 万~1 000 万	10.31	0.21
1 000 万~1 亿	7.25	0.15
1 亿以上	1.47	0.03
总和	4 937.99	100.00

注：该数据在 2017 年后不再公布。合计账户包含个人投资者以及机构投资。
资料来源：中国证券登记结算有限公司。

---

① 包含股票发行和优先股发行。
② 包含首发 A 股、A 股增发、A 股配股，不包括可转债。

小微企业、民营企业融资难融资贵问题的分析及政策建议[*]

小微企业、民营企业融资难、融资贵问题是当前宏观经济领域中的一个突出矛盾，必须分析原因，对症下药。

一、流动性主要淤积在银行体系内，小微企业、民营企业融资难融资贵问题未得到缓解

（一）商业银行资金成本不断下降，但实体经济贷款利率却边际上行，银行挤占实体经济利润空间

在多次宽松操作下，货币市场资金利率不断下行，隔夜 Shibor 利率呈震荡回落态势，2018 年 8 月个别日期最低甚至只有 1.5% 左右，与央行 7 天期逆回购操作利率（2.55%）形成倒挂（见图 1），在 2018 年下半年以

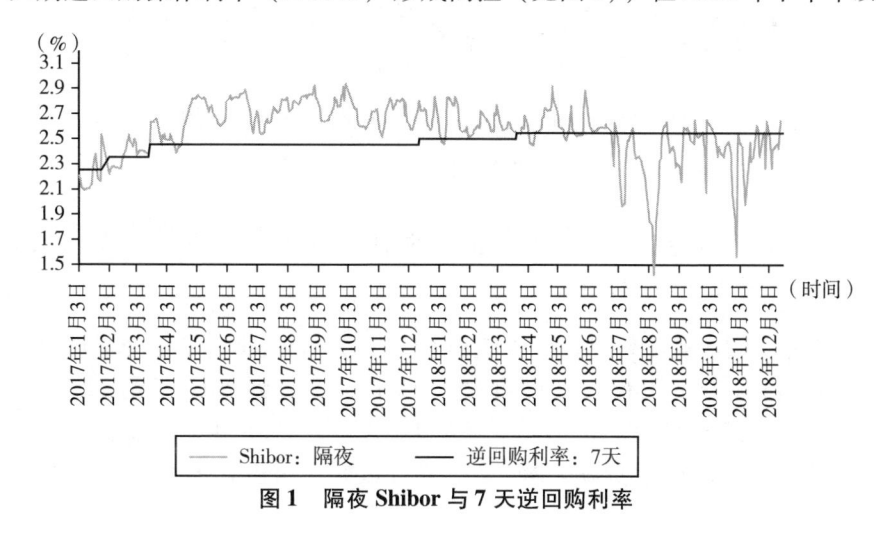

图 1　隔夜 Shibor 与 7 天逆回购利率

---

[*] 本文数据由作者根据相关资料整理分析得出。

来尤其明显。同时,金融机构人民币贷款利率边际上行,三季度末为5.94%,虽然比上半年末(5.97%)略有回落,但比2017年末(5.74%)提高0.2个百分点。以上表明,银行间充足的流动性由于传导不畅,未完全注入实体经济特别是小微企业、民营企业,致使其融资成本上升。

(二)新增贷款主要流入居民部门,企业部门贷款增速放缓且短期化,信贷对实体经济的支持强度依然较弱

2018年11月新增人民币贷款1.25万亿元,同比多增1 300亿元,新增主要来源于居民贷款,企业贷款增速放缓,期限偏向短期。其中,企业票据融资同比多增约2 000亿元,中长期贷款同比少增980亿元(见图2)。商业银行新增企业贷款短期化,是在当前经济下行压力有所加大、金融行业监管趋严的背景下,银行风险偏好下降,使企业部门中长期信贷融资需求受限。

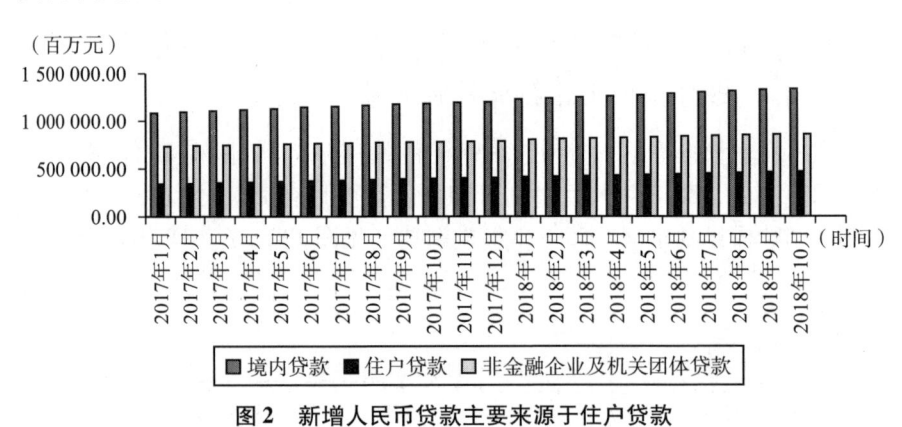

图2 新增人民币贷款主要来源于住户贷款

(三)小微企业、民营企业遭银行"嫌弃",贷款难度加大,金融资源配置不尽合理

据中国财政科学研究院调研样本企业,国企和民企的平均融资规模变动趋势明显分化,国企从2015年的7.15亿元上升到2017年的22.54亿元,同期,民企则从5.99亿元下降至4.6亿元。2018年三季度,商业银行共计投放小微企业贷款余额①24.79万亿元,仅占人民币贷款余额的

---

① 用于小微企业的贷款余额+小型企业贷款余额+微型企业贷款余额+个体工商户贷款余额+小微企业主贷款余额。

18.6%，其中大型国有商业银行投放小微企业贷款余额7.23万亿元，占比仅29.2%。与此同时，据国家统计局关于规模以上工业企业的数据，2011年以来，国企、民企的净资产收益率（ROE）都出现下降，但民企ROE始终高于国企。2017年，民企ROE（19.6%）依然是国企（9.4%）的2倍多。按照经济学原理，资金应该向效率高的领域（民企）配置，但我国的资金配置更多流向了效率较低的领域（国企），引发民企投资收缩，降低资本投资效益，可能会进一步加剧我国经济下行。

二、小微企业、民营企业融资难融资贵的主要原因

央行通过货币政策工具调节银行体系的流动性，通过贷款基准利率和公开市场操作工具影响资金价格，商业银行则根据实际情况决定对实体经济发放贷款的数量。而目前流动性主要淤堵在银行体系内，小微企业、民营企业融资难融资贵问题突出，根源是货币政策传导出现了问题。

（一）因监管趋严，银行资本金短缺限制银行信贷扩张

一是在穿透式监管要求下，表内非标资产的资本补计提压力增大。2017年以来，银行表内非标资产投资主要通过同业部门的买入返售业务开展，2017年"三三四十"检查之后，同业、表外投资成为监管重点，明确要求应穿透至底层资产来计提，提高了现有存量资产的补计提压力，市场测算需补计提的资本将达4万~5万亿元。二是表外非标资产回表，资本短缺加剧。2017年以前，通过理财对接表外非标是银行贷款投放的主要渠道之一。2017年以来，资管新规、理财新规等系列监管政策叠加下，对表外理财监管趋严，由银行理财对接的存量非标业务，大部分将转制银行的表内贷款，即使按8%的最低资本充足率、保守估计承接6万亿非标资产回表，需要补充资本金5 000~6 000亿元。银行资本短缺将进一步加剧。三是银行主动大规模持有地方债，消耗大量资本。截至2018年11月末，地方债规模为12.38万亿元，据估计，商业银行持有地方债总量的85%以上，按当前风险权重20%计算，约需占用资本金2.1万亿元。

（二）金融资源的配置和效率分化加剧了小微企业、民营企业的融资难度

一是我国金融资源过于集中于大银行，无法形成差异化经营，不能有

效支撑小微企业、民营企业发展。2018年一季度，五大国有银行和国开行、邮储银行的人民币存款和贷款占银行业金融机构的49.1%和50.3%。同时，国有商业银行对小微企业支持力度在持续减弱，加剧小微企业、民营企业的融资难度。五大国有银行占全国小微企业贷款的比例持续降低，从2015年一季度的35%降低到2018年三季度的29.2%。二是中小商业银行资金成本高。相较于大型银行，规模小、组织半径更小的中小银行在处理中小企业贷款中的信息问题上存在优势。但是在基础货币投放渠道中，由于资金多次转批发层层加价，导致小银行获得流动性能力偏弱，资金价格偏高，难以形成竞争优势。三是中小商业银行的不良率上升抑制了小微企业、民营企业的资金供应。2018年前三季度只有城市商业银行和农村商业银行的不良率开始上升，尤其是农村商业银行，2018年三季度高达4.23%，而五大国有商业银行和股份制银行的不良率基本保持稳定。

（三）银行贷款标准[①]趋紧，小微企业、民营企业贷款受到较大冲击

近年来，受金融去杠杆、经济增长预期下调等因素影响，银行贷款标准趋紧，对不同规模企业融资造成了不对称影响，特别对小微企业贷款造成了较大影响。主要是因为：一是小微企业、民营企业透明度低。尽管银行贷款趋紧会同时冲击不同类型企业的融资需求，但将显著加剧透明度较低的小微企业、民营企业的道德风险问题和逆向选择问题。因此，小微企业、民营企业缺乏透明度可能导致信贷市场均衡向更加不利的方向移动。二是银行贷款标准趋紧，对已获得授信的企业影响相对较小，但对于新申请贷款的企业影响更大。我国小微企业、民营企业平均生存时间仅为3年左右，这就意味着，许多小微、民营企业是新成立企业。商业银行依靠软信息向小微企业、民营企业发放贷款，需要银行花费更长时间建立与企业之间的联系，这加剧了小微企业、民营企业在银行贷款趋紧条件下的贷款难问题。

（四）存贷款利率偏离市场出清利率，扭曲利率传导机制

在理想的、利率传导机制通畅的情况下，央行的政策利率（再贷款利率）到市场利率（存贷款利率、货币市场利率）的传导关系是明确的，

---

① 银行贷款标准旨在衡量非价格贷款条款，如贷款限额、抵押品范围和抵押率等。

三、货币政策篇

不会发生扭曲（见图3）。实际上，利率传导过程出现了一定扭曲。存款利率虽然名义上已经放开管制，但由于存在银行自律，无形中形成了天花板，无法及时反映政策和市场变化情况。同时，贷款利率已经充分市场化，但仍然管控信贷额度，贷款利率通常比均衡价格高。当经济下行时，由于风险偏好下降，商业银行将有限的贷款额度集中到少量的优质大型企业中去，因此出现贷款的买方市场，导致贷款利率不升反降，进一步扭曲了利率传导。

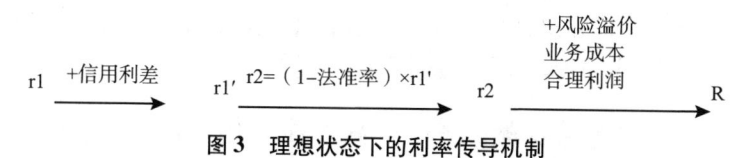

$$r1 \xrightarrow{+信用利差} r1' \xrightarrow{r2=（1-法准率）\times r1'} r2 \xrightarrow{\begin{array}{l}+风险溢价\\业务成本\\合理利润\end{array}} R$$

图3 理想状态下的利率传导机制

注：r1 为央行直接向一级交易商投放基础货币的再贷款业务的利率，r1'为银行间市场利率，r2 为银行存款利率，R 为银行贷款利率。

三、相关政策建议

（一）引导银行业金融机构适度放宽贷款标准

一是继续降准推动银行加大对小微企业、民营企业的贷款投放。一方面为银行解决流动性问题，使其有足够的资金向小微企业、民营企业投放贷款。另一方面可以降低银行获得资金的成本，引导银行以更低的价格为小微企业、民营企业融资。二是拓宽中小银行不良贷款处置渠道，引导中小银行加快化解不良贷款。扩大不良贷款证券化、批量转让和债转股等新型处置模式的应用范围和领域。

（二）通过市场化方式补充银行资本金，缓释信贷扩张约束

银行资本分为三档：核心一级、其他一级、二级，资本管理办法对银行设有最低资本要求，即核心一级资本充足率不得低于5%，一级资本充足率不得低于6%，资本充足率不得低于8%。核心一级资本工具主要是定增、配股、可转债转股，其他一级资本工具主要是优先股、永续债，二级资本工具是二级资本债。一般来说，求偿权顺序越靠后，它的受保护程度就越低，这类资本的投资人所要求的回报率就越高，银行获取该资本的

成本就越高。从节约成本的角度而言，银行应尽可能使用低成本的资本，也就是，在满足了上一档的最低资本要求后，就尽可能使用下一档资本工具。一是建议下调目前地方债20%的资本计提比例，缓解商业银行持有地方债对其利润和流动性造成的压力。二是对小微资产实施优惠的资产计提政策。建议对符合国家政策导向的小微信贷实施优惠的资产计提政策，下调目前75%的资本计提比例，提高商业银行发行小微贷款的积极性。三是为商业银行营造更加高效便捷的资本管理环境。为银行资本补充开通绿色通道，提高定向增发、优先股发行的效率。加强监管协调，对于涉及多部门审批的资本补充方式，建立会商机制，缩短审批流程。丰富二级资本债、永续债的投资主体，可以考虑扩大至保险公司、社保基金等。

（三）创新金融体制机制，提高支持小微企业、民营企业能力

一是合理扩大民营银行审批数量，增加民营银行规模。民营资本在服务中小微企业和民营企业方面表现出一定体制优势，但现有的民营银行数量少、资金体量小，与国有银行相比处于竞争弱势，对整个银行业起到的示范效应有限。因此，建议监管机构适当放开民营银行审批数量，循序渐进地增加民营银行数量。二是推进金融领域的对外开放，放开外资金融机构投资比例限制和业务准入限制。在"引资"的同时，更重要的是要引进现代管理理念和公司治理机制。对外开放不仅有助于充实中资银行的资本金，更应有利于提高中资银行的管理能力，增加竞争主体，提高金融领域市场化程度。三是充分发挥政策性银行职能，助力小微企业发展。为符合产业政策，成长性好、科技含量高的小微企业提供低利率的政策性贷款。四是用金融科技手段促进小微企业、民营企业金融服务。运用大数据风控技术，既可降低交易成本，又可提高审批、服务效率。银行可以对各种内外部渠道的数据进行整合，例如央行征信、社保、税务、公积金等，以及腾讯、蚂蚁金服等第三方互联网数据，利用信用评分模型，为小微信贷提供决策支持。

（四）促进多层次资本市场发展，提高直接融资占比，缓解小微企业和民企的融资难融资贵问题

一是非标融资虽然增加了融资链条，但是客观上缓解了小微企业和民企的融资压力，对影子银行的监管要避免"一刀切"，在对不规范、有潜在风险隐患（通道业务、监管套利、资金空转、高杠杆等）开展治理整顿

的同时,对那些真正能满足小微企业融资需求、规范合理的信托贷款、委托贷款等予以鼓励和支持,充分发挥其对银行信贷融资的补充作用。二是大力发展股权融资补充市场主体资本金,监管部门加强协同监管,规范上市公司和金融中介的行为,推动形成价值投资的氛围,促进市场更有效发挥资源配置作用。三是规范融资渠道,鼓励小微企业、民营企业通过标准化产品债券融资,积极推进科创板增加小微企业、民营企业融资渠道。

(五)优化利率市场化调控机制,引导市场利率的有效传导

一是完善利率走廊机制,引导市场利率平稳运行。明确目标政策利率,适时调整公开市场操作利率,稳定银行流动性和利率预期。二是逐步淡化存贷款基准利率对存贷款定价的主导性影响,简并央行基准利率期限档次,制定前瞻指引的时间表,推动贷款利率过渡到市场化基准定价。三是引导适度扩大存款利率自律浮动空间,加强存款利率分层定价管理,提高银行市场化定价能力。四是建立贷款基础利率(LPR)报价与公开市场操作的政策性利率联动机制,建立 LPR 动态调整机制,明确货币政策预期,提高传导效率。

非金融企业上市公司杠杆率结构、形成原因及推动去杠杆的政策建议*

去杠杆是供给侧结构性改革"三去一降一补"的重要内容,企业部门特别是非金融企业杠杆率偏高,已成为当前我国重要的宏观经济风险。为此,我们选取了2005~2016年逾3 000家非金融企业上市公司,对其财务杠杆率数据进行了定量分析。结果表明:推高我国非金融企业杠杆率的,在行业上主要是钢铁、煤炭、建筑业和房地产,在地区上主要是中西部和东北地区,在所有制上主要是地方国有企业。推进非金融企业去杠杆,应关注上述重点,从而有效降低系统性金融风险。

一、非金融企业杠杆率的结构分析

所谓"杠杆",就是以较少的自有资金支配和撬动大量资金的一种资金运作机制,杠杆化程度的高低一般通过杠杆率来反映。在微观上,杠杆率一般用经济主体的负债与资产比率衡量;在宏观上,由于经常缺少国家整体和某一部门完整的资产负债表,因此常用债务与GDP比率衡量。为科学计算行业、区域和不同所有制的企业总体杠杆率水平,我们采用了对所有微观企业资产负债率取算术平均值的方法。按照这种方法计算,2005~2016年我国非金融企业上市公司杠杆率大致波动在45%~50%的水平(见图1),其中2008~2016年明显经历了一轮起伏,杠杆率从2007年的44.8%快速攀升至2013年的49%,其后又降至2016年的45.2%。这与本轮国际金融危机后的宏观调控事实以及客观经济规律相符。具体来说:

---

* 本文数据由作者根据相关资料整理分析得出。

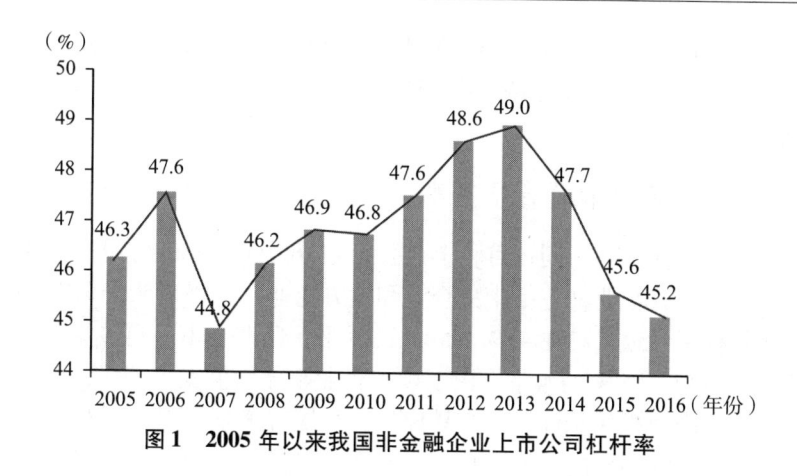

图1　2005年以来我国非金融企业上市公司杠杆率

（一）分行业杠杆率水平

按照2012年证监会《上市公司行业分类指引》标准，将行业分为农林牧渔业、采矿业、制造业、建筑业、房地产业、文化体育和娱乐业、传统服务业、现代服务业8类。结果表明，农林牧渔业上市公司整体杠杆率大致波动在35%～40%之间，采矿业大致在35%～50%之间，制造业大致在40%～50%之间，建筑业大致在40%～60%之间，房地产业杠杆率从2005年的45%持续升至2013年的65%后略有下降，文化体育和娱乐业杠杆率从2005年的50%降至2010年的25%后小幅波动，传统服务业和现代服务业杠杆率总体稳定。特别是，2012年以来，钢铁、煤炭、建筑业和房地产业杠杆率显著上升，2015年黑色金属冶炼和压延加工业杠杆率最高，平均资产负债率接近65%。

（二）分地区杠杆率水平

分别计算东、中、西部和东北地区上市公司杠杆率，结果表明，东部地区整体杠杆率大致波动在40%～50%之间，在天然的地理区位优势和率先发展的区域政策推动下，上市公司杠杆率总体保持在良性水平；中部地区整体杠杆率大致波动在46%～54%的水平，总体上高于东部地区，典型的煤炭大省山西的杠杆率波动在47%～59%的水平；西部地区整体杠杆率大致波动在47%～52%的水平，由于区域经济发展水平整体落后，且更依赖于农业、旅游和矿产资源等行业，受经济形势、宏观政策、自然条件影响较大，使得西部地区非金融企业上市公司杠杆率频繁波动；东北地区整体杠杆率大致波动在43%~54%的水平，2007年以后，杠杆率由45%的最低点逐步攀升至2012年的高点55%，之后又降至2015年的50%，初步显现出降杠杆趋势。

（三）分所有制杠杆率水平

按所有权性质的不同，可将上市公司划分为国有上市公司和民营上市公司，其中国有企业又包括中央企业和地方企业。结果表明，国有上市公司整体杠杆率大致波动在45%~50%的水平，民营上市公司整体杠杆率大致波动在40%~50%的水平，由于国有企业整体偿债能力较强，事实上普遍具有政府隐性担保条件，更容易优先获得银行贷款，因此国有上市公司在资本市场上的融资能力要远高于民营企业。其中，中央企业和地方企业整体杠杆率水平相当，都大致波动在45%~50%的水平，但央企杠杆率近年来呈现下降趋势，2015年杠杆率为47%，而地方企业杠杆率持续攀升，整体上已高于央企水平。

二、非金融企业高杠杆的形成原因

（一）国民储蓄率高

根据世界银行公布的数据，我国的国民储蓄率从20世纪70年代至今一直居于世界前列。90年代初我国居民储蓄占国内生产总值的35%以上，到2009年我国储蓄率一度超过50%，近年来虽有所回落，但仍保持在40%以上（见图2）。相比较而言，全球其他国家的储蓄率一般在20%~30%之间。受节俭传统影响，我国家庭储蓄为企业提供了巨大的借款来源，企业通过举债方式筹集资金相对易行、普遍。

（二）金融市场融资渠道单一

由于历史以及金融体制的原因，我国企业的融资渠道主要是通过向银行借款取得资金。虽然20世纪90年代以来我国资本市场发展迅速，但从融资结构数据上看，银行借款为企业主要融资渠道的方式未发生根本性改变，我国非金融企业境内股票融资比例在过去十年从未超过5%。因股权融资途径困难，企业自然选择更可行的债权融资途径。资本市场的不完善与股权融资的高门槛，也是造成我国企业高负债的原因之一。

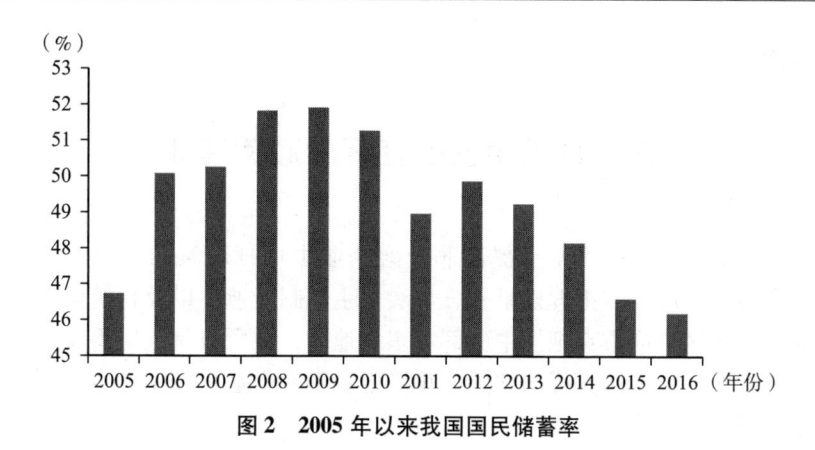

图2 2005年以来我国国民储蓄率

（三）金融市场信贷资源配置不均

出于经营状况、担保能力、信用水平等考虑，银行信贷投放偏向国有企业，民营企业普遍面临融资困难问题。尤其是中小私营企业，融资难、融资贵问题非常突出，这些企业不得不寻找其他方式扩大贷款渠道，比如民间借贷，进一步抬高了融资成本。同时，受政策影响，银行信贷的较大比重又给了资金使用效率较低的产能过剩部门，特别是一些经营亏损的国有企业，导致其杠杆率居高不下，也阻碍了资金使用效率的提高。

（四）全球贸易衰退与制造业产能过剩

2008年金融危机爆发后，全球贸易格局发生了重大调整，全球化红利衰减，国际贸易增长萎缩。与此同时，我国要素红利持续下降，依靠人口红利、低土地成本、低能源成本和低环境成本创造的高增长时代一去不复返。在此国际背景下，高端制造业逐步回流发达国家，低端制造业被更多红利尚存的发展中国家争抢，对我国形成"双向挤压"，制造业供需失衡加剧。

（五）国有企业政策性负担过重

我国政府部门的一些行政管理职能，如推动区域产业发展、保持就业和社会稳定等，一定程度上要依赖于大型国有企业。这一方面加重了企业的债务负担；另一方面限制了国有企业的预算约束，即使面临债务困境，也难破产倒闭，反而要通过借贷维持基本运转和员工工资发放，从而推动杠杆率升高。

三、推动企业去杠杆的政策建议

基于前文分析，下一步提高非金融企业去杠杆政策的针对性、有效性，在行业上应重点把握以钢铁、煤炭为主的制造业，以及建筑业和房地产业，在地区上应重点把握中西部和东北地区，在所有制上应重点把握地方国有企业。按照中央提出的关于积极稳妥降低企业杠杆率的意见，重点从以下五方面入手：

（一）积极有序实行重组整合

对杠杆率较高的行业重点推进重组整合，结合去产能和去库存，加快钢铁、煤炭、有色金属、水泥、船舶、医药等行业重组整合。在此基础上，按照规范程序推动企业破产。供给侧结构性改革重在推进淘汰落后产能，加快转型升级，对于那些因为体制与历史原因，已不能继续正常经营，仅依靠债务或者政府资助存活的"僵尸企业"，要坚决"断奶"、断贷，避免长期侵占经济资源，增加系统性金融风险。在重组整合中，最重要的是企业职工安置和债务问题，应及时拨付中央财政专项奖补资金，地方和企业也要落实相关资金与措施，同时发挥好社保体系兜底功能，确保分流职工就业有出路、生活有保障。同时，应严格坚持以市场化原则推进重组整合，杜绝指令性指标和"一刀切"。

（二）健全完善现代企业制度

推动深化国企改革，完善企业内部经营管理，从根本上增强国有企业的盈利能力、竞争能力、服务能力，提高国有资本回报率，降低杠杆率。特别是地方国有企业，根据战略定位和发展目标，区分商业类和公益类属性，对于必保的公益类国企，确立社会服务、提供公共产品的目标，引入市场机制，提高公共服务的效率和能力。推进股份制改革，健全公司治理结构，建立适合国企的领导人分类分层管理制度，实行合理的薪酬分配制度与用人制度，实行以管资本为主的国有资产监管制度，改进考核体系和办法，提高监管的科学性、有效性。

（三）着力盘活企业存量资产

对土地、厂方、设备等闲置资产以及各类重资产，采取出售、转让、租赁、回收、招商合作等多种形式盘活，重点推进企业资产证券化。尤其是对于一些负债率偏高，但未来又有稳定收入来源的企业，通过收益权的证券化，可以合理调整企业债务结构，降低资产负债率和财务费用。此外，资产证券化还能帮助企业提前回收部分未来收入，缓解前期投资资金压力，有效降低企业融资成本。

（四）不断优化企业债务结构

通过大力发展债券等直接融资，切实解决企业资金拖欠问题。目前我国资本市场总体不够发达，资本市场在整个金融体系当中、直接融资在全社会融资当中所占比重均偏小。大力发展直接融资渠道和市场，发展多层次的资本市场，关键是全面提升股市融资功能，规范发展区域性股权市场，完善相关法律法规，继续加大对违法违规行为的打击力度，有效解决当前股市融资增量较低和市场层次失衡问题。

（五）组织开展市场化债转股

充分发挥市场机制作用，以市场调节为主推进债转股，不仅实现债权银行和债务国企之间的债转股，同时更要推进所有的债权人和债务企业之间债转股。政府主要是指导和监督银行、实施机构和企业自主协商有序开展市场化债转股试点，地方政府可以探索适当的支持方式，从机构审批与业务权限、财税政策、职工安置等方式实施激励。同时，加强社会信用体系建设，切实防范企业借机逃废债等道德风险的政策措施，也应一并考虑。

四、收入分配篇

我国国民收入分配格局的
国际比较研究*

近年来，随着我国经济的发展，在国民收入较快增长的同时，收入分配格局也出现较大变化，劳动者报酬和居民可支配收入占比进一步提高。与国际相比，我们政府部门无论初次分配收入还是可支配收入占比与国际平均水平相差不大；企业占比总体偏高，其中金融企业初次分配收入占比过高问题比较突出；由于居民获得营业盈余、分红较少等原因，我国居民收入在国民收入分配中占比还相对较低。

一、我国国民收入分配格局的基本情况

根据国家统计局2008~2016年我国资金流量表（实物交易），总体上看，近几年劳动报酬占GDP比重是上升的，居民收入在国民收入分配中的比重也是上升的。具体结果是：

从要素分配格局看，2016年我国劳动者报酬、营业盈余和生产税净额占GDP的比重分别为51.8%、36.6%和11.6%，与2008年相比，劳动者报酬占比上升4个百分点，营业盈余占比下降3个百分点，生产税净额占比下降1个百分点（见图1）。

从初次分配格局看，2016年我国居民、非金融企业、金融企业和政府初次分配收入占国民收入的比重分别为61.3%、19.2%、5.1%和14.5%，与2008年相比，居民初次分配收入占比上升3.7个百分点，非金融企业占比下降7.2个百分点，金融企业占比上升3.1个百分点，政府初次分配收入占比上升0.4个百分点（见图2）。

---

* 本文数据由作者根据相关资料整理分析得出。

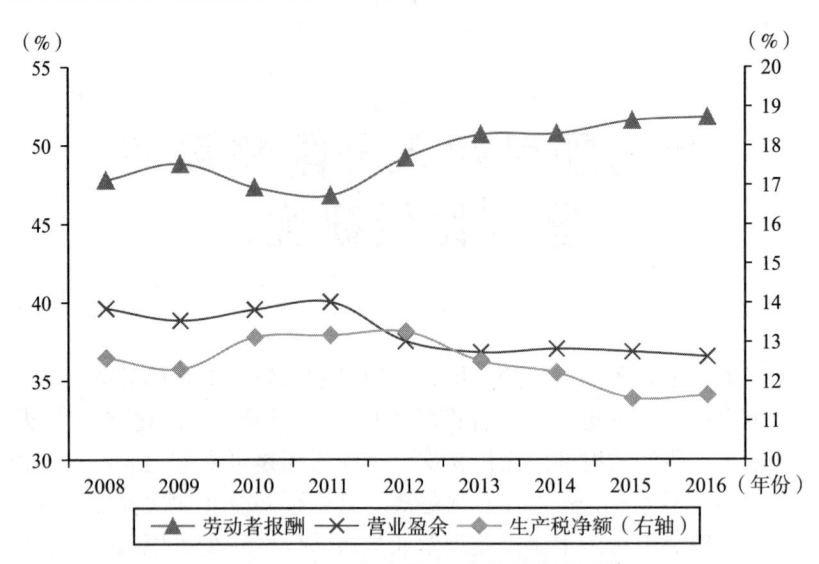

图 1 2008~2016 年我国 GDP 按要素分配情况

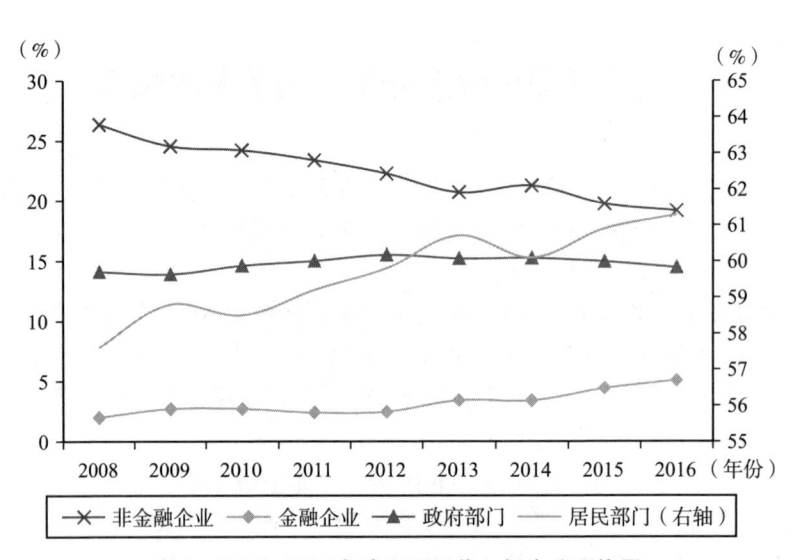

图 2 2008~2016 年我国国民收入初次分配格局

从最终分配格局看，2016 年我国居民、非金融企业、金融企业和政府可支配收入占国民可支配收入的比重分别为 62.1%、16%、4% 和 17.9%。与 2008 年相比，居民可支配收入占比上升 4.9 个百分点，非金融企业可支配收入占比下降 7.3 个百分点，金融企业可支配收入占比上升

2.8 个百分点，政府可支配收入占比下降 0.4 个百分点（见图 3）。

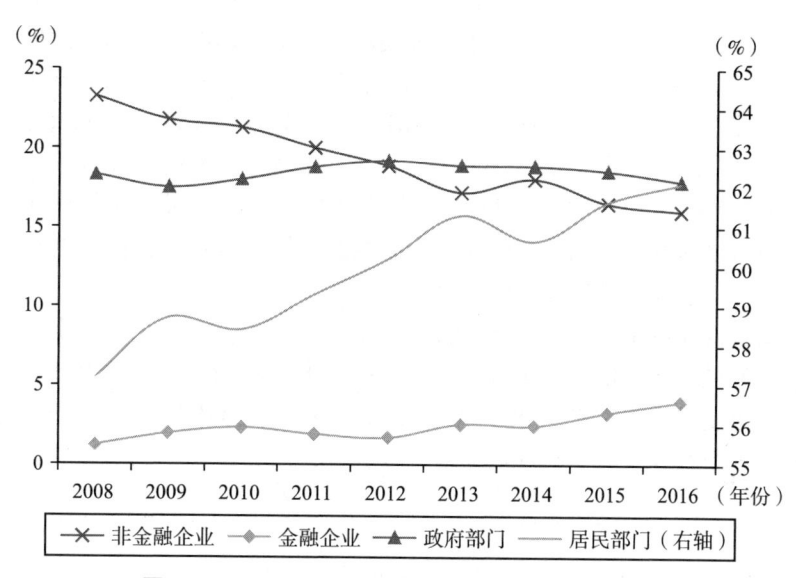

图 3　2008~2016 年我国国民可支配收入分配格局

二、我国国民收入分配格局的国际比较

从可获得数据中，我们测算了全球 50 个国家（包括 24 个发达国家和 26 个发展中国家）最近年份（大部分国家为 2016 年数据和 2017 年数据）的国民收入分配格局，并就数据本身（不考虑各国之间的体制差异和数据质量）与我国进行了比较分析，居民收入在国民收入分配中的比重比国外低，企业收入所占比重比国外高，政府无论是初次分配收入占比还是可支配收入占比其实与国外相差都不大，具体比较如下：

（一）要素分配格局的国际比较

从要素分配结果看，数据中的 50 个国家劳动者报酬、营业盈余和生产税净额占 GDP 比重平均分别为 41.6%、47% 和 11.3%，其中 24 个发达国家平均分别为 46.8%、42.1% 和 11.1%，26 个发展中国家平均分别为 42.1%、45.9% 和 11.9%；我国为 51.8%、36.6% 和 11.6%。发达国家劳动者报酬占比普遍高于发展中国家是一个比较显著的特点。

与国外相比，2016年我国劳动者报酬占GDP比重比50个国家平均水平高10.2个百分点；比发达国家平均水平高5个百分点，其中比加拿大、法国、德国、意大利、日本、英国和美国等七个发达国家（以下简称"七国集团"）平均水平高2.5个百分点；比发展中国家平均水平高15.1个百分点，其中比巴西、俄罗斯、印度和南非等新兴市场大国（以下简称"金砖四国"）平均水平高9.7个百分点。我国劳动者报酬占国民收入比重较高，主要是因为居民部门自身产生的劳动者报酬占全部劳动报酬比重较高。2016年我国居民部门自身的劳动者报酬占全部劳动者报酬的比重为32.7%，其他国家平均在10%左右。

我国营业盈余占GDP比重比50个国家平均水平低10.4个百分点；比发达国家平均水平低5.5个百分点，其中比七国集团平均水平低3.6个百分点；比发展中国家平均水平低15.3个百分点，其中比金砖四国平均水平低9.3个百分点（见图4）。

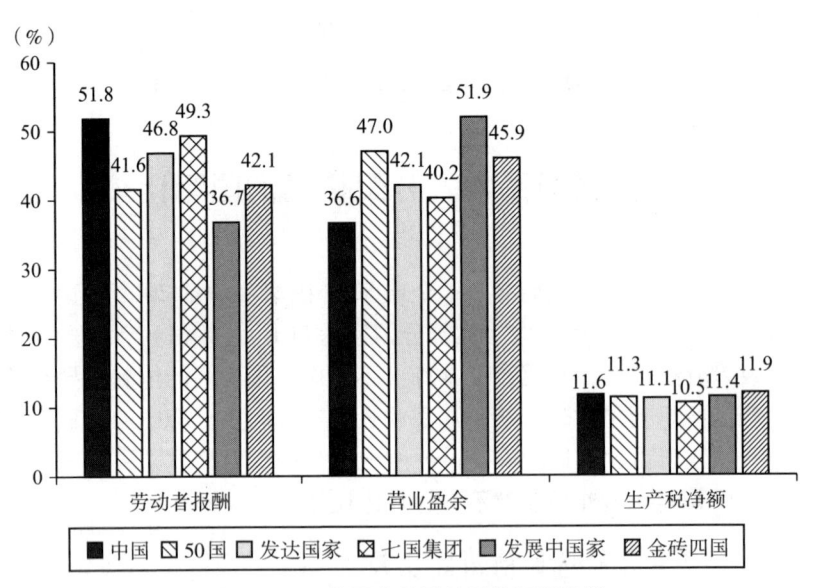

图4 GDP按要素分配结果的国际比较

我国生产税净额占GDP比重比50个国家平均水平高0.3个百分点；比发达国家平均水平高0.5个百分点，其中比七国集团平均水平高1.1个百分点；比发展中国家平均水平高0.2个百分点，其中比金砖四国平均水平低0.3个百分点。我国生产税净额占比高于大多数发达国家，主要是因为我国税制以流转税为主体，发达国家以所得税为主体。

（二）初次分配格局的国际比较

从初次分配结果来看，50个国家居民、非金融企业、金融企业和政府初次分配收入占国民收入（GNI）的比重平均分别为66%、17.7%、2%和14.2%，其中24个发达国家平均分别为66.9%、17.5%、1.8%和13.9%，26个发展中国家平均分别为65.4%、17.6%、2.1%和14.6%；我国为61.3%、19.2%、5.1%和14.5%。总体上看，发达国家居民初次分配收入占比高于发展中国家。

与国外相比，2016年我国居民初次分配收入占国民收入比重比50个国家平均水平低4.7个百分点；比发达国家平均水平低5.6个百分点，其中比七国集团平均水平低11.4个百分点；比发展中国家平均水平低4.1个百分点，其中比金砖四国平均水平低6.5个百分点。我国居民初次分配收入占比不仅低于发达国家，而且低于大部分发展中国家，主要是因为我国居民营业盈余和财产性收入占比偏低。

我国非金融企业初次分配收入占国民收入比重比50个国家平均水平高1.5个百分点；比发达国家平均水平高1.7个百分点，其中比七国集团平均水平高5.2个百分点；比发展中国家平均水平高1.3个百分点，其中比金砖四国平均水平高1.9个百分点。我国非金融企业初次分配收入占比高于大多数国家，主要是因为我国企业分红较少。

我国金融企业初次分配收入占国民收入比重比50个国家平均水平高3.1个百分点；比发达国家平均水平高3.3个百分点，其中比七国集团平均水平高3.5个百分点；比发展中国家平均水平高3个百分点，其中比金砖四国平均水平高2.6个百分点。我国金融企业初次分配收入占比高于大多数国家，金融部门初次分配收入占比严重失衡，主要是因为营业盈余比例高，金融业务部门间不分红。

我国政府初次分配收入占国民收入比重比50个国家平均水平高0.3个百分点；比发达国家平均水平高0.6个百分点，其中比七国集团平均水平高2.8个百分点；比发展中国家平均水平低0.1个百分点，其中比金砖四国平均水平高2.1个百分点。我国政府初次分配收入占比高于大多数发达国家，与多数发展中国家差不多，主要是因为我国生产税占比高于发达国家（见图5）。

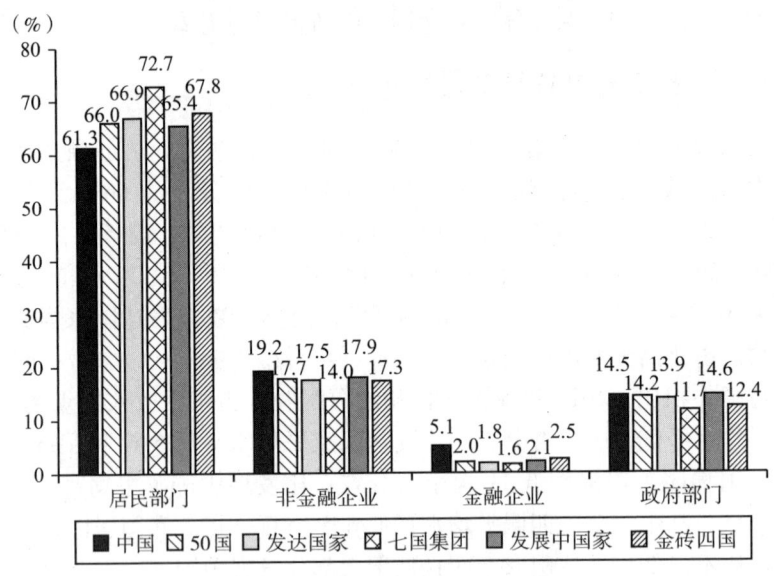

图5 初次分配结果的国际比较

（三）最终分配格局的国际比较

从最终分配结果来看，50个国家的居民、非金融企业、金融企业、政府可支配收入占国民可支配收入的比重平均分别为63%、14%、2.4%和20.5%，其中24个发达国家平均分别为60.4%、14.8%、2.4%和22.4%，26个发展中国家平均分别为65.4%、13.2%、2.3%和18.9%；我国为62.1%、16%、4%和17.9%。

与国外相比，2016年我国居民可支配收入占国民可支配收入比重比50个国家平均水平低0.9个百分点；比发达国家平均水平高1.7个百分点，其中比七国集团平均水平低3.7个百分点；比发展中国家平均水平低3.3个百分点，其中比金砖四国平均水平低5.4个百分点。总体上看，我国居民可支配收入占比低于大多数国家，主要原因是居民初次分配收入占比较低。相对于初次分配格局，我国居民最终收入分配状况有所改善，与其他国家的差距明显缩小，主要是因为我国居民个人所得税负担总体相对较轻。2016年我国居民个人支付的所得税占居民可支配收入的比重为2.2%，而50个国家平均水平为10.4%，其中发达国家和发展中国家平均水平分别为16.8%和5.2%。

我国非金融企业可支配收入占国民可支配收入比重比50个国家平均

四、收入分配篇

水平高 2 个百分点；比发达国家平均水平高 1.2 个百分点，其中比七国集团平均水平高 3.7 个百分点；比发展中国家平均水平高 2.8 个百分点，其中比金砖四国平均水平高 3.3 个百分点。我国非金融企业可支配收入占比高于绝大多数国家，主要是因为企业分红较少。

我国金融企业可支配收入占国民可支配收入比重比 50 个国家平均水平高 1.6 个百分点；比发达国家平均水平高 1.6 个百分点，其中比七国集团平均水平高 2.4 个百分点；比发展中国家平均水平高 1.7 个百分点，其中比金砖四国平均水平高 1.6 个百分点。我国金融企业可支配收入占比偏高，严重扭曲了国民收入分配格局。

我国政府可支配收入占国民可支配收入比重比 50 个国家平均水平低 2.6 个百分点；比发达国家平均水平低 4.5 个百分点，其中比七国集团平均水平低 2.3 个百分点；比发展中国家平均水平低 1 个百分点，比金砖四国平均水平低 0.5 个百分点。我国政府可支配收入占比总体上低于大多数国家，主要是因为我国政府的所得税收入占比低于其他国家（见图6）。

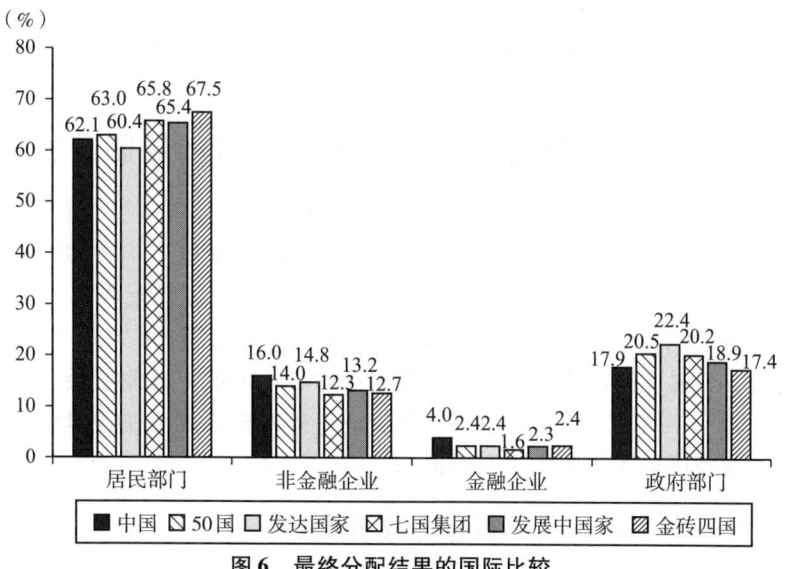

图 6　最终分配结果的国际比较

与初次分配结果相比，居民可支配收入占比普遍下降，50 个国家平均下降 3 个百分点，其中发达国家平均下降 6.5 个百分点，发展中国家保持不变。2016 年我国居民可支配收入占比较初次分配收入占比出现小幅上升，但仍然偏低。非金融企业可支配收入占比也普遍下降，50 个国家平均下降 3.7 个百分点，其中发达国家平均下降 2.7 个百分点，发展中国家平均下降 4.7 个百分点。2016 年我国非金融企业可支配收入占比比初次分配收入占比下降 3.2 个百分点。金融企业可支配收入占比略有上升，50 个国家平均上升 0.4 个百分点，其中发达国家平均上升 0.6 个百分点，发展中国家平均上升 0.2 个百分点。2016 年我国金融企业可支配收入占比较初次分配收入占比下降 1.1 个百分点。政府可支配收入占比普遍上升，50 个国家平均上升 6.3 个百分点，其中发达国家平均上升 8.5 个百分点，发展中国家平均上升 4.3 个百分点。2016 年我国政府可支配收入占比比初次分配收入占比上升 3.4 个百分点，升幅明显低于国外水平。产生这种格局变化的主要原因是，政府向个人和企业征收的所得税体现为政府在再分配环节取得的收入，所得税占财政收入比重越高的国家，政府可支配收入占比上升幅度越高，相应地居民和企业可支配收入占比下降幅度也主要与税制结构有关。我国个人所得税比重较低，居民可支配收入占比比初次分配占比降幅也较小。

通过以上国际比较可以看出，我国企业可支配收入占比总体偏高，居民可支配收入占比偏低，政府可支配收入占比也略低于其他国家。

三、我国居民可支配收入占比偏低的原因分析

对比国内外居民收入来源构成，我国居民可支配收入中，劳动者报酬占 GDP 比重并不低，个人所得税负担也很轻，居民可支配收入占比偏低并不是因为我国财政收入占 GDP 比重、政府收入在国民收入分配中的比重提高，而是主要因为居民营业性和财产性收入偏低，营业盈余过于集中在企业部门，居民分享的资本收益偏少。另外，核算方法在各国应用的差异也导致我国居民收入比重有所低估。

（一）我国居民获得的营业盈余明显偏低

2016 年我国居民部门得到的营业盈余占国民可支配收入比重仅为 6.8%，比 50 个国家平均水平低 10.1 个百分点；比发达国家平均水平低 7.4 个百分点，其中比七国集团平均水平低 8.4 个百分点；比发展中国家平均水平低 13 个百分点，其中比金砖四国平均水平低 11.3 个百分点。这是导致我国居民可支配收入占比低于其他国家的最主要因素。

究其原因，这一方面反映了我国农民农业生产和个体生产的效益不高，居民营业性收入偏低。另一方面，可能是由于统计数据存在偏差，如居民自有住房服务明显存在低估，在国民经济核算中，居民自有住房消费作为一项服务计入居民的营业盈余，但我国居民自有住房消费采用成本法核算（按建筑成本折旧），与国外采用市场租金法（按市场租金计算）相比，存在低估问题。

（二）我国居民分红所得甚少

2016年我国居民财产性净收入占国民可支配收入比重为2.3%，比50个国家平均水平低3.2个百分点；比发达国家平均水平低3.2个百分点，其中比七国集团平均水平低5.6个百分点；比发展中国家平均水平低3.3个百分点，其中比金砖四国平均水平低4.1个百分点。这主要缘于居民分红收入过低，2016年我国居民从企业得到的分红收入为2 525亿元，占居民可支配收入比重仅为0.5%，几乎可以忽略不计，而企业分红在发达国家是居民收入的重要来源（见表1）。

我国企业分红不仅比例较低，而且主要在企业内部循环，使企业营业盈余留存过多。2016年我国非金融企业的营业盈余通过付息、分红等财产性净支出分配给居民和政府的部分占比（分红付息等财产性净支出/企业营业盈余）仅为20.7%，而50个国家该指标平均为32.7%，其中发达国家平均为25.4%，发展中国家平均为39.1%。究其原因：一是我国企业分红比例偏低，2016年我国企业红利总支出占企业营业盈余的比例仅为11.3%，远远低于其他国家。二是我国企业分红大部分在企业内部循环，即分红从一家企业分到另一家企业，或者分配给政府再用于企业，分配给居民的微乎其微。2016年我国居民分红净所得占企业营业盈余的比例仅为4.6%，大大低于其他国家。这种状况与我国国有企业分红有一定关系。如2016年，我国国有企业实现利润23 158亿元，而纳入国有资本经营预算收入只有2 609亿元，并且这些分红主要用于国有企业事务，居民从中直接受益很少。

表1　　　　　　　居民可支配收入来源的国际比较　　　　　　单位：%

		居民部门可支配收入	劳动者报酬	营业盈余	财产性净收入	经常性转移	收入税	社会保险缴款	社会补助	其他经常性转移
占国民可支配收入比重	中国（2016）	62.1	52.2	6.8	2.3	0.8	-1.4	-5.3	7.6	-0.2
	50国平均	63.0	42.7	16.9	5.5	-2.4	-6.6	-10.3	11.9	2.7
	发达国家平均	60.4	47.6	14.2	5.5	-7.4	-10.1	-14.2	16.2	0.7
	其中：七国集团	65.8	49.6	15.2	7.9	-8.3	-10.1	-13.9	15.3	0.3
	发展中国家平均	65.4	37.8	19.8	5.6	2.1	-3.6	-7.0	8.1	4.6
	其中：金砖四国	67.5	42.9	18.1	6.4	0.0	-4.9	-4.4	7.1	2.2
占居民可支配收入比重	中国（2016）	100.0	84.1	10.9	3.8	1.2	-2.2	-8.5	12.2	-0.3
	50国平均	100.0	67.7	26.9	8.8	-3.8	-10.5	-16.4	18.9	4.2
	发达国家平均	100.0	78.8	23.6	9.2	-12.2	-16.8	-23.4	26.9	1.1
	其中：七国集团	100.0	75.4	23.1	12.1	-12.7	-15.4	-21.1	23.3	0.5
	发展中国家平均	100.0	57.8	30.3	8.6	3.2	-5.5	-10.7	12.4	7.1
	其中：金砖四国	100.0	63.6	26.8	9.5	0.0	-7.3	-6.4	10.4	3.3

（三）核算口径使我国居民收入可能存在低估

一是社会保险基金结余的处理。我国将社会保险余额归结为政府收入（2016年全国五项社会保险基金当年结余6 508亿元，滚存结余65 425亿元），实际上居民缴纳的社会保险特别是养老保险基金结余资金最终属于居民，像个人储蓄存款一样，在满足一定条件下可计入居民收入，政府仅是管理者。一些国家将此结余归结为居民收入，因而居民收入比我国高。从住户部门看，2016年我国居民社会福利净所得（社会保险福利加社会补助减去社会保险缴款）占国民可支配收入的比重为2.1%，比50个国家平均水平低1.2个百分点，比发达国家平均水平低0.6个百分点，其中比七国集团平均水平高0.4个百分点，比发展中国家平均水平低2.6个百分点，其中比金砖四国平均水平低2.8个百分点。究其原因，主要是我国社会保险基金存在结余，居民对社会保险处于净支付状态，这是人口红利在我国社会保险基金上的体现，随着人口红利的消退，这一结余将越来越小。

二是居民住房自我服务的处理。如前所述，我国自有住房消费（居民的营业盈余的一部分）存在明显的低估，相应导致居民收入被低估。

三是我国政府部门的统计范围较大。我国是发展中国家，政府承担的公益服务职能远大于市场经济国家，同时为政府服务的非营利机构，如工会、社团等按现行核算口径均计入政府部门，也影响到政府收入和居民收入的占比。

促进国民收入初次分配格局
合理化的财税政策建议[*]

政府无论在初次分配中还是再分配中均占有重要的地位。在国民账户核算体系下的初次分配环节，政府主要通过征收生产税、取得财产收入（国有资产收益），支付劳动者报酬（公务员工资福利）、对生产者进行生产补贴、支付债务利息等收支行为参与国民收入初次分配。初次分配环节，政府对企业收入影响很大。再分配环节，政府获得企业所得税、个人所得税以及社会保险缴款等收入，并向居民支付社会保险待遇（养老金、医疗报销）、社会福利补助（城乡低保）等；居民获得社会保险待遇、社会福利补助等收入，并向政府缴纳个人所得税等；企业主要缴纳企业所得税。再分配环节，政府对居民收入以及居民收入差距影响很大。

财税政策是调节国民收入分配的重要手段。初次分配阶段，增值税（包括"营改增"之前的营业税）是我国生产税最主要组成部分，2017年和2018年规模（国内增值税加进口环节增值税减去出口退增值税）分别达到 57 808 亿元和 61 868 亿元，占 GDP 的比重分别达到 7.8% 和 6.9%，在国民收入形成过程中占有重要地位。并且我国增值税根据行业不同分设了 16%、10% 和 6% 三档税率，对不同行业的企业收入分配也有较大影响。增值税改革对国民收入初次分配格局——政府和企业间的分配关系以及不同行业企业间的分配关系具有重要影响。同时，我国政府还存在一定规模的生产者补贴，据匡算，2017 年我国政府生产者补贴规模约 1.7 万亿元左右，占 GDP 的比重为 2% 左右，对收入分配格局也有一定影响。为此，我们对当前我国国民收入初次分配中的突出问题进行了分析，并提出促进国民收入初次分配格局合理化的财税政策建议。

---

* 本文数据由作者根据相关资料整理分析得出。

四、收入分配篇

一、当前我国国民收入初次分配格局面临的突出问题

近年来,为落实党的十八大报告提出"努力实现居民收入增长和经济发展同步、劳动报酬增长和劳动生产率提高同步,提高居民收入在国民收入分配中的比重,提高劳动报酬在初次分配中的比重"精神,加大减税降费力度,我国国民收入分配格局发生很大变化。

从初次分配格局来看,居民初次分配收入占国民收入的比重明显上升,政府保持基本稳定,企业出现明显下降。根据国家统计局最新资金流量表数据,2008~2016年,我国居民部门初次分配收入占国民收入的比重由2008年的57.6%提高到61.3%,上升了3.7个百分点;政府部门初次分配收入占国民收入比重由2008年的14.1%上升至14.5%,上升了0.4个百分点;企业部门初次分配收入占国民收入的比重由2008年的28.3%下降至24.3%,下降了4.1个百分点。这一变化趋势总体上是符合政策导向的,但结构问题突出。企业初次分配格局出现了一些失衡,非金融企业与金融企业、工业企业与房地产企业出现明显背离,具体数据见表1。

表1　　2008~2016年国民收入初次分配及比重

	2008年	2012年	2013年	2014年	2015年	2016年	
	绝对值(亿元)						
国民收入	318 737	532 872	583 197	644 791	686 450	740 599	
政府部门	44 960	82 530	88 745	98 266	102 618	107 125	
住户部门	183 431	318 484	353 760	387 473	417 992	453 842	
企业部门	90 346	131 858	140 692	159 052	165 840	179 632	
非金融企业	83 991	118 716	120 826	137 142	135 613	142 008	
金融企业	6 355	13 142	19 866	21 909	30 227	37 624	
	占国民收入比例(%)						2016年与2008年比较
国民收入	100	100	100	100	100	100	
政府部门	14.1	15.5	15.2	15.2	14.9	14.5	0.4
住户部门	57.6	59.8	60.7	60.1	60.9	61.3	3.7
企业部门	28.3	24.7	24.1	24.7	24.2	24.3	-4.1
非金融企业	26.4	22.3	20.7	21.3	19.8	19.2	-7.2
金融企业	2	2.5	3.4	3.4	4.4	5.1	3.1

资料来源:国家统计局资金流量表。

1. 非金融企业与金融企业初次分配明显背离

2008~2016年，企业初次分配收入占国民收入比重下降了4.1个百分点。但非金融企业和金融企业之间出现了明显背离。我国非金融企业初次分配收入占国民收入的比重由2008年的26.4%下降至2016年的19.2%，下降了7.2个百分点，而同期金融企业占比由2008年的2.0%上升至2016年的5.1%，提高了3.1个百分点，特别是2015年、2016年上升较快，分别上升了1个和0.7个百分点。

2. 非金融企业中工业和房地产出现显著背离

在非金融企业中，工业与房地产业也出现明显背离。我国工业增加值占GDP比重由2008年的41.3%下降到2016年的33.5%，下降了7.8个百分点，而同期，房地产增加值占GDP比重由2008年的4.6%上升到2016年的6.5%，提高了1.9个百分点。据此可以推断，工业企业初次分配收入在国民收入中占比降幅更大。

3. 工业企业中采矿业企业和制造业企业占比较快下降

在工业企业中，主要是采矿业企业和制造业企业占比下降，2016年我国采矿业占GDP比重由2008年的6.2%下降到2016年的2.5%，下降了3.7个百分点；制造业占GDP比重由2008年的32.3%下降到2016年的29%，下降3.3个百分点。

二、当前我国工业企业初次分配收入占比下降分析

工业企业初次分配收入占比较快下降的原因，有全球需求放缓的客观因素，有我国产业升级合理的一面，更有工业企业受金融企业、房地产企业挤压的不合理因素。

1. 全球经济放缓的客观因素

一直以来，我国以制造业融入全球化分工，外需对我国的工业尤其是制造业影响直接。2000~2008年，在全球经济向好的情况下，我国出口年均增长24%，带来了制造业的较快发展，工业占GDP的比重从2000年的40.3%略升到2008年的41.3%。2008年国际金融危机之后，全球经济放缓，特别是2012年以来全球贸易几乎停滞，年度增速在3%左右，不及危机前平均增速的一半，我国对外出口也随之放缓，2012~2016年我国出口年均增长仅为1%，并且2015年和2016年还出现了负增长，分别下降了

2.9%和7.7%,是我国制造业增速连续几年低于GDP增速的重要因素。

2. 我国产业升级合理的一面

从产业升级来看,我国服务业的快速发展与我国整体经济进入新发展阶段,居民随收入增加对服务的需求数量和质量不断提高的需求带动也不可分。同时,还是我国主动对接新一轮信息业发展,在移动互联网、电子商务以及增值服务等方面迅速发展的结果。2018年我国信息传输、软件和信息技术服务业占GDP比重比2008年上升了1.1个百分点。

3. 经济"脱实向虚"的集中表现

工业企业初次分配收入占比过快下降,也是我国经济"脱实向虚"的集中体现。近年来,我国规模以上工业企业主营业务利润率一直在6%左右,相当一部分制造业企业的利润率只有2%~3%;而房地产业的销售利润率始终保持在9%以上,2016年和2017年甚至提高到10%以上,分别达到10%和12.3%。由于资金大量流入房地产,房地产行业贷款余额占全部贷款余额的比重从2011年的19.6%提高到2018年的28.4%,提高8.8个百分点,而工业企业贷款占贷款余额的比重从2012年的27.2%下降到2016年的19.9%,下降了7.3个百分点。资金向房地产的涌入,助推了房价的快速上涨,带动更多资金涌入房地产行业,金融业和房地产相互强化,导致房地产和金融业过度繁荣,占用了大量的要素和资源,而工业企业融资难融资贵的问题则更显突出,经济整体呈现"虚拟化",房地产行业和金融行业增加值占比快速提高。

4. 金融业严重的自我循环

近年来,我国金融机构以资管业务为名进行表外经营,通过层层杠杆嵌套,推动"形式上的金融创新"类信贷业务的快速扩张,大量资金以同业存单、同业理财、委托投资等形式在金融业内部循环,金融加杠杆,拉长金融链条,助推金融业的过度繁荣,使金融业增加值过快增长,2015年金融业增加值增速高达16.0%,超过GDP增速9.1个百分点,金融行业出现了超越发展阶段的增长。这也进一步推高了实体经济的融资成本,加剧了实体经济的融资压力。并且,金融企业分红也显不足。目前,我国金融业垄断性仍较强,牌照严格管制,行业竞争较弱,金融业的利润率普遍较高。在不愁投资人的大背景下,金融业企业分红较少。以上市公司为例,2017年金融业上市公司年度分红比例为32.2%,比全部A股上市公司37.2%的年度分红比例低5个百分点,比制造业39.2%的年度分红比例低了近7个百分点。就整个金融业企业而言,根据国家统计局资金流量表数据，金融业企业红利支出占营业盈余的比例2016年仅为5%，显著低于非金融企业同期14%的比例。这使金融企业初次分配收入占比2016年比2008年提高了3.1个百分点，高于其增加值占GDP比例2.5个百分点的提升幅度。无论是政府作为国有股东还是企业居民作为股东，均很少分享到金融业的利润。金融企业的利润沉淀在金融企业内部，虽然有补充资本，提高资本充足率的作用，但客观上也进一步提升了金融业在初次分配收入中的比重。

三、调整和优化国民收入初次分配的财税政策建议

综上所述，我国近来工业企业初次分配收入占比较快下降，有一些外需放缓和产业升级的客观合理因素，但更多是由于房地产和金融业过度繁荣挤压效应。巩固和提升工业企业在国民收入分配中的地位，离不开营商环境、金融体制、产业政策的改革，要坚持以供给侧结构性改革为主线，着力畅通国民经济循环，促进形成合理的国民收入分配格局。财政应支持上述领域的改革，切实改善制造业生存环境，降低融资成本，提升技术力量，激励企业家精神，促进制造业的较快发展。

与此同时，财税政策对调节国民收入初次分配中政府和企业，以及企业之间分配关系也可发挥重要作用，设计财税政策，应在满足有利于完善科学的税制结构和有利于服务当前的宏观经济政策导向税制改革的同时，充分发挥调节功能促进形成合理的国民收入分配格局，尤其是遏制非金融企业和金融企业、工业企业和房地产企业分配格局的恶化趋势。

1. 实施向制造业倾斜的增值税降税方案

减税的过程是一个收入分配结构调整的过程。不同的减税方案对国民收入分配格局调整有不同的影响。按照《政府工作报告》的增值税降税"13%、9%，6%方案"，即将16%的税率降为13%，10%的税率降低为9%，6%的税率保持不变（采取措施保证该行业税负不增）。考虑行业间抵扣链条以及其他减税举措的作用，静态测算，政府初次分配收入占比将因此降低1%，相应的企业初次分配收入占比将提高1%，具体到关注的重点行业，工业企业初次分配占比将提高0.6%，房地产企业初次分配收入占比将提高0.05%，金融企业初次分配收入占比不变。这有助于扭转工业企业初次分配收入占比过快下降的局面，遏制房地产业和金融业初次分

配收入占比过快上升的局面。下一步在"三档并两档"的方案中,仍应适当考虑向制造业的倾斜,继续适度降低制造业增值税税率。

2. 清理规范财政对企业的生产性补贴

目前,我国各级政府还存在很多对企业的生产性补贴,这些补贴形式多样,补贴的规范性和透明度有待进一步提高。建议建立符合国际惯例的财政体系,全面清理规范财政补贴,建立管理评估机制,使补贴更多地向先进制造业、向鼓励研发、向节能环保、向创新创业倾斜,充分发挥财政资金的效率。如果清理规范后,能降低生产性补贴的总体规模,可以将腾出来的财政资金空间用于进一步降低制造业的流转税。

3. 落实国有金融资本经营预算管理制度

落实国务院《关于完善国有金融资本管理的指导意见》,按照统一政策、分级管理、全面覆盖的原则,加强金融机构国有资本收支管理。规范国家与国有金融机构的分配关系,全面完整反映国有金融资本经营收入,合理确定国有金融机构利润上缴比例,平衡好分红和资本补充,适当分享国有金融企业经营利润。

推动完善有利于提高居民消费能力的收入分配制度[*]

公平的收入分配，是以人民为中心发展思想的直接体现，是破解发展不平衡不充分问题的关键所在。我国当前投资增长乏力，外需动力受到挤压，经济发展要更多依靠消费。改善收入分配，缩小收入差距，可以提升居民消费能力和消费意愿，提高居民消费率。通过模型分析，收入差距是影响居民消费率的重要因素，基尼系数与居民消费率呈负相关关系。缩小收入差距，对推动经济发展实现质量变革、效率变革、动力变革具有极其重要的作用（见图1）。

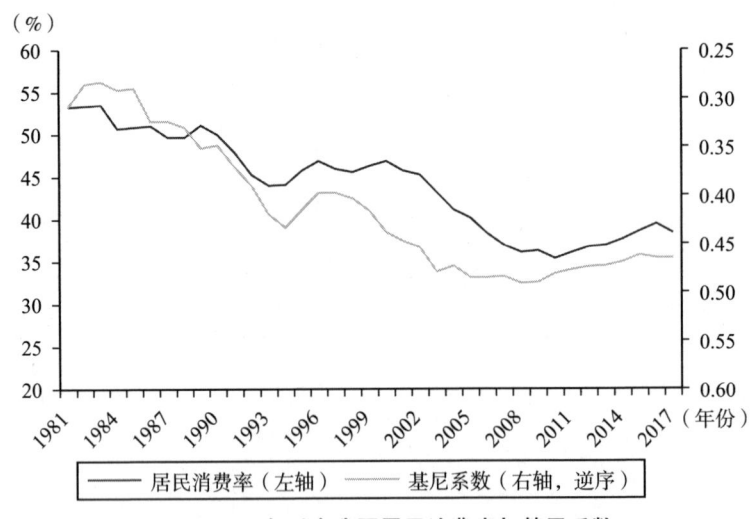

图1 1980年以来我国居民消费率与基尼系数

资料来源：国家统计局、Ravallion and Chen（2007）。

---

[*] 本文数据由作者根据相关资料整理分析得出。

一、我国居民收入差距依然较大并有扩大苗头

近年来,尤其是党的十八大以来,我国居民收入增速较快,居民收入分配格局进一步优化,贫困人口数量和贫困发生率显著下降,形成了世界上人口最多的中等收入群体。但我国居民收入差距依然较大,面临的形势依然不容乐观,改善居民收入分配的任务依然艰巨。

(一) 我国基尼系数较高且有上升倾向

当前我国收入不平等问题依然比较突出,尤其近两年呈现出了新变化。我国基尼系数高于国际警戒线。2017年我国居民收入基尼系数为0.467,高于0.4的国际警戒线标准[①]。考虑到我国收入分配秩序不规范程度较高,在高收入群体中有相对较高的灰色收入,我国基尼系数存在低估。我国基尼系数在世界主要国家中依然较高。美国居民可支配收入基尼系数在0.4左右,英、法、德、日、韩等国在0.3左右,都远远低于中国。居民收入差距有扩大倾向。2016年、2017年我国基尼系数连续两年上升,行业收入差距有所扩大,城乡、地区间居民收入差距改善程度放缓。2014~2017年,"中间群体"可支配收入实际增速逐年下降,而高收入户增速逐年上升,群体间收入差距拉大(见图2、图3)。

(二) 居民财富差距扩大

改革开放40年来,我国居民收入快速增长,居民财富也增长较快。随之而来的是,居民财富差距迅速扩大。2017年我国成人人均财富基尼系数为0.714,已接近部分发达国家水平。2015年我国财富排名前1%人群财富占比29.6%,排名前10%人群财富占比达到67%。排名前10%人群财富占比已经高于英国、法国,接近美国、俄罗斯。家庭间的财富差距具有内在扩大趋势。根据有关研究[②],由于信息不对称等因素,总资产较高家庭的资产收益率更高且负债成本更低,在财务杠杆作用下使得富裕家庭的财富增长速度更快,从而扩大了居民财富差距(1913~2013年数据见图4)。

[①] 按照联合国有关组织规则,基尼系数低于0.2,表示收入绝对平均;0.2~0.3表示比较平均;0.3~0.4表示相对合理;0.4~0.5表示收入差距较大;0.5以上表示收入差距悬殊,本文如未特别说明,都是指可支配收入基尼系数。
[②] 吴卫星等:《家庭财富不平等会自我放大吗?——基于家庭财务杠杆的分析》,对外经贸大学。

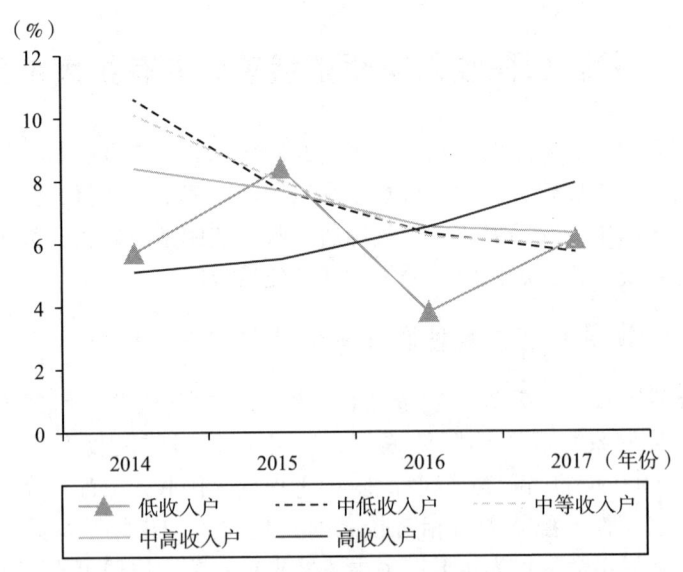

图2 2014～2017年各户居民人均可支配收入实际增速

资料来源：发展改革委、*World Inequality Report* 2018。

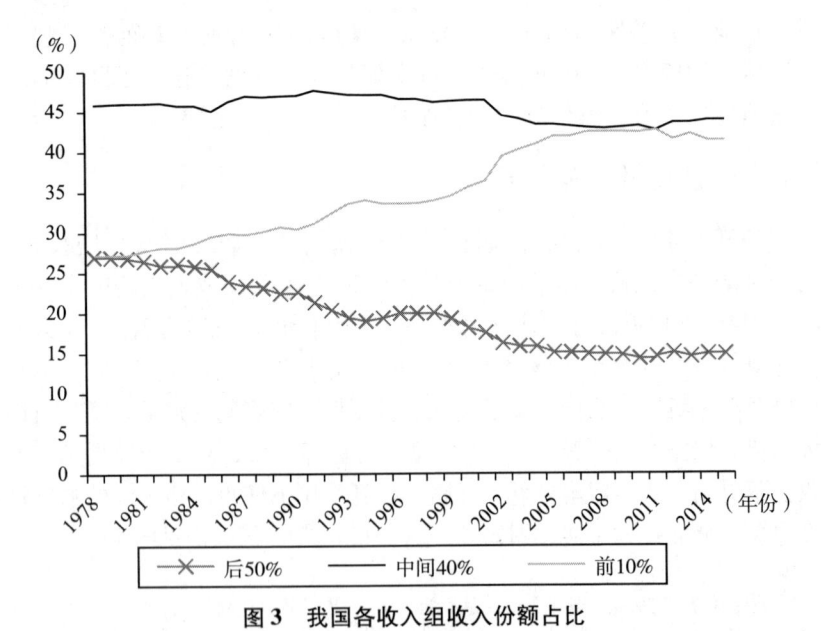

图3 我国各收入组收入份额占比

资料来源：发展改革委、*World Inequality Report* 2018。

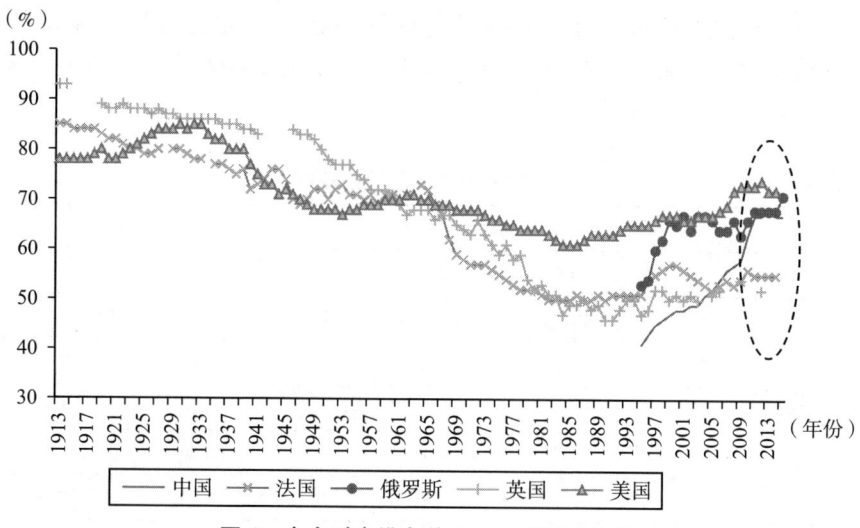

图 4 个人财富排名前 10% 人群财富占比

资料来源：World Inequality Database。

（三）居民代际收入流动放缓

衡量居民收入分配差距有静态和动态两种视角：静态视角是指同时期居民家庭收入之间的差距，常用基尼系数等指标进行分析；动态视角主要是指居民家庭收入代际转移，常用代际收入弹性指标进行衡量。代际收入弹性越大，收入分配差异的代际传递越高，意味着代际收入固化越严重。代际收入弹性0.5，意味着子代收入水平的50%是由父代收入水平决定的。近年来"富二代""穷二代"等现象越来越引起社会关注，背后映射的是人民群众对代际收入传递的焦虑。从不同收入群体的代际收入转换看，我国代际流动放缓，中低收入群体向上流动困难，面临"贫困陷阱""顶层壁垒"的制约。根据大部分机构学者测算，目前我国代际收入弹性在0.45左右，高于欧洲、日本、韩国、加拿大等0.3~0.4的水平。2018年世界银行发布的《公平的进步》报告显示，我国教育的代际流动并没有随着经济增长而上升，也呈现代际流动放缓。代际收入流动对居民收入差距具有重要影响。加拿大经济学家迈尔斯·克拉克对22个主要国家收入不平等程度与代际收入流动的关系进行分析后发现，收入不平等程度高的国家社会代际收入流动低，基尼系数与代际收入弹性之间具有正相关性，呈向右上方倾斜的线性关系，也被称为盖茨比曲线（The Great Gatsby

Curve)。通过对我国代际收入弹性与基尼系数的研究表明①,代际收入流动放缓对我国居民收入差距具有重要影响,并且影响程度越来越大(见表1、图5)。

表1　　　　　　　　　我国代际收入流动转换矩阵　　　　　　　单位:%

		父代收入五等分				
		1	2	3	4	5
子代收入五等分	1	40.7	24.1	16.0	12.3	6.8
	2	21.0	22.2	21.5	22.1	12.9
	3	15.4	19.8	25.2	20.3	19.6
	4	15.4	19.1	19.0	20.9	25.8
	5	7.4	14.8	18.4	24.5	35.0

资料来源:《我国代际收入弹性的测度研究》、Miles Corak (2016)。

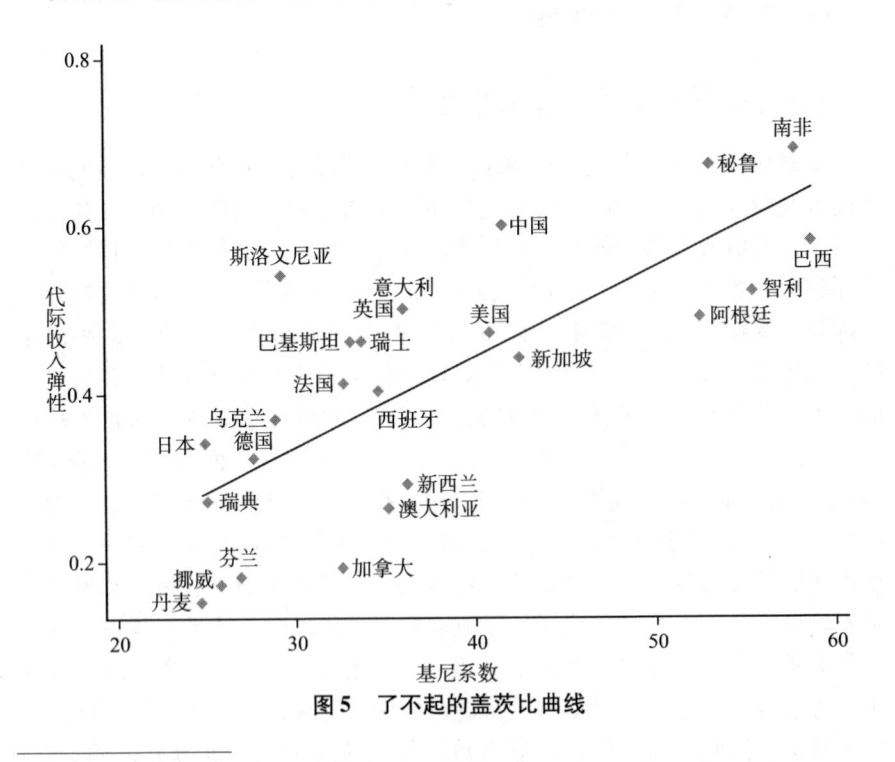

图5　了不起的盖茨比曲线

① 吕光明、李莹:《中国居民代际收入弹性的变异及影响研究》,载于《厦门大学学报(哲社版)》2017年第3期。

二、我国居民收入差距较大的原因在于初次分配中要素市场不完善导致的不公平和再分配调节不足

初次分配和再分配都要兼顾效率和公平,再分配更加注重公平,但公平侧重点不同,初次分配侧重过程公平,再分配侧重结果公平,将收入差距控制在合理范围内。我国居民收入差距较大既有初次分配方面的原因,也有再分配方面的因素。我国初次分配中要素市场不完善导致的不公平问题突出。根据 OECD 和美国杜兰大学 CEQ 研究院统计,我国居民初次收入分配的基尼系数[①]高于发达国家和发展中国家平均水平,初次分配不公平问题突出。与商品和服务市场相比,我国要素市场建设相对滞后,限制了劳动力、资本等要素的有效流动,制约着初次收入分配的公平。我国收入再分配的调节作用不足,政府对居民的转移支付相对较低,税收在调节收入分配方面作用有限。

(一)劳动力市场不完善加剧初次分配不公平

如果劳动力能自由流动,随着经济发展,不同部门间的劳动收入差距会缩小,逐渐趋同。如果劳动力市场不完善,市场摩擦较大,自由流动受到阻碍,劳动收入差距收敛趋同效用就会滞后。我国城乡居民收入差距仍然较大。近年来我国城乡居民收入差距有了较大改善,2017 年我国城乡居民初次分配收入比仍高达 2.76 倍,依然较大。由于户籍制度的束缚,我国劳动力流动严重滞后于经济发展阶段,大大限制了经济发展和城乡居民收入分配改善。2017 年我国农业产值占比为 8%,农业就业人口占比为 27%,常住人口城市化率为 58.5%。而日本、韩国和中国台湾地区在处于我国相同经济发展水平时期,农业就业人口占比为 12% 左右,城市化率为 70% 左右[②]。劳动力转移人员,尤其是农村劳动力转移人员在城市就业机会、工资收入、福利保障方面受到不公平对待。近年来各地加大了对人才的引进力度,但囿于户籍限制,各地对引进人才往往设置了较高的门槛,导致群体间的机会不均等,高素质和高收入劳动者的机会更多、流动更充

---

① 2013 年我国居民收入初次分配基尼系数在 0.52 左右,主要 OECD 国家 2013 年主要 OECD 国家为 0.48 左右,根据杜兰大学 CEQ 数据,主要发展中国家初次分配的基尼系数为 0.49。
② 财新网《限制流动损失 5 万亿 为户籍改革算笔账》。

分，低技能劳动者流动面临障碍更大，不利于改善城乡、区域间的居民收入差距。行业收入不公平问题依然严峻。2014 年我国城镇非私营单位最高与最低行业收入比为 2.9 倍，高于欧盟国家 2.51 倍的平均水平，行业收入差距较大。我国大部分行业实现了市场开放竞争，但部分行业仍是国有垄断，加剧了劳动力市场不完善和行业收入的不公平。

（二）资本要素市场不完善加剧初次分配不公平

资金、土地要素是居民获得财产性收入的主要来源，资本要素市场对居民初次收入分配具有重要影响。资本要素市场不完善加剧初次分配不公平的原因主要有四点：一是信贷资源错配。我国信贷资金向实体经济传导不畅，过度流入房地产领域，房地产价格快速上涨，导致我国财产差距迅速扩大。长期以来我国信贷资源配置偏好国有企业、大型企业，民营企业、中小企业融资难融资贵问题突出，信贷资源占有的不公平加剧了行业体制收入差距，使收入分配形势更加严峻。二是利率市场化程度不足。目前，我国利率定价自律机制不完善和商业银行同质化经营明显，存款利率市场化建设尤其滞后，存款利率仍受到更大的隐性抑制，致使中低收入者面对较低的存款利率和更高的贷款利率。三是金融普惠性不足。2017 年我国 34.8% 的居民在金融机构有储蓄，51% 的居民有借贷，而从金融机构借款的人只有 8.6%[①]。城乡金融服务不平等，城市居民的投资渠道更多，获得金融服务更多，相较农村居民，城市居民能够获得更多财产性收入，城乡居民的财产性收入存在较大差距。2017 年城镇居民人均财产性净收入是农村居民的 12 倍，城镇居民人均财产性净收入占可支配收入比重为 9.9%，而农村居民仅为 2.2%。四是土地要素市场不健全。我国土地要素一级市场垄断，农民议价能力较低，失地农民只能获得土地原有用途的数倍补偿，以及土地要素资本化增值收益的较少部分，土地要素资本化收益分配不公平。

（三）税收调节居民收入差距的能力需进一步提高

近年来我国税收结构不断优化，2012～2017 年我国间接税比重由 71% 下降到 65%，直接税占比由 29% 上升到 35%。目前我国仍是以间接税为主的税收结构，与大部分发展中经济体的情况一样，在调节收入分配

---

① Global Financial Development Database 2018.

方面力量较弱。但其可以有效筹集财政收入，保障国家经济社会发展，是与当前经济社会发展阶段基本匹配的。随着国家治理能力和治理水平的不断提升，应逐步提高税收对收入分配的调节作用，利用个人所得税调节收入分配的作用有待进一步加强。2018年个人所得税改革在提高起征点的同时，扩大了3%、10%、20%三档较低税率的级距，重点减轻了中等以下收入者的税收负担，个人所得税调节收入分配的效果有了较大改善。但我国个人所得税仍以工资薪金所得为主，对高收入者所得税征缴不足，调节过高收入效果不明显。美国收入前5%人群缴纳的个人所得税占比超过60%，前25%人群缴纳个税占比超80%。我国增值税税率结构在调节居民收入分配方面存在扭曲。我国居民生活必需品的增值税率高于非必需品的增值税率，必需品的增值税率主要集中在10%档，生产生活服务业主要在6%档，导致低收入群体承担的有效税率更高，具有更高的累退性。比较重要的财产税种缺失，当前我国不征收房地产税、遗产赠与税，未能有效发挥税收对居民财富不平等和代际收入流动的调节作用。

（四）转移支付调节居民收入差距作用需进一步加强

近年来，我国政府支出结构不断优化，不断提高重点民生方面的支出规模和增速，努力"提低、扩中"，优化居民收入分配格局。特别是，近年来中央财政始终把脱贫攻坚摆在优先位置，加大对贫困地区的一般性转移支付力度，引导相关专项转移支付向贫困地区和贫困人口倾斜。2013~2018年，中央财政安排专项扶贫资金从394亿元增加到1 061亿元[①]，累计投入3 883亿元；省级及以下财政扶贫资金也大幅度增长。2013~2018年全国各级财政最低生活保障累计支出9 600多亿元，居民最低生活保障补助水平稳步提高。虽然我国民生社会保障支出增长较快，但政府支出中经济建设支出占比依然较高，转移支付调节居民收入分配作用还有较大提升空间。按照国际可比口径，2017年我国重点民生方面支出[②]占总支出比重低于发达经济体平均水平10.9个百分点，高于发展中经济体平均水平10.8个百分点；我国经济事务支出占比高于发达经济体12.6个百分点，高于发展中经济体8个百分点左右。

---

① 2018年中央财政安排专项扶贫资金和最低生活保障支出为预算数。
② 重点民生方面支出包括社保、医疗、教育、住房、文化支出；经济建设相关支出包括农林水、交通运输、资源勘探、商业服务等支出。

三、缩小居民收入差距的三点国际经验

从美国、英国、德国、法国、日本等 30 个主要 OECD 国家调节居民收入差距的经验看，主要有三点：

（一）公平的初次分配是缩小收入差距的前提和关键

相较于收入差距，人们关注产生差距的原因，更关注收入分配的公平。不公平的收入分配，会给人们带来更大的相对剥夺感，更容易引发收入社会风险。公平的初次分配是缩小收入差距的前提，是解决收入分配问题的关键。从 OECD 国家初次分配的经验看，由于劳动要素收入是中低收入者的主要来源，劳动者报酬占比越高国家的初次分配基尼系数越小。发达国家通过较完善的生产要素市场，让劳动力、资本要素充分流动竞争，保证了初次分配的公平公正（见图6）。

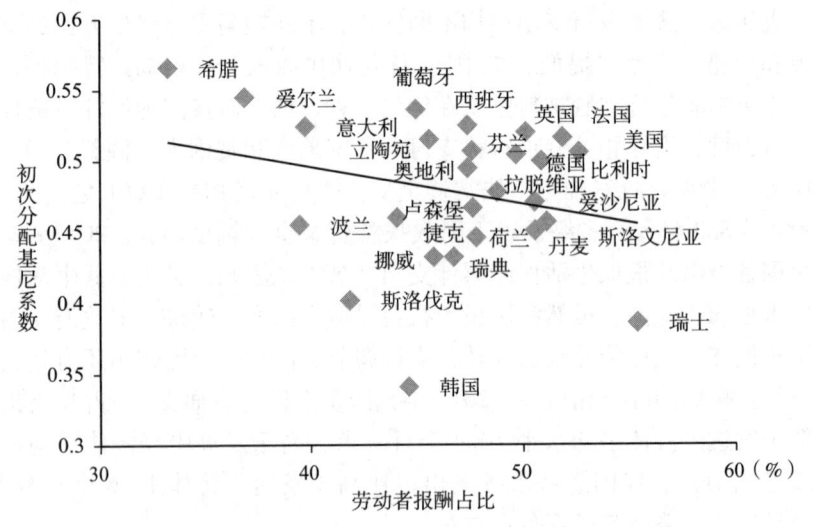

图 6 主要国家劳动者报酬占比与初次收入分配差距关系

资料来源：OECD.

(二) 再分配是缩小收入差距的主要手段

发达国家再分配调节能力较强,通过再分配将收入分配不平等程度控制在合理水平。根据 OECD 最新可比数据计算,各国初次收入分配后的基尼系数为 0.48,经过再分配调节后,下降到 0.31,基尼系数改善度[①]超过1/3,如美国为 22.9%、英国为 31%、法国为 41.8%、德国为 42.8%、日本为 40.2%。经再分配调节后,我国基尼系数改善度约为 10%,远低于发达国家平均下降 1/3 的水平 (见图 7)。

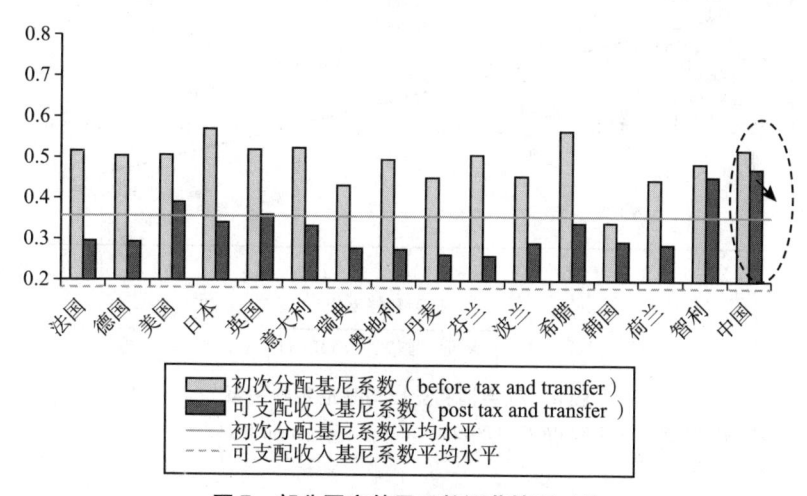

图 7 部分国家基尼系数调节情况对比

资料来源:OECD、日本厚生劳动省、国家统计局等。

税收对基尼系数改善的贡献率约为 20%。主要 OECD 国家通过税收使基尼系数平均下降 0.04,对再分配调节基尼系数的贡献率约为 20%,其中美国为 36%、英国为 24%、法国为 16%、德国为 28%。发达经济体充分发挥了个人所得税、房地产税、遗产和赠与税等直接税种的综合调节功能。转移支付对基尼系数改善的贡献率约 80%。主要 OECD 国家向居民转移支付使基尼系数平均下降 0.13,对基尼系数改善度的平均贡献率接近 80%,其中美国为 64%、英国为 76%、法国为 84%、德国为 72%。收入分配状况好的国家,都建立了比较完善的医疗、养老、住房保障制度,在社会福利支出上投入较高。美国对教育按学区进行独立管理,州和地方政

---

① 基尼系数改善度 = (再分配基尼系数 − 初次分配基尼系数) ÷ 初次分配基尼系数 × 100%。

府承担教育支出的最主要部分，为了保证不同地区间义务教育的公平，州政府实行了不同学区的差别拨款补助模式（见图8）。

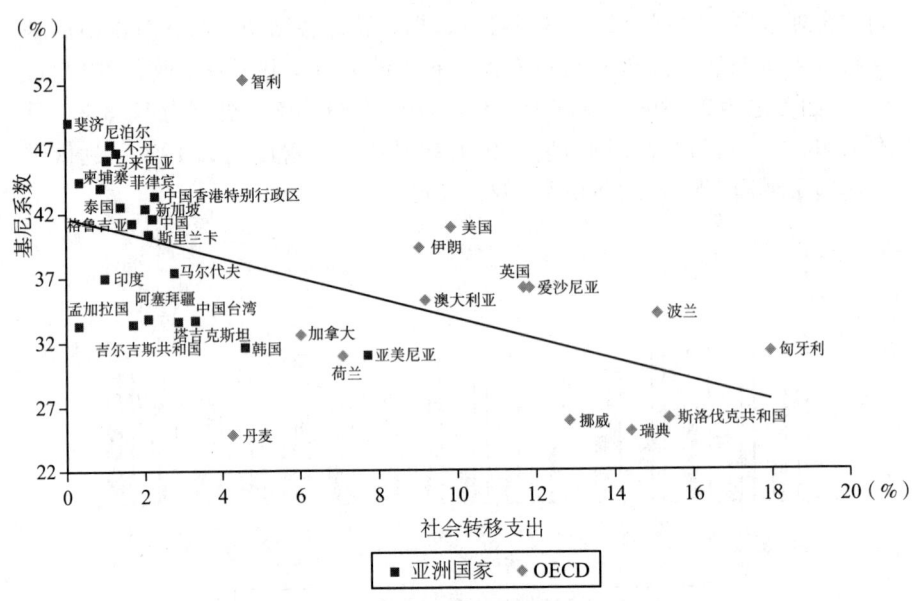

图8　社会福利支出与基尼系数关系

资料来源：CYN - YOUNG PARK（2012），Asian Development Bank.

（三）发达的慈善事业对调节收入分配具有重要补充作用

初次收入分配市场主导，二次收入分配政府主导，纠正市场缺陷，三次分配社会主导，弥补政府调节的不足。发达国家普遍建立了较完善的慈善捐赠法律规章、税收支持政策，慈善组织发达、慈善人才充盈、管理机制规范、慈善文化浓厚，充分发挥了其第三次分配调节效应。美国、英国、以色列等国慈善捐赠额占GDP比重都超过1%，成年人参与捐赠的比例超过50%。美国捐赠基金会（Giving USA Foundation）发布数据显示，2017年美国慈善捐赠总额达到4 100亿美元，占美国GDP的2.1%，以个人捐赠为主，遗产捐赠、基金会捐赠也占较大比重，企业捐赠占比较小。2017年中国社会捐赠额为1 500亿元[①]，占GDP比重仅为0.2%，以企业

---

① 中国慈善联合会：《2017年度中国慈善捐助报告》。

捐赠为主，个人捐赠占比较低，成年人参与的捐赠比例仅为14%①。

四、通过初次分配的过程合理、再分配的结果公平、第三次分配的补充调节，缩小收入分配差距，实现收入分配更合理、更有序

按照党的十九大报告提出的"坚持按劳分配原则，完善按要素分配的体制机制，促进收入分配更合理、更有序""履行好政府再分配调节职能，加快推进基本公共服务均等化，缩小收入分配差距"要求，借鉴国际有益经验，缩小收入差距要在初次分配、再分配、第三次分配上协同发力，综合施策。

（一）进一步完善按要素分配的体制机制，保障初次分配合理

一是深化劳动力市场改革，破除妨碍劳动力流动的体制机制弊端。破除体制机制障碍，使劳动收入更多体现劳动付出和效率，在劳动生产率提高的同时实现劳动报酬同步提高。加快户籍制度改革，加快中小城市户籍放开步伐，完善大城市现行的户籍管理制度，加快放开居民在不同居住地购车、购房、教育、医疗方面的户籍歧视，使有能力在城镇稳定就业生活的常住人口有序实现市民化，实现劳动力在城乡、区域间自由流动。不断提高劳动生产率，提升劳动者技能。加大政府人力资本投入，提高劳动技能，通过政府购买服务、扩大政府补贴项目职工培训范围等方式，为就业人员提供培训服务。深化工学、校企合作，鼓励社会力量、企业参与技能培训，多渠道扩大职业技术教育规模。建立科学的工资水平决定机制、正常增长机制。完善最低工资标准调整机制，研究推行每小时最低工资标准制度，改革完善机关事业单位人员工资制度。加快国有企业工资决定机制改革。坚持效益导向和维护公平相统一的原则，改革国有企业工资总额决定机制和管理方式，完善国有企业内部工资分配管理，健全工资分配监管体制机制，提高国有企业工资决定机制的市场化分配程度。

二是推进金融土地制度改革，深化资本要素市场化水平。深入推进利

---

① *CAF World Giving Index 2018—a Global View of Giving Trends*，中国成年人参与捐赠比例为14%，在144个国家和地区中，排名第113位。

率市场化改革。2015年10月，我国已经迈出了利率市场化改革的最后一步，理论上已经实现了利率市场化。但现实中，我国利率还不是完全市场化的，在存贷款方面仍有基准利率，市场利率定价自律机制不完善，商业银行存贷款利率过度依赖基准利率。应进一步完善利率定价自律机制，明确取消存贷款基准利率的时间表，引导银行业开展适度的利率竞争，使商业银行存贷款利率定价更多反映市场资金供需状况，逐步摆脱对基准利率的依赖。这既是改善居民收入分配的需要，也是疏通货币传导机制的要求。积极改善民营、中小企业的融资环境。扭转金融资源分配中的所有制歧视，积极支持民间资本与其他资本按同等条件进入银行业，大力促进中小银行持续健康发展。加大力度支持普惠金融发展。加强普惠金融发展的顶层设计，建立部门间的沟通协调联动机制。充分发挥各类银行机构的作用，在经济效益和社会效益间找到平衡，畅通普惠金融服务供给渠道，科学规划普惠金融基础设施。大力推动数字普惠金融发展，积极稳妥发挥互联网促进普惠金融发展的有益作用。深化农村土地制度改革。大力完善土地征收制度，扩大农村集体经营性建设用地入市试点范围，稳妥有序推进农村宅基地"三权分置"改革。

（二）加快建立现代财税制度和推进基本公共服务均等化，履行好政府再分配调节职能

一是建立税负公平、调节有度的现代税收制度。从国际经验看，税收对调节收入分配发挥辅助作用；从国内发展现实看，当前税收的主要任务是汲取财政收入，保障国家经济社会发展，随着国家治理能力的提高，建立更有利于调节居民收入分配的税收制度，逐步提升其调节收入分配的作用。按照税收中性原则，深入推进增值税改革。从改善居民收入分配、扩大居民消费能力视角看，按照三档并两档方向简并、降低增值税税率，有利于优化增值税税率结构，同时可以间接提高直接税占比，提升税收调节收入分配的力度。综合考虑征管能力、群众可接受度等因素，适时推出房地产税。稳妥推进房地产税立法和实施，对工商业房地产和个人住房按照评估值征收房地产税，适当降低房地产建设、开发环节的税费负担，逐步建立完善的现代房地产税制度。研究推动征收遗产和赠与税。1993年分税制改革时，就提出征收遗产税，作为地方政府收入。当前我国居民财富不平等差距较大，代际收入流动放缓，征收遗产和赠与税迫在眉睫。加快建立个人收入财产信息系统，打击高收入人群偷漏税行为。打通居民各类收

入财产账户，充分利用大数据等分析手段，通过消费、投资等数据审查核实个人收入，严厉打击高收入人群偷漏税行为。

二是优化财政支出结构，进一步提升基本公共服务均等化水平。逐步降低财政支出中经济建设支出比重，增加民生社会保障支出规模和占比，确保民生社会保障水平与财政可承受能力相匹配、与我国经济社会发展水平相适应，防止高福利陷阱。进一步提升脱贫攻坚资金投入力度和使用效率。继续加大对贫困地区尤其是深度贫困地区的财政投入规模，确保投入规模与脱贫攻坚任务相匹配。整合脱贫攻坚资金，提升财政扶贫资金、对口帮扶资金、社会捐助资金的综合使用力度，给予地方政府更多使用自主权，进一步完善监督机制，提升资金使用效率。加强农村低保制度与扶贫开发政策有效衔接，健全低保对象认定方法，着力消除"人情保""关系保""错保""漏保"，提高农村低保对象的瞄准率。加大民生社会保障投入力度。稳步提高养老、医疗、住房、社会保障支出规模，以及城乡居民养老、医疗保险待遇保障水平，加快实现企业职工养老保险全国统筹，研究推动城乡居民养老保险全国统筹。优化教育和政府一般公共服务支出结构。提升教育资金使用效益，为低收入家庭提供倾斜性的教育扶持，大力提升义务教育阶段的城乡、区域均等化水平。控制压缩财政供养人员，在省市县对职能相近的党政机关探索合并设立或合署办公，加强政府采购和内部运营管理，压减政府行政运行支出，同时适度提高公职人员的薪酬激励。完善公共资产（资源）收益的全民分享机制。完善国有资本收益管理制度，进一步提高国有资本收益上缴比例，加大国有资本经营预算调入一般公共预算的比例。提升政府间转移支付促进基本公共服务均等化效果。调整完善中央对地方转移支付办法，强化省级对省以下政府实现基本公共服务均等化的支出保障责任，在充分考虑地区间支出成本因素的基础上将常住人口人均财政支出差异控制在合理区间。

（三）支持慈善事业发展，积极发挥第三次分配补充作用

加强公益慈善组织管理。进一步完善公益慈善组织治理结构及管理制度，提高运营透明度，提升公益慈善组织的社会公信力。加快培养慈善管理人才。大力培养慈善事业发展急需的高级管理和专业管理人才，完善公益慈善从业人员的人力资源管理体系。着力提升公民的公益慈善意识。创新慈善宣传方式，将现代公益慈善理念和扶危济困的中华民族传统美德有机结合，增强社会公众参与慈善的积极性。

促进"中间群体"增收的意见建议[*]

一、"中间群体"基本情况

(一)"中间群体"概念及分布

按照国家统计局全国居民五等分收入分组统计,所有调查户按人均收入从高到低顺序排列,平均分为五个等分,依次为高收入户、中高收入户、中等收入户、中低收入户、低收入户。"中间群体"包括位于中间的三个组,即中高收入户、中等收入户、中低收入户,占总人口的60%,约8.4亿人。2017年,"中间群体"家庭年人均收入在1.38万~3.45万元之间(见图1)。

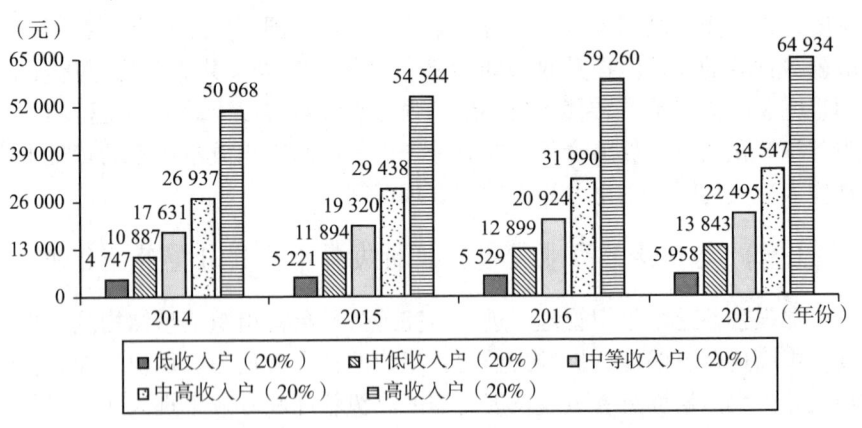

图1 全国居民按收入五等分分组的年人均可支配收入

[*] 本文数据由作者根据相关资料整理分析得出。

（二）"中间群体"分布

初步分析，低收入户主要是城乡低保对象、特困救助供养人员、农村未脱贫人口等；高收入户主要是文体明星，企业管理者，信息技术、金融、房地产、旅游保险、法律等专业领域从业人员，城镇非私营单位员工，高职级和发达地区机关事业单位人员等；"中间群体"一般包括普通农民、农民工、城镇私营企业普通员工、国企基层员工、低职级和欠发达地区机关事业单位人员等。具体分布呈现以下特点。

1. 从城乡分布看，"中间群体"以普通农民和农民工为主

2017年，我国农村居民5.77亿人，农民工2.87亿人，农民工占全国劳动力人数的35.6%。农村居民（不包括在城镇地区常住的农民工）年人均可支配收入为1.34万元，和中低收入户人均收入相当。农民工年人均工资为4.18万元，调整为家庭年人均收入和中等收入户相当①。

2. 从单位性质看，"中间群体"以城镇私营单位就业人员为主

2017年城镇私营企业和个体就业人数为2.27亿人，城镇私营单位就业人员年人均工资为4.58万元，调整为家庭年人均收入和中高收入户相当。2017年城镇非私营单位就业人数为1.76亿人，年人均工资为7.43万元，对应的家庭年人均收入基本与高收入户相当。

3. 从行业分布看，"中间群体"多集中于技术含量偏低的行业

如农林牧渔业，2017年其私营、非私营单位就业人员年人均工资分别为3.43万元、3.65万元，调整为家庭年人均收入，基本为中低收入户或中等收入户。住宿和餐饮业、批发和零售业等行业的从业人员，建筑业、制造业普通职工也是"中间群体"的重要组成部分。

4. 从区域分布看，"中间群体"多集中在中西部和东北地区

2017年，东部、中部、西部、东北地区年人均可支配收入分别为3.34万元、2.18万元、2.01万元、2.39万元，中西部和东北地区的人均收入和"中间群体"的中等收入户相当，低于全国年人均可支配收入2.6万元水平。

（三）"中间群体"与"中等收入群体"的区别

"中间群体"主要衡量相对收入水平，是一个统计学的概念，与国际

---

① 考虑配偶职业及一定的家庭赡养比等因素，平均工资可以换算出家庭年人均收入。

上普遍采用的"中等收入群体"概念有区别也有联系。按国家统计局生活质量判断法,"中等收入群体"对应的家庭年可支配收入为9.5万~47.6万元(2017年,三口之家),人均为3.2万~15.9万元。"中等收入群体"人均收入的下限3.2万元基本对应2017年"中间群体"中高收入户的中位数。因此我国"中间群体"家庭包括一部分中等收入群体,但更多的是涵盖了以"生活质量判断法"为依据的低收入群体。

(四)"中间群体"收入增速下滑及其影响

2014年以来,"中间群体"三类分组收入增速逐年下降,高收入户收入增速保持上升势头,低收入户增速波动大、趋势不稳定,考虑到"中间群体"占比大,导致我国收入差距形势不容乐观(见表1)。

表1 2014~2017年各组居民人均可支配收入实际增速 单位:%

收入分组	2014年	2015年	2016年	2017年
低收入户	5.7	8.4	3.8	6.1
中低收入户	10.6	7.7	6.3	5.7
中等收入户	10.1	8.0	6.2	5.9
中高收入户	8.4	7.7	6.5	6.3
高收入户	5.1	5.5	6.5	7.9

"中间群体"收入增速下滑对收入差距的影响主要表现在以下几个方面:一是基尼系数在高位有所抬头。我国基尼系数从2009年开始逐年缩小至2015年的0.462。"中间群体"收入增速逐年下滑,并在2016年、2017年开始慢于高收入户,是导致近两年基尼系数扩大的重要原因。二是农村内部收入差距扩大。农村居民是"中间群体"的重要部分。2013年农村居民高、低收入户人均收入之比是7.4,2017年扩大为9.48,该趋势需要关注。三是2016年、2017年居民收入中位数增速慢于平均数增速,收入分配的"马太效应"趋于明显(见图2)。

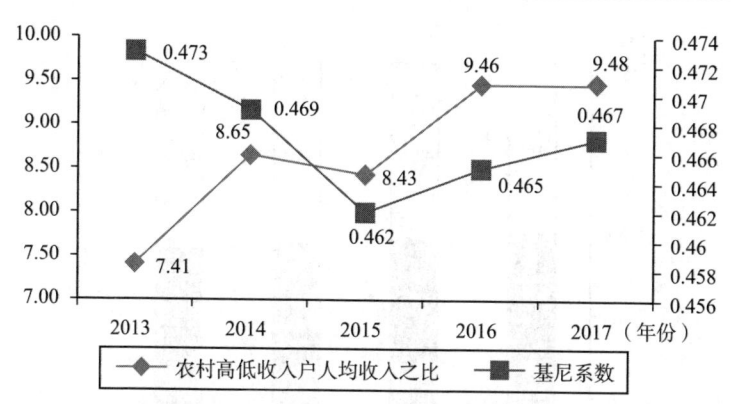

图 2 基尼系数及农村居民高低收入户人均收入之比变化趋势

二、"中间群体"收入增速下滑的主要原因

(一) 就业结构不够合理

就业结构变化与"中间群体"收入息息相关,就业结构的升级优化一般伴随着居民收入的快速增长、中等收入群体的培育和壮大。近年来,我国产业结构不断调整,就业结构不断升级,但对收入增长尚未形成有效带动。一方面,第一产业产值占 GDP 的比重不到 10%,就业人口却占近 30%,加之近年来农业种植成本较高、农产品进入城镇市场中间环节较多且价格较为低迷,利润空间受到挤压,第一产业"中间群体"收入增速下滑;另一方面,我国服务业产值虽然占比过半,但从事服务业的劳动力人口不足一半,而发达国家的服务业产值和就业人口占比一般能够达到 70%~80%。我国服务业主要还是以低端劳动密集的生活服务业为主,知识和技术密集的现代生产性服务业比重不足,服务业的增值能力、就业吸纳能力、开放程度还需进一步提升(见图 3、图 4)。

(二) 产业调整导致部分"中间群体"收入增速放缓

近年来,我国经济由高速增长转向高质量发展,处于转变发展方式、优化经济结构、转换增长动力的攻关期,"中间群体"受经济转型的影响更大。

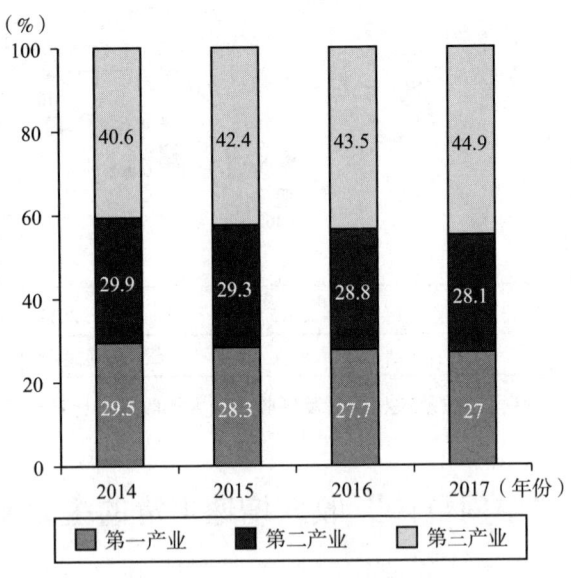

图3 三次产业就业人数比例

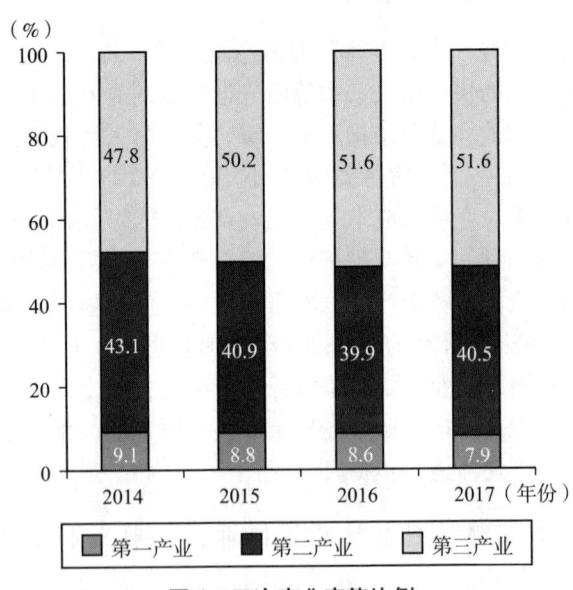

图4 三次产业产值比例

城镇私营企业从业人员、农民工、普通农民作为"中间群体"的重要组成部分，2017年三者工资性收入增速分别为6.8%、6.4%、13.7%，

四、收入分配篇

较 2014 年下降 4.5、3.4、4.2 个百分点,呈下滑趋势。经济下行压力中,经营净收入增速趋缓,2017 年城乡居民经营净收入分别为 4 065 元、5 028 元,增速较 2014 年下降 2.4、1.6 个百分点。此外,部分传统行业、去产能去库存行业的就业人员工资增速明显放缓。2017 年制造业、建筑业、批发和零售业私营单位就业人员的平均工资增速分别为 6.8%、4.8%、7.0%,较 2014 年下降 4.5、6.5、3.8 个百分点(见图 5)。

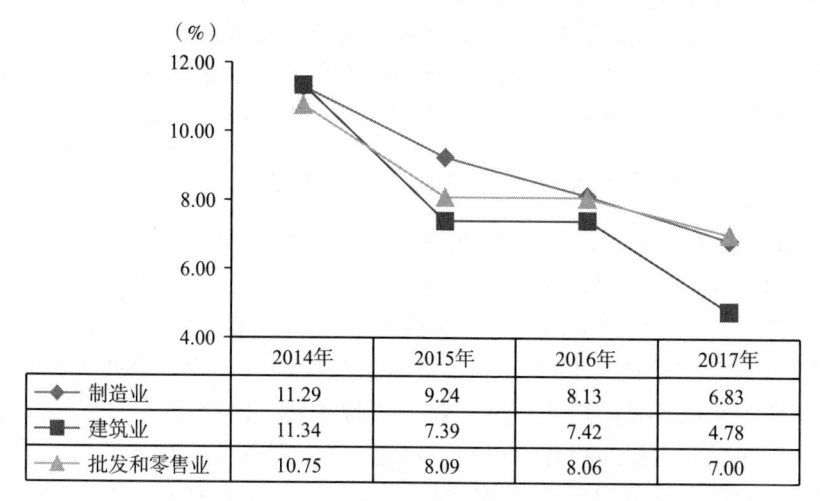

	2014年	2015年	2016年	2017年
制造业	11.29	9.24	8.13	6.83
建筑业	11.34	7.39	7.42	4.78
批发和零售业	10.75	8.09	8.06	7.00

图 5　三个行业私营单位就业人员平均工资增速

(三)"中间群体"劳动者技能不适应产业升级需要

经济转型中,我国在人工智能、新能源、高端制造等领域正在培育新动能,部分地区和行业的就业结构发生了较大变化,这对于劳动者能力提出了更高要求。"中间群体"劳动者人力资本积累不足,面对新技术、新业态、新模式,自身素质和专业技能不适应,转岗困难,收入增长乏力。

具体表现在"中间群体"受教育水平和专业技能方面。2017 年我国"中间群体"中大专及以上学历比例不超过 20%,农民工大专及以上学历比例为 10.3%,远低于当前中等收入群体(家庭年收入 9.5 万~47.6 万元)的 31.9%。"工匠精神"是我国产业迈向中高端,居民持续增收的重要因素。2017 年我国有专业技能的劳动力人口大概 1.7 亿人,在整个劳动力资源中占比约 20%,相对于一些制造业强国还有较大差距。"中间群体"中拥有专业技能的劳动力比例更低。作为"中间群体"主力的农民工，接受过农业或非农职业技能培训的仅占32.9%，50岁以上的农民工比例不断上升，老龄化已开始严重影响其增收能力。

（四）促进"中间群体"增收的体制机制仍待健全

工资集体协商作为市场经济条件下企业决定工资的基本形式，制度还不完善、作用尚未有效发挥。现行国有企业工资总额管理政策与建立现代企业制度的要求还不适应。与机关事业单位特点相适应的工资制度有待完善，公务员和企业相当人员工资水平调查比较制度尚未建立，机关事业单位工资收入增长受到制约。城乡二元结构不利于人才流动和活力激发，产权保护制度不够健全等，一定程度上制约了"中间群体"增收。

（五）"中间群体"财产净收入增速过低

近年来不同收入分组的群体收入增速出现分化。按五等分分组的低收入户由于脱贫攻坚、社会保障等政策支持力度加大，得到的转移净收入增长较快，收入增速波动上升。2017年居民人均转移净收入比2013年增长56%，年均增长11.7%，增长多集中在低收入户。高收入户由于自身增收和抵御风险能力较强，收入来源多元，财产净收入份额较高，收入增速反而逐年加快并超过经济增速。"中间群体"中工薪收入阶层较多，能够享受的政策支持相对较少，财产净收入有限，增收渠道较窄，在经济下行中收入增速下滑最为明显。此外，2013~2017年，我国农村居民财产净收入占可支配收入每年都未超过2.5%，财产净收入过低制约农村居民增收。

三、促进"中间群体"增收的政策建议

党的十九大报告要求"扩大中等收入群体"。促进"中间群体"增收是扩大中等收入群体的有效途径，也是缩小收入分配差距的必然要求，对有效扩大内需、稳定社会信心和预期、如期打赢脱贫攻坚战具有重要意义。当前和今后一个时期，促进"中间群体"增收、扩大中等收入群体重点围绕以下三方面展开：一是瞄准关键群体，加大力度精准施策；二是针对薄弱环节，重点提高财产性收入；三是聚焦关键领域，促进居民增收。具体措施有五个方面。

（一）大力扶持民营企业，创造更多就业岗位

民营企业就业人员是我国"中间群体"的重要组成部分。民营企业贡献了50%以上的税收，80%以上的城镇劳动就业。大力扶持民营企业特别是中小微企业，保证就业以确保"中间群体"有持续的收入来源。一是进一步减税降费。深化增值税改革，推进增值税实质性减税。实施小微企业普惠性税收免除。降低社保缴费名义费率，落实相关行政事业性收费以及政府性基金减负降费政策，确保企业轻装上阵。二是解决民营企业融资难融资贵问题。改革和完善金融机构监管考核和内部激励机制，把银行业绩考核同支持民营经济发展挂钩。拓宽融资途径，发挥民营银行、小额贷款公司、风险投资、股权和债券等融资渠道作用。三是加强私营企业的产权保护，保障人身和财产安全。稳定预期，弘扬企业家精神，发挥其对"中间群体"就业增收带动作用。四是重视服务业。推动生产性服务业与农业、制造业深度融合发展。推动建立家政服务信用体系，开展家政服务人员水平评价工作。放开养老服务市场，大力培养养老服务专业技能人员，加大对居家社区养老服务投入力度。扩大服务业对外开放，大力发展服务贸易。降低教育、医疗、金融服务等行业准入门槛，健全文化、互联网等领域分类开放制度体系。

（二）以乡村振兴为抓手，促进农民稳健增收

不少国家和地区在完成工业化的同时，十分重视农村的发展，如日本的"乡村重建计划"，韩国的"新村运动"，我国台湾地区的"乡村重生条例"。党中央适时提出"乡村振兴战略"，为普通农民等"中间群体"增收提供了有力保障。一是推动农业供给侧结构性改革。大力发展电商、乡村休闲旅游等农业经营新业态。创新发展农村集体经济，增加农民工资性收入。切实打通优质农产品进城渠道，减少农产品销售中间环节。完善重要农产品生产者补贴、农业生产社会化服务和农民专业合作组织支持政策。培育新型农业经营主体，发展适度规模经营，促进农村一二三产业融合发展。二是积极探索增加农民财产性收入的有效渠道。全面推开集体经营性建设用地入市，允许农民以多种形式流转土地承包经营权，确保分享流转收益。探索宅基地所有权、资格权、使用权分置改革。改革征地制度，提高农民在土地增值收益中的分配比例。

（三）依靠新型城镇化，破除"中间群体"增收体制机制障碍

工业和服务业收益远高于农业收益，新型城镇化带来人口集中、产业聚集和资源有效配置，带动产业升级和劳动生产率提升。通过推进城镇化，推动农村富余劳动力向城市转移，激发各类人才活力，为增收提供巨大空间。一是除个别超大城市外，大幅放宽城镇落户限制条件，促使更多优秀大学毕业生、优秀农民工、技能人才等群体安心在城市就业创业。根据城市建制类型配置经济社会管理权限，推动城市公共资源由按行政等级配置向按常住人口规模配置转变。外来人口申领居住证后，可凭证依法享有各项权益和公共服务，实现常住人口与户籍人口享受同等待遇。二是塑造区域发展新格局。围绕大都市圈发展紧凑型城市，增加城市就业创业人口密度；发挥省会城市辐射带动地市中心城市作用，承接国家和沿海产业转移，吸纳农业产业和人口转移；以扩大县城发展规模为聚焦，带动周边基础较好建制镇发展。同时，注重东部、中部、西部、东北地区的协调发展，创新开展对口协作和合作，促进欠发达地区"中间群体"增收。

（四）完善教育和培训体系，提高"中间群体"增收潜力

劳动力素质和劳动力技能是"中间群体"增收的巨大潜力，教育和培训是强化"中间群体"人力资本的重要途径。一是实施企业职工技能提升计划，足额提取并合理使用企业职工教育培训经费。建立健全面向全体劳动者的职业培训制度、向农民工免费提供职业技能培训制度。二是完善现代职业教育体系。新增教育投入向职业教育倾斜，落实中等职业教育免学费、国家助学金政策。促进企业和职业院校成为技术技能人才培养的"双主体"，全面实施校企合作。三是注重高等教育结构优化和质量提升。调整优化高校区域布局、学科结构、专业设置，建立健全学科专业动态调整机制，建设智能制造、智能医学、智能建造、大数据管理与应用等产业急需的新兴工科专业，开发一批体现产业和技术最新发展的新课程，加快培养卓越工程师。

（五）完善政策措施，促进"中间群体"减负增收

完善分配政策，指向更加明确，激发各类群体干事创业活力，促进"中间群体"减负增收。一是发挥再分配调节职能。依法实施综合和分类相结合的个人所得税制度，落实好专项附加扣除，减轻居民税收负担。优

化财政支出结构,加大在教育、医疗、养老、住房及拓宽就业渠道等方面投入,落实划转部分国有资本充实社保基金政策。完善社会救助体系。进一步加大对老少边穷地区财力支持,促进基本公共服务均等化。二是针对企业职工,积极推广企业核心业务员工持股,完善员工持股激励、转让和退出机制。研究建立行业最低工资标准,积极稳妥推进行业性、区域性工资集体协商。落实提高技术人员地位和待遇的"一揽子"政策,实施"大国工匠"培育计划。三是针对机关事业单位,进一步健全不同地区、不同岗位差别化激励办法。落实好机关事业单位基本工资正常调整机制。尽快建立公务员地区附加津贴制度。开展公务员和企业相关人员工资水平调查比较,推进公务员工资调整制度化。结合规范奖励性补贴完善公务员奖金制度。在试点基础上推广职务职级并行制度,充分发挥职级对基层公务员的激励作用。完善事业单位绩效工资政策,研究制定符合教育、卫生、科研等行业特点的薪酬制度。进一步保障义务教育教师工资待遇。加大对高层次人才绩效工资倾斜力度,鼓励积极开展科技成果转化。

我国居民财产性收入现状分析及拓宽渠道的政策建议*

党的十九大报告提出"拓宽居民劳动收入和财产性收入渠道"。财产性收入是居民收入的重要组成部分,准确把握财产性收入的含义,研究财产性收入增长存在的问题及原因,拓宽财产性收入渠道,是调节收入分配的重要方面。

一、财产性收入的界定与内涵

(一) 国际组织的界定

按照联合国、世界银行等国际组织制定的国民经济核算标准《国民账户体系2008》(以下简称 SNA2008),财产收入指的是金融资产和自然资源这两种类型资产的所有者将其交由其他机构单位支配时所产生的收入。金融资产所有者向另一机构单位提供资金而应得的收入称为投资收入;自然资源所有者将自然资源交由另一机构单位、承租人或佃户支配供其在生产中使用而应得的收入称为地租。财产性收入即为投资收入与地租之和。

(二) 我国对财产性收入的界定

根据我国国民经济核算体系的界定,财产净收入指住户或住户成员将其所拥有的金融资产、住房等非金融资产和自然资源交由其他机构单位、住户或个人支配而获得的回报并扣除相关费用之后得到的净收入。财产净收入包括利息净收入、红利收入、储蓄性保险净收益、转让承包土地经营权租金净收入、出租房屋净收入、出租其他资产净收入和自有住房折算净租金等。财产净收入不包括转让资产所有权的溢价所得。

---

* 本文数据由作者根据相关资料整理分析得出。

(三) 我国国民经济核算体系和系统网络体系 (SNA) 关于财产性收入界定的共性与区别

一是我国将让渡部分有形非金融资产使用权所获得收益纳入财产性收入的范畴，比如住房、车辆等家庭拥有的不动产或动产，SNA 的定义未包含这一部分。二是我国城市土地为国家所有，农村土地为集体所有，因此在表述土地地租方面，我国仅将转让承包土地经营权租金净收入计入财产性收入范畴，SNA 将让渡土地所有权相关的租金全部计入。三是我国将自有住房折算净租金计入财产性收入范畴，SNA 则没有计入。四是都没有明确表示家庭或住户让渡自有无形资产使用权所带来的收益是否计入财产性收入，比如特许权经营所得。五是都未将财产所有权转让所获得的资本利得（转让资产所有权的溢价所得）纳入财产性收入范畴，比如房屋、股票增值所得收入（见表1）。

二、我国财产性收入增长存在的主要问题

改革开放40年以来，我国居民生活品质日益提升，生活水平日益改善，基本实现了从温饱到小康的历史性跨越。在经济快速发展的同时，国民收入逐年提升，居民由几乎没有财产性收入发展到财产性收入在收入分配中占有重要地位。近年来，我国居民财产性收入增长率领先于其他收入来源增长率，2013~2017年，财产性收入年均增长率为10.31%，高于同期可支配收入年均增长率9.13%的水平。与此同时，财产性收入的来源也日趋多元化，这是我国金融体系不断完善、投资渠道不断拓宽、经济改革不断深化的结果。但是应该看到，我国居民财产性收入总体占比不高，增长还存在不少问题、面临诸多挑战。

(一) 城乡居民财产性收入差距大

2017年，城镇、农村人均可支配收入分别为36 396元、13 432元，城镇、农村人均可支配收入之比为2.71；城镇、农村人均财产净收入分别为3 607元、303元，城镇、农村人均财产净收入之比为11.9。城乡居民财产净收入差距显著大于可支配收入差距。同时，我国居民财产净收入占比可支配收入的比重较小，2017年比重为8.1%，而美国等发达国家居民

表1 家庭或住户常见财产、财产性收入类型与财产性收入核算范畴的比较

财产类型	财产性收入类型	财产性收入核算范畴	
		SNA（2008）	我国国民经济核算体系
现金	物价和汇率变动引致其币值变动	不计入	不计入
存款、债券等非权益类投资	价值变动、利息收入、转让收益	利息收入计入、价值变动、转让收益不计入	利息收入计入、价值变动、转让收益不计入
境内外股票、基金、信托等权益类投资	价值变动、股息红利信托收益、转让收益	股息红利信托收益计入、价值变动、转让收益不计入	境内股息红利计入、境外股息红利信托收益和价值变动、转让收益不计入
保险	投资性保险收入、转让收益	投资性保险收入计入、转让收益不计入	投资性保险收入计入、转让收益不计入
金融衍生工具和雇员股票期权	价值变动、转让收益	价值变动、转让收益不计入	价值变动、转让收益不计入
自然资源	价值变动、地租或自用折算地租、转让收益	地租计入、价值变动或自用折算地租、转让收益不计入	地租计入、价值变动或自用折算地租、转让收益不计入
住房	价值变动、租金或自住折算租金、转让收益	价值变动、租金或自住折算租金、转让收益不计入	租金或自住折算租金计入、价值变动、转让收益不计入
存货、耐用消费品、车辆、收藏品	价值变动、租金、转让收益	价值变动、租金、转让收益不计入	租金计入、价值变动、转让收益不计入
知识产权等无形资产	价值变动、特许权使用费、转让收益	未明确	未明确

四、收入分配篇

财产净收入比重大都在20%左右。我国农村居民财产净收入绝对量较少、比重太低，2017年两者分别为303元、2.26%，拓宽居民特别是农村居民的财产性收入渠道，对于促进居民增收、扩大中等收入群体具有重要作用（见表2）。

表2　城乡居民人均可支配收入和财产净收入情况

年份	人均可支配收入			人均财产净收入			城镇居民人均财产净收入占可支配收入比重（%）	农村居民人均财产净收入占可支配收入比重（%）
	城镇（元）	农村（元）	两者之比	城镇（元）	农村（元）	两者之比		
2013	26 467	9 430	2.81	2 552	195	13.09	9.64	2.06
2014	28 844	10 489	2.75	2 812	222	12.67	9.75	2.12
2015	31 195	11 422	2.73	3 042	252	12.07	9.75	2.21
2016	33 616	12 363	2.72	3 271	272	12.03	9.73	2.20
2017	36 396	13 432	2.71	3 607	303	11.90	9.91	2.26

（二）区域间居民财产性收入差距大

2017年，各省（市、自治区）人均可支配收入最高为上海的58 988元，最低为西藏的15 457元，两者之比为3.86；各省（市、自治区）人均财产净收入最高为北京的9 306元，最低为西藏的754元，两者之比为12.34。财产净收入最高省（市、自治区）和最低省（市、自治区）的高低倍差显著大于可支配收入。同时，我国收入越高的省（市、自治区），财产性收入占比越大，两者的一元拟合线为一条向右上方倾斜的直线（见图1），说明不同省（市、自治区）间财产净收入相较于可支配收入更加两极分化。此外，离散系数用于比较不同样本数据的离散程度，系数越大说明数据波动越大，2017年我国各省（市、自治区）可支配收入、财产净收入的离散系数分别为0.4和0.97。

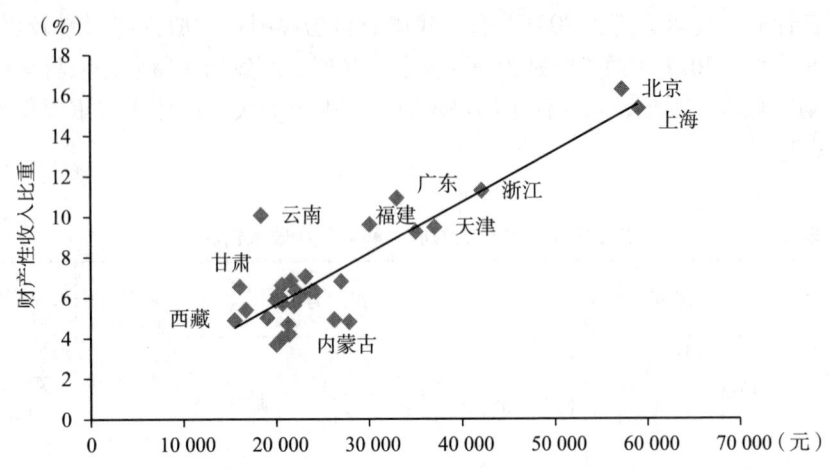

图1　2017年各省（自治区、直辖市）居民可支配收入和财产性收入比重散点图

（三）不同收入群体间财产性收入差距大

2011年，我国城镇居民中，10%最高收入户人均财产性收入为3 462元，是当年城镇居民财产性收入平均水平的533%；10%最低收入户的人均财产性收入仅为102元，是当年城镇居民财产性收入平均水平的15.7%。2012年，我国农村居民按照收入五等分分组，20%高收入户人均财产性收入为885元，是当年农村居民财产性收入平均水平的355%；20%低收入户人均财产性收入仅为52.66元，是当年农村居民财产性收入平均水平的21.14%。无论农村居民还是城市居民，不同收入群体间财产性收入的差距都大于其他收入来源的差距（见表3、表4）。

表3　2011年不同收入群体城镇居民家庭收入情况

项目	最低收入户（10%）	困难户（5%）	低收入户（10%）	中等偏下户（20%）	中等收入户（20%）	中等偏上户（20%）	高收入户（10%）	最高收入户（10%）
可支配收入（元）	6 876.09	5 398.17	10 672.02	14 498.26	19 544.94	26 419.99	35 579.24	58 841.87
工薪收入（元）	5 006.92	3 990.82	7 881.69	10 364.65	14 059.51	18 747.11	25 126.1	39 817.11
经营净收入（元）	812.2	604.97	1 148.82	1 426.85	1 614.53	2 149.18	3 169.82	8 324.55

四、收入分配篇

续表

项目	最低收入户（10%）	困难户（5%）	低收入户（10%）	中等偏下户（20%）	中等收入户（20%）	中等偏上户（20%）	高收入户（10%）	最高收入户（10%）
财产性收入（元）	101.78	92.42	142.79	207.53	375.95	651.99	1 125.24	3 462.37
转移性收入（元）	1 898.54	1 757.24	2 577.98	3 881.64	5 389.71	7 510.63	9 794.33	12 856.63
可支配收入（%）	31.53	24.75	48.93	66.48	89.62	121.14	163.13	269.80
工薪收入（%）	32.49	25.89	51.14	67.25	91.22	121.64	163.03	258.35
经营净收入（%）	36.76	27.38	51.99	64.57	73.06	97.26	143.45	376.72
财产性收入（%）	15.68	14.24	22.00	31.98	57.93	100.47	173.39	533.52
转移性收入（%）	33.26	30.78	45.16	68.00	94.41	131.57	171.57	225.22

表 4　2012 年按收入五等分农村居民家庭收入情况

指标	低收入户（20%）	中等偏下户（20%）	中等收入户（20%）	中等偏上户（20%）	高收入户（20%）	总平均值
平均每人纯收入（元）	2 316.21	4 807.47	7 041.03	10 142.08	19 008.89	7 916.58
工资性收入（元）	993.42	2 053.75	3 196.41	4 789.21	8 109.60	3 447.46
家庭经营纯收入（元）	937.74	2 216.22	3 124.74	4 330.36	8 500.09	3 533.37
财产性收入（元）	52.66	84.76	143.18	236.67	885.33	249.05
转移性收入（元）	332.39	452.74	576.70	785.83	1 513.87	686.70
平均每人纯收入（%）	29.26	60.73	88.94	128.11	240.11	100.00
工资性收入（%）	28.82	59.57	92.72	138.92	235.23	100.00
家庭经营纯收入（%）	26.54	62.72	88.44	122.56	240.57	100.00
财产性收入（%）	21.14	34.03	57.49	95.03	355.48	100.00
转移性收入（%）	48.40	65.93	83.98	114.44	220.46	100.00

(四) 居民财产性收入结构较为单一

城镇财产性收入过于依赖出租房屋收入。2011 年，城镇居民财产性收入结构中，出租房屋收入占比最大，达到 51.25%。相关研究表明，房屋租金收入的集中率大于财产性收入的基尼系数，其对财产性收入差距起到推动作用，租金收入差距形成了财产性收入差距的 58%，为财产性收入差距的主要影响因素。住房的商品化使得住房投资、投机行为增多，过高的房价使得更多人买不起房，一部分收入通过租金的形式流向拥有多余房产的人手中，形成更大的财产性收入差距。同时，根据经济日报社中国经济趋势研究院编制的《中国家庭财富调查报告（2018）》，2017 年，全国居民房产净值增长额占到家庭人均财富增长额的 68.74%，房价增值是财产增长的主流（见图 2）。

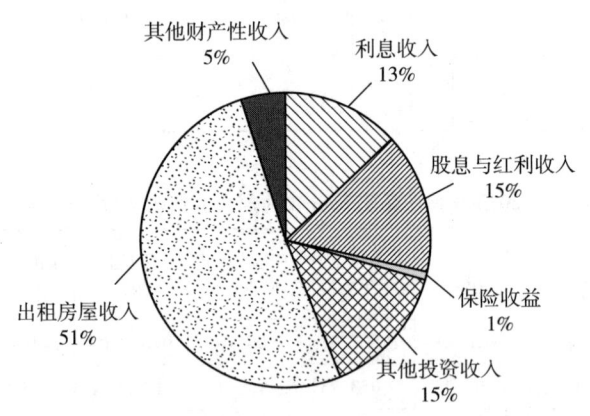

图 2　2011 年城镇居民财产性收入内部结构分布

(五) 居民金融资产配置不够合理

我国城镇家庭金融资产配置两极分化较为严重，往往是低风险、低回报的银行储蓄，或者是风险极高的股票等，中等风险和中等收益的资产配置很少，这并不符合成熟市场经济体主流的资产配置。《中国家庭财富调查报告（2017）》数据显示，经过 2015 年股市大起大落后，2016 年我国家庭新增投资多为储蓄，银行储蓄在家庭金融资产中独占鳌头。定期存款、活期存款和手存现金依然是我国家庭金融资产的最主要形式，相比城镇家庭而言，农村家庭这 3 项金融资产的占比更高，而且农村居民金融资产更加集中在低风险低收益的存款上。

三、财产性收入相关问题的原因分析

（一）财产性收入的"马太效应"明显

"富者愈富、穷者愈穷"的马太效应是一个世界性难题，对于资产回报更是如此。法国经济学家托马斯·皮凯蒂在《21世纪资本论》中发现全球主要国家的资本收益率持续高于经济增长率，资本和劳动收入的差距，不仅导致收入不平等特别是财产性收入不平等的恶化，同时也导致财富相对规模扩大以及财富集中度增强。以我国过去20年房地产市场为例，我国房地产市场经历了黄金发展期，房地产价格大幅上涨。房价上涨不仅使得富裕家庭本身持有的房产不断增值，而且激励富裕家庭购买更多房产，这使得房地产增值以及租金收入带来的财富向高收入群体集中。

（二）住房租赁及金融市场不够健全

一是我国房地产市场的突出短板是住房租赁市场发育迟缓，租赁供给规模不足以覆盖日益加快的净流入人口的租赁需求。另外，市场机制不健全，长租公寓和中介占据房屋租赁市场，推动房租上涨。二是金融改革有待进一步加速。我国金融市场化程度仍较为落后，如利率市场化程度不够、金融消费者权益保护有待进一步提高、金融产业结构有待进一步改善等，制约了居民金融类财产性收入的提高。三是股票市场增加普通居民财产性收入的作用不充分。证券监管机制不够健全，内幕交易较多，股市波动较大，股票市场以业绩作为回报基础的价值体系还未完全确立，资本市场在金融行业中的短板地位没有改变。同时中国股市具有"重融资、轻投资"的特点，普通人投资于二级市场难以获得稳定的收入回报。

（三）农村财产性收入渠道过窄

一是土地承包经营权交易市场建设相对滞后，交易主体比较单一。土地流转主要以农户之间的转包为主，多发生在熟人或邻里之间，签订流转合同的土地面积占总流转面积的比例较小，流转合同往往不完善，缺乏市场竞价，影响流转价格。二是农村宅基地应有的市场价值未能体现。随着我国城市化进程的推进，农民宅基地的商品化属性越来越明显，但由于农民的宅基地实行一户一宅的集体经济组织内部分配制度，宅基地只能在农民内部转移，其资产价值没有得到充分显化。三是农民的人均收入偏低、生活成本相对较高，导致农民剩余收入较少，制约了农村家庭财富的增长。2013～2017 年，农村居民人均支出占人均收入的比重都在 80% 左右。2017 年农村恩格尔系数也为 31.2%。四是农村居民理财能力欠缺，又缺乏金融投资渠道，可投资的理财产品过少。

（四）影响财产性收入渠道拓宽的其他因素

一是与我国的发展阶段相关。我国仍处于社会主义初级阶段，仍是世界上最大的发展中国家，发展中不平衡不充分的问题较为显著，最为明显的体现就是收入分配差距。我国二元结构经济特征、农村人口庞大等因素导致收入差距问题解决起来需要一个较长的过程。二是财税方面的制度设计以及社会信用体系和收入信息监测系统不够完善等，会对居民的家庭投资行为，以及不同群体之间的财产性收入差距产生较大影响。三是社会保障体系有待进一步健全。社会保障水平较低，居民的后顾之忧就会很多，就不敢投资。只有保障水平较高，家庭的余钱才会从储蓄转化为投资，才会有财产性收入。四是居民财产占有相对不均衡。居民拥有的财产越多，一般获得的财产性收入也就越多。财产占有的不均衡会对财产性收入差距产生重要影响。经过改革开放四十年的发展和积累，多数社会群体有一定的经济积累，但城乡、区域、不同收入群体间的财产也有了一定差距。

四、拓宽财产性收入渠道的政策建议

拓宽财产性收入渠道，宜从以下三个方面入手：一是拓宽财产性收入受益主体范围，让越来越多的居民享有财产性收入。二是增加居民财产性收入的规模和水平，让可获取收入的财产种类增多、让每项财产所获取收入数量增加。三是让居民财产性收入更加均衡，缩小财产性收入差距，形成有序、合理的财产性收入分配格局。具体举措有以下几点。

四、收入分配篇

（一）不断完善市场体制机制，为拓宽财产性收入渠道奠定基础

完善与财产性收入有关的市场体系，营造"公平、公正、公开"的投资环境，是缩小居民财产性收入差距的重要条件。要加快多层次市场体系建设，构建居民财产性收入来源多元化的市场基础，为获得财产性收入创造条件。完善市场分工机制，促进专业化分工，把人的积极性、主动性和创造性释放出来；完善价格机制，推动各类要素价格的市场化改革；明晰产权机制，尊重、保护市场主体的合法财产权利。

一是保护居民财产权利，增强人民群众财产财富安全感，增强社会信心，形成良好预期，为拓宽居民财产性收入奠定公开公平公正的法律环境。在开发征地过程中，要依法确保居民财产权利不受侵犯。要支持民营企业发展，保护民营企业家人身安全和财产安全，更好弘扬企业家精神。二是统筹推进要素市场建设。培育和发展各类生产要素市场。建立与社会分工相适应的生产要素市场，将全部生产要素纳入市场之中，既要完善传统的土地、资金、劳动力、人力资本等市场体系建设，又要创立思想和创意、文化创意产权、技术产权、环境等新型要素市场。推进要素市场化配置改革，促进要素市场集聚发展，推动区域性要素交易市场集群建设，构建全方位、多层次的要素市场体系。比如，众创空间是根据互联网及其应用深入发展，通过市场化机制、专业化服务和资本化途径构建的低成本、便利化、全要素、开放式的新型创业公共服务平台。它形成了一种新的资本和要素分工形态，拓宽居民直接投资众创空间的渠道和方式，引导各类社会资本参与众创空间建设，成为拓展居民财产性收入的一个重要组成部分。

（二）继续创造条件支持广大居民拓宽金融类财产性收入渠道

拓宽投资渠道，使资本盈利能够被更多人分享。加快发展直接融资，促进多层次资本市场平稳健康发展。加快金融产品和金融工具创新，改善金融服务，构建收入来源多元化、风险结构异质化、资产存量组合化的理财平台，普及居民的理财知识，提高居民理财水平。加强资本市场诚信和透明度建设，完善上市公司的信息披露、财务管理和分红制度，提升上市公司对股东的回报，切实维护中小投资者利益。推进利率市场化改革，合理缩小银行利差，增加居民存款收益。深化国有企业改革，扩大员工持股

范围，调动员工积极性，拓宽员工持有股权的收入范围，让入股员工与企业共享改革发展成果，共担市场竞争风险，建立员工利益和国有企业利益、国家利益激励相容机制。

（三）推动城镇化与农村土地产权制度改革相结合，构建公开、公正、规范运行的农村产权流转交易市场，让农民得到应有的农村土地收益，拓宽农民财产性收入渠道

一是以乡村振兴为抓手，促进农民增收，加快财产积累。大力发展电商、乡村休闲旅游等农业经营新业态。创新发展农村集体经济，增加农民工资性收入。推进农业生产机械化、集约化和科学化，切实打通优质农产品进城渠道，完善重要农产品生产者补贴和支持政策，增加农民务农收入。培育新型农业经营主体，发展适度规模经营，促进农村一二三产业融合发展。二是推动新型城镇化，持续促进农村劳动力转移。加大对农民工的职业技能培训力度，促使农民工能更好地在城镇就业创业。破除城乡二元体制障碍，促使农业转移人口更好地享受城市教育、医疗等社会基本公共服务。三是总结好农村土地制度改革三项试点经验，巩固改革成果，继续深化农村土地制度改革。稳定农村土地承包关系并保持长期不变，赋予农民对承包地占有、使用、收益、流转及承包经营权抵押、担保权能，允许农民以承包经营权入股发展农业产业化经营。保障农户宅基地用益物权，选择若干试点，慎重稳妥推进农民住房财产权抵押、担保、转让。

（四）研究将知识产权带来的收入纳入财产性收入范畴

从长期发展趋势看，创意和技能是最大的财产，成为财富创造的重要来源和影响财产性收入的关键因素。要创新科研成果转化机制，拓展创新驱动空间，优化知识产权财产资源利用效率。创新国有资产管理机制，全面促进科技成果转化效率。借鉴美国《拜杜法案》，下放科技成果形成国有资产的使用、处置和收益权，简化主管单位科技成果形成国有资产的使用、处置和收益的审批或备案程序，提高科研成果转化收益中科研人员的分享比例。以市场需求为基准，建立以企业为主体的产学研技术联盟，支持有条件的企业建立工程技术中心或研发中心，鼓励科研机构、高校建立分支机构，实现技术溢出与成果转移。

为科技创新企业在政策、管理、法律、财务、融资、市场推广和培训等方面提供更为优化的、人性化的、包容性的服务，并为企业财产对接资

本市场及产品市场提供战略指引，提高企业创新创业成果的转化及市场接受率，提高股权收益率。立足产研联动，强化技术创新与创业创新的对接，提高科技工作者技术股权形成的财产性收入。政府出资设立一批以科技成果转化为目标的引导资金，以参股方式，引导高校院所、企业和投资机构设立科技成果转化基金，以政府资金撬动社会资本参与科技成果转化。科技成果转化基金实行市场化运作，探索建立市场化的项目筛选和培育机制。

（五）大力支持分享经济等新产业、新业态、新模式的发展，鼓励更多人通过自身财产分享获取收入

分享经济等新产业、新业态、新模式的出现，让财产内涵慢慢发生变化，居民拥有的消费性财产（比如车辆）也可以成为获取收益的财产，拓宽居民的财产性收入渠道。分享经济是知识经济时代的标志性产物，分享经济理念借助互联网大数据在各个行业领域深度融合，已成为世界性的大趋势。大力发展分享经济是我国经济转型升级的必然趋势，将成为拉动经济增长的一个新动力，通过分享、协作方式进行创业创新，门槛更低、成本更小、速度更快，有利于让更多的人参与创业，充分体现供给侧结构性改革的理念和做法。分享经济通过重构无限量的存量财产资源，转化为能够提供经济和社会价值的货物与劳务，让财产所有者获得可观的收入。分享经济可以提升资源利用率，将闲置资金、财产等资源投入社会消费中，产生了新的价值。有关研究结果显示，网约车平台就业呈现灵活性特征，满足了不同群体在不同时空环境下的就业需求。网约车司机工作时长充分体现分享经济特点，每天在线不到2小时的司机占比最高，为50.67%。而且，网约车平台就业有稳定的投入产出预期和相对公平的劳动报酬，就业质量高，稳定性好，为司机提供了稳定的收入来源。此外，随着新产业、新业态、新模式的发展，数据成为一种特殊的"财产"，保护"数据"的生产者、创造者、拥有者的权利，如何让其拥有财产性收入，是传统经济进入"存量时代"后，减轻传统生产要素（土地、资本等）"财产性收入"固有马太效应的破解之道。

最后需要强调的是，为防止居民财产性收入两极分化，缩小财富分配差距，我们还应从以下四方面着手：一是坚持"房子是用来住的，不是用来炒的"定位，还原房产的居住属性，加快建立多主体供给、多渠道保障、租购并举的住房制度，完善住房保障方式，提高基本住房保障水平，

统筹筹集、租赁和管理，培育和发展租赁市场，积极发展共有产权住房，建立房地产市场调控长效机制，消除房价非理性波动对居民财产差距的影响。二是充分发挥税收在再分配方面的积极作用。落实好综合和分类相结合的个人所得税制度，结合我国实际完善和优化资本性所得税政策，适当平衡劳动所得与资本性所得的税负水平。推进房地产税立法。根据我国的实际情况和各国遗产税的发展趋势及复杂情况，进一步研究、评估开征遗产税涉及的相关问题，同时做好个人收入和财产登记、申报、核查、信息交换等基础性工作，夯实征管基础，提高国家治理能力。三是弘扬"幸福都是奋斗出来的，奋斗本身是一种幸福"的奋斗幸福观。不仅要激发社会活力，引导人们多渠道增加财产性收入，创造社会财富；更要完善体制机制，鼓励社会成员积极通过自身劳动创造美好生活，不能养懒人。要保持社会流动性，避免固化社会阶层，让每个人都有公平机会通过"个人奋斗"改变命运。四是打击和取缔非法收入，规范收入分配秩序。围绕国企改制、土地出让、矿产开发、工程建设等重点领域，强化监督管理，堵住获取非法收入的漏洞，全面落实领导干部报告个人事项的有关规定。严厉打击走私贩私、偷税逃税、内部交易、操纵股市、制假售假、骗汇骗贷等经济犯罪活动。严厉查处钱权交易、行贿受贿行为，深入治理商业贿赂。

我国公务员薪酬制度与治理模式研究

公务员薪酬制度和治理体系是国家收入分配体制改革的重要组成部分，直接关系到公务员工作的积极性和公务员队伍的稳定性，并对转变政府职能、加强廉政建设、促进社会发展、提高国家治理能力具有广泛而深远的意义。我国公务员薪酬制度经过四次大的改革，公务员薪酬水平有了较大提高，分配秩序也逐步趋于有序。但仍存在总体水平低、结构不合理、秩序欠规范等问题，从深层次看，体现出公务员薪酬制度和薪酬治理体系的内在缺陷。因此，有必要在总结历次工资改革经验和教训、研究借鉴发达市场国家的成功做法的基础上，立足我国现实，探讨建立与社会主义市场经济体制相适应的公务员薪酬管理制度和薪酬治理模式，提升我国政府的现代化治理水平和治理能力。

一、我国公务员工资制度沿革

自中华人民共和国成立以来，我国公务员工资制度先后经历1956年、1985年、1993年和2006年四次大的改革，每一次改革都有特定的历史背景和特点。

第一次1956年。在由供给制与工资制并存过渡到全部实行工资制的基础上，国家机关和企事业单位统一实行职务等级工资制，只设级别工资，共分为30个级别，一个级别对应一个工资标准。同时，实行工资区类别制度，全国共分为11个工资区，以6类工资区为基准，各类区之间的工资标准相差3%，个别地区还分别实行地区津贴和生活费补贴。此次改革确立了我国机关事业单位的基本制度，在实践中取得了很大成绩，但也存在"劳酬不符、职级脱节"的矛盾。

第二次1985年。将机关事业单位和企业工资分离。机关事业单位实行以职务工资为主的结构工资制，工资构成为基础工资、职务工资、工龄津贴、奖励工资四部分，并仍实行工资区类别制度。此次改革体现了"劳酬结合、职级相符"的要求，建立了正常的晋级增资制度，但也存在单纯以职务确定工资水平，只有提升职务才能增加工资的现象，一定程度上强化了"官本位"。

第三次1993年。将机关与事业单位的工资制度分离，机关行政人员实行以职务工资和级别工资为主体的职务级别工资制度，基本工资由职务工资、级别工资、基础工资和工龄工资四部分构成。取消工资区类别制度，建立地区津贴制度。改革奖金制度，对考核合格以上人员发放年终一次性奖金，标准为当年12月的基本工资。

第四次2006年。与以往历次相比，这次面临的情况最复杂，改革难度最大。这次改革将完善工资制度与规范收入分配秩序结合起来，进一步实现机关与事业单位工资收入分配制度的脱钩，简化公务员职级工资制，清理规范津贴补贴，完善地区津贴制度，基本确立了现行的公务员工资制度。现行公务员工资由基本工资、地区附加津贴（目前为规范津贴补贴）、地区津贴、岗位津贴和年终一次性奖金组成。实际执行中，将地区津贴、岗位津贴和年终一次性奖金统称为国家统一规定的津贴补贴。

二、我国现行公务员工资制度

公务员的基本工资由职务工资和级别工资两项构成，中央统一制定政策，全国统一标准。职务工资主要体现工作职责大小，一个职务对应一个工资标准。级别工资主要体现资历、职务和工作实绩，每一个级别设若干工资档次。公务员根据所任职务、德才表现、工作实绩和资历确定级别和级别工资档次，一般每五年晋升一个工资级别，每两年晋升一个工资档次。公务员职务与职级并行制度启动试点后，职级公务员的基本工资由职级工资和级别工资两项构成。

地区附加津贴（规范津贴补贴）主要反映地区间经济社会发展和物价消费水平的差异，是调控地区工资差距的主要措施。中央负责审核确定省直机关、省会城市和计划单列市市直机关规范津贴补贴标准，省级政府负责确定地市县机关津贴补贴标准。

地区津贴主要体现对地区的倾斜，包括艰苦边远地区津贴、西藏特殊津贴、特区津贴、高海拔折算工龄补贴、南疆工作补贴等。地区津贴由中央统一制定政策和标准。

岗位津贴是对苦、脏、累、险等特殊岗位工作人员给予的政策倾斜。目前，包括警衔津贴、人民警察值勤岗位津贴、海关关衔津贴等20项机关岗位津贴。岗位津贴由中央统一制定政策和标准。

年终一次性奖金是对年度考核称职及以上的工作人员发放的奖金，标准为本人当年12月的基本工资。

三、我国公务员薪酬治理中存在的问题

国家不同时期的发展战略为公务员薪酬制度改革，特别是为管理体系和薪酬治理改革提供了方向。随着社会主义市场经济体制的建立，公务员薪酬治理从高度集权、大一统模式，逐步走向多元化。现行的公务员薪酬分配表面上存在的总体水平低、结构不合理、秩序欠规范等一系列问题，实则体现了公务员薪酬制度和薪酬治理体系的内在缺陷，主要有以下几个方面。

（一）管理体制亟待改革

薪酬管理体制上仍然沿袭传统的集中统一管理，对人才市场主动反应能力弱、反应速度慢，不适应市场经济背景下吸纳、维系和激励人才的客观要求；同时，基本工资增长主要由中央决策，而在津贴补贴上中央与地方展开博弈，出现地方突破政策违规发放各类津贴补贴的情况。

（二）缺乏职位分类比较评价

现行基本工资制度，沿用传统的干部身份管理的思路，主要以职务和级别来确定个人的薪酬水平，而工作责任、能力、绩效或市场对薪酬的影响体现不多。目前我国尚未开展科学的公务员职位分类，没有建立职位体系（包括职位名称、规范的职责描述、任职资格界定等），以及推行职位评价和薪酬调查等。目前，岗位性津贴尽管体现对特殊行业岗位公务员工资性质的倾斜，但由于分类和管理不够精细，容易出现部门普遍发放和其他部门攀比的情况。由于缺少职位分类比较和评价，导致工作职责、能力、绩效和市场等对公务员薪酬难以产生实质影响，造成一方面工资平均主义分配，存在"大锅饭现象"，另一方面对关键核心人才激励不足，职

位薪酬与其价值不匹配。

（三）薪酬水平决定和增长机制不健全

薪酬管理制度和薪酬治理体系包括薪酬的决定机制，也包括薪酬的增长机制。发达国家和地区的薪酬管理和治理的经验表明，无论是采取起薪调查、趋势调查或水平调查（如美国及中国香港等）来决定薪酬增长水平，或者是采取简单的薪点制（如葡萄牙及中国澳门等），即薪点伴随着CPI的变动而变动，总的来说，都有规范的增长机制。同时，世界主要国家对公务员工资调整、绩效管理、退休保障等均有专项法律规定，并完全公开透明，接受公众监督和审计监督。我国公务员薪酬有关法律或法规尚不完善，薪酬决定和薪酬水平增长尚未形成制度化，主要由国家根据国民经济发展在统筹平衡的基础上确定，有时主观性较强，调整幅度和方法科学性不够。尽管基本工资已经建立了正常增长机制，但并未在法律上予以确立。同时，公务员薪酬制度不透明、不公开，缺乏社会有效监督，导致公务员薪酬调整或改革往往会引发社会公众和舆论的猜测和质疑。

（四）部门职责权限界定不清晰

相关改革往往将薪酬待遇作为重要的配套改革，由改革主导部门而非公务员薪酬主管部门提出政策措施，影响薪酬政策制订的统一性，往往造成政策碎片化问题，也会出现相互攀比。此外，各级薪酬管理队伍专业化和职业化水平与国家治理体系和治理能力现代化的客观要求不相适应。

四、国外值得借鉴的经验做法

市场经济条件下实施科学的公务员薪酬治理，是现代国家治理体系的有机组成部分。为此，有必要总结和借鉴发达市场经济国家和地区的经验和做法。一是分权的工资确定机制。由中央政府规定薪酬确定的原则，地方政府具体掌握公务员薪酬确定的权力，但受中央政府监管，如澳大利亚、新西兰等国家。二是完善的基础制度建设。包括科学精细的公务员职位分类体系、健全的公务员薪酬水平调查比较制度等，如澳大利亚的公务员分级制度规定了各类公务员的级别、相应的职责、工作标准和级别升降规则，并划分了11个公务员级别组；美国采用联邦管理与预算署制定的大都会统计区作为工资调查和比较区域，美国劳动统计局在此基础上进行全国薪酬调查。三是明确的管理权限划分。在国家和政府各级部门均设有专门机构负责薪酬管理及监督，如加拿大财政委员会负责制定薪酬政策，人权委员会管辖有关薪酬平等事宜，高级薪酬咨询委员会就行政人员的薪酬水平提供意见，枢密院办事处负责监察公营公司行政人员薪酬，公务和政府服务处负责有关薪酬记录和管理退休金计划。四是推动实行与绩效相联系的薪酬制度。基于绩效评估进行薪酬调整或给予一次性奖励，如澳大利亚92%的公务员部门都实行了绩效管理，大多数部门实行了宽带薪酬①以及将工资增长与绩效挂钩，根据绩效考核结果确定不同的起薪水平和增长幅度。五是有力的法律保障和立法支持。对公务员薪酬调整、绩效管理、退休保障等均有专项法律规定，如日本公务员工资的制定以公务员法为基础，以工资法等其他单项法律和行政法规作为重要组成部分，保证公务员工资的决定机制、工资调整程序和管理方式都有法可依、有章可循。六是薪酬管理公开透明等，如美国不仅公开公务员职级工资表，工资调整过程也全程公开，并允许公众参与听证，接受民众反馈。

五、完善公务员薪酬制度和治理模式的政策建议

为了构建现代国家治理模式，提升现代国家治理能力，必须在总结历次工资改革经验教训的基础上，立足我国实际，探索建立责任与权限相统一的公务员薪酬制度和治理模式。

（一）推动公务员薪酬立法

按照党的十九大报告建设中国特色社会主义法治体系、建设社会主义法治国家的要求，制定公务员工资相关法律或管理条例，明确公务员工资、福利、保险等相关待遇，规定公务员工资构成，规范公务员工资决定和水平调整机制，加快实现法制化进程。逐步推动公务员工资公开化透明化，向社会充分公开，减少公务员工资调整的神秘感，真正实行"阳光工资"，全面接受社会监督。

---

① 宽带薪酬，即在组织内用少数跨度较大的工资范围来代替原有数量较多的工资级别，如将原有十几甚至二十几个薪酬等级压缩成几个级别，同时将每一个薪酬级别所对应的薪酬浮动范围拉大。

（二）构建分级管理的薪酬制度

适应我国现阶段干部分级管理的客观实际，结合我国特有的干部管理制度，构建分级管理的薪酬制度和治理体系，加大干部考核对薪酬水平决定和增长的权重。中央负责公务员薪酬顶层设计，具体操作上赋予省级政府一定的管理权限，各级政府负责对公务员的考核和具体薪酬管理。

（三）实施公务员职位分类

改革传统的以公务员级别确定工资的做法，开展公务员职位分类、工作分析和职位评价，清晰界定各级各类公务员职位本身的工作职责和任职资格要求，通过一套科学的职位评价方法给出各个职位的相对价值评估，根据不同职位的工作特点确定工资，突出按责分配、按贡献分配的导向。

（四）建立工资调查和比较制度

以公务员职位分类为基础，从起薪调查和趋势调查入手，建立公务员与企业相当人员的工资比较制度，并根据工资调查比较情况编制地区生活费用指数和物价地图，作为国家调整基础工资水平的参考依据。

（五）建立科学的薪酬绩效管理制度

奖金是《中华人民共和国公务员法》规定的公务员薪酬的重要组成部分，但目前尚未建立科学的公务员奖金制度。在建立高效、科学的公务员绩效考核的基础上，建立规范的公务员奖金管理体制和监督约束机制，将薪酬与公务员工作绩效挂钩，根据工作目标的完成情况确定公务员薪酬水平。

美国公务员薪酬制度对我国的启示*

近期,我们对美国联邦政府公务员薪酬制度进行了研究,现将有关情况及对我国的启示报告如下。

一、美国公务员基本情况

美国联邦政府分为四级:联邦、州、郡、市。美国公务员共有2 000万人左右(不含军队人员),其中联邦政府公务员不到300万人,州政府公务员约450万人,郡、市政府公务员约1 250万人。公务员人数占全国总人口的6.5%。美国公务员范围外延较大,主要包括:各级政府官员、警察、消防人员、公共科研人员等,学校、医疗卫生系统及其他公共事业单位的所有工作人员以及一些服务行业的工作人员。美国各级政府公务员通常分为政务官和事务官两类,其中政务官通常是由选举产生,或是随执政党上台而被任命的官员,此类官员流动性较强,且一般与执政党联系密切。而事务官则是常任的、通过公开考试录用后负责具体处理各项事务的职业化公务员,美国的公务员法规定此类任职者必须保持政治中立。

二、美国公务员薪酬制度

美国联邦政府公务员薪酬结构主要由基本工资、津贴补贴、奖金组成,此外还有多种福利及保险。

(一)基本工资

基本工资分为基础工资和地区工资,基本工资占公务员总收入的70%

---

* 本文数据由作者根据相关资料整理分析得出。

以上。

基础工资按照其类型分为两大类：一是法定工资系统。包括普通公务员的 GS 工资系列，以及外交人员、复员军人健康管理员、邮政人员等工资系列。二是针对高级公务员和蓝领公务员等其他类型公务员的工资系统。主要包括行政首长的 ES 工资系列，高级行政公务员的 SES 工资系列，以及蓝领公务员的 FWS 工资系列等。针对普通公务员的 GS 工资系列是覆盖范围最广的公务员薪资管理体系，共有 56% 的联邦政府公务员受此体系管理，该工资体系共分为 15 个工资等级，每一个工资等级由低到高分为 10 个薪档，最低档与最高档薪资水平浮动范围约为 30%。GS 工资表涉及一般行政、人力资源管理、会计和预算、法律等 20 多个职组 400 多个系列的职位，这些职位按性质分为专业类、行政管理类、专家类、技术类以及事务类等，并根据每一职位本身的工作难度、所承担的责任和任职资格要求的复杂性划分等级，每个职业系列的职位对应 GS 工资表中的若干工资等级。

地区工资体现不同地区的工资水平差异。美国以联邦管理和预算办公室制定的大都市统计区为基础，共设立了 34 个工资区，包括 31 个大都市区（华盛顿、纽约、费城、休斯敦、底特律、洛杉矶、迈阿密等大城市及其周边行政区域的组合），以及阿拉斯加、夏威夷和其他地区等 3 个工资区，每一个工资区有一个工资系数。2013 年工资系数最高的为旧金山地区（35.15%），最低的为美国其他地区（14.16%）。工资区的划分相对稳定，大约每 10 年调整一次。地区工资水平的计算方法为基础工资乘以地区工资系数。

（二）津贴补贴

津贴主要包括制服津贴、住宅津贴和生活津贴（对派往美国领地和属地以外的其他地区公务员发放）、岗位津贴（根据工作环境对派驻国外地区工作公务员发放）、生活费津贴（对派驻国外人员发放，包括分居生活抚养津贴、教育津贴、调任津贴和交通费等），以及危险工作津贴和其他津贴。此外还有加班费、购房补助等补贴。

（三）奖金

奖金包括各种工作成绩奖、现金奖等。《美国法典》详细规定了工作成绩奖、现金奖等措施，工作成绩奖一般为基本工资的 2%~10%，经行政首长批准可以达到 10%～20%；现金奖一般不超过 1 万美元，经人事管理署批准可达到 1 万～2.5 万美元。另外，为吸引和留住优秀人才，联邦政府还实行了雇佣奖金、安置奖金和留人津贴的 3RS 奖金政策，三种奖金数额一般不超过基本工资的 25%。

（四）福利

福利包括带薪年休假（普通公务员每年不超过 30 天，高级公务员每年不超过 90 天）、家庭与医疗假（公务员直系家庭成员患严重疾病或怀孕分娩可申请不超过 12 周无薪假期）；病假（每年不超过 13 天）。此外，还有出庭假、骨髓与器官捐赠假、紧急事件假以及无工资假等。

（五）保险

保险主要包括健康保险计划、集体人寿保险和养老金。健康保险计划包含住院和医疗费用保险，处方药保险，牙科、眼科保险，短期和长期失能保险，长期看护保险，意外险等。其中，医疗费用个人负担 25%，联邦政府负担 75%。集体人寿保险包括基本人寿险和三个可选险种，其中基本人寿险缴费个人负担 2/3，单位负担 1/3。

三、美国公务员工资决定机制

美国公务员工资决定机制包括公务员工资水平确定原则、工资调查比较制度和工资调整机制三方面内容。

（一）公务员工资水平的确定原则

美国联邦政府认为，公务员工资水平不宜过分高于企业职工工资，然而公务员工资需要具备一定竞争性，因此通过公务员与企业相当人员进行工资比较，确定公务员工资水平。1862 年，美国国会立法规定，美国海军蓝领工人的工资应做到"紧随私营机构"。在随后漫长的过程中，美国政府又先后进行了数次相关改革，比如 1962 年的《联邦薪酬改革法》和《联邦行政人员薪酬法》、1970 年的《联邦薪酬平衡法》、1990 年的《联邦薪酬比较法》，逐步确立了通过公务员工资与企业工资调查比较来确定公务员工资的原则和具体办法。美国法律规定，在每个工资区域内从事相似工作的公、私雇员，其工资水平应保持一致，同一区域内公务员工资和企业职工工资差异应控制在5%以内。

（二）完善的工资调查比较制度

根据上述公务员与企业人员工资比较原则，美国实行了工资调查比较制度，该制度分为薪酬调查制度和比较制度两部分。美国薪酬调查制度历史较长，不同职业、不同等级的工资资料齐全。美国的薪酬调查由劳工部的劳工统计局负责。早在19世纪末，美国劳工部就开始正式进行一些单项的薪酬调查工作。随后系统的薪酬调查活动开始兴起，20世纪90年代，美国把各种调查项目进行整合，统一纳入"全国薪酬调查"，为公务员与私营企业工资比较奠定了良好的基础。美国公务员与企业人员工资比较制度是职位比较模式，其思路是以公务员和企业人员承担的具体职位为基础，通过职位评价（采用定量的包括知识水平、工作控制和复杂性、工作接触以及物理环境等要素的计点法）方式来对两类组织中的人员承担的具体职位的价值进行量化评估，然后在此基础上划出职位等级，建立对应关系。政府在每年通过市场薪酬调查得出各类企业职位的工资水平之后，便可以相应地参照确定与之价值等级相同的政府职位的工资。

（三）公务员工资调整机制

美国联邦政府把工资调查比较的结果作为确定公务员工资水平的重要参考因素，并依据调查比较结果进行工资调整。美国联邦政府公务员工资调整可以分为两个部分：一是面向所有公务员进行的年度基础工资普调。美国联邦政府每年年初参照全国劳动力市场工资上涨情况对公务员基础工资进行调整。由美国劳工统计局发布的企业雇用成本指数，公务员年度基础工资普调的标准比企业雇用成本指数上涨幅度低0.5%。二是在地区范围内所进行的地区工资调整。公务员与企业相当人员工资水平差异一旦突破5%，就对该地区联邦公务员工资进行调整。由美国人事管理署测算同一工资区内公、私工资差距及地区工资支付额，并将结果提交给联邦薪酬委员会。联邦薪酬委员会向总统薪酬办公室提出工资调整建议，总统薪酬办公室审核并报总统同意后，报国会批准。

四、对我国的启示

(一) 加强公务员工资法制化建设

美国法律对联邦政府公务员薪酬制度、工资水平、调整机制都有明确的规定，美国人事管理署网站对各类联邦政府职位聘用条件和薪酬标准予以公开。我国公务员薪酬法制化建设明显滞后，很多地方公务员的工资、福利等政策不够公开透明，自行出台的津贴补贴政策比较多，往往引发公务员内部、外部的攀比和矛盾。按照十九大报告建设中国特色社会主义法治体系、建设社会主义法治国家的要求，有必要结合我国国情，完善相关法律法规，对公务员工资、福利、保险等相关待遇予以明确，详细规定公务员工资构成，工资水平决定依据和调整方式，以及工资管理程序和责任等，向社会充分公开，接受人民群众的监督。

(二) 建立科学的公务员工资水平决定机制

与美国通过与企业人员工资比较确定公务员工资水平的机制相比，我国公务员工资水平主要由国家根据国民经济发展在统筹平衡的基础上确定，主观性较强，与市场经济也不尽适应，每次公务员调资都容易引起社会热议。实现公务员工资水平与市场接轨，必须建立能够得到社会公众普遍认可的工资决定方法。可在进一步完善我国企业薪酬调查制度基础上，建立公务员与企业相当人员工资比较制度，并将比较结果作为确定公务员工资水平和调控地区工资水平的重要依据。与美国普通公务员主要承担事务性工作不同，我国公务员在事务性工作外主要负责国家（地方）政策的研究制定，工作能力和学历水平要求相对较高，因此我国公务员对应的企业人员层次是高于美国普通公务员的。美国联邦政府采用建立在科学的职位分析基础上的职位评价技术，进行公务员与企业人员比较，对我国有一定的借鉴意义。但我国短期内大规模采用经典的职位分析和评价方法在公务员和企业间建立职位匹配关系并不可行，可通过区域试点，选取适当的公务员和企业基准职位进行小范围内科学的职位分析和职位匹配，探索出基本的职位匹配关系后，再逐步扩大到更大的职位范围。

(三) 完善公务员分类管理和工资分类制度

健全的分类管理制度是公务员工资精细化管理的前提和基础。美国公务员分类管理以职位分类为主，设置了不同的职业类型，比如，普通公务员、高级公务员、蓝领公务员、外交人员、邮政人员等。其中普通公务员又细分为20多个职组400多个系列，并通过职位评价，确定各类职位的职位等级，以及对应的GS工资表中工资等级，充分体现了不同职位公务员的工作差异。近年来，我国根据司法体制改革和公务员管理改革要求，为法官、检察官建立了适应其职业特点的职务序列和工资制度，并探索将公务员分为综合管理类、专业技术类和行政执法类公务员，但公务员工资精细化管理程度仍远远不够，有必要借鉴美国的公务员分类管理体制和职位评价方式，细化和完善我国公务员的职位分类办法，并针对不同的公务员职位特点，制定相应的工资制度。

(四) 建立健全公务员绩效考核和奖金制度

美国联邦政府注重对公务员的绩效激励。《政府绩效与结果法》详细规定了对公务员的绩效考核方法和程序。联邦政府依据考核结果实行工作成绩奖、现金奖等奖励制度。而我国公务员工资制度规定的公务员奖金主要是年终一次性奖金，按本人当年12月的基本工资发放，水平较低，且考核合格后普遍发放，难以充分调动公务员工作的积极性。因此，有必要在现行公务员考核规定基础上，借鉴美国公务员绩效评估的方法、手段、技术，完善我国公务员绩效评估体系，并依据评估结果，建立公务员绩效奖金制度，加强对公务员的激励机制。

东汉时期官吏工资制度及其启示*

习近平总书记指出：在中国的史籍书林之中，蕴涵着十分丰富的治国理政的历史经验。……要结合我们正在干的事业和正在做的事情，善于借鉴历史上治理国家和社会的各种有益经验。党的十九大报告提出，"促进收入分配更合理、更有序。"收入分配改革必须向规范化方向努力，解决碎片化问题。基于此，我们以史为鉴，追根溯源，对东汉时期官吏工资制度进行了研究，以便在当前制定工资政策时加以借鉴。

一、基本情况

根据现存史料记载，我国古代官吏俸禄制度的正规化初始于秦，完善于西汉，成熟于东汉。秦汉的俸禄制度为秩禄制度，官吏根据职位获得秩级，以"石"计量；按秩级获得不同的"禄"，相当于官吏的工资性收入。《后汉书·光武帝纪》载，东汉光武帝于建武二十六年（公元50年）诏令有关部门增加百官俸禄，实际上是颁行了建武秩禄表。这张秩禄表为目前可见的中国古代第一张完整的各级官吏工资标准表，见表1[①]。

表1　　　　　　　　　　建武秩禄标准表

秩级	官职举例	月俸（单位：斛）	垂直压缩率
	大将军、太尉、司徒、司空	350	21.875
中二千石	列卿（如大司农、少府）	180	11.25
二千石	刺史、太守	120	7.5

---

* 本文数据由作者根据相关资料整理分析得出。

① 关于具体秩禄标准，唐代颜师古、西晋人司马彪和唐代李贤等所记略有出入。参考清代学者王鸣盛、今人阎步克等的观点，得到修正后的建武秩禄标准。

续表

秩级	官职举例	月俸（单位：斛）	垂直压缩率
比二千石	光禄大夫、五官中郎将	100	6.25
千石	尚书令、县令（大县）	90	5.625
比千石	大司农丞、少府丞	80	5
六百石	大司农部丞、太仓令、尚书	70	4.375
比六百石	五官中郎、博士	60	3.75
四百石	尚书侍郎、县长（中县）	50	3.125
比四百石	五官侍郎	45	2.8125
三百石	县长（小县）	40	2.5
比三百石	五官郎中	37	2.3125
二百石	尚书令史	30	1.875
比二百石	屯长	27	1.6875
百石	有秩	16	1

从表面看，建武秩禄表只是一张简单的工资标准表，由一些枯燥的秩级与禄额构成，但其背后承载的却是从先秦开始到东汉光武帝时期（公元25~57年）至少数百年间对官吏俸禄制度的不断探索，充分体现出工资制度的完善不是一蹴而就的。建武秩禄表涵盖各级官吏的秩禄，压缩了最高与最低秩级官吏的禄额比率，以钱币和实物两种形式发放，发放周期确定为按月发放，是先秦至两汉官吏俸禄制度探索的结晶。

（一）涵盖了各级官吏的秩禄[1]，具有很高的完整性

以"石"计秩应始于战国时期秦国的商鞅变法。根据史料记载，先秦至秦以"石"计秩的官吏至少已有9个秩级，从最低的五十石至最高的千石。高级官吏以爵级标志身份及权益，如丞相一般由二十等爵制[2]的最高

---

[1] 汉代秩百石以上均为"有秩"之吏，属于纳入秩禄序列的官吏；秩六百石（如中央负责粮仓的太仓令、地方的大县县令）以上被称为"显大夫""长吏"，属于高级官吏；秩二千石以上官吏属于官吏金字塔的顶端，如作为地方大员的太守秩二千石，作为中央各主要部门负责人的列卿（如掌管财政、税收的大司农）秩中二千石；而中央的最高官吏三公号称万石。

[2] 战国时的秦国自商鞅变法以后，实行奖励军功的军功爵制度，后来逐渐形成二十等爵制度，从最低的公士至最高的彻侯。各级爵位都附有一定的经济、政治权益，包括占有耕地、住宅、奴隶和担任一定的官职等。西汉延续了二十等爵制，平民和官吏都可根据爵级获得不同数量的田宅，最高的彻侯（西汉武帝后改为列侯）可获得封邑和政治特权。二十等爵制至东汉末期走向衰亡。

爵级"彻侯"担任。到西汉之初，低端的秩级继续细分并提高至百石，最高的秩级从千石提高至二千石，而丞相等最高级官吏依然以爵级决定相关权益。到吕后执政时期（公元前187～前180年），以"石"计秩的秩级达到12个。之后，秩级继续延展变化，高端的二千石逐渐分化成中二千石、真二千石、二千石、比二千石等4个秩级，说明秩禄制度的重心在上移，涵盖范围向高级官吏延伸；而低端的二百五十石、百六十石、百廿石等3个名称不规整的秩级被裁并。到西汉成帝（公元前32～前7年）之前，逐渐发展到19个以"石"计秩的秩级，加上没有秩名的丞相和御史大夫，共有21个秩级。

西汉成帝（公元前32～前7年）时，将八百石、比八百石和五百石等3个秩级分别并入六百石和四百石，真二千石并入二千石；改御史大夫为大司空，俸禄与丞相等同。西汉哀帝元寿二年（公元前1年），丞相更名为大司徒，与大司空、大司马并为三公，号称万石，真正意义上被纳入秩禄体系。这一变化说明政府在将秩禄体系延展之后，进一步精简了部分秩级，使官僚体系趋于扁平化，便于管理。最终确定的16个秩级①简明清楚，秩与禄相对应，一目了然，且保持了相当大的稳定性，除在王莽新朝（公元9～23年）有过短暂的废止，到东汉光武帝建武二十六年（公元50年）被重新确定②，一直延续到东汉末。在这一进程中，我们可以看到先秦秦汉间官吏秩级经历了总体上由简至繁又化繁为简的过程，并把所有的高级与低级官吏均纳入秩禄体系。

与建武时期的秩禄相比，我国现行的公务员工资制度相对复杂，主要分为基本工资、规范津贴补贴和年终一次性奖金。其中，基本工资中的职务工资和规范津贴补贴均按职务分级，级别工资根据工作资历分为27级，每级分6～14档，共有279个档次。年终一次性奖金按照本人当年12月的基本工资确定。

（二）最高与最低秩级官吏的禄额比率（即垂直压缩率）具有一定的合理性

秦统一后，建立了统一的秩禄制度，西汉沿袭秦制，但现存史料中未见秦和西汉完整的各级官吏工资标准表，根据文献记载和学者推算，可大

---

① 表1中百石吏以上共15个秩级。另百石之下还有比百石。
② 东汉光武帝建武年间（公元25～56年）三公为太尉、司徒、司空。

致总结出西汉部分官吏的秩禄情况。高级官吏和低级官吏间禄额垂直压缩率较高，丞相禄额（月俸 60 000 钱）是百石吏（最低时月俸 600 钱）的100 倍。人数较少的高级官吏俸禄虽高，但承担的责任更为重大，面临的职业风险也更高①。广大低级官吏俸禄过低，影响其生活水平，进而影响到吏治②。一些统治者认识到小吏禄薄，数次增加低级官吏的俸禄。如西汉宣帝为避免俸禄微薄的小吏鱼肉百姓，于神爵三年（公元前59年）对百石以下吏增加50%的秩禄。

建武秩禄表相对减少千石以上吏的月俸、增加六百石以下吏的月俸，使高级官吏与低级官吏的俸禄差距小于西汉。三公（丞相）与百石吏的垂直压缩率由100缩小到约22，高级与低级官吏之间的俸禄差异更趋于合理③，体现了统治者在缩小不同秩级官吏禄额比率方面付出的努力。

我国现行公务员工资制度中，基本工资的垂直压缩率为10.4，规范津贴补贴的垂直压缩率为3，均远低于东汉时期。

（三）以钱币和实物两种形式发放，兼顾灵活性和稳定性

秦代政府向官吏发放的"月食"（即月俸或廪食）应为谷物。西汉高祖时（公元前206年~前195年），京都官吏的俸禄也为谷粟。之后，随着政府部门膨胀、官吏人数增加、货币经济发展，国家财政收入以钱币作为重要征纳方式，在粮食运输不便等现实条件下，官俸相应出现了将谷粮折算为钱币发放的情况。官吏购买物品须通过市场交易实现，以金钱而非粮食作为俸禄显然具有更大的便利性。

建武秩禄虽然以"斛"计量，但实际发放形式为钱币与实物各半，即"半钱半谷"，这一做法一直延续至东汉末。"半谷"保证了官吏基本生活水平的稳定性，不会因战争、天灾等因素导致的物价频繁变化影响购买力；"半钱"又给予官吏购买商品的灵活性，应当属于一种更加符合实际需要的制度选择。此外，当时的国家收入主要为人头税（钱）和土地税

---

① 据黄留珠研究，汉代官吏的罢免是经常的、大量的，其中"非常退免"是主要的，"正常退免"所占比例很小；西汉时丞相平均任期为4.55年，东汉时三公平均任期只有2.43年。

② 如西汉昭帝始元六年（公元前81年），郡国所举贤良指出，"今小吏禄薄，郡国繇役远至三辅，粟米贵，不足相赡。常居则匮于衣食，有故则卖畜粥业。"西汉宣帝时（公元前73~前49年），张敞、萧望之上书称，"今小吏俸率不足，常有忧父母妻子之心"。西汉宣帝也认为，"吏不廉平则治道衰。今小吏皆勤事，而俸禄薄，欲其毋侵渔百姓，难矣"。

③ 虽然禄额垂直压缩率缩小，但东汉末从根本上解决低级官吏禄薄的问题，如东汉顺帝时（公元126~144年），尚书令左雄上书称，"乡官部吏，职斯禄薄，车马衣服，一出于民，谦者取足，贪者充家"。

（谷物），"半钱半谷"也与财政收入状况等因素息息相关。

我国近年来规范机关改革性补贴，将计划经济时期延续至今的一些职务消费和福利待遇货币化，有效促进了公务员收入的阳光化。

（四）发放周期确定为按月发放，具有较强的可操作性

据学者推测，战国以前的官吏俸禄主要以年俸形式出现。自秦汉以后，官俸才以按月发放为主。《秦律》规定，官吏的月食按月发放，时间一般是每个月的初一。汉代官吏的俸禄也是按月发放。根据出土汉简记载，至少西汉武帝（公元前140～前87年）、昭帝时期（公元前86～前74年），官吏已领取月俸。但在边疆地区经常出现官吏秩禄被拖欠的情况，有时会数月一发放，甚至拖欠长达数年之久。建武秩禄表明确了各秩级官吏的月俸，按月发放俸禄有了制度保障。由于中国古代行农历，有闰月，按月发放俸禄相比按年发放俸禄的优点之一是避免了官吏在有闰月的年份中实际收入下降的情况。月俸在支付上更加灵活，有利于政府实施对官吏的掌控。既可以避免俸禄在年初发放，使政府过早负担一大笔开销，且出现官吏提前离职造成的巨大损失；也可防止年末发放，官吏等待太长时间，只能靠积蓄或其他途径敛财负担其生活开销，或者因提前离职造成个人收入的过多损失。目前除年终一次性奖金外，公务员基本工资、津贴补贴均为按月发放。

需要说明的是，东汉时期，除极少数拥有列侯、关内侯爵位的高级官吏额外享受食邑内的租税外，对于大部分二千石以下无高等爵位的官吏而言，秩禄收入是其全部合法收入。尽管东汉殇帝延平元年（公元106年）后制定了定期赏赐制度，但其对象也仅限于中央六百石以上的高级官吏和机要系统、郎从官系统官吏等。东汉各级官吏共152 986人，约占全国总人口（49 150 220人）的3.11‰，而官俸支出约为20多亿钱[①]，官吏月人均禄额约为1 089钱。按照购买力平价折算，约相当于人民币10 000～16 000元。

---

① 由于数据缺失，未考虑年代变化因素。官吏数为东汉光武帝（公元25～57年）后数据，人口数为东汉顺帝时（公元126～144年）数据。另项怀诚主编《中国财政通史》认为，两汉每年的官俸支出总额，大体应保持在二十余亿钱左右。汉代财政支出项目主要包括军费（国防）支出、官俸支出、经济建设支出、行政外交支出、宗教祭祀支出、灾荒赈恤支出等，其中军费支出和官俸支出是占比最大的财政支出项目。在社会平稳时期，官俸支出比例较高，如据东汉桓谭《新论》载，西汉宣帝（公元前73～前49年）后全国赋税收入约为四十多亿钱，吏禄支出大约占据其中的一半。但战争或灾荒年代会出现其他支出挤占官俸支出的情况，官吏俸禄的发放也会受到影响，如东汉安帝永初四年（公元110年）正月，因"寇乱"等原因，减少中央和地方官的俸禄，到永初六年（公元112年）五月才恢复并补发。

据统计，2016年我国在职公务员人数为801万人，占全国总人口（137 462万人）的5.8%，平均工资收入水平为月人均8 847元，略低于东汉时期。

二、启示与借鉴

作为中国第一张可见的各级官吏工资标准表，建武秩禄表对后世产生了深远影响，秩禄制度一直延续到魏晋南北朝时期。该秩禄表体现出的内在特点值得当前制定工资政策时加以借鉴。

一是政府公务员工资收入水平随经济社会发展适时作出调整。建武秩禄表的形成经历了数百年的政策探索，官吏秩禄的发放办法随着社会变迁、经济发展相应作出调整。当前制定工资政策也应参考经济社会发展和物价水平等适时进行调整，并与财政体制、财力水平相适应。

二是在政策调整过程中，应尽量保持政策的连贯性。建武秩禄表背后体现的基本俸禄制度延续至东汉末，未做大规模的改动①。工资政策虽然需要适时调整，但工资制度应保持相对的稳定性，给公务员以较为合理的预期。

三是工资收入应与岗位、职责相对应。汉代高级官吏承担的责任大、风险高，获得的收入也高；而低级官吏收入过低又导致了吏治腐败。鉴于此，对于岗位重要、责任重大的人员，可适当提高其工资待遇水平，但各级各类人员工资差距应控制在合理范围内，在工资发挥保障与激励作用之间找到合适的平衡点。

四是在具体操作中，要符合现实情况，工资项目和发放办法均应简明易行。建武秩禄表由秩级和禄额组成，简单清楚、便于执行。目前公务员薪酬政策的碎片化倾向较为严重，应进一步向规范化方向努力，既易于操作，实现工资的阳光化，又可避免出现因薪酬项目过多而导致的作用相互抵销问题。

---

① 东汉殇帝延平元年（公元106年）曾颁行秩禄政策，主要针对中二千石至百石吏，其中大部分秩级的禄额与建武秩禄表相当。东汉一些时期军费开支较高，自然灾害频繁，财政常陷入窘境，减少或停发百官秩禄成为节约财政资金的重要手段，但这些减俸措施都属于临时举措，财政状况一旦好转，就会恢复官吏的秩禄，对制度本身未造成冲击。

五、机构编制篇

五 礦物名詞

我国高校人事薪酬治理
改革情况调查报告[*]

为深入了解高校人事薪酬治理进展情况，近期我们组织力量对北京、广州、深圳、上海的部分高校人事薪酬治理情况做了专项调研。通过与相关高校的人事部门及教学和科研人员座谈，了解了有关高校工资待遇、人事薪酬治理情况，分析面临的困难和问题，研究提出进一步完善高校收入分配的政策建议。

一、高校人事及薪酬基本情况

（一）人员构成情况

高校各类人员一般分为教师、管理人员、教辅人员、工勤人员及其他人员，从调研高校情况看，作为高校教职工队伍的主体，教师是高校薪酬改革的主要对象，人数占高校总人数（编制内）的比重一般为50%~60%。从平均构成情况看，教师占高校总人数的58%，管理人员占19%，教辅人员占16%，工勤人员占6%，其他人员占1%。从编制情况来看，编制内人员约占高校总人数的84%，编制外人员约占16%。

高校教师按照专业技术职务，分为正高级、副高级、中级、初级（前三类可大体对应美国的正教授、副教授和助理教授），调研高校四类教师占比分别为31%、37%、28%和4%。按照类型及工作任务的不同，可分为教学科研类（系列）、科研类（系列）、教学类（系列），三类教师占比分别为82%、7%和11%。

---

[*] 本文数据由作者根据相关资料整理分析得出。

(二) 薪酬水平现状及福利待遇情况

高校各类人员中，教师的薪酬水平最高，管理人员次之，教辅人员、工勤人员、其他人员依次降低。其中对于教师薪酬：

从类型及工作任务来看，调研高校教学研究类教师薪酬水平最高，研究类教师次之，教学类教师相对低于前两类。

从增速上来讲，2016年我国高校教师收入比2015年增长11%，高于同期全国CPI增速（2%）、GDP增速（6.7%）、城镇居民人均可支配收入增速（7.8%）、城镇非私营单位平均工资增速（8.9%）、公共财政教育支出增速（7.4%），也远高于美国高校全职教师收入增速（2.6%）[1]。

从社会平均工资的比较来看，2016年国家统计局公布的城镇非私营单位在岗职工平均月工资水平为5 631元，美国劳工统计局（Bureau of Labor Statistics）公布的2016年美国全国14 040万名就业者的薪酬中位数为4 136美元（27 297元），而教师之间的收入差距远小于社会平均工资的差距。除此之外，针对学校负责人、高层次人才及青年教师等特殊人才，各学校还出台了相应的激励机制。

在福利待遇方面，主要是子女教育、年度体检、公费医疗、社会保险、职业年金等。大部分高校根据国家住房改革有关政策规定已经取消福利分房，代之为教职工提供住房补贴或周转房。

(三) 工资经费来源及财政投入状况

调研高校总收入的主要来源包括财政预算拨款、教育事业收入和其他收入。其中财政预算拨款包括中央财政预算拨款（人员经费——一般采取生均拨款形式、项目经费——"双一流"建设经费等）和地方预算拨款。教育事业收入包括学费、培训费等，其他收入包括捐赠收入、企业上交收入等。

二、高校人事及薪酬制度改革的探索与创新

党的十八届三中全会对高等教育综合改革提出了明确要求。作为高校

---

[1] 《高校教职工收入调查报告》，中国高等教育学会薪酬管理研究分会。

综合改革的重要突破口，人事薪酬制度改革是其中最重要也是最难的环节，部分高校在教师分类管理、准聘长聘制及年薪制等方面进行了一些有益探索，人事和薪酬决策的自主性和科学性得到显著提升。

（一）细化人员分类管理，明确分类职责和发展路径

目前各高校均对教师进行了岗位分类，明确教师分类职责和发展路径，如北京大学、上海交通大学、复旦大学等高校将教师岗位分为教学科研并重型岗位、教学为主型岗位和科研为主型岗位。教学科研并重型岗位类似于传统高校中的教师岗位，教学为主型岗位主要面向承担整个学校公共课程的教师，科研为主型岗位主要面向负责开展一些应用型或研发类项目的教师。另外一些高校还对教师分类做了进一步细化，除上述3类岗位外，还设置了社会服务与技术推广岗位和团队科研（教学）岗。

从各高校实践情况看，教师分类管理建立在高校总体战略目标基础上，针对不同的学院及学科制定相应的改革方案，对不同岗位人员提出不同的岗位职责要求，实行有针对性的聘任制度、考核评价方式、薪酬激励模式等，极大地提高了高校管理的科学性。

（二）健全人员聘任制度，实行准聘长聘制

最有特色的是准聘长聘制，又称"常任轨"制度，教师在获得长聘之前是"准聘期"，获得长聘之后，是"长聘期"。准聘期一般不超过6年或9年，如果合同到期未获得长聘资格，就面临转岗或离职，即"非升即转"或"非升即走"。这一制度在实行初期，主要用于吸引海外优秀人才，经过多年的发展，制度设计不断优化，适用范围不断扩大。如北京大学、清华大学针对教学科研岗位教师实行，复旦大学针对所有新进教师实行。对准聘期教师的考核是获得长聘资格的重要依据，考核标准也更为严格。如北京大学在准聘期内对教师进行中期发展状态评估，在准聘期结束前进行长聘职位晋升评估。通过强化国内外学术同行评审、重视学术代表作制度和抓好校内各级评估委员的把关作用，晋升人员总体达到相关学科的世界一流水准。上海财经大学对"常任轨"教师的考核包括年度考核、中期考核和终期考核，考核内容为教学、研究和服务。

高校对教师实行准聘长聘制是高校进行师资队伍建设的有益探索，与传统的职称聘任晋升制度相比，其主要优点有：一是准聘教师一般3年考核一次，考核周期较长，而且更注重工作质量而非数量，通过聘期

考核合格后才能成为长聘教师，一般对学术能力、综合素质有较高的要求，有利于选留优秀人才，确保师资队伍整体质量的提高。二是对于青年教师而言，在其精力最充沛、创造力最旺盛的时候给予较好的工作待遇、条件及较大的压力，有助于发挥最大潜能，做出最有创造性的成果。三是已取得长聘职位的教师在从事学术研究时不受干扰，具有较大的自由和相对宽松的环境，能够静下心来从事学术研究工作，对开创性强、难度大的科学问题展开相对深入的探索。四是有利于打破原来僵化的人事聘用局面，教师的岗位性质不再是"铁饭碗"，有利于促进竞争和人才合理流动。

（三）完善收入分配体系，健全市场化的年薪制

部分高校逐步建立起以岗位绩效工资制度为主体，年薪制、协议工资制、团队薪酬制等多种分配方式相结合的薪酬激励模式。其中年薪制是以年为单位计算收益报酬的一种分配制度，大部分高校的年薪制包括基本年薪及相应的奖励性收入。如清华大学，对教学科研岗位教师实行年薪制，包括基本年薪、奖励年薪和其他收入，同时，限制从科研项目取酬的额度，弱化项目导向，强化学术导向，其他收入不得超过基本年薪，并通过学校统一的财务平台监督执行。实行年薪制的教师薪酬水平一般高于其他薪酬制度的教师，适用对象也多为高层次人才、业务骨干、青年拔尖人才等。

高校年薪制的薪酬水平由工作合同约定，作为市场化的薪酬分配制度，结构既简单清晰，又具有很好的激励作用，有利于适应国际化的发展需要，增强薪酬的外部竞争力，增加对高层次人才的吸引，促进学校人才队伍建设。

我国高校人事及薪酬制度改革探索，在吸引、激励人才方面发挥了重要作用，也在提高管理的科学性、激发工作人员干事创业的积极性以及提高薪酬水平的针对性方面为其他类似的事业单位提供了一定借鉴意义。

三、面临的问题及原因分析

经过多次改革，我国高校人事薪酬制度已趋于合理，但仍存在一些不足之处。

五、机构编制篇

（一）分类体系不健全，岗位设置的科学性有待提高

我国高校目前尚缺乏公认、详细的分类体系，部分高校存在定位模糊、办学目标趋同的问题，高校特色缺乏，不利于形成差别化的人才战略和薪酬体系。从高校内部看，在教师岗位设置上，部分高校存在因人设岗，而不是因需设岗的问题，导致一些新兴学科、交叉学科、急需发展学科岗位紧张。同时，又有少数学科出现超编的现象。

（二）绩效考核重短期成果，教学与学术研究缺乏长远规划

一是高校现有绩效薪酬的设计对具有长期和深远意义的科研成果关注不足，依赖于项目和论文数量，重应用项目、轻基础研究，功利化和利益驱动的科研活动较多。二是部分高校的工资分配制度体现在个人职务和资历上，缺乏对工作实绩的考核，阻碍了教师的工作创新性和热情。三是在人才评价上，缺乏系统的评价方法，"唯帽子论"情况比较明显，影响了其他人员的积极性，一定程度上拉大了校内不同人员的薪酬差距。

（三）薪酬水平的确定缺乏科学依据，分配激励机制不太健全

近年来随着高校实施"人才强校"战略，一些高校间"人才争夺战"愈演愈烈，出现依靠高薪互挖高端人才的无序现象，不同层次人员之间的薪酬差距较大。一些高校科研成果转化奖励中给科研人员的比例过高，不利于调动单位和专业机构的积极性。另外，教师或科研人员收入与承担项目多少、获得经费高低挂钩，资格老、名气大的教师或科研人员拿的项目多，发放的薪酬就多，年轻的、没名气的拿的项目少，发放的薪酬就少。

（四）内部治理模式有待完善，公开透明不足

一是部分高校尚未形成单位行政管理层、教师和科研人员以及社会其他利益相关者共同参与、相互制衡的治理关系，导致薪酬的设计不能充分体现教师和科研人员的职业特点和利益诉求，缺乏有效监督约束。二是二级单位的自主权不断扩大，各学院自行制定分配方案，学校缺乏整体的指导和监督，导致学科差异分化较大。

（五）教师薪酬来源结构有待优化

从上述分析可知，高校总收入的主要来源包括财政预算拨款、教育事

业收入和其他收入，来源主体主要包括政府、社会力量及高校本身。而政府对高校的支出责任呈扩大化趋势，社会力量参与举办教育的潜力未充分发挥，学费与当地的经济发展水平、物价水平和居民收入增长水平不相适应。一些高校为了多争取生均拨款可能不顾学校发展实际，盲目调整招生结构，扩大生均拨款系数较高专业的招生规模，或追求学生层次（硕士、博士）的提高，而不注重教学质量的改进，忽视科学的人才培养体系建设。

上述问题产生的深层原因，在于政府、高校以及社会相关利益主体在薪酬治理中的关系尚未理顺。一是政府在薪酬治理中的角色有待调整，对高校的宏观指导、监管及评价机制缺位，高校薪酬水平究竟达到何种程度，缺乏科学的判断依据。二是高校和科研机构的内部激励约束机制有待完善，薪酬设计不能体现教师和科研人员职业特点和利益诉求，制约了绩效激励效果。三是市场和第三方机构在薪酬的决定和增长中的作用有待加强，难以发挥其在开展人才流动趋势、薪酬水平和机构调查方面的优势。

四、政策建议

高校的人事薪酬制度改革是一项系统工程，也是高校各项改革的核心和难点。我国高校薪酬治理长期目标模式应立足于高校的战略使命，体现高校的行业特点和人员的职业特点，同时兼顾公平性和竞争性的原则。具体来讲，需要从政府、高校内部及第三方机构着手进行改善。

（一）政府履行好宏观调控和监督管理职能

1. 完善绩效工资政策，为高校薪酬改革提供政策依据

目前，按照实施绩效工资相关政策及绩效工资总量核定口径，人力资源社会保障部、财政部已完成各部门绩效工资总量核定及批复工作。下一步，将抓紧研究符合高校特点的绩效工资总量倾斜办法及正常增长机制，为高校薪酬改革提供政策依据。主管部门应加强对高校绩效工资水平的调控，将单位间收入差距控制在合理范围，指导高校及时研究和妥善处理绩效工资实施中出现的问题，做好政策解释工作。

2. 构建高校分类体系，坚持科学设岗

应积极推动开展高校分类管理改革，研究制定分类设置、分类指导、分类评估等制度，努力形成高校科学定位、差异化发展的局面。不同分类和战略定位下的高校应突出特色、科学设岗，岗位设置与高校的战略目标、职能挂钩，并向新兴学科、交叉学科、急需发展学科倾斜，完善不同岗位的任职资格，提高薪酬激励的针对性。

3. 加强监督管理，做到激励约束机制并重

推动相关部门适时研究出台高层次人才收入分配激励机制，优化、整合各类人才计划项目，建立规范的人才评价体系，引导高校合理评价人才，避免恶性竞争，并对科研人员实行激励与约束并重的措施，发挥科研项目资金对科研人员的激励引导作用，而不是收入的主要渠道。另外，主管部门通过定期巡视、专项检查、年度统计等，监督所属高校执行国家政策、内部人事管理等情况，对存在问题单位从严要求做好整改。

4. 坚持多元筹资，改善教师薪酬来源结构

厘清政府教育支出责任，进一步完善财政教育投入增长机制，使其更加符合教育发展规律。在现行生均定额体系的基础上，引导高校合理调整招生规模和学科专业结构。鼓励社会力量参与办学，积极争取社会捐赠。在建立健全对家庭经济困难学生国家资助制度体系的前提下，建立高校学费标准根据培养成本、经济发展状况和群众承受能力，按照规定程序动态调整的机制。

（二）高校积极承担人事薪酬治理的主体责任

1. 优化收入分配制度，理顺内部分配关系

高校应不断优化收入分配制度，合理调整薪酬结构，薪酬设计要突出"稳定保障为主，适度激励"的原则，给予教师稳定的收入预期。同时简化薪酬结构，适当扩大级差。在进行绩效工资分配时，向关键岗位、高层次人才、业务骨干和作出突出成绩的工作人员倾斜。

2. 完善考核评价制度，坚持优劳优酬

针对高校不同类型层次、不同学科特点、不同岗位职责要求，分别制定教学、科研和社会服务的考核评价指标体系，体现不同评价内容和考核重点。完善教师考核评价制度，要充分考虑教师劳动连续性、复杂性、创造性及个体自主性特点，按照公开、公平、公正的原则，积极探索多元、开放的评价途径。

3. 完善内部治理结构，强化内部监督

从完善当前党委领导下的校长负责制着手，对院级、校级权责进行更明确的划分，促进教职工代表大会监督权利的具体化和制度化，引入外部利益相关者实行共同治理，即成立理事会实行监督权。同时，设置专门的薪酬委员会，提高内部管理的专业性和公平性，薪酬委员会的人员构成可以包括校领导、人事部门的专业人员、财务处、工会代表、教师代表等。

（三）行业协会及专业组织积极发挥咨询服务职能

一是建立薪酬调查比较制度。积极利用行业协会的独特优势，充分发挥其组织网络和研究平台的功能，引导其开展系统、持续、分类别、分层次的高校教师薪酬调查，为政府制定薪酬的动态调整机制提供依据。二是推动成立薪酬方面的院校联盟，制定与我国高等教育事业发展相适应的行业标准及准则，规范全行业的薪酬体系。

加强和创新机构编制管理问题研究

机构编制是党和国家重要的执政资源，管好管住机构编制对于巩固提升党的执政能力、服务党和国家事业发展具有重大意义。党的十八大以来，机构编制管理始终坚持精简高效的原则，采取总量控制，遏制了机构编制持续增长的势头，取得了明显成效。党的十九大提出"统筹使用各类编制资源，形成科学合理的管理体制"，党的十九届三中全会再次提出要加大统筹调配力度，建立动态调整机制，强化刚性约束等新要求。为贯彻落实党的十九大和十九届三中全会决策部署，我们全面梳理我国机构编制情况，并选取吉林、黑龙江、山东、山西、浙江、广东、广西、四川等8个省份开展书面调研，在此基础上深入研究当前我国机构编制管理的问题，并就统筹用好编制资源，建立严控总量、盘活存量的动态调整机制提出相关政策建议。

一、当前机构编制管理工作中存在的主要矛盾

当前，我国进入中国特色社会主义新时代，面对新时代新任务，党和国家机构设置和编制资源配置还不能完全适应实现国家治理体系和治理能力现代化的要求，机构和人员膨胀压力大、财政供养负担重、编制结构分布失衡、编外用人攀升等问题逐渐凸显，机构编制管理的科学化、规范化水平有待提升。主要呈现以下三方面的矛盾。

（一）社会公共服务需求日益扩大与编制资源有限性的矛盾

随着经济社会的发展，人民群众在教育、文化、卫生健康、社会保障、生态环保、公正司法等公共服务领域的需求日益扩大，虽然事业单位机构编制总量不断增长，但与公共服务需求相比，仍难以匹配。与此同时，我国机关事业单位规模已经较大，但从公益服务产出看，效率还相对

较低，财政经费大量用于机关事业单位的机构运行和人员工资待遇支出，真正作用于公益事业发展的相对较少。近几年，虽然机构编制总量得到控制，但随着机关事业单位工资收入水平的增长和养老保险制度的实施，工资性支出大幅增加，财政负担也与日俱增。

（二）编制总量严控与结构不合理的矛盾

近年来，为贯彻落实党中央关于财政供养人员只减不增的指示要求，各地区各部门加强机构编制管理，机关事业单位在职人员呈下降趋势，财政供养人员总量得到有效控制，但结构性失衡问题仍然突出。一是区域间编制资源分布不均衡。地区间由于经济发展、社会管理和公共服务存在差异，区域间人员流动频繁，流入地和流出地编制规模和实际工作不成比例。如一些经济欠发达地区人口流出，但核定的教育、医疗等公益服务事业编制总量没有相应减少，存在较多空编；而一些经济发达地区外来流入人口较多，教育、医疗供给压力较大。二是层级间编制资源分布不均衡。随着各种事权下放，编制资源理应随相关职能向基层调剂，但由于缺乏操作规程和标准，同时受地域等因素影响，编制资源向基层和一线倾斜还面临障碍。同时，部分乡镇经大规模合并后闲置的行政编制资源，也无法向上调剂补充到县级使用，影响编制使用效益。三是行业间编制资源不均衡。随着简政放权的深入，一些可通过政府购买服务的城市环卫、公园管理等公益性岗位，现实中仍在占用大量事业编制资源，而一些急需发展的社会领域编制则相对紧张，如近年来教育、卫生事业快速发展，教育和卫生行业缺编严重，有必要打破各类事业编制之间的界限，进行有效统筹。四是单位内部编制配置不合理。目前事业单位中一般管理和技术以及辅助性岗位人员相对较多，编制配置也不够合理。

（三）编制管理刚性与事业单位用人灵活性的矛盾

一方面，编制定员标准化滞后，虽然近年来相继出台了一些行业编制管理办法，但整体缺乏系统研究，机构建制规格不统一，核编标准也没有随技术条件改进、生产率提高作出相应调整。另一方面，多年来发展公益事业一直沿袭"一时做事、终身养人"的传统模式，固化了单位职工身份，人员只能进不能出，难以适应公益事业发展需要。如一些高校、公立医院为满足快速发展带来的用人需求，大量使用编外人员，形成编内编外"二元化"人员结构。这些编外人员不纳入财政供养人员统计口径，但人员经费大部分由财政负担,相当于国家花一部分钱养着编制内的人,又花一部分钱聘着编制外的人干活。同时,与编制相关的福利待遇较多,同工不同酬问题比较突出,尤其是机关事业单位养老保险制度改革后,编制内外人员待遇差距明显。按照现行养老保险制度,事业单位编内人员实行机关事业养老保险,强制缴纳职业年金,其他非在编人员实行企业养老保险,由单位自行决定是否缴纳企业年金。从调研情况看,大多数单位都没有为非在编人员缴纳企业年金,导致在编与非编人员的养老保险缴费比例存在较大差距。另外,编制管理固化还带来"空编"与"编外人员"并存的现象,用人单位有空编不进人,主要是传统的"铁饭碗"观念导致人员一旦进入编制内就淡化竞争意识,工作积极性较差,而编外人员面对强大的"入编"压力和竞争形势,反倒不断提升自身综合能力,工作效率较高。

分析上述矛盾的深层次原因,根子还在传统的设机构、养人头、政府包办等观念束缚了事业单位体制机制的改革创新,即所谓的"编制万能论"。一谈到发展公益事业,就简单地理解为增设机构、增加编制和相应的财政投入。或者当某一方面的公益事业遇到问题时,主管部门往往提出增加编制的要求。但如果还是走花钱养人、养机构的老路,就难以真正提高公益服务的质量和效率。且即使增加再多的编制,也难以满足公益事业发展的需要,反而造成沉重的财政负担,长期来看不可持续。之所以当前社会上对编制管理有这种错误认识,原因还是在于:一是职责不清。目前我国政府对事业单位承担的保障责任边界不尽清晰,存在"政事不分、事企不分、管办不分"等问题。政府既是监管者又是举办者,导致事业单位过度依附于政府部门。近年来政府对事业单位的投入不断增加,但事业单位依然不尽满意,一方面强调自身特殊性,希望享有人事、薪酬等方面的自主权,另一方面又希望财政资金能作为兜底保障,缺乏优化内部运营管理的压力和动力。二是监管缺位。事业单位作为政府提供公益服务的主要载体,往往会出现"一管就死,一放就乱"的现象。如果过多强调公益属性,就容易对事业单位管得过细过死,抑制了事业单位的生机与活力;如果过多强调增强活力,就容易放松对事业单位应有的监管,致使一些单位过于追求自身利益,忽视公共利益。因此,发展公益事业不能简单地理解为增设机构、增添人手、增加投入,而应坚持问题导向,从根本上改革事业单位管理体制,创新机构编制、收入分配管理,并相应完善财政保障方式,建立健全经费使用的绩效考评制度,提高财政资金使用效益。同时,充分发挥社会力量的重要作用,鼓励和规范社会力量兴办公益事业,构建服务主体多元化的新格局。

与此同时，当前社会对编制管理还有一种错误认识，即"编制无用论"。这种观点认为，编制是计划经济体制的产物，随着事业单位改革，应全面取消编制。这种观点将编制管理等同于计划管理，使编制"恶名化"。从概念上讲，机构编制是按照机构职能需要设置的人员定额，以及各种人员的比例结构。人员定额是人员数额上的限制，人员的比例结构是各种职务、职级人员的比间关系。编制作为机构岗位设置、核定收支和财政补助的依据，是政府对相关机构人员支出费用进行管理的手段。从管理科学上，编制管理本身没有原罪。通过编制设置，对各类纷繁复杂的单位和机构进行有效率的人力资源配置，有利于提升单位机构的人事管理水平。编制的尴尬在于围绕编制产生的编制内外人员待遇差别，包括任职资格、岗位设置、职称评审、户籍管理、收入分配等方面。这些待遇差别虽然是相关部门依托编制管理作出的制度规定，但并不能因此而否定编制本身的功能作用。

二、近年来一些地方加强机构编制管理的成效和特点

从调研省份情况看，近年来各地着眼于解决制约发展的营商环境障碍，缓解财政供养人员负担压力，坚持科学管理和创新双轮驱动，在机关事业单位机构整合和统筹编制资源配置等方面进行了大胆探索，取得了积极成效。

（一）全面摸清家底，为科学管理奠定基础

一是重新从严审定公益类事业单位职能，推进管办分离。黑龙江省对省直事业单位开展包括机构名称、类别、隶属关系、职责任务、规格、内部机构、事业编制、人员结构、领导职数、经费形式在内的机构编制"十定"。二是清理事业单位行政职权，推进政事分开。福建省根据事业单位"三定"规定职责和权责清单，对省属事业单位承担的行政职能进行全面清理，除15个事业性质的行政执法机构外，确定承担行政职能的事业单位共有138个。三是清理事业单位从事生产经营活动行为，推进事企分开。山西省明确规定公益一类事业单位不允许办企业及从事经营活动，确保公益一类事业单位更好地提供基本公益服务。辽宁省将符合条件、业务

相关的各类事业单位一并纳入转企改制范围，通过组建省交投集团、水资源集团、地矿集团等12个企业集团，推进经营性事业单位应转尽转，也强化了这些单位转制后生存发展的能力。

（二）有效整合机构，推进机关事业单位"瘦身健体"

一是针对事业单位"小、散、弱"的通病，在前期清理职能的基础上，对公益类事业单位进行大规模的精简整合，并在不涉及人员分流的情况下收回现有空编。辽宁省将省直659个事业单位整合为65个，省以下24 000多个事业单位整合为2 400多个，精简比例达到90.1%，如将省发展改革委、省工业和信息化委等部门所属26家政务信息事业单位整合设立省信息中心，为省政府直属事业单位，承担政务信息服务和数据综合应用等职能，不仅大幅压缩了机构编制规模、节约大量资金，而且提高了提供信息服务的专业化水平。福建省将原分散在卫计、人社、物价、民政部门的医保管理职责和机构整合设立"1办3处3中心"，实现便民高效的目的。二是针对一些部门业务处室设置过细、环节过多，通过深化党政群机关机构改革，调整优化内设机构。黑龙江省针对负责建设项目审批的国土、住建、规划、城管、人防等部门相关业务处室过多、部分部门在三级局下还设有内设机构等情况，积极探索开展"大处室"。辽宁省辽阳县将发改、民政、人社、环保、交通等15个部门依法履行的80项行政许可职权合并划入县行政审批局，并全部入驻县公共行政服务中心实行集中审批。

（三）严控编制总量，内部挖潜盘活编制资源

一是着眼落实"财政供养人员只减不增"的要求，从严管控事业单位机构编制，优化编制资源配置。广西壮族自治区明确财政补助事业编制总量核减5%的目标，对经营类事业单位按照空编80%或100%收回编制；对公益类事业单位和其他类事业单位分别按照空编的60%和40%收回编制，自治区本级共精简收回空编74 386名，精简率6.93%。四川省实施人才专项编制工作，拿出10 000名编制用于深度贫困县的人才引进和教师的编制保障工程。湖南省从省直调剂1 500名事业编制，建立省直事业单位人才编制管理专户。江苏省结合政府职能转变和机构改革进一步减编，苏州市收回市直事业单位90%的空编，由市编委集中管理和统筹使用；淮安市撤销33家职能弱化的公益类事业单位，收回市直事业单位空编1 323

名。二是通过改进管理方式、收回空编等途径，优化事业机构编制整体布局。三是在编制总量内，加大编制统筹使用力度，盘活编制资源。安徽省开展编制周转池制度改革探索，建立省属本科高校、全省公立医院、中小学教职工及乡镇卫生院编制周转池制度，在不调整单位原有编制数的情况下，实现空编资源的"多元配置、一次使用"。广西壮族自治区开展政法专项编制的编制置换工作，置换收回广西警察学院等使用的政法专项编制将近 600 名，推进政法编制资源更加有效配置。对高校在不增加编制总量前提下，将高校后勤服务聘用人员控制数置换事业编制使用，目前已置换盘活事业编制 450 多名。

（四）创新编制管理，节省编制资源

一是围绕公益事业发展新形势和事业单位分类、政府购买服务等相关改革新要求，进一步创新机构编制管理方式，激发事业单位活力。山西省以公益二类事业单位为突破口，全面实行政府购买服务改革，相关经费保障通过政府购买服务实施，并明确 2021 年起，连续三年无法承接到政府购买服务的事业单位撤并重组。二是完善经费投入与编制脱钩的政策。深圳市对新建公立医院探索实行去编制化去行政化改革，不再核定事业编制，改为核定人员规模控制数，由医疗机构自主设岗用人、自主考核定薪。在对市属公立医院财政投入方面，市财政通过"以事定费""购买服务"对市属公立医疗机构在政府医疗服务指导价标准内提供的门诊及住院基本诊疗服务，按照数量、质量及满意度等因素核定补助。三是积极探索社会力量兴办公益事业。浙江省积极推动混合所有制事业单位发展，将符合条件的非营利性民办学校、民办医院依法登记为事业单位法人，并享受相应的政策待遇，但相关人员的用人主体仍是民办机构，与财政供养不挂钩，既在一定程度上缓解了入学难、看病难等民生问题，又减少了编制和财政投入，同时对公办事业单位改革形成倒逼机制。

三、认真做好下一步机构编制管理工作

党的十九大提出统筹调配编制资源，从"严控"到"统筹"意味着党和国家在机构编制管理改革上的重心由"控量"向"提质"转变。按照习近平总书记关于"本着'瘦身'和'健身'相结合的原则，做好相

关机构编制调整工作"的指示精神，从完善国家治理的高度出发，处理好机构调整与转变职能的关系，综合管理与专业分工的关系，上下对口和因地制宜的关系，从严控制与重点保障的关系，不断深化行政事业单位管理体制改革，推动政府职能转变；从优化编制结构入手，进一步盘活存量、优化结构、内部挖潜、创新管理，向深化改革要编制，向加强管理要编制，最大限度发挥编制资源使用效益。

（一）厘清政府职责，为机构编制资源配置提供依据

按照适宜市场提供的坚决放开，暂不适宜市场提供的管住管好的原则，结合深化行政管理体制改革和转变政府职能，相对、动态地划分基本公共服务和非基本公共服务，规范政府供给范围，明确财政对公益服务的保障任务。一是逐条梳理机构职能和编制，明晰功能定位，按照政事分开、事企分开的要求进行清理规范，明确哪些是政府必须或只能由政府提供，哪些可以通过市场解决，切实把有限的资源用在解决民生事业、社会稳定、安全生产等人民群众最关心、最直接、最现实的利益问题上。二是进一步厘清政府与事业单位的关系，政府主要管控公益目标达成情况以及运营的合法性，不干预其内部运营管理方式。事业单位通过完善法人治理结构，建立自主运营的内部治理机制。三是充分发挥社会力量的重要作用，鼓励和规范社会力量兴办公益事业，构建服务主体多元化的新格局。可探索将民办机构纳入事业单位管理，进而形成公办机构与民办机构提供公益服务的竞争激励机制。

（二）盘活编制存量，统筹各类编制资源配置

坚持需求引领、基数不变、存量整合、动态供给，统筹使用各类编制资源，加大部门间、地区间事业编制统筹调配力度，用于亟须加强的领域，满足党和国家事业发展需要。一是制定事业单位编制或人员配备标准，确保人员配备有依据，根据单位类别、工作性质、职责任务，科学合理制定管理人员、专业技术人员、工勤人员结构比例。二是根据部门在改革前后的职能调整变化，加强部门编制资源的统筹与整合，实现"编随事走"。对于承担更多职能的部门，可增加编制数；对于职能减少或弱化的部门，可核减或收回编制数。三是统筹不同层级的编制资源，根据不同层级政府职能变化，对编制资源进行跨层级调整，将简政放权改革配套的编制资源向承接行政审批事项较多的市县层级调整，提升基层承接能力，使

其有权根据当地经济社会发展需要统筹使用资源，将有限的资源实现效用最大化。四是提高空编资源的使用效率，探索建立编制周转池制度，对一些长期空编较多的单位编制进行集中清理，按一定比例或绝对额回收一定数量的空编，统筹用于解决有的部门"空编不用"和有的部门"无编可用"的矛盾，更好地支持和鼓励事业单位吸收引进创新创业人才。五是从鼓励地方精简财政供养人员角度，可考虑将地方津贴补贴水平与控编减编情况挂钩，形成正向激励机制。

（三）对行政机关，在从严控制编制的同时适当增加编制

总体来看，行政机关编制紧张状况最为明显。特别是随着五支执法队伍整合，很多原承担行政执法职能的事业单位人员转入行政机关，给行政机关编制带来更大压力。可考虑对现有参照公务员法管理单位及人员，明确承担行政职能的参照管理事业单位的，应转为行政机构或将其行政职能划归行政机构，人员需过渡为公务员的，按照任职条件和规定程序做好公务员登记等相关工作。不承担行政职能的参照管理事业单位，可考虑机构不再实行参照管理，人员由主管部门妥善安置，重点加强公共服务、行政执法等工作；或是人员继续按照参照管理人员保障工资等各项待遇，通过自然减员逐步消化。另外，对参照管理单位清理后的空编及自然减员调剂出来的编制，也可考虑主要用于缓解省以上机关编制紧张、综合执法队伍编制问题。

（四）对为机关提供支持保障的事业单位，实行编制从严管理

这类单位主要定位于为机关履行职能提供决策支持、技术保障和行政辅助等。一是按照"综合设置、优化职能、集成服务、协同高效"的原则，统筹考虑机关运行、办公场所、业务关联和行业特点等因素，将同一部门所属政务保障型事业单位整合为决策支持、技术保障、行政辅助等综合性机构。推动职责定位相同相似的单位跨部门整合，推进资源共享，实行集成服务。二是实行统筹管理，今后不再新设此类单位，确需设立的实行"撤一建一"或"撤多建一"，机构编制实行严格审批。除领导岗位、主要管理岗位、关键岗位及涉密岗位可继续按照事业编制管理外，一般管理和技术、工勤技能等岗位，逐步减少使用事业编制，采取劳务派遣或政府购买服务等方式解决。三是薪酬水平比照公务员，财政预算实行定员定额管理。严格按照核定的人员编制确定财政补助规模。四是稳妥推进编外

人员清理。通过清理冗余人员、完善制度建设、合理配置资源、加大政府购买服务力度等多种方式，实现编外人员规范管理，优先保障公共服务领域需求，提高财政资金使用效益。

（五）对面向社会提供公益服务的事业单位，区分情况实行差别化管理

这类事业单位主要定位在面向广大社会公众提供教育、科技、文化、卫生等公益服务。对这类单位，应按照公益属性采取渐次放开的方式，逐步建立以岗位为核心的人员管理制度，淡化取消身份差别，按岗聘用、按岗定薪、同岗同酬。对编外人员，如果凭借个人能力竞争到相应岗位，可享受相应的待遇。一是扩大事业单位自主权，事业单位在坚持公益属性的前提下，可自主决定内设机构、岗位设置和人事管理。通过内部考核建立高效的人才激励机制，人员能进能出，激发人才活力。二是创新编制管理。对公益二类单位，可探索采取"退一减一"逐步取消编制的办法。根据形势变化逐步过渡到公益一类单位。三是创新收入分配制度，健全与岗位职责、工作业绩、实际贡献紧密联系的分配激励机制。对公益二类单位，在其内部已经建立较为完善的法人治理结构的前提下，可探索不再核定绩效工资总量。四是由编制控制向预算控制转变，对高校、公立医院等单位实行编制与经费预算脱钩，建立"以事定费、绩效导向"的财政拨款制度，将事业单位承担公益服务的任务数量与绩效考评结果作为财政安排经费的重要依据，充分发挥财政资金的激励作用。

（六）剥离附着在编制上的固化利益

如养老保险。按照现行机关事业单位养老保险制度，编外人员不能参加机关事业单位养老保险。目前机关事业单位和企业养老保险的最大区别在于职业年金强制缴纳，企业年金自愿缴纳。事业单位可对编外人员在参加企业养老保险的基础上，缴纳企业年金，弥补编内人员缴纳职业年金的差距。同时，可考虑将现行机关事业单位的职业年金也改为自愿缴纳，企业可根据员工工作业绩情况，择优为其缴纳年金，也可以形成一种激励机制，调动员工的工作积极性。

凭单制政府购买服务的
国内外实践及启示

政府购买服务是国际通行的公共服务市场化供给机制,对于加快转变政府职能、改善公共服务、创新社会治理具有重要意义。凭单制政府购买服务是一种特定的政府购买服务制度安排,即政府部门向有资格消费特定公共服务的个体或组织发放购买凭单(通常也称代金券或消费券),有资格接受凭单的个体或组织选择特定的公共服务供给主体"消费"他们手中的凭单,然后政府用现金兑换各供给主体接受的凭单。凭单制政府购买服务通过赋予消费者服务选择权,有利于充分发挥市场机制作用,提升政府购买服务效益。目前,国内外在教育、科技创新、文化、就业培训、医疗卫生、养老等公共服务领域有不少以凭单制实施政府购买服务的实践。

一、国外实践经验

国外的凭单制最初起源于教育领域,此后拓展到其他公共服务领域。比较典型的是教育券和科技创新券。

(一)美国的教育券实践

截至 2017 年 3 月,美国有阿肯色、佛罗里达、佐治亚、印第安纳、路易斯安那、缅因、马里兰、密西西比、北卡罗莱纳、俄亥俄、俄克拉荷马、犹他、佛蒙特和威斯康星 14 个州,以及首都华盛顿实施了教育券项目。大致分为三个类型:补贴性教育券,目的是为低收入家庭提供教育选择的权利,实现教育公平;竞争性教育券,目的是引入竞争机制,促使不合格公立学校提高教育质量;扩充性教育券,目的是弥补公立学校数量不足的缺陷,同时提高政府教育资金的使用效率。三类教育券项目虽然出台背景和目的各不相同,但都有详细的法律制度规定、严格的准入条件和精细的管理工作要求。尽管在美国对教育券还存在不少争议,但实证研究发现,教育券的实施取得了积极效果,满足了低收入家庭的择校愿望,提高了学生的学业成绩,而且通过引入竞争机制促进了公立和私立学校的改革和发展,提高了教育效率。

(二) 智利的教育券实践

智利是在全国中小学范围内推行政府教育券的国家。1980年开始,逐步把公立中小学的管理权限从中央转移到地方,至1987年完成;在全国公立中小学和部分私立学校范围内推行教育券政策,凡是参与教育券计划的学校,中央政府根据在校学生人数每月将拨款划拨地方政府,再由地方政府发放至学校,参与学校都必须遵循有关课程、学校安全等方面规定,学生可以持券在全国范围内所有参与教育券计划的学校使用。研究表明,智利的教育券政策提高了教育投入的效率,1990~1997年间非宗教性质的私立教育券学校的教育成本比公立学校少13%;促进了民办教育快速发展,扩大了学生及家长的选择;提升了教育质量,大城市学生成绩在1982~1997年内平均提高了0.2个标准差。智利教育券实践的问题是,与弱势群体学生相比,社会经济背景较好的学生成为更大受益者;在大城市以外的其他地区(占学生总数的3/4),没有产生预期的正面效应。

(三) 欧洲国家的科技创新券实践

科技创新券在欧洲国家已经推行多年,1997年由荷兰率先推出,2008年以来,意大利、比利时、爱尔兰、斯洛文尼亚、瑞典、瑞士、希腊、奥地利、英国等都把实施科技创新券作为应对国际金融危机的一项战略举措。受益对象均为科技型中小企业,以爱尔兰为例,主要为除农业和运输业以外的中小企业,要求公司雇员在50名以下、年营业额1 000万欧元以下。服务供给主体多数为公共或半公共服务机构,少数为私人商业性研发服务、法律服务或咨询服务的提供者。服务内容以一般性应用研究、技术研发、产品设计开发与检验检测、知识产权管理,以及企业创新管理、市场研究和商业模式创新等为主。资助方式细分为多种,以"单一券""小额券"资助单个中小企业,以"联合券""大额券"资助大型项目或产业创新共性问题,以"专项券"面向特定技术领域。

二、国内实践探索

我国的凭单制政府购买服务，在教育领域探索较早但并未推开，此后各地陆续在科技创新、养老、文化、就业培训、医疗卫生等领域进行探索，取得初步成效。

（一）教育券实践

我国最早的教育券实践出现于浙江省长兴县，此后，上海、成都、深圳、南京、惠州等地也进行了积极探索。浙江省长兴县于 2001 年开始发行首批教育券，面向就读于民办学校义务教育阶段的新生和职业类学校的初中毕业生。上海市闵行区政府为了解决贫困家庭的高中和高等教育难题，于 2007 年引入教育券制度。成都市从 2010 年开始推出中等职业教育券，向具有成都市户籍的全日制中等职业学校在校的一、二年级学生按每人每学年 1 200 元的标准发放。深圳市光明新区 2011 年试行教育券制度，符合义务教育免学费和课本费条件的学生入读民办学校，可以申领教育券抵扣学费，小学生每年 5 000 元，初中生每年 6 000 元。南京市 2011 年起对全市适龄幼儿发放助学券，符合发放条件的幼儿每人每年资助 2 000 元。主要成效是，促进了民办教育发展，如长兴县实施教育券项目后，撬动社会资金建立了多所民办学校，到 2004 年短短几年内就有效消灭了农村贫困学生失学辍学现象；增强了教育的普惠性，如南京市幼儿助学券政策覆盖符合条件的流动人口子女；将民办学校纳入政府公共管理轨道，提高了教育管理的规范水平。主要问题是，对教育券的认识不一致，以致存在对教育券会造成恶性竞争等问题的疑虑；推行教育券仅限于个别地方的自发探索，资金规模还很小。

（二）科技创新券实践

2012 年 9 月，江苏宿迁在国内率先推出科技创新券。2015 年 6 月，国务院出台《关于大力推进大众创业万众创新若干政策措施的意见》，明确鼓励探索创新券等公共服务新模式。近几年来，科技创新券制度在北京、天津、河北、上海、浙江、山东、广东、重庆等十几个省份推广普及。主要成效是，有效降低企业创新成本，发挥了创新扶持作用；体现用户需求导向，提高了财政资金使用效益；引导企业加大创新投入，上海市科技创新券项目杠杆作用在1∶5左右，用券企业中71%开展了自主研发项目；引导科研机构依托自有资源开放共享，提高了科技资源使用效率，推动了科技服务业发展。主要问题是，科技创新券的有效服务供给及其商品化程度有待进一步提高，拥有优质科技资源的高校院所的服务意愿有待增强。

（三）养老券实践

北京、深圳是国内较早发放养老券的城市，如今这一模式已在成都、上海、广州、长沙、长春、合肥等若干地区推开。北京市政府2008年开始通过发放养老服务券的模式购买社区养老服务，帮助老年人在社区养老。深圳市2009年起对部分深圳户籍老人发放养老券，老人凭券向定点服务机构购买服务。60岁以上享受低保且生活不能自理的老人，按人均500元/月的标准给予补助；60岁以上非低保对象但生活不能自理的老人，按人均300元/月的标准给予补助。成都市锦江区2011年在四川省率先发放养老服务券，对户籍在锦江区的60岁以上的困难老人、70岁~79岁以及80岁以上的老人分别按照每月160元、40元、60元标准发放养老券。主要成效是，提高了养老服务的质量，促进了老人的消费，增强了对社区养老服务机构的激励和扶助。主要问题是，养老券项目的具体服务内容较少，不能满足老年人多样化服务需求；使用区域偏窄，有的甚至局限于老人所在街道或社区，限制了服务提供的充分性和多样性；纸质养老券存在不易保存、不能找零、容易折价变卖等问题，改为电子券后，部分老年人又不适应。

（四）文化消费券实践

北京、天津、山东、重庆、长春、广东中山等地采取发放文化消费券（卡）的形式，在文化领域积极探索推行凭单制政府购买服务。北京市自2013年开始实施惠民文化消费季活动，向市民发放文化消费券，2016年安排财政资金1 000万元，2017年增加到5 000万元。天津市自2015年起实施文化惠民卡项目，当年安排补助资金2 400万元，2017年增加到4 510万元。山东省自2017年开始在全省组织开展文化惠民消费季并发放文化消费券，消费季期间共开展1 000余项、近5万场次文化惠民消费活动，省市两级投入文化消费引导资金1亿元，吸引1.33亿人次参与，直接拉动文化消费达到4.2亿元。主要成效是，以直接补助需求侧的方式，推动文化服务机构改善服务供给，提供更多满足消费者个性化多样化需求的文化服务；强化市场竞争机制，增强了文化服务机构可持续发展的内生动力；引导和扩大文化消费，推动了文化事业和文化产业发展及融合互动。主要问题是，使用范围还有待进一步扩展，便捷性、智能化程度还需要进一步提高。

此外，我国在就业培训和医疗卫生等领域也出现了富有成效的凭单制实践。

三、应用关键

从国内外实践来看，凭单制政府购买服务通过充分发挥市场竞争机制作用，从而具有若干优越性：一是赋予受益对象"用脚投票"选择供给主体的权利，有利于提高公共服务质量。二是能够更合理地分配财政资金，优化公共服务的要素配置，有利于培育公共服务市场。三是发挥消费者的能动性和独特信息优势，有利于降低政府管理成本。四是政府部门不再具体选择公共服务供给主体，有利于防止腐败和利益输送。应用凭单制政府购买服务，需要明确以下关键要求。

（一）适用情形

凭单制作为政府购买服务的一种特定制度安排，要想发挥好其作用，需要一定的适用条件。首先，购买内容应当是受益对象为第三方社会公众的公共服务，且受益对象数量众多；如果政府购买的是自身履职所需的辅助性服务，由于受益对象唯一，凭单制将无法应用。第二，存在多个服务供给主体之间较为充分的竞争，潜在提供者进入成本较低。第三，服务具有混合物品属性，即具有排他性并可收费。凭单的性质是一种支付凭证，使用凭单就意味着对享受某种服务付费。第四，受益对象对市场状况有充分理解，具有较强的选择能力。

（二）实施方式

政府购买服务是一种契约化服务提供方式。在合同制政府购买服务项目中，契约的体现是政府购买服务合同。凭单制政府购买服务是一个完整的循环操作系统,在这个系统中,不同参与主体(政府、供给主体、受益对象)在特定环境中遵循特定规则参与凭单的运作,其契约关系通常不再需要合同来界定。一般而言,凭单制项目的实施,需要政府就此出台一项专门政策,在政策文件中对凭单制项目的诸多要素和运作办法作出详细规定,包括受益对象和供给主体如何确定,相关财政资金如何安排,凭单如何获取、使用和兑付,受益对象和供给主体有哪些权利和责任,有关部门如何监管等。

(三) 承接主体确定

在合同制政府购买服务项目中,购买主体应当按照政府采购法的有关规定确定承接主体。以凭单制形式实施的政府购买服务项目,与合同制政府购买服务项目在运行机理上存在较大差异。在凭单制政府购买服务项目中,购买主体只需要确定多家提供同类公共服务的机构供受益对象参考,对服务供应机构的具体选择权在受益对象本身,因此,政府可以通过依法依规设定服务供应机构的资格资质条件的方式,来确定多家服务机构同时作为承接主体并向社会公示,通常不采用政府采购方式来确定承接主体。实践当中,有的凭单制项目如政府购买养老服务,可能采取了政府通过竞争性招标方式确定服务承接主体的做法。这种做法主要适用于服务供给主体资格资质标准较难明确或不够健全,受益对象选择能力不是很强的公共服务领域。

(四) 风险防控

将公共服务凭单化可能会出现倒卖、伪造、冒领或重复使用凭单,骗取财政资金的现象。纸质的不记名凭单技术手段简单,更容易被钻空子。对此,可以考虑广泛使用信息化的手段,将公共服务凭单电子化,压缩各种违法违规行为的操作空间。同时,应加强凭单制项目监管,严肃处理各种违法违规行为。

四、应用举措

党的十八届三中全会提出,要使市场在资源配置中起决定性作用和更好发挥政府作用。凭单制政府购买服务是一种以充分发挥市场机制作用为

核心、综合政府集中决策与市场分散决策优点的公共政策工具,具体应用过程中需要注意做好以下几个方面的工作:

(一) 合理确定试点领域

有条件的地方可选择部分市场发育较为成熟、有凭单制政府购买服务成功实践经验的公共服务领域,比如科技创新、教育、文化体育、就业培训、医疗卫生、养老等,积极探索凭单制政府购买服务。政策出台和项目确立应当经过全面深入的论证,先行先试的项目成熟以后可进一步推广。

(二) 严格规范实施流程

凭单制政府购买服务在我国总体而言属于新生事物,在制度安排上具有较强的专业性,其实施流程应就受益对象、供给主体、预算管理、凭单管理、监督管理等关键环节作出科学、明确、细致的规定,严格按照规范操作。

(三) 切实防范可能风险

对凭单制政府购买服务项目可能发生的风险,实施地方和部门应当高度重视,充分运用先进的科技手段,认真研究设计防范措施,做到防患于未然,避免好心办坏事,确保凭单制政府购买服务取得实效。

(四) 认真做好组织推进

探索推进凭单制政府购买服务,应当健全工作机制,加强政府统一领导,行业主管部门与财政部门协同合作;精心组织推进试点,总结推广成功经验,不断完善相关政策措施;做好宣传引导,提高社会公众的知晓度,充分调动社会参与的积极性。

后 记

热点问题，一般具有宏观性、综合性、前瞻性和战略性特点。看清热点，瞄准热点，扭住热点，进而对其进行深入分析研究，并提出合理可行的对策建议，总体而言，就能够把握改革发展大局，纵览形势变化走向。

党的十九大报告指出，要建设高素质专业化干部队伍，同时要求我们既要政治过硬，也要本领高强。

在履行"财政是国家治理的基础和重要支柱"职责、深化财税体制改革和建立现代财政制度的责任担当之中，如何敏锐捕捉热点，精准聚焦焦点，有效破解难点，是财政干部必须练就的基本功。

本书由财政部综合司和财政部干部教育中心联合组编，所收录的篇目，既是近期相关领域的热点问题，也是最新研究成果，供财政干部以及关注财政工作的人士借鉴参考。疏漏之处，敬请指正。